資治通鑑

第十八册

唐僖宗中和二年壬寅五月起
後梁均王乾化三年癸酉十一月止

卷二百五十五
至二百六十八

中華書局

資治通鑑卷第二百五十五

端明殿學士兼翰林侍讀學士太中大夫提舉西京嵩山崇福宮上柱國河內郡開國公食邑二千二百戶食實封九百戶賜紫金魚袋臣司馬光奉敕編集
後學天台胡三省音註

唐紀七十一

起玄黓攝提格（壬寅）五月，盡閼逢執徐（甲辰）五月，凡二年有奇。

僖宗惠聖恭定孝皇帝中之下

中和二年（壬寅、八八二）

1 五月，以湖南觀察使閔勗權充鎮南節度使。咸通六年，置鎮南軍於洪州。閔勗時據潭州，而以洪州節授之，欲使之與鍾傳相斃也。勗屢求於湖南建節，朝廷恐諸道觀察使效之，不許。先是，王仙芝寇掠江西，先，悉薦翻。高安人鍾傳聚蠻獠，依山爲堡，高安本漢豫章建城縣，唐武德五年，改名高安，屬洪州。九域志：在州南一百二十里。衆至萬人。仙芝陷撫州而不能守，傳入據之，詔即以爲刺史。至是，又逐江西觀察使高茂卿，據洪州。撫州西北至洪州二百四十里。宋白曰：撫州臨川郡，漢南昌縣地，吳置臨川郡；隋平陳，罷郡爲州，時總管楊武通奉使安撫，即以撫爲名。朝廷以勗本江西牙將，事見上卷上年。故復置鎮南軍，使勗領之；鎮南軍中廢，今復置。若傳不受代，令勗因而討之。勗知朝廷意欲鬭兩盜使相斃，辭不行。

2加淮南節度使高駢兼侍中，罷其鹽鐵轉運使。駢既失兵柄，又解利權，攘袂大詬，是年春罷都統，已失兵柄；今解鹽鐵轉運，又失利權。詬，古候翻，又許候翻。遣其幕僚顧雲草表自訴，言辭不遜，其略曰：「是陛下不用微臣，固非微臣有負陛下。」又曰：「姦臣未悟，陛下猶迷，不思宗廟之焚燒，不痛園陵之開毀。」又曰：「王鐸僨軍之將，謂乾符六年江陵之敗也。僨，方問翻。崔安潛在蜀貪黷，崔安潛擊賊屢捷，無以指擿，故言其在蜀貪黷。懿宗咸通六年，安潛鎮蜀。豈二儒士能戢強兵！」又曰：「今之所用，上至帥臣，下及裨將，以臣所料，悉可坐擒。」帥，所類翻。將，卽亮翻。又曰：「無使百代有抱恨之臣，千古留刮席之恥。刮席，漢淮陽王事，見漢紀。臣但恐寇生東土，劉氏復興，言山東寇盜縱橫，將有如劉季者復興於其間。卽軹道之災，豈獨往日！」又以秦子嬰之事指斥乘輿。又曰：「今賢才在野，憸人滿朝，憸，思廉翻。朝，直遙翻。致陛下爲亡國之君，此子等計將安出！」顧雲蓋序次高駢大詬之言以爲表。上命鄭畋草詔切責之，其略曰：「綰利則牢盆在手，謂專江、淮鹽利也。牢盆二語，見漢武帝紀。主兵則都統當權，直至京北、京西神策諸鎮，悉在指揮之下，可知董制之權；而又貴作司徒，榮爲太尉。按新書高駢傳：駢帥西川，已，進檢校司徒；兩京陷後，天子猶冀駢立功，進檢校太尉。以爲不用，如何爲用乎？」又曰：「朕緣久付卿兵柄，不能翦蕩元凶，自天長漏網過淮，事見二百五十三卷廣明元年。不出一兵襲逐，奄殘京國，首尾三年。廣陵之師，未離封部，離，力智翻。忠臣積望，勇士興譏，所以擢用元臣，誅夷巨寇。」又曰：「從來倚仗之意，一旦控告無門，凝睇東南，睇，大計翻，目小視也。南楚曰睇。惟增悽惻！」又曰：「謝玄破苻堅於淝水，見晉孝武帝紀。裴度平元濟於淮西，見憲宗紀。未必儒臣不如武將。」又曰：「宗廟焚燒，園陵開毀，龜玉毀櫝，誰之過歟！」用論語孔子之言。寶龜寶玉，皆櫝藏之，在櫝而毀，典守者不得辭其過也。又曰：「『姦臣未悟』之言，何人肯認！『陛下猶迷』之語，朕不敢當！」又曰：「卿尚不能縛黃巢於天長，安能坐擒諸將！」又曰：「卿云劉氏復興，不知誰爲魁首？比朕於劉玄、子嬰，何太誣罔！」又曰：「況天步未傾，皇綱尚整，三靈不昧，百度俱存，君臣之禮儀，上下之名分，所宜遵守，未可墮陵。分，扶問翻。墮，讀曰隳。朕雖沖人，安得輕侮！」惡聲至，必反之，較計是非，明己之直，此委巷小人相詬者之爲耳。古者文告之辭，漢、魏以下數責其罪，何至如此！通鑑書之以爲後世戒。駢臣節既虧，自是貢賦遂絕。

3 以天平留後曹存實爲節度使。元年，曹全晸與賊戰死，遂順軍中之請，命其兄子爲帥。

4 黃巢攻興平，興平諸軍退屯奉天。時鳳翔、邠寧軍屯興平。

5 加河陽節度使諸葛爽同平章事。

6 六月，以涇原留後張鈞爲節度使。是年二月，王鐸承制，以張鈞爲涇原留後，事見上卷。

7荊南節度使段彥謨與監軍朱敬玫相惡，敬玫別選壯士三千人，號忠勇軍，自將之。玫，莫杯翻。將，卽亮翻。彥謨謀殺敬玫；己亥，敬玫先帥衆攻彥謨，殺之，段彥謨據荊南事始二百五十三卷廣明元年。帥，讀曰率。以少尹李燧爲留後。

8蜀人羅渾擎、句胡僧、羅夫子各聚衆數千人以應阡能，句，古侯翻。今蜀人從去聲。阡能反見上卷是年三月。考異曰：張彰耆舊傳曰：「二年，六月，補楊行遷爲軍前四面都指揮使，千能亦散於諸處下寨，官軍頻不利。八月，羅渾擎反。十月，句胡僧反。」又曰：「九月，千能、渾擎、胡僧與官軍大戰於乾谿，官軍不利。十二月，羅夫子反，衆二三千。」句延慶耆舊傳曰：「二年，五月，羅渾擎反。六月，句胡僧反，有四千餘人。官軍與阡能戰於乾溪，官軍大敗。是月，羅夫子反，聚衆三千人。」實錄：「六月，句胡僧反，有衆二千餘。官軍與能戰乾溪，大敗。」按張傳上云十月胡僧反，下云九月胡僧與官軍戰，自相違；又阡能敗差一年。今從實錄，並附之六月。楊行遷等與之戰，數不利，數，所角翻。求益兵；府中兵盡，陳敬瑄悉搜倉庫門庭之卒以給之。是月，大戰於乾谿，據下文，則此時諸盜至雙流，與官軍對壘。乾谿當在雙流界。乾，音干。官軍大敗。行遷等恐無功獲罪，多執村民爲俘送府，日數十百人；敬瑄不問，悉斬之。其中亦有老弱及婦女，觀者或問之，皆曰：「我方治田績麻，治，直之翻。官軍忽入村，係虜以來，竟不知何罪！」

9秋，七月，己巳，以鍾傳爲江西觀察使，從高駢之請也。傳旣去撫州，南城人危全諷復據之，南城，漢古縣，唐屬撫州。九域志，在撫州西二百二十里。又遣其弟仔倡據信州。仔，津之翻，史炤祖似切。倡，齒羊翻，又音唱。

10 尙讓攻宜君寨後魏太平眞君七年，置宜君縣於宜君川，後置宜君郡，隋廢郡爲宜君縣，唐併宜君縣入京兆華原縣。是時勤王之師蓋於宜君故縣立寨也。會大雪盈尺，賊凍死者什二三。

11 蜀人韓求聚衆數千人應阡能。考異曰：張彰耆舊傳：「三年六月，韓求反，其邛州界內賊首千能邐迤漸侵入蜀州界。」今從句延慶傳及實錄。

12 鎭海節度使周寶奏高駢承制以賊帥孫端爲宣歙觀察使。帥，所類翻。歙，書涉翻。詔寶與宣歙觀察使裴虔餘發兵拒之。

13 南詔上書請早降公主，嗣曹王龜年之使南詔也，上以宗室女爲安化長公主，許婚。詔報以方議禮儀。考異曰：張彰耆舊傳：「中和元年九月三日，雲南驃信差布燮楊奇肱等齎國信來通和，迎公主。太師借副使儀注郊迎，布燮始相見，揖副使云：『請不拜。』太師聞，極怒。朝廷告以俟更議車服制數定，續有旨命，竟空還。」今從雲南事狀及實錄。

14 以保大留後東方逵爲節度使，充京城東面行營招討使。按李孝昌以鄜師勤王，去年爲黃巢所攻，奔歸本道。東方逵蓋代李孝昌者也。

15 閏月，加魏博節度使韓簡兼侍中。

16 八月，以兵部侍郎、判度支鄭紹業同平章事、兼荆南節度使。

17 浙東觀察使劉漢宏遣弟漢宥及馬步都虞候辛約將兵二萬營于西陵，謀兼幷浙西，杭州刺史董昌遣都知兵馬使錢鏐拒之。壬子，鏐乘霧夜濟江，襲其營，大破之，所殺殆盡，漢宥、辛約皆走。自此杭、越交兵，而劉漢宏爲錢鏐禽矣。鏐，力求翻。

18 魏博節度使韓簡亦有兼幷之志，自將兵三萬攻河陽，敗諸葛爽於脩武；敗，補邁翻。爽棄城走，簡留兵戍之，因掠邢、洺而還。還，從宣翻，又如字。

19 李國昌自達靼帥其族遷于代州。李克用既據代州，故其父帥其族自達靼還。帥，讀曰率。

20 黃巢所署同州防禦使朱溫屢請益兵以扞河中，知右軍事孟楷抑之，不報。溫見巢兵勢日蹙，知其將亡，親將胡眞、謝瞳勸溫歸國；九月，丙戌，溫殺其監軍嚴實，舉州降王重榮。溫以舅事重榮，溫母王氏，以與重榮同姓，故以舅事重榮。監，古銜翻。降，戶江翻。重，直龍翻。王鐸承制以溫爲同華節度使，使瞳奉表詣行在。朱溫因王重榮以歸唐，而重榮之後夷於朱溫之手，唐祚亦夷於溫矣。華，戶化翻；下同。瞳，福州人也。

李詳以重榮待溫厚，亦欲歸之，爲監軍所告；黃巢殺之，詳據華州見上卷上年。以其弟思鄴爲華州刺史。

21 桂（邕）州軍亂，逐節度使張從訓，以前容管經略使崔焯爲嶺南西道節度使。焯，職略翻。

22 平盧大將王敬武逐節度使安師儒，自爲留後。

23 初，朝廷以龐勛降將湯羣爲嵐州刺史，宋白曰：嵐州，漢汾陽縣地。漢末，其地無郡邑，曹公遂立新興郡於此；後魏末於此置嵐州，因界內岢嵐山爲名。降，戶江翻。將，卽亮翻。嵐，盧含翻。羣潛通沙陀；朝廷疑之，徙羣懷州刺史，鄭從讜遣使齎告身授之。冬，十月，庚子朔，羣殺使者，據城叛，附于沙陀；壬寅，從讜遣馬步都虞候張彥球將兵討之。

24 賊帥韓秀昇、屈行從起兵，斷峽江路，屈，居勿翻。斷，音短。斷峽江之路，則荊、蜀之信使不通，王命將不得行於東南。癸丑，陳敬瑄遣押牙莊夢蝶將二千人討之，考異曰：張彰耆舊傳：「三年，九月，峽路賊韓秀昇，十月，峽路賊屈行從反。陳太師差押牙莊二夢將兵二千人，十月二十日，發往峽路。」句延慶耆舊傳於中和二年七月韓求反下，又云「峽路韓秀昇、屈行從反，川主選點兵士三千人，差押牙莊夢蝶押領，十月癸丑，發峽路，收討韓秀昇。」蓋因十月討之而言耳。實錄取句傳，而誤於七月下云「韓秀昇、屈行從爲亂，敬瑄遣大將莊夢蝶以兵三千討之。」新傳曰：「涪州刺史韓秀昇等亂峽中。」今從句傳。又遣押牙胡弘略將千人繼之。

25 韓簡復引兵擊鄆州，復，扶又翻。節度使曹存實逆戰，敗死。天平都將下邑朱瑄收餘衆，嬰城拒守，下邑，漢古縣，唐屬宋州。九域志：在州東一百二十里。將，卽亮翻。簡攻之不下。詔以瑄權知天平留後。考異曰：實錄：「曹存實繼其叔父全晸爲天平軍節度使，未周歲而遇害。」舊傳：「瑄爲青州王敬武牙卒。中和初，黃巢據長安，詔徵天下兵，王敬武遣牙將曹全晸率兵三千赴難關西，瑄已爲軍候。會青州警急，敬武召全晸還，路由鄆州，時鄆將薛崇爲草賊王仙芝所殺，崔君裕權知州事。全晸知其兵寡，襲殺君裕，據有鄆州，自稱留後。以瑄有功，署爲濮州刺史，留將牙軍。光啓初，魏博韓簡欲兼幷曹鄆，以兵濟河，收鄆，全晸出兵逆戰，爲魏軍所敗，全晸死之。瑄收合殘卒，保州城，韓簡攻圍半年，不能拔。會魏軍亂，退去。朝廷嘉之，授以節鉞。」新傳與之同。薛居正五代史瑄傳：「中和二年，張濬徵兵於青州，敬武遣將曹全晸率軍赴之，以瑄隸焉。賊敗，出關，全晸以本軍還鎮。會鄆帥薛崇卒，部將崔君預據城叛，全晸攻之，殺君預，因爲留後，瑄以功授濮州刺史、鄆州馬步軍都將。光啓初，魏博韓允中攻鄆，全晸爲其所害。瑄據城自固，三軍推爲留後。允中敗，朝廷以瑄爲天平節度使。」按王仙芝死已久，曹全晸久爲節度，去歲死，王敬武今歲始得青州，新、舊傳、薛史皆誤。今從實錄。又新傳，「瑄」作「宣」。歐陽修五代史記註云：今流俗以宣弟瑾，於名加「玉」者，非也。今從舊傳、薛史、實錄。

26以朱溫爲右金吾大將軍、河中行營招討副使，賜名全忠。

27李克用雖累表請降，而據忻、代州，數侵掠幷、汾，爭樓煩監。數，所角翻。樓煩監，本屬隴右節度，以嵐州刺史兼領之，至德後，屬內飛龍使，貞元十五年，始別置監牧使。義武節度使王處存與克用世爲婚姻，按新書王處存傳，世籍神策軍，家京兆萬年縣勝業里，爲天下高貲。李國昌父子必利其富而與爲婚姻也。詔處存諭克用：「若誠心款附，宜且歸朔州俟朝命；若暴橫如故，朝，直遙翻。橫，戶孟翻。當與河東、大同軍共討之。」是時鄭從讜帥河東，赫連鐸帥大同。

28以平盧大將王敬武爲留後。王敬武既逐安師儒，朝廷遂命爲留後。時諸道兵皆會關中討黃巢，獨平盧不至，王鐸遣都統判官、諫議大夫張濬往說之。說，輸芮翻。敬武已受黃巢官爵，不出迎，濬見敬武，責之曰：「公爲天子藩臣，侮慢詔使；不能事上，何以使下！」敬武愕然，謝之。既宣詔，將士皆不應，濬徐諭之曰：「人生當先曉逆順，次知利害。黃巢，前日販鹽虜耳，事見二百五十二卷乾符二年。公等捨累葉天子而臣之，果何利哉！今天下勤王之師皆集京畿，而淄青獨不至；一旦賊平，天子返正，公等何面目見天下之人乎！不亟往分功名、取富貴，後悔無及矣！」將士皆改容引咎，顧謂敬武曰：「諫議之言是也。」敬武即發兵從澮而西。

29 劉漢宏又遣登高鎮將王鎮將兵七萬屯西陵，路振九國志作「屯漁浦」。按今漁浦在西陵上游，相去頗遠。錢鏐復濟【章：十二行本「濟」上有「夜」字；乙十一行本同；孔本同；張校同。】江襲擊，大破之，斬獲萬計，復，扶又翻。得漢宏補諸將官僞敕二百餘通；鎮奔諸暨。宋白曰：諸暨，秦舊縣，縣界有暨浦、諸山，因以爲名，在越州西南一百四十一里。

30 黃巢兵勢尚強，王重榮患之，謂行營都監楊復光曰：「臣賊則負國，討賊則力不足，柰何？」復光曰：「鴈門李僕射，時李克用據代州；代州，鴈門郡也。諸家多以爲克用時爲鴈門節度使。驍勇，有強兵，其家尊與吾先人嘗共事相善，楊復光養父玄价嘗監鹽州軍，沙陀之歸國也，先由鹽州。後玄价爲中尉。執宜父子蓋與之善。彼亦有徇國之志；所以不至者，以與河東結隙耳。誠以朝旨諭鄭公而召之，必來，鄭公，謂從讜也。結隙見上卷上年。朝，直遙翻。來則賊不足平矣！」東面宣慰使王徽亦以爲然。時王鐸在河中，乃以墨敕召李克用，諭鄭從讜。王鐸爲都都統，便宜從事，凡徵調除授，皆得用墨敕。十一月，克用將沙陀萬七千自嵐、石路趣河中，趣，七喻翻。嵐州南至石州一百八十里。不敢入太原境，獨與數百騎過晉陽城下與從讜別，從讜以名馬、器幣贈之。

31 李詳舊卒共逐黃思鄴，考異曰：實錄：「李詳下牙隊兵斬僞刺史黃思鄴，推華陰鎮使王遇爲首，降河中。王鐸承制除遇爲刺史。」按黃鄴與黃巢俱死於虎狼谷，實錄誤也。今從新黃巢傳。推華陰鎮使王遇爲主，以華州降于王重榮，王鐸承制以遇爲刺史。

32 阡能黨愈熾，侵淫入蜀州境；侵淫，以癰疽侵食寖淫爲喻。陳敬瑄以楊行遷等久無功，以押牙高仁厚爲都招討指揮使，將兵五百人往代之。未發前一日，有鬻麪者，自旦至午，出入營中數四，邏者疑之，邏，郎佐翻。執而訊之，果阡能之諜也。諜，達協翻。仁厚命釋縛，溫言問之，對曰：「某村民，阡能囚其父母妻子於獄，云，『汝詗事歸，詗，古迥翻，又翾正翻。得實則免汝家；不然，盡死。』某非願爾也。」仁厚曰：「誠知汝如是，我何忍殺汝！今縱汝歸，救汝父母妻子，但語阡能云：『高尚書來日發，語，牛倨翻；下贊語同。時濫授官爵，仁厚未立功，已檢校尚書矣。所將止五百人，無多兵也。』然我活汝一家，汝當爲我潛語寨中人云：『僕射愍汝曹皆良人，爲賊所制，情非得已。爲我，于僞翻。語，牛倨翻。僕射，謂陳敬瑄。尚書欲拯救湔洗汝曹，湔，則前翻。湔，滌也，亦洗也。言百姓爲賊所汙染，湔洗與惟新。尚書來，汝曹各投兵迎降，降，戶江翻。尚書當使人書汝背爲「歸順」字，遣汝復舊業。所欲誅者，阡能、羅渾擎、句胡僧、羅夫子、韓求五人耳，必不使橫及百姓也。』」橫，戶孟翻。諜曰：「此皆百姓心上事，尚書盡知而赦之，其誰不舞躍聽命！一口傳百，百傳千，川騰海沸，不可遏也。比尙書之至，比，必利翻；下比至同。百姓必盡奔赴如嬰兒之見慈母，阡能孤居，立成擒矣！」【章：十二行本「矣」下有「遂遣之」三字；乙十一行本同；孔本同。】

明日，仁厚引兵發，至雙流，把截使白文現出迎；仁厚周視塹柵，怒曰：「阡能役夫，其衆皆耕民耳，竭一府之兵，歲餘不能擒，今觀塹柵重複牢密如此，重，直龍翻。複，方目翻。宜其可以安眠飽食，養寇邀功也！」命引出斬之；監軍力救，久之，乃得免。命悉平塹柵，纔留五百兵守之，餘兵悉以自隨，又召諸寨兵，相繼皆集。

阡能聞仁厚將至，遣羅渾擎立五寨於雙流之西，伏兵千人於野橋箐以邀官軍。蜀人謂篁竹之間爲箐。李心傳曰：箐，林箐也，音咨盈翻。又薛能工律詩，有邊城作二聯云：「管排蠻戶遠，出箐鳥巢孤。」自註云：蜀人謂稅戶爲排戶，謂林爲叢箐。史炤曰：箐，倉甸切，蓋從去聲，亦通。仁厚詗知，詗，火迥翻，又休正翻。引兵圍之，下令勿殺，遣人釋戎服入賊中告諭，如昨日所以語諜者。賊大喜，呼譟，爭棄甲投兵請降，拜如摧山。仁厚悉撫諭，書其背，書其背作「歸順」字。使歸語寨中未降者，寨中餘衆爭出降。渾擎狼狽踰寨【章：十二行本「寨」作「塹」；乙十一行本同；孔本同；張校云：「棄寨」作「踰塹」。】走，其衆執以詣仁厚，仁厚曰：「此愚夫，不足與語。」械以送府。悉命焚五寨及其甲兵，惟留旗幟，所降凡四千人。

明旦，仁厚謂降者曰：「始欲卽遣汝歸，而前塗諸寨百姓未知吾心，或有憂疑，藉汝曹爲我前行，過穿口、新津寨下，示以背字告諭之，穿口，卽新津新穿口也。爲，于僞翻。比至延貢，可歸矣。」九域志，邛州安仁縣有延貢寨。安仁，秦臨邛縣地，武德二年，置安仁縣。九域志：縣在邛州東北三十八里。乃取渾擎旗倒繫之，繫，古詣翻。取其旗而倒繫之，示已得其渠帥也。每五十人爲隊，【章：十二行本「隊」下有「授以一旗，使前走」七字；乙十一行本同；孔本同；張校同；退齋校同。】揚旗疾呼曰：呼，火故翻。「羅渾擎已生擒，送使府，大軍行至。汝曹居寨中者，速如我出降，立得爲良人，無事矣！」至穿口，句胡僧置十一寨，寨中人爭出降；胡僧大驚，拔劍遏之，衆投瓦石擊之，共擒以獻仁厚，其衆五千餘人皆降。

又明旦，焚寨，使降者執旗先驅，一如雙流。至新津，韓求置十三寨皆迎降。求自投深塹，其衆鉤出之，已死，斬首以獻。將士欲焚寨，仁厚止之曰：「降人猶未食。」使先運出資糧，然後焚之。新降者競炊爨，與先降來告者共食之，語笑歌吹，歌，謳唱也。吹，吹笙笛之類也。終夜不絕。

明日，仁厚縱雙流、穿口降者先歸，使新津降者執旗先驅，且曰：「入邛州境，亦可散歸矣。」羅夫子置九寨於延貢，其衆前夕望新津火光，已不眠矣。及新津人至，羅夫子脫身棄寨奔阡能，其衆皆降。

明日，羅夫子至阡能寨，與之謀悉衆決戰；計未定，日向暮，延貢降者至，阡能、羅夫子走馬巡寨，欲出兵，衆皆不應。仁厚引兵連夜逼之，明旦，諸寨知大軍已近，呼譟爭出，執阡能，阡能窘急赴井，爲衆所擒，不死；又執羅夫子，羅夫子自剄。剄，古鼎翻。衆挈羅夫子首，縛阡能，驅之前迎官軍，見仁厚，擁馬首大呼泣拜曰：「百姓負冤日久，無所控訴。自諜者還，卽仁厚所縱鬻麪者也。百姓引領，度頃刻如期年。今遇尚書，如出九泉睹白日，已死而復生矣。」讙呼不可止。讙，與諠同。賊寨在他所者，分遣諸將往降之。仁厚出軍凡六日，五賊皆平。按九域志，雙流縣在成都南四十里，自此而南，至新穿口，又南至新津，又南至延貢，又南至阡能寨，度其道里相去，各不過四五十里。高仁厚知蜀民之心非樂於從亂，而脅於五賊之威，因其心而誘導之，故脅從者皆望風降服，師不留行而五賊平矣。考異曰：張彰耆舊傳：「中和三年冬，千能轉盛，官軍戰卽不利。陳敬瑄乃遣仁厚討之。十一月五日，仁厚進發，六日，擒羅渾擎，七日，擒句胡僧，得韓求首級，九日，擒千能，得羅夫子首級。十一月二十二日回戈，自城北門入。三日大設。五日議功。高公自檢校兵部尚書檢校左僕射，授眉州刺史。」張彰書語雖俚淺，或有抵牾，然敍事甚詳。苟無此書，則仁厚功業悉沉沒矣。句延慶傳：「中和二年，仁厚梟五賊之首，凱旋歸府。冬十二月戊寅，皇帝御大玄樓，高仁厚與將校等於清遠橋朝見。至後三日，大設，高仁厚除授眉州刺史。」延慶不知據何書知千能敗在二年冬，然要之仁厚擒韓秀昇在三年十月前，則擒千能必更在前矣。十二月，己亥朔，無戊寅，日必誤也。實錄：「二年十月，草賊阡能於蜀州敗官軍，陳敬瑄遣高仁厚討之。」實錄見句傳敍討阡能事，承十月癸丑發峽路收討韓秀昇下，因附之十月，亦誤也。實錄又曰：「十二月，仁厚以阡能首來獻，帝御大玄樓宣慰回戈將士，以仁厚爲檢校工部尚書、眉州防禦使。」亦因句傳而去其日。又此年十月戊辰，昇眉、漢、彭、綿等州並爲防禦使，故改刺史爲防禦耳。今高仁厚擒阡能既不知決在何年月，故因實錄附於此。每下縣鎮，輒補鎮遏使，使安集戶口。

於是陳敬瑄梟韓求、羅夫子首於市，釘阡能、羅渾擎於【章：十二行本「於」上有「句胡僧」三字；乙十一行本同；孔本同。】城西，七日而冎之。釘，丁定翻。冎，古瓦翻。阡能孔目官張榮，本安仁進士，屢舉不中第，歸於阡能，爲之謀主，爲草書檄，爲草，于僞翻。阡能敗，以詩啓求哀於仁厚，仁厚送府，釘於馬市；自餘不戮一人。

十二月，以仁厚爲眉州防禦使。

陳敬瑄牓邛州，凡阡能等親黨皆不問。未幾，幾，居豈翻。邛州刺史申捕獲阡能叔父行全家三十五人繫獄，請準法。準法，謂反逆親屬當從坐誅。敬瑄以問孔目官唐溪，對曰：「公已有牓，令勿問，而刺史復捕之，復，扶又翻。此必有故。今若殺之，豈惟使明公失大信，竊恐阡能之黨紛紛復起矣！」敬瑄從之，遣押牙牛暈往，集衆於州門，破械而釋之，因詢其所以然，果行全有良田，刺史欲買之，不與，故恨之。敬瑄召刺史，將按其罪，刺史以憂死。他日，行全聞其家由溪以免，密餉溪蝕箔金百兩。博聞錄：有蝕箔金法。金及分數者打成大薄片，以黃礬一兩、雞屎礬一兩、膽礬半兩、硇砂一分、信土一兩、赤土一兩袞研，以鹽膽水調，金片上炙乾，更搽更炙；如此三度已來，用牛糞灰一重，重鬲下大火煅一日取出，湓湯洗淨。其存者金也，其蝕出者銀也。溪怒曰：「此乃太師仁明，陳敬瑄檢校太師，故稱之。何預吾事，汝乃懷禍相餉乎！」還其金，斥逐使去。史言唐溪有古君子之風。

33 河東節度使鄭從讜奏克嵐州，執湯羣，斬之。湯羣以城附沙陀。

34 以忻、代等州留後李克用爲鴈門節度使。

35 初，朝廷以鄭紹業爲荆南節度使，時段彥謨方據荆南，紹業憚之，踰半歲，乃至鎮。上幸蜀，召紹業還，以彥謨爲節度使。彥謨爲朱敬玫所殺，是年三月，朱敬玫殺段彥謨。復以紹業爲節度使。紹業畏敬玫，逗遛不進，軍中久無帥；至是，敬玫署押牙陳儒知府事。儒，江陵人也。

36 加奉天節度使齊克儉、河中節度使王重榮並同平章事。

37 李克用將兵四萬至河中，考異曰：實錄在明年正月。今從新太祖紀年錄、薛居正五代史。遣從父弟克脩先將兵五百濟河嘗賊。嘗，試也。初，克用弟克讓爲南山寺僧所殺，其僕渾進通歸于黃巢。自高潯之敗，潯敗，見上卷上年。諸軍皆畏賊，莫敢進。及克用軍至，賊憚之，曰：「鵶軍至矣，當避其鋒。」克用軍皆衣黑，衣，於既翻。故謂之鵶軍。巢乃捕南山寺僧十餘人，遣使齎詔書及重賂，因渾進通詣克用以求和。克用殺僧，哭克讓，受其賂以分諸將，焚其詔書，歸其使者，考異曰：太祖紀年錄：「初，克讓於潼關戰敗，避賊南山，隱於佛寺，夜，爲山僧所害，紀綱渾進通冒刃獲免，歸黃巢。賊素憚太祖，聞其至也，將託情脩好，捕害克讓之僧十餘人，殺之。巢令其將米重威齎重賂、僞詔，因渾進通見太祖。乃召諸將，頒其賂，燔其僞詔以徇。」薛史克讓傳曰：「乾符中，以功授金吾將軍，留宿衞。初，懿祖歸朝，憲宗賜宅於親仁坊。武皇之起雲中殺段文楚也，天子詔巡使王處存夜圍親仁坊，捕克讓。詰旦，兵合，克讓與十餘騎彎弧躍馬，突圍而出，官軍數千人追之，比至渭橋，死者數百。克讓自夏陽掠船而濟，歸於鴈門。」按克讓於時猶在雲州，此克讓恐當作克用，云鴈門，誤也。後唐懿祖紀年錄曰：「其兄克恭、克儉皆伏誅。」按是時國昌猶自請討克用，朝廷必未誅其子。蓋國昌振武不受代後，克恭、克儉始被誅也。薛史又曰：「明年，武皇昭雪，克讓復入宿衞。黃巢犯闕，僖宗幸蜀，克讓時守潼關，爲賊所敗。」按國昌以乾符五年不受代，朝廷發兵討之。六年，克用未嘗昭雪，克讓何從得入宿衞！廣明元年，國昌父子兵敗，逃入達靼。其年冬，黃巢陷長安，克讓何嘗守潼關戰敗而死於佛寺！或者爲朝廷所圍捕時，逃入南山佛寺，爲僧所殺，則不可知也。今事既難明，故但云爲寺僧所殺而已。引兵自夏陽渡河，武德三年，分郃陽置河西縣。乾元三年，更河西曰夏陽，屬河中府，後屬同州。夏，戶雅翻。軍于同州。

38 孟方立既殺成麟，見上卷元年。引兵歸邢州，潞人請監軍吳全勗知留後。是歲，王鐸墨制以方立知邢州事，方立不受，囚全勗；與鐸書，不受鐸命而與鐸書，期必濟其私欲。願得儒臣鎭潞州，鐸以鄭昌圖知昭義軍事。既而朝廷以右僕射、租庸使王徽同平章事，充昭義節度使，徽以車駕播遷，中原方擾，方立專據山東邢、洺、磁三州，度朝廷力不能制，邢、洺、磁，於潞州爲山東。度，徒洛翻。辭不行，請且委昌圖。詔以徽爲大明宮留守、京畿安撫制置脩奉園陵使。大明宮卽東內也。時黃巢猶據京師，大明宮爲賊所竊處，園陵之開毁者亦多，以此職命授徽，以俟收復。昌圖至潞州，不三月而去，方立遂遷昭義軍於邢州，自稱留後，表其將李殷銳爲潞州刺史。爲潞州叛孟方立張本。考異曰：實錄：「中和四年正月，以義成行軍司馬鄭昌圖爲中書舍人。三月，邢州軍亂，殺其帥成麟，以中書舍人鄭昌圖權知昭義留後。」按成麟前已爲孟方立所殺，況不在邢州，邢州乃方立所治也。又於時潞州已爲李克脩所據，昌圖安得更往彼爲留後！又：「其年五月，以右僕射王徽同平章事，充昭義節度使。徽上表懇述非便，乃復以本官充大明宮留守。」舊王徽傳：「初，潞州軍亂，殺成麟，以兵部侍郎鄭昌圖權知昭義軍事。時孟方立割據山東三州，別爲一鎭，上黨支郡惟澤州耳，而軍中之人多附方立，昌圖不能制。宰相奏請以重臣鎭之，乃授徽檢校尚書左僕射、同平章事，澤、潞、邢、洺、磁觀察等使。時鑾輅未還，關東聚盜，而河東李克用與孟方立爭澤潞，以朝廷兵力必不能加，上表訴之曰：『鄭昌圖主留累月，將結深根；孟方立專據三州，轉成積釁。招其外則潞人胥怨，撫其內則邢將益疑。禍方熾於既焚，計奈何於已失。須觀勝負，乃決安危。伏乞聖慈博求廷議，擇其可付，理在從長。』天子乃以昌圖鎭之，以徽爲諸道租庸供軍等使。」新孟方立傳曰：「方立攻成麟，斬之，擅裂邢、洺、磁爲鎭，治邢爲府，號昭義軍。潞人請監軍使吳全勗知兵馬留後。時王鐸領諸道行營都統，以潞未定，墨制假方立知邢州事。方立不受，囚全勗，以書請鐸，願得儒臣守潞。鐸使參謀中書舍人鄭昌圖知昭義留事，欲遂爲帥。僖宗自用舊相王徽領節度。時天子在西河，關中雲擾，方立擅地而李克用窺潞州，徽度朝廷未能制，乃固讓昌圖。昌圖治不三月，輒去。方立更表李殷銳爲刺史，乃徙治龍岡。會克用爲河東節度使，昭義監軍祁審誨乞師，求復昭義軍，克用殺殷銳，遂幷潞州，表克脩爲留後。」按王鐸以三年正月罷都統，則昌圖知昭義留後必在二年也。昌圖在潞不三月引去，今徽以潞讓昌圖，則徽除昭義必不在四年五月。實錄年月皆誤也。方立若已自稱昭義留後，遷軍額於邢州，則不止割據三州。若欲別爲一鎮，則應別立軍名，必不與潞州並稱昭義。若但以潞爲支郡，當自除刺史，不以書與王鐸更求儒臣；就使求之，鐸亦當以昌圖爲潞州刺史，不云知昭義軍事，又不得以澤州爲支郡也。蓋方立既殺成麟，以邢州鄉里，欲徙鎮之，故身往邢州，而潞人不從，故請全勗爲留後。方立以衆情未洽，未敢自立，故因全勗，外示恭順，託以中人不可爲帥而請於王鐸，乞除儒臣；其意以儒臣易制，欲外奉爲帥而自專軍府之政，漸謀代之也。既而昌圖至潞，欲行帥職，而山東三州已爲方立所制，不受帥命，獨澤州在南，尚可號令耳。故王徽表云：「昌圖主留累月，已結深根。」言在澤潞已久，人心稍附，己所不如也。又云：「方立專據三州，轉成積釁。」謂昌圖欲行帥權，而方立不率將職，互相窺覦，故積釁也。又云：「招其外則潞人胥怨，撫其內則邢將益疑。」謂今邢、潞已成釁隙，己至彼欲加惠於邢則潞人怨其寵賊，加惠於潞則邢將疑其圖己也。又云：「須觀勝負，乃決安危。」謂昌圖能勝方立，然後昭義乃安也。昌圖在潞終不自安，故以軍府授方立而去。方立然後自稱留後，徙軍額於邢州，以潞爲支郡，表殷鋭爲刺史。故新傳徙治龍岡在殷鋭爲刺史下，此其證也。於是潞人怨而召沙陀，當徽除節制之時，克用猶未敢爭澤潞也。吳全勗，疑是方立初入潞府時監軍，故王鐸使知留後，方立既囚之，疑其遂斥去。祁審誨恐是鄭昌圖時監軍。太祖紀年錄云：「方立虜審誨，自稱留後。」薛居正五代史方立傳云：「方立以邢爲府，以審誨知潞州事。」互說不同。且既虜審誨，必不以知潞州。方立表李殷鋭爲刺史，而審誨猶依舊，必是後來監軍，方立以其未嘗異己，故不疑之。若嘗被囚虜，必不復留。此之不實，昭然可知。疑唐末昭義數逐帥，劉廣、成麟作亂被殺，人皆知之。記事者不詳考正，或以先者爲後，後者爲先，差互不同，故諸書多牴牾不合耳。又薛史安崇阮傳云：「安文祐初爲潞州牙門將，光啓中，軍校劉廣逐節度使高潯，據其城，僖宗詔文祐平之。既殺劉廣，召赴行在，授邛州刺史。其後孟方立據邢、洺，攻上黨，朝廷以文祐本潞人也，授昭義節度使，令討方立，自蜀至澤州，與方立戰，敗歿於陣。」按諸書皆無文祐爲昭義節度使事。況光啓中，澤潞已爲李克脩所據，文祐來，當與克脩戰，不得與方立戰也。其事恐虛，今不取。

39 和州刺史秦彦使其子將兵數千襲宣州，逐觀察使竇潏而代之。潏，食聿翻，又音聿，又音決。秦彦降高駢見二百五十三卷乾符六年。其得和州，亦駢用之也。爲彦以宣州兵入廣陵張本。

三年（癸卯、八八三）

1 春，正月，李克用將李存貞敗黄揆于沙苑；敗，補邁翻。己巳，克用進屯沙苑。揆，巢之弟也。王鐸承制以克用爲東北面行營都統，以楊復光爲東面都統監軍使，陳景思爲北面都統監軍使。

乙亥，制以中書令、充諸道行營都統王鐸爲義成節度使，令赴鎮。田令孜欲歸重北司，稱鐸討黄巢久無功，卒用楊復光策，召沙陀而破之，故罷鐸兵柄以悦復光；罷王鐸兵柄在正月，李克用破黄巢在四月。蓋田令孜以黄巢之勢已蹙，而楊復光之功必成，先以是悦之耳。卒，子恤翻。又以副都統崔安潛爲東都留守，以都都監西門思恭爲右神策中尉，充諸道租庸兼催促諸道進軍等使。令孜自以建議幸蜀、收傳國寶、列聖眞容、散家財犒軍爲己功，令宰相藩鎮共請加賞，上以令孜爲十軍兼十二衛觀軍容使。令孜從幸蜀，募神策新軍爲五十四都，離爲十軍，號神策十軍。左·右衛、左·右驍衛、左·右武衛、左·右威衛、左·右領軍衛、左·右金吾衛，謂之南牙十二衛。

2 成德節度使常山忠穆王王景崇薨，軍中立其子節度副使鎔知留後事，時鎔生十年矣。

3 以天平留後朱瑄爲節度使。

4 二月，壬子，李克用進軍乾阬，乾阬，在沙苑西南。乾，音干。與河中、易定、忠武軍合；尚讓等將十五萬衆屯于梁田陂，舊書作「良天坡」，在成店西三十里。明日，大戰，自午至晡，賊衆大敗，俘斬數萬，伏尸三十里。巢將王璠、黄揆襲華州，據之，王遇亡去。去年王遇據華州歸國。璠，孚袁翻。

5 初，光州刺史李罕之爲秦宗權所攻，棄州奔項城，李罕之與秦彦俱降高駢，蓋駢使守光州。帥餘衆歸諸葛爽，帥，讀曰率。爽以爲懷州刺史。韓簡攻鄆州，半年，不能下；爽復襲取河陽，去年八月，韓簡破諸葛爽，取河陽。十月，移兵攻鄆州。朱瑄請和，簡乃捨之，引兵擊河陽。爽遣罕之逆戰於武陟，魏軍大敗而還；大將澶州刺史樂行達先歸，據魏州，軍中共立行達爲留後，簡爲部下所殺。懿宗咸通十一年，韓君雄得魏博，二世，十四年而滅。考異曰：舊傳：「簡攻河陽，行及新郡，爲諸葛爽所敗，單騎奔迴，憂憤，疽發背而卒，時中和元年十一月也。」新傳亦同。今從實錄。「新郡」當作「新鄉」。己未，以行達爲魏博留後。

6 甲子，李克用進圍華州，黄思鄴、黄揆嬰城固守；克用分騎屯渭北。

7 以王鎔爲成德留後。

8 以鄭紹業爲太子賓客、分司，以陳儒爲荆南留後。

9 峽路招討指揮使莊夢蝶爲韓秀昇、屈行從所敗，退保忠州，去年遣莊夢蝶討韓秀昇等。敗，補邁翻。應援使胡弘略戰亦不利；江、淮貢賦皆爲賊所阻，百官無俸。時車駕在蜀，江、淮租賦泝峽江而上，今爲韓秀昇等所阻。雲安、涪井路不通，民間乏鹽。雲安縣，漢朐䏰地，後周改曰雲安縣，唐屬夔州，有鹽官。九域志：在州西一百三十三里。鹽監又在縣西三十里。涪井在瀘州西南二百六十三里。史炤曰：涪井，漢犍爲郡之漢陽縣地，唐置長寧州。涪，音育。按「漢陽」當作「江陽」。陳敬瑄奏以眉州防禦使高仁厚爲西川行軍司馬，將三千兵討之。考異曰：張彭耆舊傳曰：「中和四年，甲辰，春三月，峽路招討指揮使莊夢蝶尚書爲韓秀昇所敗，退至忠州。川主太師召眉州刺史高仁厚使討秀昇等，許以成功除梓帥，卽日聞奏，拜行軍司馬，將步卒千人，三月五日進發。」句延慶耆舊傳：「中和三年二月，莊夢蝶爲賊所敗，川主喚仁厚，奏授峽路招討都指揮使，將兵三千人，三月辛丑進發。」實錄：「三年二月，夢蝶爲賊所敗。陳敬瑄奏，以仁厚代夢蝶，將兵三千進討，詔拜行軍司馬。」是月丁卯朔，無辛丑。辛丑乃四月五日，延慶誤也。實錄：「三年二月，敬瑄奏仁厚代夢蝶。」蓋亦用句傳年月。今從之。

10 加鳳翔節度使李昌言同平章事。

11 黄巢兵數敗，食復盡，數，所角翻。復，扶又翻。陰爲遁計，發兵三萬搤藍田道，搤藍田道，所以通自武關南走之路。搤，於革翻。三月，壬申，遣尚讓將兵救華州；李克用、王重榮引兵逆戰於零口，破之。克用進軍渭橋，騎軍在渭北，克用每夜令其將薛志勤、康君立潛入長安，燔積聚，斬虜而還，零口，在京兆昭應縣。積，子智翻。聚，從遇翻，又慈庾翻。還，從宣翻。賊中大驚。

12 以淮南押牙合肥楊行愍爲廬州刺史。考異曰：十國紀年云：「楊行密，六合人。」今從薛居正五代史、徐鉉吳錄。行愍本廬州牙將，勇敢，屢有戰功，都將忌之，白刺史郎幼復遣使出戍於外。行愍過辭，過，古禾翻。過都將而辭行也。都將以甘言悅之，問其所須，須者，意之所欲。行愍曰：「正須汝頭耳！」遂起斬之，幷將諸營，自稱八營都知兵馬使。幼復不能制，薦於高駢，請以自代。駢以行愍爲淮南押牙，知廬州事，朝廷因而命之。行愍聞州人王舁賢，召，欲用之，固辭。問其子弟，曰：「子潛，好學愼密，可任以事；弟子稔，有氣節，可爲將。」行愍召潛置門下，以稔及定遠人季章爲騎將。楊行愍後改名行密，事始此。定遠，漢曲陽縣地，梁改爲定遠縣，唐屬濠州。九域志：在州南八十里。騎，奇寄翻。將，卽亮翻。

初，呂用之因左驍雄軍使俞公楚得見高駢；用之橫甚，橫，戶孟翻。或以咎公楚，公楚數戒用之少自斂，毋相累；數，所角翻。少，詩沼翻。斂，力儼翻。累，力瑞翻。用之銜之。右驍雄軍使姚歸禮，氣直敢言，尤疾用之所爲，時面數其罪，數，所具翻。常欲手刃之。癸未夜，用之與其黨會倡家，歸禮潛遣人爇其室，倡，音昌。爇，如悅翻，燒也。殺貌類者數人，用之易服得免。明旦，窮治其事，治，直之翻。獲縱火者，皆驍雄之卒；用之於是日夜譖二將於駢。未幾，駢使二將將驍雄卒三千襲賊於愼縣，愼縣，漢九江浚遒縣地，古城在今縣南。隋置愼縣，唐屬廬州。九域志：在州東北六十里。幾，居豈翻。用之密以語楊行愍云：「公楚、歸禮欲襲廬州。」行愍發兵掩之，二將不爲備，舉軍盡殪，語，牛倨翻。殪，壹計翻。以二將謀亂告駢；駢不知用之謀，厚賞行愍。爲楊行愍以廬州起張本。

13 己丑，以河中行營招討副使朱全忠爲宣武節度使，俟克復長安，令赴鎮。

14 癸巳，李克用等拔華州，黄揆棄城走。

15 劉漢宏分兵屯黄嶺、巖下、貞女三鎮，三鎮，皆當在婺、越間。錢鏐將八都兵自富春擊之，自富春渡江擊三鎮。富春卽富陽縣。破黄嶺，擒巖下鎮將史弁、貞女鎮將楊元宗。漢宏以精兵屯諸曁，鏐又擊破之，漢宏走。

16 莊夢蝶與韓秀昇、屈行從戰，又敗。其敗兵紛紜還走，所在慰諭，不可遏；遇高仁厚於路，叱之，卽止；仁厚斬都虞候一人，更令脩娖部伍。娖，側角翻。娖，整隊伍也。乃召耆老，詢以山川蹊徑及賊寨所據，喜曰：「賊精兵盡在舟中，使老弱守寨，資糧皆在寨中，此所謂重戰輕防，其敗必矣！」乃揚兵江上，爲欲涉之狀。賊晝夜禦備，遣兵挑戰，挑，徒了翻。仁厚不與交兵，潛發勇士千人執兵負藁，夜，由間道攻其寨，且焚之。間，古莧翻。賊望見，分兵往救之，不及，資糧蕩盡，衆心已摇。仁厚復募善游者鑿其舟，相繼皆沈，復，扶又翻。沈，持林翻。賊往來惶惑，不能相救，仁厚遣兵於要路邀擊，且招之，賊衆皆降。秀昇、行從見衆潰，揮劍亂斫，欲止之，衆愈怒，共執二人詣仁厚，仁厚詰之曰：「何故反？」秀昇曰：「自大中皇帝晏駕，大中皇帝，謂宣宗。天下無復公道，紐解綱絶。今日反者，豈惟秀昇！成是敗非，机上之肉，惟所烹醢耳！」仁厚愀然，命善食而械之。愀，七小翻。食，祥吏翻。善食，善以酒食食之也。夏，四月，庚子，獻于行在，斬之。考異曰：張彰耆舊傳：「中和四年，高僕射將步卒千人，三月五日進發，莊尚書三月二十日齊進。四月十四日，峽路申：四月一日，大破峽賊。」句延慶耆舊傳：「三年，四月庚午，擒韓秀昇，捷書到府。」按是月丁酉朔，無庚午。實録：「中和三年，四月庚子，仁厚擒韓秀昇，獻於行在。初，仁厚至峽，與賊戰，其衆大敗，賊中小校縛秀昇出降。」據鄭畋集，有覆黔南觀察使陳侁奏涪州韓秀昇謀亂已收管在州候敕旨狀云：「秀昇劫害黔府，俘掠帥臣，占據涪陵，扼截江路，遽懷僭妄，求作察廉。陳侁爰命毛玭部領甲士直趨巢穴，便破城池，追逐渠魁，勦除逆黨。」而諸家之說皆云仁厚所獲。新傳：「衆怒，執秀昇以降，仁厚檻車送行在，斬於市。」張彰耆舊傳：「中和二年，三月，千能反，八月，羅渾擎反，十月，句胡僧反，十二月，羅夫子反。三年，北路奏黄巢正月十日敗走，收復長安。正月，千能遣羅渾擎於新穿堰下二十七寨，把斷水陸官路。六月，韓求反，其邛州賊首千能邐迤漸侵入蜀州界。九月，峽路賊韓秀昇反。十月，峽路賊屈行從反。川主陳太師差押衙莊二夢將兵二千，十月二十日發往峽路討韓秀昇、屈行從等。十一月五日，高仁厚進發討千能，九日，收邛州境内諸寨。十日，州縣豁平。二十二日，回戈朝見。三日，大設。五日，議功，授眉州刺史。四年三月，莊夢蝶退至忠州。川主差高仁厚將兵，三月五日進發。莊尚書三月二十日齊進。四月十四日申：四月一日大破峽賊，擒秀昇等。十五日，東川楊師立反。」句延慶耆舊傳止於鈔改張傳爲之，別無外事，但移渾擎反於中和二年五月，胡僧、羅夫子反於六月，韓求反於其年七月，莊夢蝶討韓秀昇、屈行從以其年十月癸丑進發。高仁厚破阡能等五賊回朝見，在其年十二月戊寅。三年二月，莊夢蝶爲賊所敗，川主遣高仁厚將兵，三月辛丑進發，四月庚午擒韓秀昇，捷書到府。是月，楊師立反。四年，北路奏黃巢正月十日敗走，收復長安。不知延慶改移年月別有所據邪，將率意爲之也？至於三年楊師立反，四年收復長安，其爲乖謬尤甚於彰。實錄，阡能、韓秀昇等事，率依句傳，而誤以韓秀昇反置七月，高仁厚討阡能置十月，削戊寅、辛丑兩日，改庚午爲庚子，此其異於句傳也。新紀：「三年十一月壬申，西川行軍司馬高仁厚及阡能戰于邛州，敗之。」續寶運錄：「中和三年，涪州韓秀昇反；冬，阡能反，高仁厚討平之。」按賈緯唐年補錄及實錄所載鐵券文皆云，「維中和三年歲次癸卯，十月甲午朔，十六日己酉，皇帝賜功臣陳敬瑄鐵券。」其文有「戮阡能如翦草，除秀昇若焚巢。」然則秀昇之敗，必在此日前也。張傳破秀昇在四年四月。其四年十月十日，亦載賜川主太師鐵券，乃云：「維中和三年歲次癸卯，十月甲子朔，五日戊辰。」文與補錄、實錄同，其昬耄如此。句傳取張事而改其年，實錄用句年而改其日。其阡能、韓秀昇等起滅，不知的在何時。今從實錄。

17 **李克用與忠武將龐從、河中將白志遷等引兵先進，與黃巢軍戰於渭南，一日三戰，皆捷；義成、義武等諸軍繼之，賊衆大奔。甲辰，克用等自光泰門入京師，黃巢力戰不勝，焚宮室遁去。**考異曰：舊紀：「四月，庚子，沙陀等軍趨長安，賊拒之於渭橋，大敗而還。李克用乘勝追之。己卯，黃巢收殘衆，由藍田關而遁。庚辰，收京城，楊復光告捷。」按是月丁酉朔，無己卯、庚辰。敬翔梁太祖編遺錄：「四月乙巳，巢焚宮闈、省寺、居第略盡，擁殘黨越藍田而逃。明日，上與諸軍收復長安。」實錄：「甲辰，李克用與忠武將龐從、河中將白志遷、橫野將滿存、朝邑將康師貞三敗賊於渭橋，大破之。義成、義武等軍繼進。乙巳，巢賊燔長安宮室，收餘衆自光泰門東走，由藍田關以遁。諸軍進收京師。」新紀：「三月壬申，李克用及黃巢戰于零口，敗之。四月甲辰，又敗之于渭橋。丙午，復京師。」舊傳曰：「四月八日，克用合忠武騎將龐從遇賊於渭南，決戰三捷，大敗賊軍。十日夜，賊巢散走。詰旦，克用由光泰門入，收京師，巢賊出藍田七盤路東走關東。」新傳曰：「克用遣部將楊守宗率河中將白志遷、忠武將龐從等最先進擊賊渭橋，三戰三北，於是諸節度兵皆奮，無敢後。入自光泰門，賊崩潰，逐北至望春，入昇陽殿闥。巢夜奔，衆猶十五萬，聲趨徐州，出藍田，入商山。」程匡柔唐補紀曰：「楊復光帥十道行營節度使王重榮、李克用等兵十二萬餘人自光泰門入襲，逐至昇陽殿下，殺賊盈萬。黃巢軍敗，陣上奔逃，取藍田關出。」後唐太祖紀年錄：「乙巳，巢敗，焚宮室東走，太祖進收京師。」唐年補錄：「八日，克用等戰渭南，三敗賊軍。九日，巢走。」按楊復光露布云：「今月八日，楊守宗等隨克用自光泰門先入京師。」又云：「賊尚爲堅陣，來抗官軍，自卯至申，羣凶大潰，卽時奔遁，南入商山。」然則官軍以八日入城，賊戰不勝而走，此最可據，今從之。渭南之戰，必在八日以前，諸書皆誤也。賊死及降者甚衆，降，戶江翻。官軍暴掠，無異於賊，長安室屋及民所存無幾。幾，居豈翻。巢自藍田入商山，黃巢先遣兵搤藍田道，故得由此路遁去。多遺珍寶於路，官軍爭取之，不急追，賊遂逸去。

楊復光遣使告捷，考異曰：張彰耆舊傳：「中和三年，北路奏黃巢正月十日敗走，收復長安城訖。三月，北路行營收城，將士並回戈。」句延慶耆舊傳曰：「四年，北路奏黃巢正月十日敗走，收復長安。三月，北路行營破黃巢將士並回。」延慶悉移彰四年事於三年，三年事於四年，而不移其月日，其爲差謬又甚於彰。今但云告捷，更不著月日。百官入賀。詔留忠武等軍二萬人，委大明宮留守王徽及京畿制置使田從異部分，守衞長安。分，扶問翻。五月，加朱玫、李克用、東方逵同平章事。升陝州爲節度，以王重盈爲節度使。又建延州爲保塞軍，以保大行軍司馬延州刺史李孝恭爲節度使。賞破黃巢、復京城之功也。克用時年二十八，於諸將最少，少，詩照翻。而破黃巢，復長安，功第一，兵勢最強，諸將皆畏之。克用一目微眇，眇，彌沼翻，一目小也。時人謂之「獨眼龍」。

詔以崔璆家貴身顯，爲黃巢相首尾三載，不逃不隱，於所在斬之。載，子亥翻。

18 黃巢使其驍將孟楷將萬人爲前鋒，擊蔡州，節度使秦宗權逆戰而敗；賊進攻其城，宗權遂稱臣於巢，與之連兵。

初，巢在長安，陳州刺史宛丘趙犨謂將佐曰：宛丘，後魏項縣也，隋改曰宛丘，唐屬陳州；管下項城縣，乃東魏僑置秣陵縣地，隋改曰項城。犨，昌牛翻。「巢不死長安，必東走，陳其衝也。且巢素與忠武爲仇，巢自初起，與宋威、張自勉等累戰，皆忠武兵也。不可不爲之備。」乃完城塹，繕甲兵，積芻粟；六十里之內，民有資糧者，悉徙之入城。多募勇士，使其弟昶、珝、子麓林分將之。將，卽亮翻。孟楷既下蔡州，移兵擊陳，軍于項城；犨先示之弱，伺其無備，襲擊之，殺獲殆盡，生擒楷，斬之。巢聞楷死，驚恐，悉衆屯溵水，珝，況羽翻。項城在陳州東南，溵水在西南。六月，與秦宗權合兵圍陳州，掘塹五重，重，直龍翻。百道攻之。陳人大恐，犨諭之曰：「忠武素著義勇，陳州號爲勁兵，況吾家久食陳祿，誓與此州存亡。男子當求生於死中，且徇國而死，不愈於臣賊而生乎！有異議者斬！」數引銳兵開門出擊賊，破之。數，所角翻。巢益怒，營於州北，立宮室百司，爲持久之計。時民間無積聚，賊掠人爲糧，生投於碓磑，碓，都內翻。磑，五對翻。

併骨食之，號給糧之處曰「舂磨寨」。舂磨寨，卽設碓磑處。碓以舂，磑以磨。磨，莫臥翻。縱兵四掠，自河南、許、汝、唐、鄧、孟、鄭、汴、曹、濮、徐、兗等數十州，咸被其毒。此河南，謂洛州河南府。被，皮義翻。

19 初，上蔡人劉謙爲嶺南小校，節度使韋宙奇其器，咸通中，韋宙帥嶺南。以兄女妻之。妻，七細翻。考異曰：新傳：「宙弟岫，亦有名。宙在嶺南，以從女妻小校劉謙。或諫止之，岫曰：『吾子孫或當依之。』」薛居正五代史：「韋宙出鎭南海，謙時爲牙校，宙以猶女妻之。」北夢瑣言曰：「丞相韋公宙出鎭南海，有小將劉謙者，職級甚卑，氣宇殊異，乃以從女妻之。其内以非我族類，慮招物議，風諸幕僚諫止之。丞相曰：『此人非常流也，他日吾子孫或可依之。』謙以軍功拜封州刺史，韋夫人生子曰隱、曰巖。」十國紀年曰：「劉謙望，字德光，亦名知謙，後止名謙，唐咸通中爲廣州牙將，韋宙以兄女妻之。」新傳云岫知謙，恐誤。今從瑣言、紀年。謙擊羣盜，屢有功，辛丑，以謙爲封州刺史。劉謙始此。

20 加東川節度使楊師立同平章事。

21 宣武節度使朱全忠帥所部數百人赴鎭，帥，讀曰率。秋，七月，丁卯，至汴州。時汴、宋荐饑，公私窮竭，内外【張：「外」作「則」。】驕軍難制，外爲大敵所攻，無日不戰，衆心危懼，而全忠勇氣益振。詔以黃巢未平，加全忠東北面都招討使。爲朱全忠以宣武兵併吞諸鎭、卒移唐祚張本。

22 南詔遣布燮楊奇肱來迎公主。詔陳敬瑄與書，辭以「鑾輿巡幸，儀物未備，俟還京邑，然後出降。」奇肱不從，直前至成都。

23 李克用自長安引兵還鴈門，尋有詔，以克用爲河東節度使，召鄭從讜詣行在。克用乃自東道過榆次，詣鴈門省其父。省，悉景翻。克用尋牓河東，安慰軍民曰：「勿爲舊念，各安家業。」以河東之人前此數與克用戰，恐其不自安，故牓諭之。考異曰：舊紀：「五月，李克用充河東節度使。七月，詔鄭從讜赴行在。」新紀：「五月，從讜爲司空同平章事。」賈緯唐年補錄：「五月，制：『李諱可同平章事，充河東節度使。』（註云：按薛史：「晉天福六年，二月，賈緯撰唐年補錄上之。」又曰：「賈緯，眞定獲鹿人，以唐諸帝實錄，自武宗以下缺而不紀，乃採掇近代傳聞之事及諸家小說第其年月，編爲唐年補錄，凡六十五卷。歷事唐、晉、漢、周，故不敢稱克用名」。）舊從讜傳：「三年，克用授河東節度，代從讜。五月十五日，從讜離太原，道途多寇，行次絳州，留駐數月。冬，詔使追赴行在，復輔政。」唐末見聞錄曰：「五月，敕除李尙書鴈門節度使。六月二十五日，鴈門節度使李僕射般次於府東路過。六月內，有除目到，相公除替赴闕，鴈門節度李相公除河東節度使。十五日，相公取西明門進發。當月內，新使李相公有牓示，安撫在城軍人百姓，曰：『無懷舊念，各仰安家。』」又曰：「晉王諱克用，中和三年五月一日，自鴈門節度使拜平章事，充河東節度使。」按克用除河東及從讜復輔政，諸書月日不同。舊紀五月除克用，七月從讜赴行在，不言入相。新紀五月已爲相，尤誤。舊從讜傳，五月十五日離太原，又與紀相違。唐年補錄五月制，止褒賞克用，朱玫、東方逵三人，制詞鄙俚，疑其非實。唐末見聞錄初云六月除河東，後復云五月一日。據實錄、後唐太祖紀年錄、薛居正五代史皆在七月，今從之。從讜此年九月爲東都留守，光啓二年二月方再入相。

24 左驍衞上將軍楊復光卒于河中；復光慷慨喜忠義，喜，許記翻。善撫士卒，軍中慟哭累日，八都將鹿晏弘等各以其衆散去。田令孜素畏忌之，聞其卒，甚喜，因擯斥其兄樞密使復恭爲飛龍使。令孜專權，人莫與之抗，惟復恭數與之爭得失，故令孜惡之，復恭因稱疾歸藍田。數，所角翻。惡，烏路翻。

25 以成德留後王鎔、魏博留後樂行達、天平留後朱瑄爲本道節度使。

26 司徒、門下侍郎、同平章事鄭畋，雖當播越，猶謹法度。田令孜爲判官吴圓求郎官，吴圓，田令孜之屬官。爲，于僞翻。畋不許；陳敬瑄欲立於宰相之上，畋以故事，使相品秩雖高，皆居眞相之下，固爭之；唐末，凡節度使帶平章事及檢校三省長官、三公、三師者，皆謂之使相。二人乃令鳳翔節度使李昌言上言：「軍情猜忌，不可令畋扈從過此。」元年，昌言逐畋以攘鳳翔，故二人嗾之上言，以罷畋相。自是之後，朝廷進退宰相，率受制於藩鎮矣。從，才用翻。畋亦累表辭位，乃罷爲太子太保，又以其子兵部侍郎凝績爲彭州刺史，使之就養。宋白曰：唐垂拱三年，以益州九隴縣置彭州，取古天彭闕爲名。養，羊尚翻。以兵部尚書判度支裴澈爲中書侍郎、同平章事。

27 八月，甲辰，李克用至晉陽。李克用自此以晉陽爲爭天下根本。詔以前振武節度使李國昌爲代北節度使，鎭代州。

28 升湖南爲欽化軍，以觀察使閔勗爲節度使。

29 九月，加陳敬瑄兼中書令，進爵潁川郡王。

30 感化節度使時溥營於溵水；過黃巢之兵，且爲陳州聲援也。加溥東面兵馬都統。

31 以荆南留後陳儒爲節度使。

32 昭義節度使孟方立，以潞州地險人勁，屢篡主帥，欲漸弱之，乃遷治所於邢州，事見上年。帥，所類翻。大將家及富室皆徙山東，潞人不悅。監軍祁審誨因人心不安，使武鄉鎮使安居受潛以蠟丸乞師於李克用，請復軍府於潞州。武鄉與河東巡屬遼州鄰境，故使其鎮將乞師。是後方鎮率分置鎮將於諸縣，縣令不得舉其職矣。宋白曰：武鄉縣本漢涅縣地，晉始置武鄉郡，縣屬焉。冬，十月，克用遣其將賀公雅等赴之，爲方立所敗；敗，補邁翻。又遣李克脩擊之，辛亥，取潞州，考異曰：實錄：「克用表李克脩爲節度使，於是分昭義軍五州爲二鎮。」薛居正五代史孟方立傳曰：「潞人陰乞師於武皇，中和三年十月，武皇遣李克脩將兵赴之，方立拒戰，大敗之。由是連收澤、潞二郡，乃以克脩爲節度使。」按薛史張全義傳：「諸葛爽表全義爲澤州刺史，爽卒，李罕之據澤州。」蓋克脩止得潞州，澤爲河陽所取也。殺其刺史李殷銳。是後克用每歲出兵爭山東，三州之人半爲俘馘，野無稼穡矣。昭義邢、洺、磁三州在山東。

33 以宗女爲安化長公主，慶州安化郡。妻南詔。妻，七細翻。

34 劉漢宏將十餘萬衆出西陵，將擊董昌；戊午，錢鏐濟江迎戰，大破之，漢宏易服持鱠刀而遁。使敵人見之以爲庖丁，不疑爲漢宏也。己未，漢宏收餘衆四萬又戰，鏐又破之，斬其弟漢容及將辛約。

35 十一月，甲子朔，秦宗權圍許州。

36 忠武大將鹿晏弘帥所部自河中南掠襄、鄧、金、洋，所過屠滅，聲云西赴行在。宋白曰：金州，漢漢中郡之西城縣也。魏文帝置西城郡，後改魏興郡；梁置北梁州，尋改爲南梁州；西魏置東梁州，因其地出金，改爲金州。洋州，漢成固縣地，後漢封班超於此。晉爲南鄉縣，尋改西鄉，西魏置洋州。帥，讀曰率。洋，音祥。十二月，至興元，逐節度使牛勗，勗奔龍州西山。龍州西山，松、茂二州界，時已沒於蠻中。晏弘據興元，自稱留後。

37 武寧節度使時溥「武寧」，當作「感化」。因食中毒，中，竹仲翻。疑判官李凝古而殺之。凝古父損，爲右散騎常侍，在成都，溥奏凝古與父同謀；田令孜受溥賂，令御史臺鞫之。侍御史王華爲損論冤，令孜矯詔移損下神策獄，爲，于僞翻。下，戶嫁翻。華拒而不遣。蕭遘奏：「李凝古行毒，事出曖昧，已爲溥所殺，父損相別數年，聲問不通，安得誣以同謀！溥恃功亂法，陵蔑朝廷，欲殺天子侍臣；若徇其欲，行及臣輩，朝廷何以自立！」由是損得免死，歸田里。時令孜專權，羣臣莫敢迕視，迕，五故翻。惟遘屢與爭辯，朝廷倚之。

38 升浙東爲義勝軍，以劉漢宏爲節度使。

39 趙犨遣人間道求救於鄰道，間，古莧翻。於是周岌、時溥、朱全忠皆引兵救之。全忠與黄巢之黨戰於鹿邑，敗之，斬首二千餘級，遂引兵入亳州而據之。鹿邑，後魏陳留武平縣也，隋開皇十八年，更名鹿邑，唐屬亳州。九域志：在州西一百三十里。敗，補邁翻。

四年（甲辰、八八四）

1春，正月，以鹿晏弘爲興元留後。

2賜魏博節度使樂行達名彥禎。

3東川節度使楊師立以陳敬瑄兄弟權寵之盛，田令孜、陳敬瑄兄弟也。心不能平。敬瑄之遣高仁厚討韓秀昇也，見上二月。語之曰：「成功而還，語，牛倨翻。還，從宣翻。當奏天子，以東川相賞。」師立聞之，怒曰：「彼此列藩，而遽以我疆土許人，是無天地也！」田令孜恐其爲亂，因其不發兵防遏，徵師立爲右僕射。

4黃巢兵尚強，周岌、時溥、朱全忠不能支，共求救於河東節度使李克用。二月，克用將蕃、漢兵五萬出天井關；河陽節度使諸葛爽辭以河橋不完，謂河陽橋也。屯兵萬善以拒之。克用乃還兵自陝、河中渡河而東。考異曰：唐末見聞錄：「晉王三月十三日發大軍討黃巢。」太祖紀年錄：「正月，太祖帥師五萬自澤潞將下天井關，河陽屯萬善，乃改轅蒲、陝渡河。」薛居正五代史但云四年春。按四月已與巢戰，三月十三日發晉陽，似太晚。又克用表云：「昨二月內，頻得陳、許、徐、汴書牒。」今從舊傳。又克用自訴上表云：「遂從陝服，徑達許田。」是於蒲、陝兩道度兵也。

5楊師立得詔書，怒，不受代，殺官告使及監軍使，官告使，奉右僕射告身以徵師立者也。監軍使，東川監軍。舉兵，以討陳敬瑄爲名，大將有諫者輒殺之，進屯涪城，涪城，漢涪縣地，東晉置始平郡，後魏改爲涪城及潼縣，隋改潼爲涪城，唐初屬綿州，後屬梓州。九域志：在州西北五十五里。涪，音浮。遣其將郝鐲襲綿州，不克。丙午，以陳敬瑄爲西川、東川、山南西道都指揮、招討、安撫、處置等使。處，昌呂翻。三月，甲子，楊師立移檄行在百官及諸道將吏士庶，數陳敬瑄十罪，考異曰：張彰耆舊傳：「中和四年，四月十五日，東川楊師立反。」下載師立檄文，則云「三月三日」，自相違。今從實錄。數，所具翻。自言集本道將士、八州壇丁共十五萬人，按新書路巖傳，巖帥西川，置定邊軍於邛州，扼大度，治故關，取壇丁子弟，教擊刺，使補屯籍。則壇丁者，蜀中邊郡民兵也。又按路振九國志，石處溫事孟知祥，補萬州管內諸壇點檢指揮使。見得蜀中諸郡皆有壇丁。長驅問罪。詔削師立官爵，以眉州防禦使高仁厚爲東川留後，將兵五千討之，以西川押牙楊茂言爲行軍副使。

6 朱全忠擊黃巢瓦子寨，拔之；黃巢撤民居以爲寨屋，謂之瓦子寨。巢將陝人李唐賓、楚丘王虔裕降于全忠。陝，失冉翻。降，戶江翻。

7 婺州人王鎮執刺史黃碣，降于錢鏐。碣，其謁翻。劉漢宏遣其將婁賚殺鎮而代之，浦陽鎮將蔣瓌召錢鏐兵共攻婺州，水經註：浦陽江源出烏傷縣，東逕諸暨縣，與洩溪合。唐婺州，漢烏傷之地也，天寶十三載，分婺州之義烏、蘭溪及杭州之富陽，置浦陽縣。擒賚而還。碣，閩人也。

8 高駢從子左驍衞大將軍澞，從，才用翻。澞，虞俱翻。疏呂用之罪狀二十餘幅，密以呈駢，且泣曰：「用之內則假神仙之說，蠱惑尊聽；外則盜節制之權，殘賊百姓；將佐懼死，莫之敢言。歲月浸深，羽翼將成，苟不除之，恐高氏奕代勳庸，一朝掃地矣！」因嗚咽不自勝。勝，音升。駢曰：「汝醉邪！」命扶出。明日，以澞狀示用之，用之曰：「四十郎嘗以空乏見告，澞第四十。未獲遵命，故有此憾。」因出澞手書數幅呈之。駢甚慚，遂禁澞出入；後月餘，以澞知舒州事。

羣盜陳儒攻舒州，澞求救於廬州。楊行愍力不能救，謀於其將李神福，神福請不用寸刃而逐之。乃多齎旗幟，間道入舒州，九域志：廬州南至舒州四百二十里。間，古莧翻。頃之，引舒州兵建廬州旗幟而出，指畫地形，若布大陳狀；賊懼，宵遁。賊畏廬州兵，故宵遁。兵有先聲而後實，此其近之。陳，讀曰陣。神福，洺州人也。路振九國志曰：李神福，洺州人，隸上黨軍籍。高駢兼諸道行營都統，神福從州將戍淮海，因投楊行密。

久之，羣盜吳迴、李本復攻舒州，復，扶又翻。澞不能守，棄城走，駢使人就殺之。楊行愍遣其將合肥陶雅、清流張訓等將兵擊吳迴、李本，擒斬之，合肥，漢古縣，唐帶廬州。清流，漢全椒縣地，隋置清流縣，唐帶滁州。以雅攝舒州刺史。秦宗權遣其弟將兵寇廬州，據舒城，開元二十三年，分合肥、廬江置舒城縣，屬廬州。九域志：在州西南一百一十里。楊行愍遣其將合肥田頵擊走之。頵，於倫翻。

9 前杭州刺史路審中客居黃州，路審中爲董昌所拒，見上卷元年。聞鄂州刺史崔紹卒，募兵三千人入據之。武昌牙將杜洪亦逐岳州刺史而代之。

10 黃巢圍陳州幾三百日，幾，居依翻。趙犨兄弟與之大小數百戰，雖兵食將盡，而衆心益固。李克用會許、汴、徐、兖之軍于陳州；時尚讓屯太康，太康，漢陽夏縣，隋改曰太康，以縣東有太康城也，唐屬陳州。夏，四月，癸巳，諸軍進拔太康。黃思鄴屯西華，西華，漢縣，唐屬陳州。九域志：在州西八十里。諸軍復攻之，復，扶又翻；下同。思鄴走。黃巢聞之懼，退軍故陽里，故陽里，在陳州城北。陳州圍始解。

朱全忠聞黃巢將至，引軍還大梁。五月，癸亥，大雨，平地三尺，黃巢營爲水所漂，且聞李克用將至，遂引兵東北趣汴州，趣，七喻翻。屠尉氏。尚讓以驍騎五千進逼大梁，至于繁臺；繁臺，本師曠吹臺，梁孝王增築。水經註：吹臺，在浚儀城南牧澤之右。牧澤者，今之蒲關澤，卽此澤也。宣武將豐人朱珍、南華龐師古擊卻之。豐，漢縣，唐屬徐州。九域志：在徐州西北一百四十里。全忠復告急於李克用，丙寅，克用與忠武都監使田從異發許州，戊辰，追及黃巢於中牟北王滿渡，按舊書帝紀，王滿渡乃汴河所經津濟之地。乘其半濟，奮擊，大破之，殺萬餘人，賊遂潰。尚讓帥其衆降時溥，帥，讀曰率；下同。別將臨晉李讜、曲周霍存、甄城葛從周、冤句張歸霸及【章：十二行本「及」下有「從」字；乙十一行本同；孔本同；張校同。】弟歸厚帥其衆降朱全忠。臨晉，古地名，隋分猗氏，置桑泉縣，天寶十三載，改爲臨晉，屬河中府。九域志：在府北六十五里。曲周，漢古縣，中廢，隋分洺水復置，唐屬洺州，宋廢爲鎮，屬雞澤縣。「甄城」，當作「鄄城」，亦漢古縣，唐帶濮州。史言朱全忠後吞諸鎮，多用所降黄巢將。鄄，吉掾翻。考異曰：崇文院有梁功臣列傳，不著撰人名氏，云：「張歸厚，祖興，父處讓。歸厚中和末，與伯季自冤句相率來投。」薛居正五代史：「張歸霸祖進言，父實。」歸厚傳無父、祖，但云與兄歸霸皆來降。據梁功臣傳，父祖與歸霸不同，當是從弟。巢踰汴而北，己巳，克用追擊之於封丘，又破之。庚午夜，復大雨，賊驚懼東走，克用追之，過胙城、匡城。胙城，漢南燕縣，隋改曰胙城，唐屬滑州。九域志：在州南九十里。宋白曰：胙城縣，本古之胙國，又爲古之燕國，漢爲南燕縣。隋文帝因覽奏狀，見南燕縣名，因曰：「今天下一統，何南燕之有！」遂改爲胙城。巢收餘衆近千人，東奔兗州。近，其靳翻。辛未，克用追至冤句，騎能屬者纔數百人，屬，之欲翻。晝夜行二百餘里，人馬疲乏，糧盡，乃還汴州，欲裹糧復追之，獲巢幼子及乘輿器服符印，乘，繩證翻。得所掠男女萬人，悉縱遣之。

11 癸酉，高仁厚屯德陽，楊師立遣其將鄭君雄、張士安據鹿頭關以拒之。

12 甲戌，李克用至汴州，營於城外；朱全忠固請入城，館於上源驛。晉天福五年，改東京上源驛爲都亭驛。全忠就置酒，聲樂、饌具皆精豐，禮貌甚恭；克用乘酒使氣，語頗侵之，饌，雛戀翻，又雛皖翻。李克用蓋言全忠從黄巢爲寇，觸其實也。全忠不平。薄暮，罷酒，從者皆霑醉，霑醉，言飲酒大醉，胸襟霑濕，不能自持也。從，才用翻。宣武將楊彦洪密與全忠謀，連車樹栅以塞衢路，塞，悉則翻。發兵圍驛而攻之，呼聲動地。克用醉，不之聞；親兵薛志勤、史敬思等十餘人格鬭，侍者郭景銖滅燭，扶克用匿牀下，以水沃其面，徐告以難，呼，火故翻。難，乃旦翻。克用始張目援弓而起。志勤射汴人，死者數十。援，于元翻。射，而亦翻。須臾，煙火四合，會大雨震電，天地晦冥，志勤扶克用帥左右數人帥，讀曰率。踰垣突圍，乘電光而行，汴人扼橋，力戰得度，史敬思爲後拒，戰死。克用登尉氏門，尉氏門，汴城南門也，梁開平元年改爲高明門，晉天福三年改爲薰風門。縋城得出，監軍陳景思等三百餘人，皆爲汴人所殺。楊彥洪謂全忠曰：「胡人急則乘馬，見乘馬則射之。」是夕，彥洪乘馬適在全忠前，全忠射之，殪。射，而亦翻。殪，壹計翻。考異曰：梁太祖編遺錄：「甲戌，幷帥自曹南旋師，上出封丘門迎勞之。克用堅請入州內，上初止之，乃於門外陳設次舍，將安泊之。克用不諾，因縱蕃騎突入，馳至上源驛。既不可遏，上乃與之並轡，送至驛亭。是日晚備宴，宴罷，復張樂，繼燭而飲。克用酒酣使氣，廣須樂妓，頗恣無厭之欲；又以醜言陵侮於上。時蕃將皆被甲冑以衞克用。上既甚不懽，遽起圖之，遂令都將楊彥洪潛率甲士入驛戮之。時夜將半，克用沈醉，忽大雷雨暴至，克用不覺，近侍人乃滅燭推於床下藏之。蕃戎與我師鬭，戰移時方敗，楊彥洪中流矢而斃。是時陰黑，克用遇一卒，背負登尉氏門，因得懸縋而出，乘牛行數里以投其衆，餘親衞數百人，皆勦之。其後克用至太原，以是事表訴于唐帝，蒲帥亦繼馳書請上與克用和解，上終不釋憾。」此乃敬翔飾非，今不取。實錄：「甲戌，李克用次汴州，駐軍近郊，朱全忠請館于上源驛，乃以腹心三百餘自衞。全忠以克用兵從簡少，大軍在遠，謀害之。是夜，置酒，宴罷，以兵圍驛，縱火焚之。」薛居正五代史梁太祖紀曰：「五月，甲戌，帝與晉軍振旅歸汴，館克用於上源驛，既而備犒宴之禮。克用乘醉任氣，帝不平之。是夜，命甲士圍而攻之。」後唐武皇紀曰：「班師過汴，汴帥迎勞於封禪寺，請武皇休於府第，乃館於上源驛。是夜，張樂陳宴席，武皇酒酣，戲諸侍妓，與汴帥握手，敍破賊事以爲樂。汴帥素忌武皇，乃與其將楊彥洪密謀竊發，攻傳舍。」按全忠是時兵力尚微，天下所與爲敵者，非特患克用一人，而借使殺之，不能併其軍，奪其地也。蓋克用恃功，語或輕慢，全忠出於一時之忿耳。今從薛史梁紀。

克用妻劉氏，多智略，左右先脫歸者以汴人爲變告，劉氏神色不動，立斬之，陰召大將約束，謀保軍以還。比明，克用至，還，從宣翻。比，必利翻，及也。欲勸兵攻全忠，劉氏曰：「公比爲國討賊，救東諸侯之急，比，毗至翻，近也。爲，于僞翻。東諸侯，用左傳語，謂東方諸鎮。今汴人不道，乃謀害公，自當訴之朝廷。若擅舉兵相攻，則天下孰能辨其曲直！且彼得以有辭矣。」克用從之，引兵去，但移書責全忠。全忠復書曰：「前夕之變，僕不之知，朝廷自遣使者與楊彥洪爲謀，彥洪既伏其辜，惟公諒察。」

克用養子嗣源，年十七，從克用自上源出，矢石之間，獨無所傷。嗣源本胡人，名邈佶烈，無姓。李嗣源始此。佶，極吉翻。克用擇軍中驍勇者，多養爲子，名回鶻張政之子曰存信，按薛居正五代史，存信本名張汚落。振武孫重進曰存進，許州王賢曰存賢，安敬思曰存孝，皆冒姓李氏。此所謂義兒也。歐陽脩曰：唐自沙陀起代北，其所與俱，皆一時雄傑虓武之士，往往養爲兒，號義兒軍。

丙子，克用至許州故寨，求糧於周岌，岌辭以糧乏，乃自陝濟河還晉陽。

13 鄭君雄、張士安堅壁不出，高仁厚曰：「攻之則彼利我傷，圍之則彼困我逸。」遂列十二寨圍之。丁丑，夜二鼓，夜二鼓，夜二更也。持更者每一更則鼓一聲，二更則鼓二聲，故謂二更爲二鼓，亦謂之乙夜。君雄等出勁兵掩擊城北副使寨，楊茂言不能禦，帥衆棄寨走，帥，讀曰率；下同。其旁數寨見副使走，亦走。東川人併兵南攻中軍，仁厚聞之，大開寨門，設炬火照之，自帥士卒爲兩翼伏道左右。賊至，見門開，不敢入，還去，仁厚發伏擊之，東川兵大奔，追至城下，蹙之壕中，斬獲甚衆而還。

仁厚念諸棄寨走者，明旦所當誅殺甚多，乃密召孔目官張韶，諭之曰：「爾速遣步探子將數十人分道追走者，步探子，遣之間步以刺探敵人，因名之。探，他紺翻。自以爾意諭之曰：『僕射幸不出寨，皆不知，仁厚以平阡能等之功，進檢校僕射。汝曹速歸，來旦牙參，【章：十二行本「參」下有「如常」二字；乙十一行本同；孔本同；張校同；退齋校同。】勿憂也。』」凡行營諸將，每旦赴大將營牙參。韶素名長者，長，知兩翻。衆信之，至四鼓，皆還寨；惟楊茂言走至張把，乃追及之。九域志：梓州郪縣有張杷鎮。「把」，當作「杷」。仁厚聞諸寨漏鼓如故，喜曰：「悉歸矣！」詰旦，諸將牙集，詰，去吉翻。以爲仁厚誠不知也。坐良久，仁厚謂茂言曰：「昨夜聞副使身先士卒，走至張把，有諸？」先，悉薦翻。對曰：「昨夜聞賊攻中軍，左右言僕射已去，遂策馬參隨，既而審其虛，復還寨中。」仁厚曰：「仁厚與副使俱受命天子，將兵討賊，若仁厚先走，副使當叱下馬，行軍法，代總軍事，然後奏聞。今副使既先走，又爲欺罔，理當何如？」茂言拱手曰：「當死。」仁厚曰：「然！」命左右扶下，斬之，諸將股栗。仁厚乃召昨夜所俘虜數十人，釋縛縱歸。縱俘，使歸言其事。君雄等聞之懼，曰：「彼軍法嚴整如是，自今兵不可復出矣！」左傳：晉人伐鄭，蒐焉而還，中行桓子之謀也。曰：「示之以整，使謀而來。」鄭於是懼。其後卒請成於晉。用兵嚴整，敵人懼之，蓋自古然矣。復，扶又翻。

14 庚辰，時溥遣其將李師悅將兵萬人追黃巢。

15 癸未，高仁厚陳於鹿頭關城下，陳，讀曰陣；下同。鄭君雄等悉衆出戰。仁厚設伏於陳後，陽敗走，君雄等追之，伏發，君雄等大敗；是夕，遁歸梓州。陳敬瑄發兵三千以益仁厚軍，進圍梓州。

容肇祖標點聶崇岐覆校

資治通鑑卷第二百五十六

端明殿學士兼翰林侍讀學士太中大夫提舉西京嵩山崇福宮上柱國河內郡開國公食邑二千二百戶食實封九百戶賜紫金魚袋臣司馬光　奉敕編集
後　學　天　台　胡三省　音　註

唐紀七十二 起閼逢執徐（甲辰）六月，盡強圉協洽（丁未）三月，凡二年有奇。

僖宗惠聖恭定孝皇帝下之上

中和四年（甲辰、八八四）

1 六月，壬辰，東川留後高仁厚奏鄭君雄斬楊師立出降。仁厚圍梓州久不下，乃爲書射城中，道其將士曰：道，讀曰導。爲，于僞翻。「仁厚不忍城中玉石俱焚，爲諸君緩師十日，射，而亦翻。使諸君自成其功。若十日不送師立首，當分見兵爲五番，見，賢遍翻。番分晝夜以攻之，於此甚逸，於彼必困矣。五日不下，四面俱進，克之必矣。諸君圖之！」數日，君雄大呼於衆曰：呼，火故翻。「天子所誅者元惡耳，他人無預也。」衆呼萬歲，大譟，突入府中，師立自殺，君雄挈其首出降。考異曰：張彥耆舊傳：「四年，七月一日，高僕射羽檄入城云云，師立自殺。七月三日，張、鄭二將持師立首級出降。七月七日，高僕射上東川。」句延慶傳曰：「三年，五月，高公進軍東川城下，飛檄入城，師立自刎。七月辛酉，師立首級至成都。」實錄：「六月丙申，高仁厚奏東川都將鄭君雄梟斬楊師立，傳首於行在。是日，詔以仁厚爲東川節度使。」續寶運錄：「二月，梓州觀察使楊師立反，敕差蜀將高仁厚等討平。六月三日，收得梓州幷楊師立首級至駕前。」新紀：「七月辛酉，楊師立伏誅。」今日從續寶運錄，事從實錄。仁厚獻其首及妻子于行在，陳敬瑄釘其子於城北，釘，丁定翻。敬瑄三子出觀之，釘者呼曰：呼，火故翻。「茲事行及汝曹，汝曹於後努力領取！」三子走馬而返。以高仁厚爲東川節度使。

2 甲辰，武寧將李師悅與尚讓追黃巢至瑕丘，敗之。宋白曰：春秋以郰子益來，囚諸負瑕。杜預註云：魯邑也，高平郡南平陽縣西北有瑕丘城，漢爲瑕丘縣。敗，補邁翻。巢衆殆盡，走至狼虎谷，狼虎谷，在泰山東南萊蕪界。丙午，巢甥林言斬巢兄弟妻子首，將詣時溥；遇沙陀博野軍，奪之，幷斬言首以獻於溥。黃巢乾符三年起兵爲盜，至是凡十年而滅。考異曰：續寶運錄曰：「尚讓降徐州，黃巢走至碣山，路被諸軍趁逼甚，乃謂外甥朱彥之云云。外甥再三不忍下手，黃巢乃自刎過與外甥。外甥將至，路被沙陀博野奪卻，兼外甥首級一時送都統軍中。」舊紀：「七月，癸酉，賊將林言斬黃巢、黃揆、黃秉三人首級降。」舊傳：「巢入泰山，徐帥時溥遣將張友與尚讓之衆掩捕之。至狼虎谷，巢將林言斬巢及二弟鄴、揆等七人首幷妻子函送徐州。」新紀：「七月壬午，黃巢伏誅。」新傳：「巢計蹙，謂林言曰：『汝取吾首獻天子，可得富貴，毋爲他人利。』言，巢甥也，不忍。巢乃自刎，不殊，言因斬之，函首將詣時溥，而太原博野軍殺言與巢首俱上。」今從新傳。

3 蔡州節度使秦宗權縱兵四出，侵噬鄰道；天平節度使朱瑄，有衆三萬，從父弟瑾，勇冠軍中。瑄，荀緣翻，當作「宣」。瑾，渠吝翻。冠，古玩翻。宣武節度使朱全忠爲宗權所攻，勢甚窘，窘，渠隕翻。求救於瑄，瑄遣瑾將兵救之，敗宗權於合鄉。敗，補邁翻。全忠德之，與瑄約爲兄弟。朱全忠反覆小人也，兵勢單弱，則與朱瑄爲兄弟，兵勢既強，則反眼爲仇敵，必誅屠以快其志而後已，如斯人可與共功名哉！

4 秋，七月，壬午，時溥遣使獻黃巢及家人首幷姬妾，上御大玄樓受之。大玄樓，成都羅城正南門樓。高駢之築成都羅城，既訖功，以周易筮之，得大畜。駢曰：「畜者，養也。濟以剛健篤實，輝光日新，吉孰大焉！文宣去下存上。」因名大玄城。宣問姬妾：「汝曹皆勳貴子女，世受國恩，何爲從賊？」其居首者對曰：「狂賊凶逆，國家以百萬之衆，失守宗祧，播遷巴、蜀；祧，他彫翻。今陛下以不能拒賊責一女子，置公卿將帥於何地乎！」上不復問，皆戮之於市。復，扶又翻。人爭與之酒，其餘皆悲怖昏醉，居首者獨不飲不泣，至於就刑，神色肅然。考異曰：張彰耆舊傳：「中和三年，五月二十日，北路軍前進到黃巢首級、妻、男。」今不取其年月而取其事。

5 朱全忠擊秦宗權，敗宗權于溵水。敗，補邁翻。

6 李克用至晉陽，大治甲兵，治，直之翻。遣榆次鎮將鴈門李承嗣奉表詣行在，自陳「有破黃巢大功，爲朱全忠所圖，僅能自免，將佐已下從行者三百餘人，幷牌印皆沒不返。古者授官賜印綬，常佩之於身，至解官則解印綬。至唐始置職印，任其職者，傳而用之。其印盛之以匣，當官者寘之臥內，別爲一牌，使吏掌之，以謹出入，印出而牌入，牌出則印入，故謂之牌印。全忠仍牓東都、陝、孟，云臣已死，行營兵潰，令所在邀遮屠翦，勿令漏失，將士皆號泣冤訴，號，戶刀翻。請復仇讎。臣以朝廷至公，當俟詔命，拊循抑止，復歸本道。乞遣使按問，發兵誅討，臣遣弟克勤將萬騎在河中俟命。」時朝廷以大寇初平，方務姑息，得克用表，大恐，但遣中使賜優詔和解之。克用前後凡八表，稱：「全忠妬功疾能，陰狡禍賊，異日必爲國患。惟乞下詔削其官爵，臣自帥本道兵討之，不用度支糧餉。」唐舊制，諸鎮兵出境征討，皆仰給度支。帥，讀曰率。上累遣楊復恭等諭指，稱：「吾深知卿冤，方事之殷，杜預曰：殷，盛也。余謂殷，衆也，言方事之衆多也。姑存大體。」克用終鬱鬱不平。時藩鎮相攻者，朝廷不復爲之辯曲直。復，扶又翻。爲，于僞翻。由是互相吞噬，惟力是視，皆無所稟畏矣！

7 八月，李克用奏請割麟州隸河東，麟州，本屬振武節度。考異曰：新方鎮表：「中和二年，河東節度增領麟州。」誤也。今從唐末見聞錄。又請以弟克脩爲昭義節度使，皆許之。由是昭義分爲二鎮。澤、潞爲一鎮，邢、洺、磁爲一鎮。進克用爵隴西郡王。克用奏罷雲蔚防禦使，依舊隸河東，武宗會昌三年，分河東雲、蔚、朔三州置大同軍都團練使，次年，升爲都防禦使。從之。

8 九月，己未，加朱全忠同平章事。

9 以右僕射、大明宮留守王徽知京兆尹事。上以長安宮室焚毁，故久留蜀未歸。徽招撫流散，戶口稍歸，復繕治宮室，百司粗有緒。治，直之翻。粗，坐五翻。冬，十月，關東藩鎮表請車駕還京師。

10 朱全忠之降也，義成節度使王鐸爲都統，承制除官。事見上卷二年。降，戶江翻。全忠初鎮大梁，事鐸禮甚恭，鐸依以爲援。汴、滑鄰道，而鐸於全忠有恩，故欲依以爲援。而全忠兵浸強，益驕倨，鐸知不足恃，表請還朝，朝，直遙翻。徙鐸爲義昌節度使。

11 鹿晏弘之去河中，王建、韓建、張造、晉暉、李師泰各帥其衆與之俱；見上卷本年。帥，讀曰率。及據興元，以建等爲巡內刺史，不遣之官。晏弘猜忌，衆心不附，王建、韓建素相親善，晏弘尤忌之，數引入臥內，數，所角翻。待之加厚，二建相謂曰：「僕射甘言厚意，疑我也，禍將至矣！」田令孜密遣人以厚利誘之，十一月，二建與張造、晉暉、李師泰帥衆數千逃奔行在，誘，音酉。考異曰：實錄：「九月，山南西道節度使鹿晏弘爲禁軍所討，棄城奔許州。晏弘大將韓建、王建、張造、晉暉、李師泰各帥本軍降。田令孜以建等楊復光故將，薄其賞，皆除諸衞將軍。十一月戊午朔，建等以軍三千至行在，田令孜錄爲假子，統以舊軍，號隨駕五都。」按建等既降，始遣禁軍討晏弘。實錄云九月晏弘棄城去，太早。十一月又云建等降，重複。上云賞薄，下云爲假子，自相違。新傳：「帝還，晏弘懼見討，引兵走許州。王建帥義勇四軍迎帝西縣。」按帝尚在成都，云迎帝西縣，亦誤也。今月從實錄，事從薛居正五代史王建、韓建傳。令孜皆養爲假子，賜與巨萬，拜諸衞將軍，使各將其衆，號隨駕五都。田令孜先已募新軍五十四都分隸兩神策軍，今得王建、韓建、張造、晉暉、李師泰五將之兵，不敢分其衆隸兩軍，別號隨駕五都。又遣禁兵討晏弘，晏弘棄【章：十二行本「棄」上有「率衆」二字；乙十一行本同；張校同。】興元走。鹿晏弘得興元，未期年而棄之。

12 初，宦者曹知慤，本華原富家子，有膽略。黃巢陷長安，知慤歸鄉里，集壯士，據嵯峨山南，爲堡自固，嵯峨山在京兆雲陽縣北十五里。巢黨不敢近。近，其靳翻。知慤數遣壯士變衣服語言，效巢黨，夜入長安攻賊營，數，所角翻。賊驚以爲鬼神；又疑其下有叛者，由是心不自安。朝廷聞而嘉之，就除內常侍，賜金紫。知慤聞車駕將還，謂人曰：「吾施小術，使諸軍得成大功，曹知慤自言賊衆病於己之宵攻，已無固志，諸鎮大軍臨之，因得成收復京城之功。從駕羣臣但平步往來，俟至大散關，當閱其可歸者納之。」從，才用翻。行在聞之，恐其爲變；田令孜尤惡之，惡，烏路翻。密以敕旨諭邠寧節度使王行瑜，使誅之，按光啓二年，王行瑜斬朱玫，三年，始命爲邠寧節度使，此時蓋爲邠寧將也。行瑜潛師自嵯峨山北乘高攻之，知慤不爲備，舉營盡殪。令孜益驕橫，禁制天子，不得有所主斷。上患其專，時語左右而流涕。殪，壹計翻。橫，戶孟翻。斷，丁亂翻。語，牛倨翻。

13 鹿晏弘引兵東出襄州，秦宗權遣其將秦誥、趙德諲將兵會之，諲，伊眞翻。共攻襄州，陷之；山南東道節度使劉巨容奔成都。劉巨容不肯追滅黃巢，欲養寇以自資，自以襄陽爲菟裘也，而地奪於趙德諲，身死於田令孜之手，玩寇而邀君，果何益哉！考異曰：實錄：「光啓元年四月，蔡賊攻陷襄州，劉巨容死焉。」新傳：「晏弘引麾下東出襄、鄧，宗權遣趙德諲合晏弘兵攻襄州，巨容不能守，奔成都。」龍紀元年，田令孜殺之。」按晏弘中和四年十一月已據許州，又，巨容所以奔成都，以天子在蜀故也。今從新傳。德諲，蔡州人也。

晏弘引兵轉掠襄、鄧、均、房、廬、壽，復還許州；鹿晏弘自許州從楊復光勤王，見二百五十四卷中和元年。宋白曰：均州，漢武當縣地，齊永明七年，於今鄖鄉縣置齊興郡，西魏置興州，尋改豐州，周武成元年，自今鄖鄉城移延岑城，今郡理是也。隋改均州，因均水爲名。忠武節度使周岌聞其至，棄鎮走，晏弘遂據許州，考異曰：實錄：「鹿晏弘陷許州，殺節度使周岌，據其鎮。」又曰：「初，晏弘據有興元，都將王建等帥衆歸行在，乃詔禁兵討之。晏弘懼，棄城歸鄉里。周岌聞其至，遁去。晏弘自稱留後，朝廷因以節旄命之。」始云「殺」，後云「遁去」，自相違，今從其後。自稱留後，朝廷不能討，因以爲忠武節度使。

14 十二月，己丑，陳敬瑄表辭三川都指揮、招討、制置、安撫等使；從之。去年以楊師立舉兵，敬瑄兼三川都指揮等使，師立既死，故辭之。

15 初，黃巢轉掠福建，見二百五十三卷乾符五年。建州人陳巖聚衆數千保鄉里，號九龍軍，福建觀察使鄭鎰奏爲團練副使。泉州刺史、左廂都虞候李連有罪，亡入溪洞，【章：十二行本「洞」下有「合衆攻福州」五字；乙十一行本同；孔本同；張校同；退齋校同。】巖擊敗之。敗，補邁翻。鎰畏巖之逼，表巖自代，壬寅，以巖爲福建觀察使。巖爲治有威惠，閩人安之。治，直吏翻。考異曰：實錄：「七月，泉州刺史陳巖逐福建觀察使鄭鎰，自知使務。」又曰：「十二月壬寅，以巖爲福建觀察使。巖既逐鎰，逼鎰薦己爲代，朝廷因命之。」按巖既逐鎰，則鎰不在福州，巖安能逼之薦己！新王潮傳亦曰：「黃巢將竊有福州，王師不能下，建人陳巖帥衆拔之。又逐觀察使鄭鎰，自領州，詔卽授刺史。」按劉恕閩錄：「黃巢陷閩越，巖聚衆千餘人，號九龍軍，福建觀察使鄭鎰奏爲團練副使。左廂都虞候李連驕慢不法，縱其徒爲郡人患，巖將按誅之，連奔谿洞中，合衆攻福州，巖擊破之。鎰表巖自代，拜觀察使。」今從之。

16 義昌節度使兼中書令王鐸，厚於奉養，過魏州，侍妾成列，服御鮮華，如承平之態；魏博節度使樂彦禎之子從訓，伏卒數百於漳南高雞泊，圍而殺之，及賓僚從者三百餘人皆死，掠其資裝侍妾而還。史言王鐸以承平之態處亂世，至於喪身亡家，誨盜誨淫，自取之也。從，才用翻。還，從宣翻，又如字。彦禎奏云爲盜所殺，朝廷不能詰。

17 賜邠寧軍號曰靜難。難，乃旦翻。

18 是歲，餘杭鎮使陳晟逐睦州刺史柳超，潁州都知兵馬使汝陰王敬蕘逐其刺史，汝陰，漢縣，唐帶潁州。蕘，如招翻。各領州事，朝廷因命爲刺史。

19 均州賊帥孫喜聚衆數千人，謀攻州城，刺史呂燁不知所爲。都將武當馮行襲伏兵江南，武當，漢縣，唐帶均州。江南，漢江之南也。帥，所類翻。將，卽亮翻。自乘小舟迎喜，謂曰：「州人得良牧，無不歸心，然公所從之卒太多，州人懼於剽掠，剽，匹妙翻。尚以爲疑。不若置軍江北，獨與腹心輕騎俱進，行襲請爲前道，道，讀爲導，一讀如字。以請爲前道告諭爲一句，言先路告諭均州之人也。請爲，于僞翻。告諭州人，無不服者矣。」喜以爲然，從之；既渡江，軍吏迎謁，伏兵發，行襲手擊喜，斬之，從喜者皆死，從，才用翻。江北軍望之俱潰。山南東道節度使上其功，上，時掌翻。考異曰：薛居正五代史行襲傳曰：「洋州節度使葛佐奏辟爲行軍司馬，請將兵鎮谷口，通秦、蜀道，由是益知名。」新傳曰：「行襲乘勝逐刺史呂燁，據均州，劉巨容因表爲刺史。武定節度使楊守忠表爲行軍司馬，使領兵搤谷口以通秦、蜀。」新紀：「光啓元年，四月，武當賊馮行襲陷均州，逐刺史呂燁。」在劉巨容奔成都後。行襲傳云巨容以功上言，誤也。今從薛史。按若以薛史爲據，當言洋州節度使上其功。詔以行襲爲均州刺史。州西有長山，當襄、鄧入蜀之道，羣盜據之，抄掠貢賦，抄，楚交翻。行襲討誅之，蜀道以通。

20鳳翔節度使李昌言病，表弟昌符知留後。昌言薨，制以昌符爲鳳翔節度使。考異曰：諸書皆無昌言卒年月，惟實錄於李昌符傳中云：「李昌言病，請昌符權留後，昌言死，詔除節度使。」按實錄，中和三年五月，昌言加檢校司徒，光啓元年二月，昌符始見。故以昌言薨附於中和四年之末。

21時黄巢雖平，秦宗權復熾，復，扶又翻。命將出兵，寇掠鄰道，陳彦侵淮南，秦賢侵江南，秦誥陷襄、唐、鄧，孫儒陷東都、孟、陜、虢，張晊陷汝、鄭，盧瑭攻汴、宋，自孫儒以下，事皆在是年之後，史概言之。所至屠翦焚蕩，殆無孑遺。晊，之日翻。孑，吉列翻。毛萇曰：孑遺，孑然遺失也。按孑，單也，孤也。無孑遺者，言無孤單之遺餘也。其殘暴又甚於巢，軍行未始轉糧，車載鹽尸以從。以死人尸實之以鹽，以供軍糧。從，才用翻。北至衞、滑，西及關輔，東盡青、齊，南出江、淮，州鎮存者僅保一城，極目千里，無復煙火。上將還長安，畏宗權爲患。

光啓元年（乙巳、八八五）是年三月改元。

1春，正月，戊午，下詔招撫之。

2 己卯，車駕發成都，陳敬瑄送至漢州而還。

3 荆南監軍朱敬玫所募忠勇軍暴横，【章：十二行本「横」下有「節度使」三字；乙十一行本同；退齋校同。】陳儒患之。鄭紹業之鎭荆南也，廣明元年，朱敬玫募忠勇軍；鄭紹業鎭荆南，亦是年也。事並見上卷。横，戶孟翻。遣大將申屠琮將兵五千擊黄巢於長安；軍還，儒告琮，使除之。忠勇將程君從聞之，帥其衆奔朗州，奔雷滿也。帥，讀曰率。琮追擊之，殺百餘人，【章：十二行本「人」下有「餘衆皆潰」四字；乙十一行本同；退齋校同；孔本有「皆潰」二字，無「餘衆」二字。】自是琮復專軍政。復，扶又翻。

雷滿屢攻掠荆南，儒重賂以卻之。淮南將張瓌、韓師德叛高駢，據復、岳二州，自稱刺史，儒請瓌攝行軍司馬，師德攝節度副使，將兵擊雷滿。師德引兵上峽大掠，上，時掌翻。峽，巫峽也。歸于岳州；瓌還兵逐儒而代之。儒將奔行在，瓌劫還，囚之。中和二年，陳儒代鄭紹業，至是而敗。瓌，渭【嚴：「渭」改「滑」。】州人，性貪暴，荆南舊將夷滅殆盡。

先是，朱敬玫屢殺大將及富商以致富，先，悉薦翻。朝廷遣中使楊玄晦代之。敬玫留居荆南，嘗曝衣，瓌見而欲之，遣卒夜攻之，殺敬玫，盡取其財。瓌惡牙將郭禹慓悍，惡，烏路翻。慓，匹妙翻。悍，下罕翻，又侯旰翻。欲殺之，禹結黨千人亡去，庚申，襲歸州，據之，自稱刺史。禹，青州人成汭也，因殺人亡命，更其姓名。禹先爲盜，詣陳儒降，以爲將。更，工衡翻。按薛史，成汭少年任俠，乘醉殺人，爲讎家所捕，因落髮爲僧，冒姓郭氏。

4 南康賊帥盧光稠陷虔州，自稱刺史，以其里人譚全播爲謀主。南康，漢南野縣地，吳分南野置南安縣，晉改爲南康，唐屬虔州。九域志，在州西八十里。考異曰：歐陽修五代史曰：「盧光稠、譚全播皆南康人。光稠狀貌雄偉，無他材能，而全播勇敢有識略，然全播常奇光稠爲人。唐末羣盜起，全播聚衆，立光稠爲帥。是時王潮攻陷嶺南，全播攻潮，取其虔、韶二州。」十國紀年：「全播推光稠爲之謀主，所向克捷，光啓初，據虔州，光稠自稱刺史。天復中，陷韶州，光稠使其子延昌守之。」按新紀，光啓元年正月，光稠陷虔州，天復二年，陷韶州。歐陽修以爲同時取虔、韶二州，誤也，今從新紀。

5 秦宗權責租賦於光州刺史王緒，緒不能給；宗權怒，發兵擊之。緒懼，悉舉光、壽兵五千人，驅吏民渡江，以劉行全爲前鋒，轉掠江、洪、虔州，是月，陷汀、漳二州，然皆不能守也。王緒之兵自此入閩，爲王潮兄弟割據之資。

6 秦宗權寇潁、亳，朱全忠敗之於焦夷。焦夷在亳州城父縣界。按薛史梁紀，龍德元年，改亳州焦夷縣爲夷父。則焦夷時已爲縣。敗，補邁翻。「夷父」，當作「城父」。

7 二月，丙申，車駕至鳳翔。三月，丁卯，至京師；荆棘滿城，狐兔縱横，縱，子容翻。上淒然不樂。樂，音洛。己巳，赦天下，改元。改元光啓。時朝廷號令所行，惟河西、山南、劍南、嶺南數十州而已。

8 秦宗權稱帝，置百官，考異曰：舊宗權傳，但云巢賊既誅，僭稱帝號。實錄：「明年十月，襄王卽位，宗權已稱帝。」不從。新、舊紀皆無之，不知宗權以何年月稱帝，今因時溥爲都統書之。詔以武寧節度使時溥爲蔡州四面行營兵馬都統以討之。

9 盧龍節度使李可舉、成德節度使王鎔惡李克用之強，惡，烏路翻。考異曰：太祖紀年錄、薛居正五代史作「王景崇」，誤也，今從舊紀。而義武節度使王處存與克用親善，爲姪鄴娶克用女。爲，于僞翻。又，河北諸鎮，惟義武尚屬朝廷，可舉等恐其窺伺山東，此山東，謂恆山以東。伺，相吏翻。終爲己患，乃相與謀曰：「易、定，燕、趙之餘也。」易州之地，本燕南界，中山本屬趙國，故曰燕、趙之餘。約共滅處存而分其地；又說雲中節度使赫連鐸使攻克用之背。說，式芮翻。可舉遣其將李全忠將兵六萬攻易州，鎔遣將將兵攻無極。無極，漢古縣，因無極山而名。唐屬定州。九域志：在州南九十里。處存告急於克用，克用遣其將康君立等將兵救之。

10 閏月，秦宗權遣其弟宗言寇荊南。

11 初，田令孜在蜀募新軍五十四都，每都千人，分隸兩神策，爲十軍以統之，又南牙、北司官共萬餘員，是時藩鎮各專租稅，河南·北、江、淮無復上供，三司轉運無調發之所，度支惟收京畿、同、華、鳳翔等數州租稅，不能贍，調，徒弔翻。度，徒洛翻。華，戶化翻。賞賚不時，士卒有怨言。令孜患之，不知所出。先是，安邑、解縣兩池鹽皆隸鹽鐵，置官榷之；宋白曰：兩池鹽務，舊隸度支，其職是諸道巡院。貞元十六年，史牟以金部郎中主池務，遂奏置榷鹽使。解，戶買翻。榷，訖岳翻。中和以來，河中節度使王重榮專之，天子幸蜀，內外百司各失其官守，王重榮竊據河中，得專鹽池之利。

歲獻三千車以供國用，令孜奏復如舊制隸鹽鐵。夏，四月，令孜自兼兩池榷鹽使，唐會要：元和十五年，改河北稅鹽使爲榷鹽使，其後復失河北，止於安邑、解縣兩池，置榷鹽使。收其利以贍軍。重榮上章論訴不已，論，盧昆翻；說也，辯也。遣中使往諭之，重榮不可。時令孜多遣親信覘藩鎮，覘，丑廉翻。有不附己者，輒圖之。令孜養子匡祐使河中，使，疏吏翻。重榮待之甚厚，而匡祐傲甚，舉軍皆憤怒。重榮乃數令孜罪惡，數，所具翻。責其無禮，監軍爲講解，爲，于僞翻。僅得脫去；匡祐歸，以告令孜，勸圖之。五月，令孜徙重榮爲泰寧節度使，以泰寧節度使齊克讓爲義武節度使，以義武節度使王處存爲河中節度使，仍詔李克用以河東兵援處存赴鎮。爲李克用、王重榮連兵犯闕張本。

12 盧龍兵攻易州，裨將劉仁恭穴地入城，遂克之。仁恭，深州人也。李克用自將救無極，敗成德兵；敗，補邁翻。成德兵退保新城，克用復進擊，大破之；復，扶又翻；下同。拔新城，成德兵走，追至九門，斬首萬餘級。盧龍兵既得易州，驕怠，王處存夜遣卒三千蒙羊皮造城下，造，七到翻。盧龍兵以爲羊也，爭出掠之，處存奮擊，大破之，復取易州，李全忠走。

13 加陝虢節度使王重盈同平章事。

14 李全忠既喪師，喪，息浪翻。恐獲罪，收餘衆還襲幽州；六月，李可舉窘急，舉族登樓自焚死，乾符二年，李茂勳得幽州，二世，十一年而滅。全忠自爲留後。

15 東都留守李罕之與秦宗權將孫儒相拒數月；罕之兵少食盡，棄城，西保澠池，宗權陷東都。九域志：澠池縣在都城西一百五十六里。澠，彌兗翻。孫儒陷東都，而曰宗權者，儒，宗權將也。

16 秋，七月，以李全忠爲盧龍留後。

17 乙巳，右補闕常濬上疏，以爲：「陛下姑息藩鎮太甚，是非功過，駢首並足，言齊是非，一功過，無所差別也。致天下紛紛若此，猶未之寤，豈可不念駱谷之艱危，復懷西顧之計乎！復，扶又翻；下同。宜稍振典刑以威四方。」田令孜之黨言於上曰：「此疏傳於藩鎮，豈不致其猜忿！」庚戌，貶濬萬州司戶，尋賜死。宋白曰：萬州，春秋夔國之地，秦、漢爲朐䏰縣地。後魏分朐䏰之地置安鄉及魚泉縣，後周置萬川郡兼立南州；唐置浦州，貞觀初，改萬州，以舊萬川郡爲稱。考異曰：實錄不言令孜黨爲誰。按蕭遘等請誅令孜表云：「韋昭度無致君許國之心，多醜正比頑之迹。」令孜黨，蓋謂昭度也。續寶運錄曰：「七月三日，表入，上覽之，不悅，顧謂侍臣曰：『藩鎮若見此表，深爲忿恨。自此猜間，其何可堪！』至二十八日，敕貶濬爲萬州司戶。」疑三日脫誤，當爲二十三日。今從實錄。

18 滄州軍亂，逐節度使楊全玫，立牙將盧彥威爲留後，全玫奔幽州。以保鑾都將曹誠爲義昌節度使，保鑾，神策五十四都之一也。以彥威爲德州刺史。

19 孫儒據東都月餘，燒宮室、官寺、民居，大掠席卷而去，卷，讀曰捲。城中寂無雞犬。李罕之復引其衆入東都，築壘於市西而居之。城大難守，且無居人，故築壘以自保聚。

20王重榮自以有復京城功，見上卷中和三年。爲田令孜所擯，不肯之兗州，累表論令孜離間君臣，間，古莧翻。數令孜十罪；數，所具翻。令孜結邠寧節度使朱玫、鳳翔節度使李昌符以抗之。王處存亦上言：「幽、鎭兵新退，臣未敢離易、定。幽、鎭兵，謂李可舉、王鎔之兵。離，力智翻。且王重榮無罪，有大功於國，不宜輕有改易。」【章：十二行本「易」下有「搖藩鎭心」四字；乙十一行本同；張校同，云無註本亦無。】詔趣其上道，趣，讀曰促。上，時掌翻。八月，處存引軍至晉州，刺史冀君武閉城不內而還。河中節度統晉、絳、慈、隰等州，君武，重榮之巡屬。冀，晉大夫冀芮之後，以采邑爲姓。還，從宣翻，又如字。

21洛州刺史馬爽，與昭義行軍司馬奚忠信不叶，起兵屯邢州南，脅孟方立請誅忠信；既而衆潰，爽奔魏州，忠信使人賂樂彥禎而殺之。

22秦宗權攻鄰道二十餘州，陷之；唯陳州距蔡百餘里，兵力甚弱，刺史趙犨日與宗權戰，宗權不能屈。詔以犨爲蔡州節度使。犨德朱全忠之援，自中和三年以來，黃巢攻陳州，後爲秦宗權所攻逼，惟倚朱全忠爲援。與全忠結婚，凡全忠所調發，無不立至。調，力釣翻。奉全忠者，趙犨也。蹙梁祚者，趙犨子孫也。

23王緒至漳州，以道險糧少，少，詩沼翻。令軍中「無得以老弱自隨，犯者斬！」唯王潮兄弟扶其母董氏崎嶇從軍，崎，丘奇翻。嶇，音區。緒召潮等責之曰：「軍皆有法，未有無法之軍。

汝違吾令而不誅，是無法也。」三子曰：王潮兄弟三人從緒。「人皆有母，未有無母之人；將軍柰何使人棄其母！」緒怒，命斬其母。三子曰：「潮等事母如事將軍，既殺其母，安用其子！請先母死。」先，悉薦翻。將士皆爲之請，乃捨之。爲，于僞翻；下竊爲、爲之同。

有望氣者謂緒曰：「軍中有王者氣。」於是緒見將卒有勇略踰己及氣質魁岸者皆殺之。劉行全亦死，衆皆自危，曰：「行全親也，行全，緒妹夫也，故云然。且軍鋒之冠，猶不免，況吾屬乎！」行至南安，冠，古玩翻。吳置東安縣，晉武帝更名晉安，隋改曰南安，唐屬泉州。九域志：南安，在州西一十二里。王潮說其前鋒將曰：說，式芮翻。「吾屬違墳墓，捐妻子，羈旅外鄉爲羣盜，謂棄光、壽而入閩也。豈所欲哉！乃爲緒所迫脅故也。今緒猜刻不仁，妄殺無辜，軍中孑孑者受誅且盡，孑孑，特立之貌。子須眉若神，騎射絕倫，又爲前鋒，吾竊爲子危之！」竊爲，于僞翻。前鋒將執潮手泣，問計安出。潮爲之謀，伏壯士數十人於篁竹中，伺緒至，挺劍大呼躍出，挺劍，拔劍也。呼，火故翻。就馬上擒之，反縛以徇，軍中皆呼萬歲。中和元年，王緒起兵爲盜，至是爲王潮所囚。按新書王潮傳，縛王緒者卽劉行全也，與此小異。通鑑所書，本之路振九國志。潮推前鋒將爲主，前鋒將曰：「吾屬今日不爲魚肉，皆王君力也。天以王君爲主，誰敢先之！」先，悉薦翻。相推讓數四，推，吐雷翻。卒奉潮爲將軍。卒，子恤翻。緒歎曰：「此子在吾網中不能殺，豈非天哉！」

潮引兵將還光州，約其屬，所過秋豪無犯。行及沙縣，永徽六年，分建安置沙縣，屬汀州。九域志：在南劍州西一百二十四里。宋白曰：沙縣，古南平餘跡也。晉爲延平縣，太元四年，改爲沙戍；唐武德初，立爲沙縣。泉州人張延魯等以刺史廖彥若貪暴，廖，力救翻，今俗音力弔翻，姓也。帥耆老奉牛酒遮道，請潮留爲州將，帥，讀曰率。將，卽亮翻。潮乃引兵圍泉州。

24九月，戊申，以陳敬瑄爲三川及峽內諸州都指揮、制置等使。唐分三川各自爲一鎮，峽內諸州歸、峽，屬荆南節度，今陳敬瑄皆指揮制置之，田令孜右之也。

25蔡軍圍荆南，蔡軍，秦宗權所遣秦宗言之軍也。馬步使趙匡謀奉前節度使陳儒以出，是年正月，張瓌囚陳儒。留後張瓌覺之，殺匡及儒。

26冬，十月，癸丑，秦宗權敗朱全忠于八角。九域志：汴州浚儀縣有八角鎮。敗，補邁翻。

27王重榮求救於李克用，考異曰：太祖紀年錄曰：「朱玫、李昌符每連衡入覲於天子，指陳利害，規畫方略，不祐太祖，黨庇逆溫，太祖拗怒滋甚。時田令孜惡太祖與河中膠固，奏云：『王重榮北引太原，其心可見，不可處之近輔。定州王處存忠孝盡心，請授以蒲帥，移重榮於定州。』天子從之。重榮憤憤不悅，告於太祖曰：『主上新返正，大臣播棄，此際無辜遽被斥逐，明公當鑑其深心。今日使僕安歸！』會太祖憤怒朱玫輩，卽報曰：『當與公提鼓出汜水關，誅逆賊之後，則去此鼠輩，如疾風之去鴻毛耳。』重榮曰：『吾地迫邠、岐，公若師出關東，二兇必傅吾城下。不若先滅一兇，去其君側。』」歐陽修五代史：「重榮使人紿克用曰：『天子詔重榮，俟克用至，與處存共誅之。』因僞爲詔書示克用曰：『此是朱全忠之謀也。』克用信之。」按時朝廷疏忌重榮，克用亦知之，恐無是事。今從紀年錄。克用方怨朝廷不罪朱全忠，朱全忠攻克用於上源驛，朝廷不能治其罪，故克用以爲怨。選兵市馬，聚結諸胡，議攻汴州，報曰：「待吾先滅全忠，還掃鼠輩如秋葉耳！」重榮曰：「待公自關東還，吾爲虜矣。不若先除君側之惡，退擒全忠易矣。」易，以豉翻。時朱玫、李昌符亦陰附朱全忠，克用乃上言：「玫、昌符與全忠相表裏，欲共滅臣，臣不得不自救，已集蕃、漢兵十五萬，決以來年濟河，自渭北討二鎮；不近京城，保無驚擾。近，其靳翻。既誅二鎮，乃旋師滅全忠以雪讎恥。」上遣使者諭釋，釋，解也。冠蓋相望。

朱玫欲朝廷討克用，數遣人潛入京城，燒積聚，數，所角翻。積，子賜翻。聚，從遇翻，又皆如字。或刺殺近侍，刺，七亦翻。聲云克用所爲，於是京師震恐，日有訛言。令孜遣玫、昌符將本軍及神策鄜、延、靈、夏等軍各【章：十二行本「各」作「合」。】三萬人刺，七亦翻。按是時諸鎮分裂，如鄜如延，以一州爲一鎮，使掃境出師，一鎮亦恐不及三萬人之數，田令孜張大言之耳。屯沙苑，以討王重榮，考異曰：新令孜傳云：「令孜自將討重榮，帥玫等兵三萬壁沙苑。」今從實錄。重榮發兵拒之，告急於李克用，克用引兵赴之。十一月，重榮遣兵攻同州，刺史郭璋出戰，敗死。重榮與玫等相守月餘，克用兵至，與重榮俱壁沙苑，表請誅令孜及玫、昌符；詔和解之，克用不聽。十二月，癸酉，合戰，玫、昌符大敗，考異曰：新傳曰：「克用上書請誅令孜、玫，帝和之，不從；大戰沙苑，王師敗。玫走還邠州，與昌符皆恥爲令孜用，還與重榮合。神策兵潰，克用逼京師。令孜計窮，乃劫帝夜啓開遠門出奔。自賊破長安，火宮室、廬舍什七，後京兆王徽葺復粗完，至是，令孜唱曰：『王重榮反。』命火宮城，唯昭陽、蓬萊三宮僅存。」按令孜奉車駕幸近藩避亂，其志亦俟兵退復還，何爲火宮城！殆必不然。實錄：「六月，令孜遣邠、岐討重榮，九月，邠、岐始屯沙苑，重榮求援於克用。十一月，克用、重榮對壘于沙苑，表請誅令孜、朱玫。十二月癸酉，合戰，朱玫敗走。」太祖紀年錄：「十一月，重榮遣使乞師，且言二鎮欲加兵於己，太祖欲先討朱溫，重榮請先滅二鎮。太祖表言二鎮黨庇朱溫，請自渭北討之。」亦不言其附令孜，攻河中也。又言重榮與邠、鳳兵對壘月餘，十二月，太祖渡河，與朱玫戰，朱玫敗走。若自九月至十二月，非止月餘矣。疑實錄遣邠、岐討河中及邠、岐屯沙苑太近前，今並因十二月戰沙苑見之。各走還本鎮，玫還邠州，昌符還鳳翔。潰軍所過焚掠。克用進逼京城，乙亥夜，令孜奉天子自開遠門出幸鳳翔。開遠門，長安城西面北來第一門。

初，黃巢焚長安宮室而去，諸道兵入城縱掠，焚府寺民居什六七，王徽累年補葺，僅完一二，自中和三年黃巢東走，王徽即補葺長安宮室。葺，七入翻。至是復爲亂兵焚掠，無孑遺矣。復，扶又翻。

28 是歲，賜河中軍號護國。

二年（丙午、八八六）

1 春，正月，鎮海牙將張郁作亂，攻陷常州。考異曰：皮光業見聞錄曰：「郁，潤州小將也。周寶差郁押兵士三百人戍於海次，因正旦醞酒，殺使府安慰軍將，度不免禍，遂作亂。潤州差拓跋從領兵討之，郁自常熟縣取江陰而入常州。刺史劉革到任方一月，親執牌印於戟門而降。」新紀曰：「正月辛巳，郁陷常州。」按皮錄但言郁以正旦殺安慰軍將耳，非當日即陷常州。新紀誤也。

2 李克用還軍河中，與王重榮同表請大駕還宮，因罪狀田令孜，請誅之。上復以飛龍使楊復恭爲樞密使。田令孜擯斥楊復恭，見上卷中和三年。

戊子，令孜請上幸興元，上不從。是夜，令孜引兵入宮，此宮，謂行宮也。劫上幸寶雞，黄門衛士從者纔數百人，從，才用翻。宰相朝臣皆不知。翰林學士承旨杜讓能宿直禁中，天子行幸所至，宿次之地，宿衛將士外設環衛，近臣宿直各有其次，與宮禁無異，故行宮内亦謂之禁中。聞之，步追乘輿，乘，繩證翻。出城十餘里，得人所遺馬，遺馬棄而不及收者。無羈勒，解帶繫頸而乘之，獨追及上於寶雞；九域志：寶雞縣，在鳳翔西南六十五里。明日，乃有太子少保孔緯等數人繼至。讓能，審權之子，杜審權見二百四十九卷宣宗大中十三年。緯，戣之孫也。孔戣見憲宗紀。宗正奉太廟神主至鄠，鄠，音戶。九域志：鄠縣在長安南六十里。遇盜，皆失之。朝士追乘輿者至盩厔，九域志：盩厔，在鳳翔東南二百里，音舟窒。爲亂兵所掠，衣裝殆盡。

庚寅，上以孔緯爲御史大夫，使還召百官，上留寶雞以待之。

時田令孜弄權，再致播遷，帝始焉避黄巢而奔蜀，今又避幷、蒲之兵而出，再致播遷，其禍皆本於田令孜弄權。天下共忿疾之；朱玫、李昌符亦恥爲之用，且憚李克用、王重榮之強，更與之合。

蕭遘因邠寧奏事判官李松年至鳳翔，唐末藩鎮遣其屬奏事，皆謂之奏事官。判官，幕府右職也，朱玫遣之奏事行在所，故曰奏事判官，以別於尋常奏事官。蕭遘爲相，天子播越而不扈從，惡得無罪！遣召朱玫亟迎車駕，朱玫尋有異圖，蕭遘既不能制，又不能死，爲法受惡，基於此矣。癸巳，玫引步騎五千至鳳翔。孔緯詣宰相，欲宣詔召之；蕭遘、裴澈以令孜在上側，不欲往，辭疾不見。緯令臺吏趣百官詣行在，趣，讀曰促。皆辭以無袍笏，緯召三院御史，唐志：御史大夫之屬有三院：一曰臺院，侍御史屬焉；二曰殿院，殿中侍御史屬焉；三曰察院，監察御史屬焉。泣謂：「布衣親舊有急，猶當赴之。豈有天子蒙塵，爲人臣子，累召而不往者！」御史請辦裝數日而行，緯拂衣起曰：「吾妻病垂死且不顧，諸君善自爲謀，請從此辭！」乃詣李昌符，請騎衛送至行在，昌符義之，贈裝錢，遣騎送之。

邠寧、鳳翔兵追逼乘輿，敗神策指揮使楊晟於潘氏，鉦鼓之聲聞於行宮。敗，補邁翻。聞，音問。田令孜奉上發寶雞，留禁兵守石鼻爲後拒。潘氏，在寶雞東北。石鼻，在寶雞西南，亦曰靈壁。蘇軾曰：鳳翔府寶雞縣武城鎮，卽俗所謂石鼻寨也，諸葛武侯所築城，去寶雞三十里。置感義軍於興、鳳二州，以楊晟爲節度使，守散關。興州，漢武都郡沮縣地，自晉及宋，魏爲武興藩王楊氏之國。魏滅楊氏，爲武興鎮，尋改東益州，唐爲興州，今州城卽古武興城也。鳳州，漢武都郡故道、河池二縣之地，後魏爲仇池鎮，孝昌中置南岐州，廢帝三年，改爲鳳州，以西界有鳳凰山而名。時軍民雜糅，鋒鏑縱橫，糅，女救翻。縱，子容翻。以神策軍使王建、晉暉爲清道斬斫使，建以長劍五百前驅奮擊，乘輿乃得前。考異曰：毛文錫王建紀事云：「光啓二年，正月辛巳，車駕次陳倉。二月辛亥，朱玫遣兵攻逼行在，庚申，陷虢縣。三月甲午，將移幸梁、洋，以上爲清道斬斫使。戊戌，邠師至石鼻，己亥，石鼻不守。庚子，寇逼寶雞。辛丑，車駕南引。」今但取其事，不取其月日。上以傳國寶授建負之以從，登大散嶺。從，才用翻。大散嶺，在鳳州梁泉縣松陵堡南。李昌符焚閣道丈餘，將摧折，折，而設翻。王建扶掖上自煙焰中躍過；夜，宿板下，上枕建膝而寢，既覺，始進食，枕，之酖翻。覺，居效翻。解御袍賜建曰：「以其有淚痕故也。」車駕纔入散關，朱玫已圍寶雞。石鼻軍潰，玫長驅攻散關，不克。嗣襄王熅，肅宗之玄孫也，熅，肅宗子襄王僙之曾孫，音於云翻，又於問翻。有疾，從上不及，留遵塗驛，據熅傳，遵塗驛在石鼻，亦謂之石鼻驛。爲玫所得，與俱還鳳翔。

庚戌，李克用還太原。

3 二月，王重榮、朱玫、李昌符復上表請誅田令孜。復，扶又翻。

4 以前東都留守鄭從讜爲守太傅兼侍中。考異曰：新宰相表，從讜入三公門，不爲眞相。按新傳，拜司空，復秉政，進太傅兼侍中，從至興元，以太子太保還第。新表誤也。

5 朱玫、李昌符使山南西道節度使石君涉柵絕險要，燒郵驛，上由他道以進；山谷崎嶇，邠軍迫其後，邠軍，朱玫之軍。危殆者數四，僅得達山南。三月，壬午，石君涉棄鎮逃歸朱玫。石君涉黨於邠、岐，車駕猝至，故棄鎮而逃。

癸未，鳳翔百官蕭遘等罪狀田令孜及其黨韋昭度，請誅之。初，昭度因供奉僧澈結宦官，得爲相。昭度爲相，見二百五十四卷廣明元年。澈師知玄鄙澈所爲，昭度每與同列詣知玄，皆拜之，知玄揖使詣澈啜茶。

山南西道監軍馮翊嚴遵美迎上于西縣，節度使既逃，故監軍自迎車駕。後魏分漢沔陽縣置嶓冢縣，隋大業初，改曰西縣，唐屬興元府。九域志：縣在府西一百里。宋白曰：西縣本名白馬城，又曰濜江城，宋於此城僑立華陽郡，後魏置嶓冢縣，隋大業三年改爲西縣。丙申，車駕至興元。考異曰：皮光業見聞錄：「正月乙酉，車駕次寶雞。」王建紀事：「正月辛巳，次陳倉。二月辛亥，朱玫將踣跌師瑀逼行在，破楊晟於潘氏。庚申，陷虢縣。三月甲午，僖宗將移幸梁、洋，戊戌，邠師至石鼻。己亥，石鼻不守。庚子，寇逼寶雞。辛丑，車駕南引。四月庚申，達褒中。」舊紀：「正月戊子，田令孜迫乘輿幸興元。庚寅，次寶雞。癸巳，朱玫至鳳翔，令孜聞邠軍至，奉帝入散關。三月丙申，車駕至興元。」唐年補錄：「三月十七日，車駕至興元」，即丙申也。實錄：「正月乙酉，車駕次寶雞」，戊子、癸巳、三月丙申，與舊紀同。新紀：「正月戊子，如興元，癸巳，朱玫叛，寇鳳翔。三月丙申，次興元。」諸書月日不同如此。若依新、舊紀、實錄，則離寶雞六十四日乃至興元，似太緩。若依紀事，則寶雞危逼之地，車駕留彼八十日，似太久。要之，僖宗以棧道燒絕，自他道崎嶇至山南，容有六十餘日之久；至於留寶雞八十日，必無此理。今從新、舊紀。

戊戌，以御史大夫孔緯、翰林學士承旨・兵部尚書杜讓能並爲兵部侍郎、同平章事。

保鑾都將李鋌等敗邠軍於鳳州。鋌，音蟬。敗，補邁翻。

詔加王重榮應接糧料使，【章：十二行本「使」下重「使」字；乙十一行本同。】調本道穀十五萬斛以濟國用。調，徒釣翻。重榮表稱令孜未誅，不奉詔。

以尚書左丞盧渥爲戶部尚書，充山南西道留後。以嚴遵美爲內樞密使，遣王建帥部兵戍三泉，武德四年，分利州之綿谷置三泉縣，時屬興元府。宋白曰：三泉縣本漢葭萌縣地，後魏正始中，分置三泉縣，以界內三泉山爲名。九域志：在府西南二百一十里。帥，讀曰率。晉暉及神策軍使張造帥四都兵屯黑水，從駕五都，王建以一都戍三泉，暉、造以四都屯黑水。黑水，在興元成固縣西北太白山，南流入漢。諸葛亮牋所謂「朝發南鄭，夕宿黑水」者也。脩棧道以通往來。以建遙領壁州刺史。將帥遙領州鎮自此始。

6 陳敬瑄疑東川節度使高仁厚，欲去之。去，羌呂翻；下同。遂州刺史鄭君立【嚴：「立」改「雄」。】起兵攻陷漢州，進向成都；敬瑄遣其將李順之逆戰，君立敗死。敬瑄又發維、茂羌軍擊仁厚，殺之。考異曰：張彰耆舊傳不言仁厚所終。惟數敬瑄六錯云：「太師殺高仁厚，一錯。」又云：「高僕射權謀智勇，累有大功於太師，又極忠孝，若在，王司徒不過梓潼。」昭宗實錄，文德元年八月，仁厚、楊師立、羅元杲、王師本俱贈官，云皆先朝以疑似獲罪。今從新紀、新傳，參以二書，自他仁厚事更無所見。

7 朱玫以田令孜在天子左右，終不可去，言於蕭遘曰：「主上播遷六年，中原將士冒矢石，百姓供饋餉，戰死餓死，什減七八，僅得復京城。天下方喜車駕還宮，主上更以勤王之功爲敕使之榮，勤王之功，楊復光實預有之。田令孜以其出於北司，眩惑人主以爲己榮。委以大權，使墮綱紀，騷擾藩鎮，召亂生禍。墮，讀曰隳。言田令孜易置王重榮以召亂。玫昨奉尊命來迎大駕，言遘召玫使迎車駕。不蒙信察，反類脅君。吾輩報國之心極矣，戰賊之力殫矣，安能垂頭弭耳，受制於閹寺之手哉！李氏孫尚多，相公盍改圖以利社稷乎？」遘曰：「主上踐阼十餘年，無大過惡；正以令孜專權肘腋，致坐不安席，上每言之，流涕不已。近日上初無行意，令孜陳兵帳前，迫脅以行，不容俟旦。罪皆在令孜，人誰不知！足下盡心王室，正有引兵還鎮，拜表迎鑾。廢立重事，伊、霍所難，遘不敢聞命！」玫出，宣言曰：「我立李氏一王，敢異議者斬！」

夏，四月，壬子，玫逼鳳翔百官奉襄王熅權監軍國事，承制封拜指揮，仍遣大臣入蜀迎駕，盟百官于石鼻驛。玫使蕭遘爲册文，遘辭以文思荒落；思，相吏翻。乃使兵部侍郎判戶部鄭昌圖爲之。乙卯，熅受册，玫自兼左、右神策十軍使，考異曰：實錄：「玫自補大丞相。」按唐無此官。又下五月，玫自加侍中。蓋唐末著小說者，謂平章事或侍中爲大丞相耳，實錄因其文而誤也。帥百官奉熅還京師；事至於此，蕭遘無所逃於天地之間。帥，讀曰率。以鄭昌圖同平章事、判度支、鹽鐵、戶部，各置副使，三司之事一以委焉。河中百官崔安潛等上襄王牋，賀受册。上之出長安，百官不扈從而奔河中者，謂之河中百官。

8 田令孜自知不爲天下所容，乃薦樞密使楊復恭爲左神策中尉、觀軍容使，自除西川監軍使，考異曰：舊紀、實錄皆云「二月，以令孜爲西川監軍。」舊傳云：「令孜懼，引楊復恭代己，從幸梁州，求爲西川監軍。」新傳云：「令孜留不去，及帝病，乃赴成都，表解官求醫。」蓋取張彭之說耳。按王建紀事：「四月，庚申，達褒中。令孜以罪釁貫盈，且慮禍及，於是自授西川監軍使，以避指斥，復規與敬瑄爲巢窟。」今從之。往依陳敬瑄。爲敬瑄、令孜併命張本。復恭斥令孜之黨，出王建爲利州刺史，晉暉爲集州刺史，張造爲萬州刺史，李師泰爲忠州刺史。王建等歸田令孜，見上中和四年十一月。

9 五月，朱玫以中書侍郎、同平章事蕭遘爲太子太保，自加侍中、諸道鹽鐵、轉運等使；加裴澈判度支，鄭昌圖判戶部；以淮南節度使高駢兼中書令，充江・淮鹽鐵、轉運等使、諸道行營兵馬都統；淮南右都押牙、和州刺史呂用之爲嶺南東道節度使；大行封拜以悅藩鎮。遣吏部侍郎夏侯潭宣諭河北，戶部侍郎楊陟宣諭江、淮，諸藩鎮受其命者什六七，高駢仍奉牋勸進。史言僖宗再幸山南，天下已絕望矣，其得還者幸也。

呂用之建牙開幕，一與駢同，凡駢之腹心及將校能任事者，皆逼以從己，諸所施爲，不復咨稟。復，扶又翻。駢頗疑之，陰欲奪其權，而根蔕已固，無如之何。用之知之，甚懼，訪於其黨前度支巡官鄭杞、前知廬州事董瑾，杞曰：「此固爲晚矣。」言駢早不知覺。用之問策安出，杞曰：「曹孟德有言：『寧我負人，無人負我。』」後漢末，曹操避董卓之難，間行東歸，過故人呂伯奢，伯奢出五子備賓主禮。操聞食器聲，以爲圖己，手劍殺八人而去。既而悽愴曰：「寧我負人，無人負我。」孟德，曹操字也。鄭杞蓋勸用之圖駢。明日，與瑾共爲書一緘授用之，其語祕，人莫有知者。杞、瑾謀見下卷光啓三年。

蕭遘稱疾歸永樂。按新書，遘弟蘧爲永樂令，遘往從之。永樂縣，屬河中府，武德初置。宋白曰：永樂縣本漢河北縣地，周武帝武成二年，改爲永樂，保定二年省，以地屬芮城，唐武德二年，分芮城復置。樂，音洛。

初，鳳翔節度使李昌符與朱玫同謀立襄王，既而玫自爲宰相專權；昌符怒，不受其官，更通表興元。詔加昌符檢校司徒。

朱玫遣其將王行瑜將邠寧、河西兵五萬追乘輿，自代宗時，河西沒于吐蕃，宣宗復河、湟，張義潮收涼州，河西復羈屬於唐。感義節度使楊晟戰數卻，數，所角翻。棄散關走，行瑜進屯鳳州。

是時，諸道貢賦多之長安，不之興元，之，往也。從官衞士皆乏食，從，才用翻。上涕泣，不知爲計。杜讓能言於上曰：「楊復光與王重榮同破黃巢，復京城，相親善；事見上卷中和三年。復恭其兄也。若遣重臣往諭以大義，且致復恭之意，宜有回慮歸國之理。」上從之，遣右諫議大夫劉崇望使于河中，齎詔諭重榮，重榮卽聽命，遣使表獻絹十萬匹，且請討朱玫以自贖。

戊戌，襄王熅遣使至晉陽賜李克用詔，言「上至半塗，六軍變擾，蒼黃晏駕，吾爲藩鎭所推，今已受册。」朱玫亦與克用書，克用聞其謀皆出於玫，大怒。大將蓋寓說克用曰：「鑾輿播遷，天下皆歸咎於我，蓋，古盍翻。說，式芮翻。寓言上之播越，由克用與王重榮兵逼京城，爲天下之所歸咎。今不誅玫，黜李熅，無以自湔洗。」湔，則前翻。考異曰：實錄：「楊復恭兄弟，於李克用、王重榮有破賊連衡之舊，乃奏遣劉崇望齎詔宣諭，兼達復恭之意，重榮、克用皆聽命。」按後唐太祖紀年錄：「僞使至太原，太祖詰其事狀，曰：『皆朱玫所爲。』將斬之以徇，大將蓋寓等言云云。太祖燔僞詔，械其使，馳檄喻諸鎭曰：『今月二十日，得襄王僞詔及朱玫文字，云：「田令孜脅遷鑾駕，播越梁、洋，行至半塗，六軍變擾，遂至蒼黃而晏駕，不知殺逆者何人。永念丕基不可無主。昨四鎭藩后推朕纂承，已於正殿受册畢，改元大赦者。」李熅出自贅疣，名汙藩邸，智昏菽麥，識昧機權。李符虜之以塞辭，朱玫賣之以爲利；呂不韋之奇貨，可見姦邪，蕭世誠之土囊，期於匪夕。近者當道徑差健步，奉表起居，行朝見駐巴、梁，宿衞比無騷動。而朱玫脅其孤騃，自號台衡，敢首亂階，明言晏駕，熒惑藩鎭，淩弱廟朝』云云。」按舊復恭、崇望傳及諸家五代史，亦不言克用因復恭、崇望而推戴僖宗，今不取。又於時熅未即位，改元僞詔，亦恐非也。編遺錄：「二年，春正月壬午，唐室有襄王之亂，僖宗駐蹕梁、洋，襄王遂下僞命，以檢校太傅，令邸吏左環賫所授僞官告一通。左環至，具事以聞。上怒，切責環，將加其罪，久乃赦之，遂令焚毀於庭。」按正月，朱玫未立襄王。編遺錄亦誤也。今從薛居正五代史梁紀。克用從之，燔詔書，囚使者，移檄鄰道，稱：「玫敢欺藩方，明言晏駕。當道已發蕃、漢三萬兵進討凶逆，當共立大功。」寓，蔚州人也。蔚，紆勿翻。

10 秦賢寇宋汴，朱全忠敗之於尉氏南；敗，補邁翻。癸巳，遣都將郭言將步騎三萬擊蔡州。

11 六月，以扈蹕都將楊守亮爲金商節度、京畿制置使，扈蹕都，亦神策五十四都之一。將兵二萬出金州，與王重榮、李克用共討朱玫。守亮本姓訾，名亮，訾，即移翻。漢書功臣表有樓虛侯訾順。曹州人，與弟信皆爲楊復光假子，更名守亮、守信。更，工衡翻。

李克用遣使奉表稱：「方發兵濟河，除逆黨，迎車駕，願詔諸道與臣協力。」先是，山南之人皆言克用與朱玫合，先，悉薦翻。人情恟懼；表至，上出示從官，并諭山南諸鎮，由是帖然。然克用表猶以朱全忠爲言，上使楊復恭以書諭之云：「俟三輔事寧，漢以京兆、馮翊、扶風爲三輔，唐京畿之地是也。別有進止。」

12 衡州刺史周岳發兵攻潭州，欽化節度使閔勗招淮西將黃皓入城共守，淮西將，秦宗權將也。皓遂殺勗。中和元年，閔勗據潭州，至是而敗。岳攻拔州城，擒皓，殺之。

13鎮海節度使周寶遣牙將丁從實襲常州，考異曰：新紀：「武寧軍將丁從實陷常州。」今從皮氏見聞錄。逐張郁；郁奔海陵，是年正月，張郁陷常州。依鎮遏使南昌高霸。霸，高駢將也，鎮海陵，有民五萬戶，兵三萬人。

14秋，七月，秦宗權陷許州，殺節度使鹿晏弘。中和四年，晏弘據許州，至是敗亡。

15王行瑜進攻興州，感義節度使楊晟棄鎮走，據文州，詔保鑾都將李鋋、扈蹕都將李茂貞、陳佩屯大唐峯以拒之。茂貞，博野人，本姓宋，名文通，以功賜姓名。李茂貞始此。

16更命欽化軍曰武安，湖南觀察升欽化軍見上卷中和三年。更，工衡翻。以衡州刺史周岳爲節度使。

17八月，盧龍節度使李全忠薨，以其子匡威爲留後。

18王潮拔泉州，殺廖彥若。去年八月王潮圍泉州，至是乃拔之。考異曰：新紀：「八月，王潮陷泉州，刺史劉彥若死之。」按諸書皆云「廖彥若」，新紀作「劉」，恐誤。潮聞福建觀察陳巖威名，不敢犯福州境，遣使降之，使，疏吏翻。降，戶江翻。巖表潮爲泉州刺史。潮沈勇有智略，沈，持林翻。既得泉州，招懷離散，均賦繕兵，吏民悅服。幽王緒於別館，緒慚，自殺。

19九月，朱玫將張行實攻大唐峯，李鋋等擊卻之。金吾將軍滿存與邠軍戰，破之，復取興州，復，扶又翻。進守萬仞寨。

20李克脩攻孟方立，甲午，擒其將呂臻於焦岡，拔故鎮、武安、臨洺、邯鄲、沙河；九域志：

洺州武安縣有固鎮鎮。以大將安金俊爲邢州刺史。

21長安百官太子太師裴璩等勸進於襄王熅。璩，其於翻。冬，十月，熅即皇帝位，改元建貞，遙尊上爲太上元皇聖帝。

22董昌謂錢鏐曰：「汝能取越州，吾以杭州授汝。」考異曰：實錄：「辛未，以杭州刺史董昌爲浙東觀察使。」按此年十一月，鏐始拔越州。十二月擒漢宏，昌始自稱知浙東軍府事。實錄誤也。鏐曰：「然，不取終爲後患。」遂將兵自諸暨趨平水，趨，七喻翻。鑿山開道五百里，出曹娥埭，九域志：越州會稽縣有平水鎮、曹娥鎮。平水，今在越州東南四十餘里，自此南踰山，出小江，沿剡溪而東二十里，至曹娥埭。埭，徒耐翻。浙東將鮑君福帥衆降之。帥，讀曰率。降，戶江翻。鏐與浙東軍戰，屢破之，進屯豐山。

23感化牙將張雄、馮弘鐸得罪於節度使時溥，徐州本號武寧軍，自咸通罷節鎮之後，尋復節鎮，改爲感化軍，中間有書武寧者，誤也。是後時溥既死，朱梁始復徐州爲武寧軍。聚衆三百，走渡江，襲蘇州，據之。雄自稱刺史，稍聚兵至五萬，戰艦千餘，自號天成軍。

24河陽節度使諸葛爽薨，大將劉經、張全義立爽子仲方爲留後。全義，臨濮人也。武德四年，分雷澤縣置臨濮縣，屬濮州。九域志：在州南六十里。濮，博木翻。

25李克脩攻邢州，不克而還。考異曰：太祖紀年錄：「邢人出戰，又敗之。孟方立求救於鎮州王鎔，出兵三萬赴援，我軍乃退。」舊鎔傳：「是時天子蒙塵，九有羹沸。河東李克用虎視山東，方謀呑據，鎔以重賂結納，以脩和好。晉軍討孟方立於邢州，鎔常奉以芻糧。」據此，則鎔助克用攻邢州也。未知孰是。今皆不取。

26 十一月，丙戌，錢鏐克越州，劉漢宏奔台州。考異曰：實錄，漢宏被殺在董昌除浙東前。據范坰吳越備史，漢宏敗走至十二月死皆有日，今從之。

27 義成節度使安師儒委政於兩廂都虞候夏侯晏、杜標，二人驕恣，軍中忿之；小校張驍潛出，聚衆二千攻州城，師儒斬晏、標首諭之，軍中稍息。天平節度使朱瑄謀取滑州，遣濮州刺史朱裕將兵誘張驍，殺之。朱全忠先遣其將朱珍、李唐賓襲滑州，入境，遇大雪，珍等一夕馳至壁下，百梯並升，遂克之，虜師儒以歸。考異曰：實錄：「告於行在，命全忠兼領義成節度使。」按大順元年始以全忠兼宣義節度使，全忠猶辭，以授胡眞，此際未也。實錄誤。全忠以牙將江陵胡眞知義成留後。義成自此屬朱全忠。

28 田令孜至成都請尋醫，許之。解西川監軍使。

29 十二月，戊寅，諸軍拔鳳州，以滿存爲鳳州防禦使。

30 楊復恭傳檄關中，稱「得朱玫首者，以靜難節度使賞之。」以朱玫職任授之也。難，乃旦翻。王行瑜戰數敗，屢爲李鋋、滿存等所破。數，所角翻。恐獲罪於玫，與其下謀曰：「今無功，歸亦死；曷若與汝曹斬玫首，【章：十二行本「首」下有「定京城」三字；乙十一行本同；退齋校同；張校同，云無註本亦無。】迎大駕，取邠寧節鉞乎？」衆從之。甲寅，行瑜自鳳州擅引兵歸京師，此諸軍所以於戊寅得取鳳州。玫方視事，聞之，怒，召行瑜，責之曰：「汝擅歸，欲反邪？」行瑜曰：「吾不反，欲誅反者朱玫耳！」遂擒斬之，幷殺其黨數百人。諸軍大亂，焚掠京城，士民無衣凍死者蔽地。裴澈、鄭昌圖帥百官二百餘人奉襄王奔河中，帥，讀曰率。王重榮詐爲迎奉，執煴，殺之，襄王煴自監國至竊號，涉八月而敗。囚澈、昌圖；百官死者殆半。

31台州刺史杜雄誘劉漢宏，執送董昌，斬之。廣明元年，劉漢宏得浙東，至是而亡。考異曰：十國紀年：「十二月，丙午，杜雄執漢宏。」按十二月丙子朔，無丙午。紀年誤。昌徙鎮越州，自稱知浙東軍府事，以錢鏐知杭州事。爲錢鏐以杭州跨有二浙張本。

32王重榮函襄王煴首至行在，刑部請御興元城南樓獻馘，百官畢賀。太常博士殷盈孫議，以爲：「煴爲賊臣所逼，正以不能死節爲罪耳。禮，公族罪在大辟，君爲之素服不舉。記文王世子：公族其有死罪者，有司讞于公曰：「某之罪在大辟。」公三宥之，有司不對，走出，致刑于甸人。公又使人追之曰：「雖然，必赦之。」對曰：「無及也。」反命于公。公素服不舉，爲之變，如其倫之喪，無服，親哭之。爲，于僞翻。今煴已就誅，宜廢爲庶人，令所在葬其首。其獻馘稱賀之禮，請俟朱玫首至而行之。」從之。盈孫，侑之孫也。殷侑見二百四十二卷文宗大和二年。

33河陽大將劉經，畏李罕之難制，自引兵鎮洛陽，襲罕之於澠池，爲罕之所敗；敗，補邁翻；下同。經棄洛陽走，罕之追殺殆盡。罕之軍于鞏，鞏，漢古縣，唐屬河南府。九域志：在府東一百一十里。將渡河，經遣張全義將兵拒之。時諸葛仲方幼弱，政在劉經，諸將多不附，全義遂與罕之合兵攻河陽，爲經所敗，罕之、全義走保懷州。

34 初，忠武決勝指揮使孫儒與龍驤指揮使朗山劉建鋒戍蔡州，拒黄巢，扶溝馬殷隸軍中，以材勇聞。扶溝，漢縣，中廢，隋復置，唐屬許州。陳留風俗傳：小扶亭有洧水之溝，因以名縣。九域志：縣在汴州南一百九十里。馬殷始此。及秦宗權叛，儒等皆屬焉。宗權遣儒【章：十二行本「儒」下有「將兵」二字；乙十一行本同。】攻陷鄭州，刺史李璠奔大梁。璠，孚袁翻。儒進陷河陽，留後諸葛仲方奔大梁。廣明元年，諸葛爽得河陽，及子而敗。儒自稱節度使，張全義據懷州，李罕之據澤州以拒之。

初，長安人張佶爲宣州幕僚，惡觀察使秦彥之爲人，棄官去；過蔡州，宗權留以爲行軍司馬。佶謂劉建鋒曰：「秦公剛鷙而猜忌，亡無日矣，吾屬何以自免！」建鋒方自危，遂與佶善。佶，其吉翻。惡，烏路翻。爲劉建鋒、張佶協力取湖南張本。

35 壽州刺史張翱考異曰：妖亂志作「張敖」，吳錄作「張滶」。今從十國紀年。遣其將魏虔將萬人寇廬州，廬州刺史楊行愍遣其將田頵、李神福、張訓拒之，敗虔于褚城。敗，補邁翻。滁州刺史許勍襲舒州，刺史陶雅奔廬州。中和四年，行愍使雅取舒州。高駢命行愍更名行密。更，工衡翻。

36 是歲，天平牙將朱瑾逐泰寧節度使齊克讓，考異曰：薛居正五代史云虜克讓。今從舊傳。自稱留後。瑾將襲兖州，求婚於克讓，乃自鄆盛飾車服，私藏兵甲以赴之。親迎之夕，甲士竊發，逐克讓而代之。迎，魚敬翻。朝廷因以瑾爲泰寧節度使。

37 安陸賊帥周通攻鄂州，路審中亡去；中和四年，路審中據鄂州。帥，所類翻；下同。岳州刺史杜洪乘虛入鄂，自稱武昌留後，朝廷因以授之。湘陰賊帥鄧進思復乘虛陷岳州。湘陰，漢羅縣地，宋分置湘陰縣，唐武德八年，省羅縣入焉，屬岳州。九域志：在州西南二百七十里。復，扶又翻。

38 秦宗言圍荆南二年，去年九月圍荆南。張瓌嬰城自守，城中米斗直錢四十緡，食甲鼓皆盡，擊門扉以警夜，死者相枕。枕，職任翻。宗言竟不能克而去。

三年（丁未、八八七）

1 春，正月，以邠州都將王行瑜爲靜難軍節度使，以朱玫之官賞之。難，乃旦翻。扈蹕都頭李茂貞領武定節度使，據舊紀以洋州爲武定節鎮。扈蹕都頭楊守宗爲金商節度使，右衞大將軍顧彥朗爲東川節度使，金商節度使楊守亮爲山南西道節度使。彥朗，豐縣人也。

2 辛巳，以董昌爲浙東觀察使，錢鏐爲杭州刺史。

3 秦宗權自以兵力十倍於朱全忠，而數爲所敗，恥之，數，所角翻。敗，補邁翻。欲悉力以攻汴州。全忠患兵少，二月，以諸軍都指揮使朱珍爲淄州刺史，募兵於東道，淄州本平盧巡屬，全忠欲募兵於東方，輒以刺史授珍。期以初夏而還。薛居正五代史曰：使朱珍募兵於東道，懼蔡人暴其麥，期以夏首迴歸。

4 戊辰，削奪三川都監田令孜官爵，長流端州。然令孜依陳敬瑄，竟不行。考異曰：實錄載敕曰：「令孜雖已削奪在身官爵，宜剝服色，配端州長流百姓。」新傳曰：「削官爵，流儋州，然猶依敬瑄不行。」張彭耆舊傳曰：「大駕廣明二年春孟到蜀，叟嘗接識北司諸官子弟，有光啓門承旨，似先大夫，爲叟言：去年黃巢淩犯，聖上蒼忙就路，諸王多是徒行。壽王至斜谷，行不得，韈一足，跣一足，偃臥磻石上。田軍容在後收拾，驅壽王。壽王起告軍容：『行不得，與箇馬騎。』軍容云：『山谷間何處得馬！』以鞭一抶之令行，雖迴首無言，衷心深銜此恨，爾後經今八年，僖宗皇帝在寶雞行宮寢疾月餘，彌留，臣下皆知不起于疾，內外屬望在於壽王。壽王仁孝大度，弘寬有斷，衆所歸心。軍容聞，大恐，就御寢問：『識臣否？』帝目瞪不語。軍容大驚，尋時矯制除西川監軍使，仍馳驛赴任，遂將拱宸、奉鑾兩都自衞，星夜倍程。軍容才到西川，僖宗已崩，國朝果冊壽王登極皇帝位，於是積年怨恨，今日逞其志矣。」新令孜傳取之。據實錄：令孜光啓二年爲西川監軍，此月流端州，在昭宗即位前，自爲楊復恭所擯耳。十國紀年曰：「三月，僖宗東還，詔流令孜儋州，敬瑄端州，皆拒朝命。」此據張彭耆舊傳致誤耳。今從實錄。

5 代北節度使李國昌薨。考異曰：薛居正五代史武皇紀：「國昌，中和三年薨。」唐末見聞錄：「中和三年，十月，老司徒薨。」舊書：「中和三年，十月，國昌卒。」後唐獻祖紀年錄：「光啓中，薨於位。」新沙陀傳：「光啓三年，國昌卒。」太祖紀年錄光啓三年正月云：「是歲獻祖文皇帝之喪，太祖哀毀行服，不獲專征。」實錄置此年二月。今從之。

6 三月，癸未，詔僞宰相蕭遘、鄭昌圖、裴澈，於所在集衆斬之，皆死於岐山。岐山，在鳳翔東四十里。按舊書帝紀：河中械送僞宰相裴澈、鄭昌圖，命斬之於岐山縣，太子少師致仕蕭遘賜死于永樂縣。與此不同。

時朝士受熅官者甚衆，法司皆處以極法；法司，謂刑部。處，昌呂翻。杜讓能力爭之，免者什七八。

7 壬辰，車駕至鳳翔，節度使李昌符，恐車駕還京雖不治前過，前過，謂與朱玫迫逐乘輿也。治，直之翻。恩賞必疏，乃以宮室未完，固請駐蹕府舍，從之。

8太傅兼侍中鄭從讜罷爲太子太保。

9鎮海節度使周寶募親軍千人，號後樓兵，稟給倍於鎮海軍；鎮海軍皆怨，而後樓兵浸驕不可制。寶溺於聲色，不親政事，築羅城二十餘里，建東第，人苦其役。寶與僚屬宴後樓，有言鎮海軍怨望者，寶曰：「亂則殺之！」度支催勘使薛朗以其言告所善鎮海軍將劉浩，戒之使戢士卒，浩曰：「惟反可以免死耳！」是夕，寶醉，方寢，浩帥其黨作亂，帥，讀曰率；下同。攻府舍而焚之。寶驚起，徒跣叩芙蓉門呼後樓兵，後樓兵亦反矣。寶帥家人步走出青陽門，遂奔常州，考異曰：實錄寶被逐在四月，恐四月奏到耳。吳越備史三月壬辰。新紀癸巳，今從之。依刺史丁從實。浩殺諸僚佐，癸巳，迎薛朗入府，推爲留後。爲錢鏐誅薛朗張本。寶先兼租庸副使，城中貨財山積，是日，盡於亂兵之手。

高駢聞寶敗，列牙受賀，遣使饋以齏粉。駢與寶爲仇，故幸其敗。爲仇事見二百五十四卷中和元年。齏，子西翻。細切爲齏，碎礱爲粉。寶怒，擲之地曰：「汝有呂用之在，他日未可知也！」揚州連歲饑，城中餒死者日數千人，坊市爲之寥落，災異數見，駢悉以爲周寶當之。史言高駢阽於死亡而不悟。爲，于僞翻。數，所角翻。見，賢遍翻。

10山南西道節度使楊守亮忌利州刺史王建驍勇，屢召之；建懼，不往。利州，山南西道巡屬也，建懼爲守亮所殺，故不敢往。前龍州司倉周庠路振九國志，作「周博雅」。說建曰：「唐祚將終，藩鎮互相吞噬，皆無雄才遠略，不能戡濟多難。說，式芮翻；下同。難，乃旦翻。公勇而有謀，得士卒心，立大功者非公而誰！然葭萌四戰之地，利州，古葭萌之地，世傳古蜀王封其弟葭萌於此，因以名邑。難以久安。閬州地僻人富，楊茂實，陳、田之腹心，不脩職貢，若表其罪，興兵討之，可不【章：十二行本「不」作「一」；乙十一行本同；孔本同；張校同。】戰而擒也。」建從之，召募溪洞酋豪，有衆八千，沿嘉陵江而下，襲閬州，西漢水出秦州嘉陵谷，亦謂之嘉陵水，東南過葭萌，又東南過閬中。閬州，東川巡屬。酋，慈由翻。逐其刺史楊茂實而據之，自稱防禦使，招納亡命，軍勢益盛，守亮不能制。

部將張虔裕說建曰：「公乘天子微弱，專據方州，若唐室復興，公無種矣。種，章勇翻。宜遣使奉表天子，杖大義以行師，蔑不濟矣。」部將綦毋諫復說建養士愛民以觀天下之變。綦毋，姓也。毋，音無。建【章：十二行本「建」下有「皆」字；乙十一行本同；孔本同。】從之。庠、虔裕、諫，皆許州人也。汝、潁多奇士，自古然也。史言英雄角逐，天必生人才以羽翼之。

初，建與東川節度使顧彥朗俱在神策軍，同討賊；建既據閬州，彥朗畏其侵暴，數遣使問遺，數，所角翻。遺，唯季翻。餽以軍食，建由是不犯東川。豺狼不噬，要非仁也，力未及耳。觀後顧彥暉之事可見已。

11 初，周寶聞淮南六合鎮遏使徐約兵精，誘之使擊蘇州。爲下卷徐約逐張雄始事。

資治通鑑卷第二百五十七

端明殿學士兼翰林侍讀學士太中大夫提舉西京嵩山崇福宫上柱國河內郡開國公食邑二千二百户食實封九百户賜紫金魚袋臣司馬光 奉敕編集
後學天台胡三省 音註

唐紀七十三起强圉協洽(丁未)四月，盡著雍涒灘(戊申)，凡一年有奇。

僖宗惠聖恭定孝皇帝下之下

光啓三年(丁未、八八七)

1 夏，四月，甲辰朔，約逐蘇州刺史張雄，考異曰：吴越備史：「四月，六合鎮將徐約攻陷蘇州。約，曹州人也，初從黄巢攻天長，遂歸高駢，駢用爲六合鎮將。浙西周寶子壻楊茂實爲蘇州刺史，約攻破之，遂有其地。」據實錄，寶以其壻爲蘇州刺史，朝廷已除趙載代之。張雄據蘇州必在載後，備史恐誤。今從新紀、傳。帥其衆逃入海。此句上更有一「雄」字，文意乃足。張雄據蘇州見上卷上年。帥，讀曰率。

2 高駢聞秦宗權將寇淮南，遣左廂都知兵馬使畢師鐸將百騎屯高郵。鐸將以下皆卽亮翻。時呂用之用事，宿將多爲所誅，師鐸自以黄巢降將，常自危。畢師鐸降高駢，見二百五十三卷乾符六年。師鐸有美妾，用之欲見之，師鐸不許；用之因師鐸出，竊往見之，師鐸慚怒，出其妾，由是有隙。

師鐸將如高郵，用之待之加厚，師鐸益疑懼，謂禍在旦夕。師鐸子娶高郵鎮遏使張神劍女，師鐸密與之謀，神劍以爲無是事。神劍名雄，人以其善用劍，故謂之「神劍」。考異曰：十國紀年：「張雄，淮南人，善劍，號張神劍。」今欲別於前蘇州刺史張雄，故從妖亂志，但稱神劍。時府中籍籍，亦以爲師鐸且受誅，漢書：事籍籍如此。顏師古註云：籍籍，紛紛也。其母使人語之曰：「設有是事，汝自努力前去，勿以老母、弱子爲累！」語，牛倨翻。累，良瑞翻。師鐸疑未決。

會駢子四十三郎者素惡用之，惡，烏路翻。欲使師鐸帥外鎮將吏疏用之罪惡，聞於其父，帥，讀曰率。密使人紿之曰：「用之比來頻啓令公，比，毗至翻，近也。襄王熅加駢中書令，故稱令公。紿，徒亥翻。欲因此相圖，已有委曲在張尚書所，當時機密文書謂之委曲。張尚書，謂神劍。宜備之！」師鐸問神劍曰：「昨夜使司有文書，使司，謂淮南節度使司。翁胡不言？」以婚姻呼之爲翁。神劍不寤，曰：「無之。」師鐸不自安，歸營，謀於腹心，皆勸師鐸起兵誅用之，師鐸曰：「用之數年以來，人怨鬼怒，安知天不假手於我誅之邪！淮寧軍使鄭漢章，我鄉人，按新書高駢傳：駢置淮寧軍於淮口。畢師鐸、鄭漢章皆冤句人。昔歸順時副將也，謂去黃巢歸高駢時也。素切齒於用之，聞吾謀，必喜。」乃夜與百騎潛詣漢章，漢章大喜，悉發鎮兵及驅居民合千餘人從師鐸至高郵。師鐸詰張神劍以所得委曲，詰，極吉翻。神劍驚曰：「無有。」師鐸聲色浸厲，神劍奮曰：「公何見事之暗！用之姦惡，天地所不容。況近者重賂權貴得嶺南節度，復不行，事見上卷上年。復，扶又翻。或云謀竊據此土，使其得志，吾輩豈能握刀頭事此妖物邪！要冎此數賊以謝淮海，何必多言！」冎，古瓦翻。禹貢曰：淮海惟揚州。漢章喜，遂命取酒，割臂血瀝酒，共飲之。乙巳，衆推師鐸爲行營使，爲文告天地，移書淮南境內，言誅用之及張守一、諸葛殷之意。以漢章爲行營副使，神劍爲都指揮使。

神劍以師鐸成敗未可知，請以所部留高郵，曰：「一則爲公聲援，二則供給糧餉。」師鐸不悅，漢章曰：「張尚書謀亦善，苟終始同心，事捷之日，子女玉帛相與共之，今日豈可復相違！」復，扶又翻。師鐸乃許之。戊申，師鐸、漢章發高郵。

庚戌，詗騎以白高駢，自高郵東南至揚州一百里。詗，翾正翻，又火迥翻。呂用之匿之。

3 朱珍至淄青旬日，應募者萬餘人，又襲青州，獲馬千匹；時王敬武鎮淄青，朱珍以他鎮之將來募兵，既不能制，又爲所襲。蓋羣盜縱橫，力強者勝，莫適爲主故也。辛亥，還，至大梁，朱全忠喜曰：「吾事濟矣！」

時蔡人方寇汴州，其將張晊屯北郊，秦賢屯板橋，北郊，謂汴州城北郊原之地，即赤岡也。據舊史，板橋在汴州城西。各有衆數萬，列三十六寨，連延二十餘里。全忠謂諸將曰：「彼蓄銳休兵，方來擊我，未知朱珍之至，謂吾兵少，畏怯自守而已；宜出其不意，先擊之。」乃自引兵攻秦賢寨，士卒踊躍爭先；賢不爲備，連拔四寨，斬萬餘級，蔡人大驚，以爲神。

全忠又使牙將新野郭言募兵於河陽、陝、虢，得萬餘人而還。陝，失冉翻。還，從宣翻，又如字。

4 畢師鐸兵奄至廣陵城下，城中驚擾。壬子，呂用之引麾下勁兵，誘以重賞，出城力戰。誘，音酉。師鐸兵少卻，用之始得斷橋塞門爲守備。是日，駢登延和閣，斷，丁管翻。塞，悉則翻。延和閣，駢所起，見二百五十四卷中和二年。聞諠譟聲，左右以師鐸之變告。駢驚，急召用之詰之，用之徐對曰：「師鐸之衆思歸，爲門衞所遏，適已隨宜區處，處，昌呂翻。計尋退散；儻或不已，正煩玄女一力士耳，願令公勿憂！」駢曰：「近者覺君之妄多矣，君善爲之，勿使吾爲周侍中！」周侍中，謂周寶也，事見上卷本年。言畢，慘沮久之，用之慙懅而退。懅，亦慚也，音遽。師鐸退屯山光寺，山光寺，在廣陵城北。以廣陵城堅兵多，甚有悔色；癸丑，遣其屬孫約與其子詣宣州，乞師於觀察使秦彥，且許以克城之日迎彥爲帥。帥，所類翻。會師鐸館客畢慕顏自城中逃出，言「衆心離散，用之憂窘，若堅守之，不日當潰。」師鐸乃悅。

是日未明，駢召用之，問以事本末，用之始以實對，駢曰：「吾不欲復出兵相攻，復，扶又翻。君可選一溫信大將，溫，柔和也。信，誠實不妄言者也。以我手札諭之，若其未從，當別處分。」處，昌呂翻。按書及春秋「分器」，記曲禮「分毋求多」，漢書「分職」、「分部」，並音扶問翻；則處分之分亦當同音。

今人讀爲分判之分，誤也。用之退，念諸將皆仇敵，必【章：十二行本「必」上有「往」字；乙十一行本同。】不利於己，甲寅，遣所部討擊副使許戡，齎駢委曲委曲，即駢手札也。及用之誓狀并酒殽出勞師鐸，勞，力到翻。師鐸始亦望駢舊將勞問，得以具陳用之姦惡，披泄積憤，披，開也，分也。決壅爲泄。見戡至，大罵曰：「梁纘、韓問何在，乃使此穢物來！」戡未及發言，已牽出斬之。乙卯，師鐸射書入城，射，而亦翻。用之不發，即焚之。

丁巳，用之以甲士百人入見駢於延和閣下，駢大驚，匿于寢室，久而後出，曰：「節度使所居，無故以兵入，欲反邪！」命左右驅出。用之大懼，出子城南門，舉策指之曰：「吾不可復入此！」復，扶又翻。自是高、呂始判矣。

是夜，駢召其從子前左金吾衞將軍傑密議軍事；戊午，署傑都牢城使，泣而勉之，以親信五百人給之。

用之命諸將大索城中丁壯，索，山客翻。無問朝士、書生，悉以白刃驅縛登城，令分立城上，自旦至暮，不得休息；又恐其與外寇通，數易其地，數，所角翻。家人餉之，莫知所在。由是城中人亦恨師鐸入城之晚也。

駢遣大將石鍔鍔，逆各翻。以師鐸幼子及其母書并駢委曲至揚子諭師鐸，師鐸遽遣其子還，曰：「令公但斬呂、張以示師鐸，師鐸不敢負恩，願以妻子爲質。」質，音致。駢恐用之屠其家，收師鐸母妻子置使院。使院，節度使司官屬治事之所。

辛酉，秦彥遣其將秦稠將兵三千至揚子助師鐸。壬戌，宣州軍攻南門，不克；癸亥，又攻羅城東南隅，城幾陷者數四。幾，居依翻。甲子，羅城西南隅守者焚戰格以應師鐸，戰格，列木爲之，漢人謂之笓格，今謂之排杈。師鐸毀其城以內其衆。用之帥其衆千人力戰于三橋北，帥，讀曰率。師鐸垂敗，會高傑以牢城兵自子城出，欲擒用之以授師鐸，用之乃開參佐門北走。駢召梁纘以昭義軍百餘人保子城。

乙丑，師鐸縱兵大掠。駢不得已，命徹備，與師鐸相見於延和閣下，交拜如賓主之儀，署師鐸節度副使，行軍司馬，仍承制加左僕射，鄭漢章等各遷官有差。左莫邪都虞候申及，本徐州健將，高駢置左、右莫邪都，見二百五十四卷中和二年。入見駢，說之曰：說，式芮翻。「師鐸逆黨不多，【章：十二行本「多」下有「諸門尚未有守者」七字；乙十一行本同；孔本同；張校同；退齋校同。】請令公及此選元從三十人，及此，言及此時也。從，才用翻。夜自教場門出，比師鐸覺之，追不及矣。比，必利翻，及也。然後發諸鎮兵，還取府城，此轉禍爲福也。若一二日事定，浸恐艱難，及亦不得在左右矣。」言之，且泣，駢猶豫不聽。楚靈王有言：「大福不再，祇取辱耳。」高駢蓋知行留皆禍，故猶豫不聽。及恐語泄，遂竄匿，會張雄至東塘，張雄棄蘇州逃入海，又自海泝江而上，至揚州東塘。及往歸之。

丙寅，師鐸果分兵守諸門，搜捕用之親黨，悉誅之。師鐸入居使院，秦稠以宣軍千人分守使宅及諸倉庫。使，疏吏翻。丁卯，駢牒請解所任，以師鐸兼判府事。

師鐸遣孫約至宣城，趣秦彥過江。趣，讀曰促。或說師鐸曰：說，式芮翻。「僕射曏者舉兵，蓋以用之輩姦邪暴橫，橫，戶孟翻。高令公坐自聾瞽，不能區理，區，分別也。理，調治也。故順衆心爲一方去害。去，羌呂翻。今用之既敗，軍府廓然，僕射宜復奉高公而佐之，但總其兵權以號令，誰敢不服！用之乃淮南一叛將耳，移書所在，立可梟擒。如此，外有推奉之名，內得兼幷之實，雖朝廷聞之，亦無虧臣節。使高公聰明，必知內愧；如其不悛，悛，丑緣翻，改也。乃机上肉耳，柰何以此功業付之他人，豈惟受制於人，終恐自相魚肉！前日秦稠先守倉庫，其相疑已可見。且秦司空爲節度使，廬州、壽州其肯爲之下乎！廬州，楊行密。壽州，張翺。僕見戰攻之端未有窮已，豈惟淮南之人肝腦塗地，竊恐僕射功名成敗未可知也！不若及今亟止秦司空亟，紀力翻，急也。勿使過江，彼若粗識安危，必不敢輕進；粗，坐五翻。就使他日責我以負約，猶不失爲高氏忠臣也。」師鐸大以爲不然，明日，以告鄭漢章，漢章曰：「此智士也！」散求之，其人畏禍，竟不復出。復，扶又翻。

戊辰，駢遷家出居南第，師鐸以甲士百人爲衞，其實囚之也。是日，宣軍以所求未獲，焚進奉兩樓數十間，寶貨悉爲煨燼。新書高駢傳：駢自乾符以來，貢獻不入天子，寶貨山積於進奉樓。按駢乾符末始自浙西徙淮南，中和二年罷兵權利權，貢獻始絕矣。煨，烏回翻。燼，徐刃翻。己巳，師鐸於府廳視事，凡官吏非有兵權者皆如故，復遷駢於東第。復，扶又翻；下同。自城陷，諸軍大掠【章：十二行本「掠」下有「晝夜」二字；乙十一行本同；孔本同；張校同。】不已，至是，師鐸始以先鋒使唐宏為靜街使，禁止之。

駢先為鹽鐵使，乾符六年，駢為鹽鐵轉運使，中和二年，解使職。積年不貢奉，貨財在揚州者，填委如山。駢作郊天、御樓六軍立仗儀服，郊天及御樓肆赦，六軍皆立仗。及大殿元會、內署行幸供張器用，皆刻鏤金玉、蟠龍蹙鳳數十萬事，悉為亂兵所掠，歸于閭閻，張陳寢處其中。供，居用翻。張，知亮翻；張陳同。鏤，郎豆翻。處，昌呂翻。

庚午，獲諸葛殷，杖殺之，棄尸道旁，怨家抉其目，斷其舌，抉，於決翻。斷，都管翻；下斷手同。衆以瓦石投之，須臾成冢。呂用之之敗也，其黨鄭杞首歸師鐸，師鐸署杞知海陵監事。海陵監，筦榷鬻鹽。杞至海陵，陰記高霸得失，聞於師鐸。高霸時為海陵鎮遏使。霸獲其書，杖杞背，斷手足，刳目截舌，然後斬之。

5 蔡將盧瑭屯于萬勝，萬勝鎮在中牟縣。夾汴水而軍，以絕汴州運路，薛史梁紀曰：盧瑭於圃田北夾汴水為梁，以扼運路。宋白亦曰：萬勝寨在圃田北。朱全忠乘霧襲之，掩殺殆盡。考異曰：薛居正五代史云「四月庚午。」按長曆，四月甲辰朔，無庚午。薛史誤。於是蔡兵皆徙就張晊，屯於赤岡；赤岡在汴城北。全忠復就擊之，殺二萬餘人。蔡人大懼，或軍中自相驚，全忠乃還大梁，養兵休士。

6 辛未，高駢密以金遺守者，駢冀守者恩之，因以求出。遺，唯季翻。畢師鐸聞之，壬午，復迎駢入道院，道院，高駢所起以迎神仙。收高氏子弟甥姪十餘人同幽之。

7 前蘇州刺史張雄帥其衆自海泝江，屯於東塘，遣其將趙暉入據上元。張雄、馮弘鐸由此得據昇州。帥，讀曰率。

8 畢師鐸之攻廣陵也，呂用之詐爲高駢牒，署廬州刺史楊行密行軍司馬，追兵入援。廬江人袁襲說行密曰：「高公昏惑，用之姦邪，師鐸悖逆，凶德參會，三者合集爲參會。說，式芮翻。而求兵於我，此天以淮南授明公也，趣赴之。」趣，讀曰促。行密乃悉發廬州兵，復借兵於和州刺史孫端，復，扶又翻。考異曰：妖亂志：「中和三年，高駢差梁纘知和州。纘以孫端窺伺和州已久，不如因而與之以責其効。駢強之，既行，果爲端所敗。及歸，和州尋陷於端。」蓋端自是遂據和州也。合數千人赴之，五月，至天長。鄭漢章之從師鐸也，留其妻守淮口，用之帥衆攻之，帥，讀曰率。旬日不克，漢章引兵救之。用之聞行密至天長，引兵歸之。爲用之爲行密所誅張本。

9 丙子，朱全忠出擊張晊，大破之。秦宗權聞之，自鄭州引精兵會之。宗權引兵會晊以擊全忠。

10 張神劍求貨於畢師鐸，師鐸報以俟秦司空之命，神劍怒，亦以其衆歸楊行密；及海陵鎮遏使高霸、曲溪人劉金、盱眙人賈令威悉以其衆屬焉。揚州盱眙縣西南十里有曲溪。劉金，曲溪屯將也。行密衆至萬七千人，張神劍運高郵糧以給之。

11朱全忠求救於兗、鄆，朱瑄、朱瑾皆引兵赴之，義成軍亦至。二年，朱全忠并義成軍，徵其兵以擊蔡人。辛巳，全忠以四鎮兵攻秦宗權於邊孝村，大破之，邊孝村，在汴州北郊。斬首二萬餘級；宗權宵遁，全忠追之，至陽武橋而還。陽武橋在鄭州陽武縣，縣在汴州西北九十里。還，從宣翻，又如字。全忠深德朱瑄，兄事之。蔡人之守東都、河陽、許、汝、懷、鄭、陝、虢者，聞宗權敗，皆棄去。宗權發鄭州，孫儒發河陽，皆屠滅其人，焚其廬舍而去，宗權之勢自是稍衰。朝廷以扈駕都頭楊守宗知許州事，朱全忠以其將孫從益知鄭州事。

12錢鏐遣東安都將杜稜、浙江都將阮結、靜江都將成及將兵討薛朗。九域志：杭州新城縣有東安鎮。浙江、靜江二都，蓋分屯杭州城外沿江一帶，自定山下至海門。討薛朗，以其逐周寶也。

13甲午，秦彥將宣歙兵三萬餘人，乘竹筏沿江而下，趙暉邀擊於上元，殺溺殆半。歙，書涉翻。丙申，彥入廣陵，自稱權知淮南節度使，【章：十二行本「使」作「事」；乙十一行本同；張校同，云無註本作「使」。】仍以畢師鐸爲行軍司馬，補池州刺史趙鍠爲宣歙觀察使。鍠，戶盲翻。戊戌，楊行密帥諸軍抵廣陵城下，爲八寨以守之，帥，讀曰率；下同。秦彥閉城自守。考異曰：妖亂志：「六月，癸卯朔，秦彥命鄭漢璋等守諸門。」按寇至城下，卽應城守，豈有戊戌行密至，癸卯始守城乎！今不取。

14六月，戊申，天威都頭楊守立天威，亦神策五十四都之一。與鳳翔節度使李昌符爭道，麾下相毆，毆，烏口翻，擊也。帝命中使諭之，不止。是夕，宿衛皆嚴兵爲備。己酉，昌符擁兵燒行宮，庚戌，復攻大安門。復，扶又翻。守立與昌符戰於通衢，昌符兵敗，帥麾下走保隴州。九域志：鳳翔西至隴州一百五十里。杜讓能聞難，挺身步入侍；韋昭度質其家於軍中，難，乃旦翻。質，音致。誓誅反賊，故軍士力戰而勝之。守立，復恭之假子也。壬子，以扈駕都將、武定節度使李茂貞李茂貞時領武定節宿衛。爲隴州招討使，以討昌符。

15 甲寅，河中牙將常行儒殺節度使王重榮。重榮用法嚴，末年尤甚；行儒嘗被罰，恥之，被，皮義翻。遂作亂。夜，攻府舍，重榮逃於別墅；墅，承與翻。明旦，行儒得而殺之。制以陝虢節度使王重盈爲護國節度使，又以重盈子珙權知陝虢留後。珙，居勇翻。重盈至河中，執行儒，殺之。舊書帝紀云：常行儒殺王重榮，推重榮兄重盈爲兵馬留後。

16 戊午，秦彥遣畢師鐸、秦稠將兵八千出城，西擊楊行密，稠敗死，士卒死者什七八。城中乏食，樵採路絕，宣州軍始食人。宣州軍，秦彥兵也。

17 壬戌，亳州將謝殷逐其刺史宋袞。

18 孫儒既去河陽，李罕之召張全義於澤州，去年，孫儒陷河陽，張全義據懷州，李罕之據澤州以拒之。蓋懷州逼近河陽，全義尋退屯澤州也。舊書帝紀云：李罕之自澤州收河陽，懷州刺史張全義收洛陽。與之收合餘衆。罕之據河陽，全義據東都，共求援於河東；李克用以其將安金俊爲澤州刺史，將騎助之，考異曰：太祖紀年錄：「七月，癸巳，澤州刺史張全義棄城而遁，太祖以安金俊爲澤州刺史。」薛居正五代史亦云：「七月，武皇以金俊爲澤州刺史。」按實錄，六月，全義已除河南尹。薛史罕之傳，罕之求援，克用遣澤州刺史安金俊助之，蓋二人先以澤州賂克用，非七月也。表罕之爲河陽節度使，全義爲河南尹。考異曰：薛居正五代史：「克用表張言爲河南尹、東都留守。」實錄：「以澤州刺史李罕之爲河陽節度使，懷州刺史張全義爲河南尹。」按諸葛爽表全義爲澤州刺史，及仲方敗，罕之據澤州，全義據懷州耳，非刺史也。

初，東都經黃巢之亂，遺民聚爲三城以相保，繼以秦宗權、孫儒殘暴，僅存壞垣而已。全義初至，白骨蔽地，荆棘彌望，居民不滿百戶，全義麾下纔百餘人，相與保中州城，城在二城之中間，故謂之中州城。四野俱無耕者。全義乃於麾下選十八人材器可任者，人給一旗一牓，謂之屯將，將，即亮翻。使詣十八縣故墟落中，植旗張牓，招懷流散，勸之樹藝。河南二十縣，河南、洛陽二縣在城中，其外偃師、鞏、緱氏、陽城、登封、陸渾、伊闕、新安、澠池、福昌、長水、永寧、壽安、密、河清、潁陽、伊陽、王屋，凡十八縣。惟殺人者死，餘但笞杖而已，無嚴刑，無租稅，民歸之者如市。又選壯者教之戰陳，以禦寇盜。陳，讀曰陣。數年之後，都城坊曲，漸復舊制，諸縣戶口，率皆歸復，桑麻蔚然，野無曠土。蔚，音鬱。不耕之土曰曠土。曠，空也。其勝兵者，勝，音升。大縣至七千人，小縣不減二千人，乃奏置令佐以治之。治，直之翻。全義明察，人不能欺，而爲政寬簡。出，見田疇美者，輒下馬，與僚佐共觀之，召田主，勞以酒食；勞，力到翻。有蠶麥善收者，蠶四伏無病而成穡，麥就實黃熟而豐厚，爲善收。或親至其家，悉呼出老幼，賜以茶綵衣物。民間言：「張公不喜聲伎，喜，許記翻。伎，渠綺翻。見之未嘗笑；獨見佳麥良繭則笑耳。」有田荒穢者，則集衆杖之；或訴以乏人牛，乃召其鄰里責之曰：「彼誠乏人牛，何不助之！」衆皆謝，乃釋之。由是鄰里有無相助，故比戶皆有蓄積，比，毗至翻，又毗必翻。凶年不饑，遂成富庶焉。

史究言張全義治河南之績效。

19 杜稜等敗薛朗將李君暀于陽羨。敗，補邁翻。暀，于放翻。陽羨，漢古縣，晉立義興郡，隋廢郡，改陽羨爲義興縣。唐武德七年，分義興置陽羨縣，尋省併入義興。九域志：義興縣在常州西南百二十里。

20 秋，七月，癸未，淮南將吳苗帥其徒八千人踰城降楊行密。帥，讀曰率。

21 八月，壬寅朔，李茂貞奏隴州刺史薛知籌以城降，斬李昌符，滅其族。中和元年，李昌言逐鄭畋據岐，兄弟七年而滅。

22 朱全忠引兵過亳州，遣其將霍存襲謝殷，斬之。是年六月，謝殷殺刺史，據亳州。

23 丙子，以李茂貞同平章事、充鳳翔節度使。爲李茂貞以岐兵跋扈張本。

24 以韋昭度守太保、兼侍中。

25 朱全忠欲兼兗、鄆，而以朱瑄兄弟有功於己，朱瑄兄弟救汴州，破蔡兵。攻之無名，乃誣瑄招誘宣武軍士，移書誚讓。瑄復書不遜，考異曰：編遺錄：「八月，丙午，都指揮使朱珍以諸都將士日有逃逸者，初未曉其端，今乃知爲鄆帥朱瑄因前年與我師會合討伐蔡寇，睹將士驍勇，潛有窺覬之心，密於境上懸金帛招誘，如至者皆厚而納焉。積亡既多，上察之，且不平是事，因移文追索亡者，朱瑄來言不遜，上益怒其欺罔，乃議舉兵伐之。」新傳：「全忠與朱瑄情好篤密，而內忌其雄，且所據皆勁兵地，欲造怨，乃圖之，卽聲言瑄納汴亡命，移書詆讓，瑄以新有恩於全忠，故答檄恚望。全忠由是顯結其隙。」高若拙後史補曰：「梁太祖皇帝到梁園，深有大志，然兵力不足，常欲外掠，又虞四境之難，每有鬱然之狀。時有薦敬秀才於門下，乃白梁祖曰：『明公方欲圖大事，輕重必爲四境所侵，但令麾下將士詐爲叛者而逃，卽明公奏于主上及告四鄰，以自襲叛徒爲名。』梁祖曰：『天降奇人以佐於吾。』初從其謀，一出而致衆十倍。」蓋翔爲溫畫策，詐令軍士叛歸瑄，以爲釁端也。全忠遣其將朱珍、葛從周襲曹州，壬子，拔之，殺刺史丘弘禮。又攻濮州，與兗、鄆兵戰於劉橋，劉橋，在曹州乘氏縣東北，濮州范縣西南。按薛史，戰于臨濮之劉橋。殺數萬人，朱瑄、朱瑾僅以身免。全忠與兗、鄆始有隙。

26 秦彥以張雄兵強，冀得其用，以僕射告身授雄，以尚書告身三通授裨將馮弘鐸等。此等告身，蓋高駢爲諸道都統時，朝廷所給空名告身也。廣陵人競以珠玉金繒詣雄軍貿食，貿，音茂。以物易物曰貿。通犀帶一，得米五升。通犀帶，通天犀帶也。陸佃埤雅曰：犀形似水牛，大腹庳腳，腳有三蹄，黑色；三角，一在項上，一在額上，一在鼻上，鼻上卽食角也，小而不橢。亦有一角者。舊說犀之通天者惡影，常飲濁水，重霧厚露之夜不濡其裏，白星徹端，世云：「犀望星而徹角，」卽此也，可以破水、駭雞。又犀之美者有光，故雞見影而驚。其次，角理復有正插、倒插。正插者角腰以上通，倒插者角腰以下通。亦曰，尖花小而根花大，謂之倒插。犀亦絕愛其角，墮角，卽自埋之。王粲遊海賦曰：「羣犀代角，巨象解齒，」是也。交州記曰：犀有二角，鼻上角長，額上角短。或曰：三角者，水犀也；二角者，山犀也；在頂者謂之頂犀，在鼻者謂之鼻犀。犀有四輩。其文或如桑椹，或如狗鼻者，上；黔犀無文，螺犀文旋，牸犀文細，牯犀文大而勻。錦衾一，得糠五升。雄軍既富，不復肯戰，未幾，復助楊行密。幾，居豈翻。復，扶下翻；下同。

丁卯，彥悉出城中兵萬二千人，遣畢師鐸、鄭漢章將之，陳於城西，延袤數里，楊行密軍於揚子，蓋並廣陵之西山，以逼廣陵城。陳，讀曰陣；下同。袤，音茂。軍勢甚盛。行密安臥帳中，曰：「賊近告我。」牙將李宗禮曰：「衆寡不敵，宜堅壁自守，徐圖還師。」李濤怒曰：「吾以順討逆，何論衆寡，大軍至此，去將安歸！濤願將所部爲前鋒，保爲公破之！」保爲，于僞翻。濤，趙州人也。行密乃積金帛麰米於一寨，麰，音牟，小麥也。使羸弱守之，多伏精兵於其旁，自將千餘人衝其陳。兵始交，行密陽不勝而走，廣陵兵追之，入空寨，爭取金帛麰米，伏兵四起，廣陵衆亂，行密縱兵擊之，俘斬殆盡，積尸十里，溝瀆皆滿，師鐸、漢章單騎僅免。自是秦彥不復言出師矣。

27 九月，以戶部侍郎、判度支張濬爲兵部侍郎、同平章事。

28 高駢在道院，秦彥供給甚薄，左右無食，至然木像、煑革帶食之，有相啗者。彥與畢師鐸出師屢敗，疑駢爲厭勝，厭，於涉翻，又於琰翻。外圍益急，恐駢黨有爲內應者。有妖尼王奉仙言於彥曰：「揚州分野極災，分，扶問翻。必有一大人死，自此喜矣。」甲戌，命其將劉匡時殺駢，幷其子弟甥姪無少長皆死，同坎瘞之。瘞，於計翻。乙亥，楊行密聞之，帥士卒縞素向城大哭三日。帥，讀曰率。

29 朱珍攻濮州，朱瑄遣弟罕將步騎萬人救之；辛卯，朱全忠逆擊罕於范，范，漢縣，唐屬濮州。九域志：在州東六十里。擒斬之。

30 冬，十月，秦彥遣鄭漢章將步騎五千出擊張神劍、高霸寨，破之，神劍奔高郵，霸奔海陵。張神劍、高霸各奔歸舊屯之地。

31 丁未，朱珍拔濮州，刺史朱裕奔鄆；珍進兵攻鄆。九域志：濮州東至鄆州一百八十里。瑄使裕詐遺珍書，遺，唯季翻。約爲內應，珍夜引兵赴之，瑄開門納汴軍，閉而殺之，死者數千人，汴軍乃退。瑄乘勝復取曹州，復，扶又翻。以其屬郭詞爲刺史。

32 甲寅，立皇子陞爲益王。

33 杜稜等拔常州，丁從實奔海陵。光啓二年，六月，丁從實取常州，至是而敗。考異曰：實錄：「五月，鏐攻常州，丁從實投高霸。」吳越備史在十月。新紀：「十月，甲寅，陷常州。」今從之。錢鏐奉周寶歸杭州，屬櫜鞬，具部將禮，郊迎之。杭州，本鎮海巡屬，故鏐以部將禮迎寶。屬，音之欲翻。櫜，音羔。鞬，其言翻。

34 楊行密圍廣陵且半年，秦彥、畢師鐸大小數十戰，多不利；城中無食，米斗直錢五十緡，草根木實皆盡，以堇泥爲餅食之，堇，居隱翻。堇泥，黏土也。餓死者太半。宣軍掠人詣肆賣之，驅縛屠割如羊豕，訖無一聲，積骸流血，滿於坊市。彥、師鐸無如之何，嚬蹙而已。攢眉爲嚬，皺頞爲蹙。外圍益急，彥、師鐸憂懣，殆無生意，懣，音悶。相對抱膝，終日悄然。悄，七小反。詩曰：憂心悄悄。行密亦以城久不下，欲引還。欲引還廬州。己巳夜，大風雨，呂用之部將張審威帥麾下士三百，晨，伏於西壕，帥，讀曰率；下同。俟守者易代，潛登城，啓關納其衆，守者皆不鬬而潰。先是，彥、師鐸信重尼奉仙，雖戰陳日時，賞罰輕重，皆取決焉。先，悉薦翻。陳，讀曰陣。至是復咨於奉仙曰：「何以取濟？」復，扶又翻。奉仙曰：「走爲上策！」乃自開化門出奔東塘。行密帥諸軍合萬五千人入城，以梁纘不盡節於高氏，爲秦、畢用，斬於戟門之外；唐設戟之制，廟社宮殿之門二十有四，東宮之門一十有八，一品之門十六，二品及京兆、河南、太原尹、大都督、大都護之門十四，三品及上都督、中都督、上都護、上州之門十二，下都督、下都護、中州、下州之門各十。設戟于門，故謂之戟門。韓問聞之，赴井死。梁纘、韓問，一體之人，纘既誅，問知不免於罪，故赴井而死。以高駢從孫愈攝副使，使改殯駢及其族。城中遺民纔數百家，飢羸非復人狀，行密輦西寨米以賑之。楊行密寨在廣陵城西，此餉軍之米也。行密自稱淮南留後。

35 秦宗權遣其弟宗衡將兵萬人渡淮，與楊行密爭揚州，以孫儒爲副，張佶、劉建鋒、馬殷及宗權族弟彥暉皆從。從，才用翻。十一月，辛未，抵廣陵城西，據行密故寨，攻守之勢，地有所必爭。楊行密之攻廣陵也，寨于城西；蔡人之攻行密，又據其故寨。蓋爭形勝者難以他圖也。行密輜重之未入城者，爲蔡人所得。重，直用翻。秦彥、畢師鐸至東塘，張雄不納，將渡江趣宣州；秦彥欲還趣舊治。趣，七喻翻。宗衡召之，乃引兵還，與宗衡合。

未幾，宗權召宗衡還蔡，拒朱全忠。孫儒知宗權勢不能久，稱疾不行；宗衡屢促之，儒怒，甲戌，與宗衡飲酒，坐中手刃之，傳首於全忠。坐，徂臥翻。宗衡將安仁義降於行密。仁義，本沙陀將也，路振九國志：安仁義初事李國昌於塞上，以過奔河陽，因入秦宗權軍中。行密悉以騎兵委之，列於田頵之上。楊行密起於合肥，一時諸將，田頵爲冠，一旦得安仁義，列於頵上，卒收其力用。史言其知人善任。儒分兵掠鄰州，未幾，衆至數萬，孫儒未卽攻廣陵，先掠鄰州以益其衆。幾，居豈翻。以城下乏食，與彥、師鐸襲高郵。

36 初，宣武都指揮使朱珍與排陳斬斫使李唐賓，勇略、功名略相當，陳，讀曰陣。全忠每戰，使二人偕，往無不捷；然二人素不相下。珍使人迎其妻於大梁，不白全忠，全忠怒，追還其妻，殺守門者，使親吏蔣玄暉召珍，以漢賓代總其衆。「漢賓」，當作「唐賓」。館驛巡官馮翊敬翔諫曰：唐制，節度使屬官有行軍司馬、副使、判官、支使、掌書記、巡官、衙推各一人，同節度副使十人，館驛巡官四人。「朱珍未易輕取，易，以豉翻。恐其猜懼生變。」全忠悔，使人追止之。珍果自疑，丙子夜，珍置酒召諸將。唐賓疑其有異圖，斬關奔大梁，珍亦棄軍單騎繼至。全忠兩惜其才，皆不罪，遣還濮州，爲珍殺唐賓張本。因引兵歸。

全忠多權數，將佐莫測其所爲，惟敬翔能逆知之，往往助其所不及，全忠大悅，自恨得翔晚，凡軍機、民政悉以咨之。全忠之移唐祚，敬翔之力也，李振之徒何關成敗之數哉！薛史翔傳曰：太祖初鎮大梁，有觀察支使王發者，翔里人也，往依之，發無由薦達。翔久之計窘，乃與人爲牋刺，往往有警句，傳於軍中。太祖不知書，喜淺近語，聞翔所作，愛之，召署館驛巡官。太祖與蔡賊相拒，機略之間，翔頗預之，太祖大悅，恨得翔之晚。考異曰：薛居正五代史翔傳曰：「翔每有所裨贊，亦未嘗顯諫上，俛仰顧步間，微示持疑爾，而太祖已察，必改行之，故裨佐之跡，人莫得知。」按張昭遠莊宗列傳曰：「溫狡譎多謀，人不測其際，唯翔視彼舉錯，即揣知其心，或有所不備，因爲之助。溫大悅，自以爲得翔之晚，故軍謀政術，一切諮之。」薛史誤。

37 辛巳，高郵鎮遏使張神劍帥麾下二百人逃歸揚州；帥，讀曰率。丙戌，孫儒屠高郵。戊子，高郵殘兵七百人潰圍而至，楊行密慮其爲變，分隸諸將，一夕盡阬之，明日，殺神劍於其第。張神劍反覆於呂、畢之間，而死於楊行密之手，挾狡用數者有時而窮也。

楊行密恐孫儒乘勝取海陵，壬寅，命鎮遏使高霸帥其兵民悉歸府城，揚州府城。曰：「有違命者，族之。」於是數萬戶棄資產、焚廬舍，挈老幼遷於廣陵。戊戌，霸與弟晊、晊，于放翻。部將余繞山、史炤曰：風俗通：余姓，秦由余之後。前常州刺史丁從實至廣陵，行密出郭迎之，與霸、晊約爲兄弟，甘言以安其心。置其將卒於法雲寺。今揚州城中江都縣廨之西有法雲寺，然非其舊也。

38 己亥，秦宗權陷鄭州。宗權既棄鄭州，今復攻陷之。

39 朝廷以淮南久亂，閏月，以朱全忠兼淮南節度使、東南面招討使。爲朱全忠與楊行密爭淮南張本。考異曰：舊紀：「十一月，秦彦引孫儒之兵攻廣陵，行密遣使求援于朱全忠，制授全忠兼淮南節度使、行營兵馬都統。」薛居正五代史梁太祖紀，朝廷就加帝兼領淮南節度，在八月。十國紀年曰：「初，僖宗聞淮南亂，以朱全忠兼淮南節度使。至是，行密遣使以破賊告全忠」，在十月行密初入揚州時。今從實錄。

40 陳敬瑄惡顧彦朗與王建相親，惡，烏路翻。恐其合兵圖己，謀於田令孜，令孜曰：「建，吾子也，令孜養建爲子，見上卷中和四年。不爲楊興元所容，故作賊耳。楊興元，謂楊守亮，事見上卷三年。今折簡召之，可致麾下。」乃遣使以書召之，建大喜，詣梓州見彦朗曰：「十軍阿父見召，令孜先爲神策十軍觀軍容使，待建同父子，故稱之。當往省之。省，悉景翻。因見陳太師，帝之自成都東還也，陳敬瑄進檢校太師，故稱之。求一大州，若得之，私願足矣！」乃留其家於梓州，顧彦朗治梓州。帥麾下精兵二千，帥，讀曰率。與從子宗鐬、從，才用翻。鐬，火外翻。假子宗瑤、宗弼、宗侃、宗弁俱西。宗瑤，燕人姜郅；燕，於賢翻。宗弼，許人魏弘夫，宗侃，許人田師侃；宗弁，鹿弁也。建至鹿頭關，西川參謀李乂謂敬瑄曰：「王建，虎也，柰何延之入室？彼安肯爲公下乎！」敬瑄悔，亟遣人止之，且增脩守備。建怒，破關而進，敗漢州刺史張頊於綿竹，綿竹，漢縣，江左置晉熙郡，隋廢郡爲李水縣，大業三年，改曰綿竹，唐屬漢州。九域志：在州東北九十三里。敗，補邁翻；下同。遂拔漢州，進軍學射山，又敗西川將句惟立於蠶此，九域志：成都府成都縣有蠶此鎮。句，古侯翻，又古侯翻。又拔德陽。敬瑄遣使讓之，對曰：「十軍阿父召我來，及門而拒之，重爲顧公所疑，重，直用翻。進退無歸矣。」田令孜登樓慰諭之，建與諸將於清遠橋上髡髮羅拜，成都南門樓，卽大玄樓也，樓前有清遠橋。曰：「今旣無歸，且辭阿父作賊矣！」顧彥朗以其弟彥暉爲漢州刺史，發兵助建，急攻成都，考異曰：始，建宿衛之時，嘗領壁州刺史，光啓二年四月，已出爲利州刺史，而舊紀、薛居正五代史、實錄、新紀皆云以壁州刺史攻成都，誤也。張彭耆舊傳曰：「光啓四年戊申，十月十日，田軍容除西川監軍使，此月到。十一月一日，僖宗皇帝晏駕，昭宗卽位，改文德元年。文德二年己酉，太師有除未下。聞朝廷降使，三軍百姓僧道詣驛，就使車訴論二十年鐵券。有一人驛亭截耳，時有微雨，臥踠於泥。天使視之無言，良久曰：『不必不必，』索馬揮鞭便發。太師軍容專差親信於人衆中，探使有何言。旣聞，二人神色俱喪，乃理兵講武，更創置三都，黃頭都以親密者管之，諸軍頻閱隊。十月，探知朝廷除韋相公授西川節度使，已宣麻。軍容甚有懼色，乃以書召閬州王司徒，計其過綿州，卽出兵拒之，令其怒，怒必攻諸州，所在發兵交戰。此是軍容計，恐韋相公來交代，以兵隔之，言王司徒來侵我，我所舉兵，蓋與王氏相敵，欲遮其反名。十二月二十日，驅人上城，一更，出兵數千人，排於城外北面堤上。二十一日，王司徒大軍已至城下，於城北街去來鬭數合。巳時，川軍被一時築過橋，堤上排者大走，並收入城。至暮，王司徒收軍，宿七里亭。二十二日早，又進軍逼城，至午又退，止七里亭。二十三日早，引軍入新繁、濛陽諸縣界，城內出軍，日有相持。此年十一月，改元龍紀元年己酉。二月二十五日，大戰三郊。（「郊」當作「交」。）乃各下數寨相守，所至縣邑，大遭焚燒，戶口逃竄。」十國紀年曰：「王建起兵攻成都，諸書歲月不同，蓋建事成之後，其徒以擅舉兵侵盜爲恥，爲之隱惡，襲據閬州，多言除移，尤諱光啓末寇西川攻陳敬瑄事。或移在文德年韋昭度鎮蜀敬瑄不受代後，或云朝廷削奪敬瑄官爵，建始會昭度討伐，皆若受命勤王之師。故李昊蜀書、毛文錫紀事、張彭錦里耆舊傳、楊堪平蜀德政碑、吳融生祠堂碑、馮涓大廳壁記、收復邛州壁記，皆當是時撰錄，而自相牴牾。吳融云：歲在作噩之年，相國韋公奉命伐蜀。又云：聖上卽位之明年，詔大丞相韋公鎭蜀，起兵屬丞相以討不庭。尋拜公永平節度兼都指揮使。」今按舊僖宗紀：「光啓三年，十二月，東川顧彥朗、壁州刺史王建連兵五萬攻成都，陳敬瑄告難于朝，詔中使諭之。」唐年補錄：「光啓三年，十二月，以西川陳敬瑄、東川顧彥朗相持，詔李茂貞移書和解。」與唐莊宗功臣列傳、唐烈祖實錄、五代史王建傳、莊宗實錄、范質五代通錄王衍傳所載略同。韋昭度以文德元年六月始除西川節度使，十月至成都，陳敬瑄不受代。昭度表敬瑄叛，十二月丁亥，除昭度招討使，王建永平節度使。據長曆，是年十二月甲子朔，丁亥，二十四日也。龍紀元年丁酉歲正月，詔命始至成都。吳融據昭度受招討使歲月，故云作噩之年伐蜀，是歲乃昭宗卽位之明年，韋公鎭蜀在前一年，蓋融誤以伐蜀爲鎭蜀耳。舊紀云：「文德元年六月，以韋昭度爲西川節度、兩川招撫制置使。」新書昭宗本紀：「文德元年十月，陳敬瑄反。十二月丁亥，韋昭度爲招討使。」皆是也。而舊紀誤云龍紀元年正月，除昭度東都留守。五月，王建陷成都，自稱留後。新書陳敬瑄傳全用張彭耆舊傳，云先除昭度節度使，然後田令孜召建以限朝廷，與本紀及韋昭度傳自相違戾，最爲差繆。張彭自言年僅八十，追記爲兒童以來平生見聞，爲耆舊傳，故其敍事鄙俚倒錯，與舊史年月不相符合。今從五代史王建傳。又新紀：「文德元年六月，王建陷漢州，執刺史張頊。」實錄：「龍紀元年正月，建破鹿頭關，張頊來拒戰，敗之。」按光啓三年十二月，韋昭度討陳敬瑄，以漢州刺史顧彥暉爲軍前指揮使，蓋其年冬，建破漢州，顧彥朗卽以彥暉爲刺史。新紀、實錄皆誤。今從十國紀年。三日不克而退，還屯漢州。敬瑄告難於朝，難，乃旦翻。朝，直遙翻。詔遣中使和解之；又令李茂貞以書諭之，皆不從。

41 楊行密欲遣高霸屯天長以拒孫儒，袁襲曰：「霸，高氏舊將，常挾兩端，我勝則來，不勝則叛。今處之天長，處，昌呂翻。是自絕其歸路也，不如殺之。」己酉，行密伏甲執霸及丁從實、余繞山，皆殺之。高霸之死，猶張神劍之死也。又遣千騎掩殺其黨於法雲寺，死者數千人。是日，大雪，寺外數坊地皆赤。高晆出走，明日，獲而殺之。

呂用之之在天長也，是年五月，用之歸行密於天長。給楊行密曰：「用之有銀五萬鋌，鋌，徒鼎翻。埋於所居，克城之日，願備麾下一醉之資。」庚戌，行密閱士卒，顧用之曰：「僕射許此曹銀，何食言邪！」因牽下械繫，命田頵鞫之，云：「與鄭杞、董瑾謀因中元夜，邀高駢至其第建黃籙齋，道書以正月十五爲上元，七月十五爲中元，十月十五爲下元。黃籙大齋者，普召天神、地祇、人鬼而設醮焉，追懺罪根，冀升仙界，以爲功德不可思議，皆誕說也。乘其入靜，道家所謂入靜，卽禪家入定而稍異。入靜者，靜處一室，屏去左右，澄神靜慮，無思無營，冀以接天神。縊殺之，聲言上升。因令莫邪都帥諸軍推用之爲節度使。」帥，讀曰率。是日，腰斬用之，怨家刳割立盡，并誅其族黨。軍士發其中堂，得桐人，書駢姓名於胸，桎梏而釘之。釘，丁定翻。

袁襲言於行密曰：「廣陵飢弊已甚，蔡賊復來，民必重困，蔡賊，謂孫儒也。復，扶又翻。重，直用翻；下輜重同。不如避之。」甲寅，行密遣和州將延陵宗以其衆二千人歸和州，孫端所遣助楊行密者，今遣還。乙卯，又命指揮使蔡儔將兵千人，輜重數千兩，歸于廬州。爲蔡儔背楊行密張本。

42 趙暉據上元，會周寶敗，浙西潰卒多歸之，周寶敗見上卷本年。上元縣近京口，故浙西潰卒多歸之。衆至數萬。暉遂自驕大，治南朝臺城而居之，隋之平陳也，悉毀建康臺城，平蕩耕墾，更於石頭城置蔣州。唐廢蔣州，以其地隸潤州。光啓二年，復置昇州，治上元縣。蓋臺城之堙廢久矣。治，直之翻。服用奢僭。張雄在東塘，暉不與通問；雄泝江而上，上，時掌翻。暉以兵塞其中流。塞，悉則翻。雄怒，戊午，攻上元，拔之。暉奔當塗，未至，爲其下所殺。餘衆降，雄悉阬之。是年夏，張雄遣趙暉入據上元，今忿其拒己而阬其降者。降，戶江翻。

43朱全忠遣內客將張廷範致朝命於楊行密，致閏月之朝命也。以行密爲淮南節度副使，又以宣武行軍司馬李璠爲淮南留後，遣牙將郭言將兵千人送之。感化節度使時溥自以於全忠爲先進，官爲都統，顧不得領淮南，而全忠得之，意甚恨望。全忠以書假道於溥，溥不許。璠至泗州，溥以兵襲之，郭言力戰得免而還，徐、汴始構怨。自此以後，豈特徐、汴構怨哉，朱全忠以得朝命，遂與楊行密爭淮南，再交兵而再不得志，然後息心耳。璠，孚袁翻。

44十二月，考異曰：長曆，閏十一月庚子朔，十二月己巳朔。新、舊紀閏月無事，不見。新紀十二月癸巳在此月，是亦以十一月爲閏。妖亂志有後十一月。十國紀年亦閏十一月，惟薛居正五代史、梁紀十二月後有閏月。實錄，閏十二月庚子朔。今不取。癸巳，秦宗權所署山南東道留後趙德諲陷荊南，節【張：「節」上脫「殺」字。】度使張瓌，留其將王建肇守城而去，光啓元年，張瓌據荊南，至是而敗。新書：城陷，瓌死，人無識者，幷投於井。復州長史陳璠從瓌至江陵，密斷首置囊中，走京師獻之，授安州刺史。與此異。遺民纔數百家。

45饒州刺史陳儒陷衢州。按路振九國志：陳儒，同安賊也。九域志：饒州東南至衢州七百二十九里。宋白曰：衢州，春秋越西鄙之地，晉爲東陽之境。輿地志云：漢獻帝初平三年，分太末立新安縣，晉太康元年，以弘農有新安，改名信安；唐武德四年，析婺州西境於信安縣置衢州，先有洪水，派山爲三道，因曰三衢，州以是名。

46上蔡賊帥馮敬章陷蘄州。帥，所類翻。地名解：蘄州，以水隈多蘄菜，因名。州北有蘄水，南入于江。蘄，渠希翻。

47乙未，周寶卒於杭州。考異曰：吳越備史：「寶病卒。」實錄：「鏐迎至郡，氣卒於樟亭驛。」新紀：「十月丁卯，鏐殺周寶。」十國紀年：「此月乙未，寶卒。或曰：鏐殺之。」新傳云：「鏐迎寶舍樟亭，未幾，殺之。」今從吳越備史。

48錢鏐以杜稜爲常州制置使。命阮結等進攻潤州，丙申，克之；劉浩走，擒薛朗以歸。光啓三年，劉浩逐周寶而奉薛朗，至是而敗。又，自是而後，楊行密、孫儒之兵迭爭常、潤，二州之民死於兵荒，其存者什無一二矣。考異曰：吳越備史：「明年，正月丙寅，克潤州，斬薛朗。」按朗斬於杭州，必不同在一日。今從十國紀年。

文德元年（戊申、八八八）是年二月改元。

1春，正月，甲寅，孫儒殺秦彥、畢師鐸、鄭漢章。彥等之歸【章：十二行本「歸」下有「秦」字；乙十一行本同；退齋校同；張校同，云無註本亦無。】宗衡也，其衆猶二千餘人，其後稍稍爲儒所奪；裨將唐宏知其必及禍，恐并死，乃誣告彥等潛召汴軍。儒殺彥等，以宏爲馬軍使。

2張守一與呂用之同歸楊行密，復爲諸將合仙丹，復，扶又翻。爲，于僞翻。合，音閤。又欲干軍府之政，行密怒而殺之。張守一之死宜哉，嗜利而招權，弗可改也已。

3蔡將石璠將萬餘人寇陳、亳，陳、亳二州。朱全忠遣朱珍、葛從周將數千騎擊擒之。癸亥，以全忠爲蔡州四面行營都統，代時溥，考異曰：新紀：「正月癸亥，全忠爲蔡州都統。」編遺錄：「二月癸未，上以時溥阻我兼鎮，具事奏聞。丙戌，上奉唐帝正月二十五日制命，授蔡州四面行營都統。」則丙戌乃全忠受詔之日。實錄、薛居正五代史皆云二月丙戌，因此而誤也。舊紀：「五月丁酉朔，制以全忠爲蔡州都統。」月日尤誤。今從編遺錄、新紀。諸鎮兵皆受全忠節度。

4張廷範至廣陵，楊行密厚禮之；及聞李璠來爲留後，怒，有不受之色。廷範密使人白全忠，宜自以大軍赴鎮，全忠從之；至宋州，廷範自廣陵逃來，曰：「行密未可圖也。」甲子，李璠至，言徐軍遮道，徐軍，謂時溥軍。全忠乃止。

5丙寅，錢鏐斬薛朗，考異曰：新紀：「丙寅，薛朗伏誅。鏐陷潤州。」十國紀年：「丁巳，斬朗。」今從吳越備史。剖其心以祭周寶，薛朗逐周寶，見上卷上年。以阮結爲潤州制置使。

6二月，朱全忠奏以楊行密爲淮南留後。

7乙亥，上不豫；壬午，發鳳翔，己丑，至長安。庚寅，赦天下，改元。以韋昭度兼中書令。

8魏博節度使樂彥禎，驕泰不法，發六州民六州，魏、博、貝、相、澶、衞。築羅城，方八十里，羅城，魏州羅城也。人苦其役；其子從訓，尤凶險；既殺王鐸，事見上卷中和四年。魏人皆惡之。惡，烏路翻。從訓聚亡命五百餘人爲親兵，謂之子將，牙兵疑之，籍籍不安；魏博牙兵始於田承嗣，廢置主帥率由之。今樂從訓復置親兵，牙兵疑其見圖，故不安。將，即亮翻。從訓懼，易服逃出，止於近縣，彥禎因以爲相州刺史。從訓遣人至魏運甲兵、金帛，交錯於路，牙兵益疑。彥禎懼，請避位，居龍興寺爲僧，中和三年，樂彥禎得魏博，至是而敗。考異曰：舊傳：「彥禎危懼而卒。」實錄：「彥禎懼，自求避位，退居龍興寺，軍衆迫令爲僧。」舊紀：「魏博軍亂，逐彥禎。」若卒，不應云逐。今從實錄。衆推都將趙文玠知留後事。玠，皮變翻。

從訓引兵三萬至城下；文玠不出戰，衆復殺之，復，扶又翻。推牙將貴鄉羅弘信知留後事。先是，人有言「見白須翁，言弘信當爲地主」者，先，悉薦翻。文玠既死，衆羣聚呼曰：呼，火故翻。「誰欲爲節度使者？」弘信出應曰：「白須翁已命我矣。」衆環視曰：「可也。」遂立之。弘信引兵出，與從訓戰，敗之。舊書帝紀書是年魏博軍亂，逐其帥樂彥禎。彥禎子相州刺史從訓帥衆攻魏州，牙軍立其小校羅宗弁爲留後，出兵拒之。蓋幷趙文玠、羅弘信姓名爲一人。敗，補邁翻。從訓收餘衆保內黃，內黃，漢縣，時屬魏州。九域志：縣在州西南一百二十四里。宋白曰：魏以河北爲內，河南爲外，以陳留有外黃，此爲內黃。故縣城在今縣西北十九里。魏人圍之。

先是，朱全忠將討蔡州，遣押牙雷鄴以銀萬兩請糴於魏；先，悉薦翻。牙兵既逐彥禎，殺鄴於館。從訓既敗，乃求救於全忠。

9 初，河陽節度使李罕之與【章：十二行本「與」下有「河南尹」三字；乙十一行本同；孔本同；張校同。】

張全義刻臂爲盟，相得歡甚。罕之勇而無謀，性復貪暴，復，扶又翻。意輕全義，聞其勤儉力穡，笑曰：「此田舍一夫耳！」全義聞之，不以爲忤。忤，五故翻。罕之屢求穀帛，全義皆與之；而罕之徵求無厭，厭，於鹽翻。河南不能給，小不如所欲，輒械河南主吏至河陽杖之，九域志：河南東北至河陽八十五里。河南將佐皆憤怒。全義曰：「李太尉【章：十二行本「尉」作「傅」；乙十一行本同。】所求，柰何不與！」竭力奉之，狀若畏之者，罕之益驕。罕之所部不耕稼，專以剽掠爲資，啗人爲糧，剽，匹妙翻。啗，徒濫翻。至是悉其衆攻絳州，絳州刺史王友遇降之；進攻晉州，護國節度使王重盈密結全義以圖之。全義潛發屯兵，張全義尹河南，十八縣各置屯將以領屯兵，屯兵卽民兵也。夜，乘虛襲河陽，黎明，入三城，河陽有南城、北城、中潬城。罕之踰垣步走，全義悉俘其家，遂兼領河陽節度使。罕之奔澤州，九域志：河陽北至澤州九十里。求救於李克用。

10 三月，戊戌朔，日有食之，旣。考異曰：舊紀：「僖宗百僚上徽號曰聖文睿德光武弘孝皇帝。三月，戊戌朔，御正殿受册。」昭宗紀：「大順元年，正月，戊子朔，百僚上徽號曰聖文睿德光武弘孝皇帝。」豈有二帝徽號正同！今從新紀，止是昭宗尊號。

11 己亥，上疾復作，復，扶又翻。壬寅，大漸。皇弟吉王保，長而賢，羣臣屬望。屬，之欲翻。十軍觀軍容使楊復恭請立其弟壽王傑；是日，下詔，立傑爲皇太弟，監軍國事。考異曰：唐年補錄：「僖宗御樓後，疾復作，暴崩。楊復恭等祕喪不發，時十六宅諸王從行，乃於六宅中推帝爲監國。帝之上有盛王、儀王，皆懿宗之子，帝居六宅之第三人。」舊紀：「羣臣以吉王最賢，又在壽王之上，將立之，唯楊復恭請以壽王監國。」按昭宗，懿宗第七子。吉王保，第六。新、舊傳懿宗八子，無盛王、儀王。今從舊紀。右軍中尉劉季述遣兵迎傑於六王宅，帝兄弟八人，侹早薨，見王六人，居六王宅。入居少陽院，少，詩照翻。宰相以下就見之。癸卯，上崩於靈符殿。年二十七。遺制，太弟傑更名敏，更，工衡翻。以韋昭度攝冢宰。

昭宗即位，體貌明粹，有英氣，喜文學，喜，許記翻。以僖宗威令不振，朝廷日卑，有恢復前烈之志，尊禮大臣，夢想賢豪，踐阼之始，中外忻忻焉。人心厭亂思治，承僖宗之後，見昭宗之初政，意其足以有爲也。

12 朱全忠裹糧於宋州，將攻秦宗權；會樂從訓來告急，乃移軍屯滑州，遣都押牙李唐賓等將步騎三萬攻蔡州，遣都指揮使朱珍等分兵救樂從訓。考異曰：薛居正五代史珍傳曰：「珍軍于內黃，敗樂從訓萬餘人。」按珍往救從訓而云敗從訓，誤也。葛從周傳曰：「從太祖渡河，拔黎陽、李固、臨河等鎮，至內黃，破魏軍萬餘衆。」據薛史紀、傳，皆云太祖遣朱珍等救從訓，獨從周傳云從太祖，恐誤也。自白馬濟河，下黎陽、臨河、李固三鎮；元豐九域志，澶州有臨河縣，在州西六十里。魏州魏縣有李固鎮。薛史晉紀：鄴西有柵曰李固，清淇合流在其側。進至內黃，敗魏軍萬餘人，獲其將周儒等十人。敗，補邁翻。

13 李克用以其將康君立爲南面招討使，督李存孝、薛阿檀、史儼、安金俊、安休休五將，騎七千，助李罕之攻河陽。張全義嬰城自守，城中食盡，求救於朱全忠，以妻子爲質。質，音致。

14 王建攻彭州，陳敬瑄救之，乃去。建大掠西川，十二州皆被其患。西川統益、彭、蜀、漢、嘉、眉、邛、簡、資、雅、黎、茂十二州。被，皮義翻。

15 夏，四月，庚午，追尊上母王氏曰恭憲皇后。

16 壬午，孫儒襲揚州，克之；考異曰：實錄儒陷揚州在五月，恐是約奏到日。今據舊紀云四月戊辰朔，壬午，新紀云戊辰，妖亂志云四月癸未朔，甲申，儒陷揚州。吳錄、十國紀年無日，但云四月。今從舊紀、紀年。楊行密出走，儒自稱淮南節度使。行密將奔海陵，袁襲勸歸廬州，再爲進取之計，從之。

17 朱全忠遣其將丁會、葛從周、牛存節將兵數萬救河陽。李存孝令李罕之以步兵攻城，自帥騎兵逆戰於溫，溫縣，屬孟州。孟州治河陽。九域志：溫在河陽東七十里。帥，讀曰率。河東軍敗，安休休懼罪，奔蔡州。汴人分兵欲斷太行路，斷，都管翻。行，戶剛翻。太行路在河陽北，河東兵之歸路也。康君立等懼，引兵還。全忠表丁會爲河陽留後，復以張全義爲河南尹。會，壽春人；存節，博昌人也。全義德全忠出己，由是盡心附之，朱全忠至此又併有洛、孟矣。全忠每出戰，全義主給其糧仗無乏。

李罕之爲澤州刺史，領河陽節度使。罕之留其子頎事克用，頎，渠希翻。身還澤州，專以寇鈔爲事，鈔，楚交翻。自懷、孟、晉、絳數百里間，州無刺史，縣無令長，田無麥禾，邑無煙火者，殆將十年。令，力正翻。長，知兩翻。河中、絳州之間有摩雲山，絕高，民保聚其上，寇盜莫能近，近，其靳翻。罕之攻拔之，時人謂之「李摩雲」。

18 樂從訓移軍洹水，羅弘信遣其將程公信擊從訓，斬之，與父彥禎皆梟首軍門。癸巳，遣使以厚幣犒全忠軍，請脩好，好，呼到翻。全忠乃召軍還。詔以羅弘信權知魏博留後。

19 歸州刺史郭禹擊荆南，逐王建肇，王建肇去年據荆南。建肇奔黔州。詔以禹爲荆南留後。荆南兵荒之餘，止有一十七家，禹勵精爲治，撫集彫殘，通商務農，晚年殆及萬戶。昭宗天復三年，成汭爲淮南將李神福所敗而死。所謂晚年，殆此時也。治，直吏翻。時藩鎮各務兵力相殘，莫以養民爲事，獨華州刺史韓建招撫流散，勸課農桑，數年之間，民富軍贍。時人謂之北韓南郭。秦宗權別將常厚據夔州，禹與其將汝陽許存攻奪之。久之，朝廷以禹爲荆南節度使，建肇爲武泰節度使。黔州武泰軍。禹奏復姓名爲成汭。禹奏姓名事見上卷光啓元年。

20 加李克用兼侍中。

21 五月，己亥，加朱全忠兼侍中。

22 趙德諲既失荆南，荆南時爲成汭所奪。且度秦宗權必敗，度，徒洛翻。壬寅，舉山南東道來降，中和四年，秦宗權遣趙德諲據襄陽，至是來降。降，戶江翻。且自託於朱全忠。全忠表請以德諲自副，制以山南東道爲忠義軍，以德諲爲節度使，充蔡州四面行營副都統。

23 朱全忠既得洛、孟，無西顧之憂，乃大發兵擊秦宗權，大破宗權於蔡州之南，舊書帝紀云：蔡州行營奏大破賊於龍陂，遂進兵以逼賊城。克北關門；宗權屯守中州，中州，蔡州中城也。全忠分諸將爲二十八寨以環之。環，音宦。

24 加鳳翔節度使李茂貞檢校侍中。

25 陳敬瑄方與王建相攻，貢賦中絕。言敬瑄前此常輸貢賦，中困於兵，以致斷絕，王建因以爲敬瑄罪而間之。建以成都尚強，退無所掠，欲罷兵，周庠、綦毋諫以爲不可，庠曰：「邛州城塹完固，食支數年，可據之以爲根本。」邛，渠容翻。建曰：「吾在軍中久，觀用兵者不倚天子之重，則衆心易離；易，以豉翻。不若疏敬瑄之罪，表請朝廷，命大臣爲帥而佐之，則功庶可成。」帥，所類翻。乃使庠草表，請討敬瑄以贖罪，因求邛州。顧彥朗亦表請赦建罪，移敬瑄他鎮以靖兩川。王建於東川巡內起兵以攻西川，連兵不決，兩川皆爲之不安。

初，黃巢之亂，上爲壽王，從僖宗幸蜀。事見二百五十四卷僖宗廣明元年。時事出倉猝，諸王多徒行至山谷中，壽王疲乏，不能前，臥磻石上；田令孜自後至，趣之行，磻，蒲官翻。趣，讀曰促。王曰：「足痛，幸軍容給一馬。」令孜曰：「此深山，安得馬！」以鞭抶王使前，抶，丑栗翻，擊也。王顧而不言，心銜之。及即位，遣人監西川軍，令孜不奉詔。令孜倚陳敬瑄，不肯離西川。上方憤藩鎮跋扈，欲以威制之。會得彥朗、建表，以令孜所恃者敬瑄耳，六月，以韋昭度兼中書令，充西川節度使，兼兩川招撫制置等使，徵敬瑄爲龍武統軍。

王建軍新都，時綿竹土豪何義陽、安仁費師懃等武德三年，分臨邛、依政置安仁縣，屬邛州。九域志：在州東北三十八里。費，父沸翻。懃，巨斤翻。所在擁兵自保，衆或萬人，少者千人；建遣王宗瑤說之，說，式芮翻。皆帥衆附於建，帥，讀曰率。給其資糧，建軍復振。復，扶又翻。

26 置佑國軍於河南府，以張全義爲節度使。

27 秋，七月，李罕之引河東兵寇河陽，丁會擊卻之。

28 升鳳州爲節度府，割興、利州隸之，以鳳州防禦使滿存爲節度使、同平章事。僖宗中和二年，以興、鳳二州置感義軍，楊晟爲節度使，以守散關，未及立軍府。晟既敗走，不再除帥。今始立軍府於鳳州，就除滿存爲節度使。

29 以權知魏博留後羅弘信爲節度使。

30 八月，戊辰，朱全忠拔蔡州南城。

31 楊行密畏孫儒之逼，欲輕兵襲洪州，袁襲曰：「鍾傳定江西已久，中和二年，鍾傳據洪州。兵強食足，未易圖也。趙鍠新得宣州，去年趙鍠得宣州。鍠，戶觥翻。怙亂殘暴，衆心不附。公宜卑辭厚幣，說和州孫端、上元張雄說，式芮翻。使自採石濟江侵其境，彼必來逆戰，公自銅官濟江會之，今池州東北一百四十里銅陵縣有銅官渚。破鍠必矣。」行密從之，使蔡儔守廬州，帥諸將濟自糝潭。九域志：無爲軍無爲縣有糝潭鎮。今江行自糝潭口東過泥汊口，又東過柵江口。帥，讀曰率；下同。糝，桑感翻。

孫端、張雄爲趙鍠所敗，敗，補邁翻。鍠將蘇塘、漆朗將兵二萬屯曷山。宣州當塗縣西南有曷山，其東則東梁山。袁襲曰：「公引兵急趨曷山，趨，七喻翻。堅壁自守，彼求戰不得，謂我畏怯，因其怠，可破也。」行密從之。塘等大敗，遂圍宣州。鍠兄乾之自池州帥衆救宣州，武德四年，以宣州之秋浦、南陵二縣置池州，貞觀元年，州廢；永泰元年，復分宣州之秋浦、青陽、饒州之至德置池州。九域志：池州東至宣州三百二十五里。行密使其將陶雅擊乾之于九華，破之。九華山，在池州青陽縣界，舊名九子山，李白以峯有如蓮華，改曰九華。乾之奔江西，以雅爲池州制置使。

32 九月，朱全忠以饋運不繼，且秦宗權殘破不足憂，引兵還。丙申，遣朱珍將兵五千送楚州刺史劉瓚之官。朱全忠自以兼領淮南，楚州其巡屬也，故自除刺史。

33 錢鏐遣其從弟銶將兵攻徐約于蘇州。銶，音求。

34 冬，十月，徐兵邀朱珍、劉瓚不聽前，徐兵，時溥之兵也。珍等擊之，取沛、滕二縣，斬獲萬計。

35 孟方立遣其將奚忠信將兵三萬襲遼州，遼州本漢上艾、沾二縣之地，晉置樂平郡，武德三年，置遼州，八年，改曰箕州，先天元年，避玄宗名，改曰儀州，中和三年，復曰遼州。李克脩邀擊，大破之，擒忠信送晉陽。

36 辛卯，葬惠聖恭定孝皇帝于靖陵，靖陵，在京兆奉天縣東北十里。廟號僖宗。

37 陳敬瑄、田令孜聞韋昭度將至，治兵完城以拒之。治，直之翻。

38 十一月，時溥自將步騎七萬屯吳康鎮，薛居正五代史，朱珍攻豐，下之。時溥以全師會戰豐南吳康里。朱珍與戰，大破之。朱全忠又遣別將攻宿州，刺史張友降之。降，戶江翻；下同。

39 丙申，秦宗權別將攻陷許州，執忠武留後王蘊，復取許州。去年宗權爲全忠所敗，棄許州，王蘊蓋全忠所命也。

40 十二月，蔡將申叢執宗權，折其足而囚之，折，而設翻。降於全忠，全忠表叢爲蔡州留後。

41 初，感義節度使楊晟既失興、鳳，見上卷光啓二年。走據文、龍、成、茂四州。王建攻西川，田令孜以晟己之故將，假威戎軍節度使，使守彭州。楊晟，故神策指揮使。王建攻彭州，陳敬瑄眉州刺史山行章將兵五萬壁新繁以救之。新繁，漢繁縣，蜀後主加「新」字，唐屬成都府。九域志：在府西北二十五里。宋白曰：新繁本漢繁縣，蜀後主延熙十年，涼州胡率衆降禪，居之繁縣，移戶於此，俗謂之新繁。縣名因俗而改。

42 丁亥，以韋昭度爲行營招討使，山南西道節度使楊守亮副之，東川節度使顧彥朗爲行軍司馬；割邛、蜀、黎、雅置永平軍，以王建爲節度使，治邛州，充行營諸軍都指揮使。

戊子，削陳敬瑄官爵。

43 山南西道節度使楊守厚【張：「厚」作「亮」。】陷夔州。按新書，楊守亮時帥山南西道，守厚爲綿州刺史，無亦楊守亮遣守厚陷夔州歟？

王崇武標點　容肇祖　聶崇岐覆校

資治通鑑卷第二百五十八

端明殿學士兼翰林侍讀學士太中大夫提舉西京嵩山崇福宮上柱國河內郡開國公食邑二千二百戶食實封九百戶賜紫金魚袋臣　司馬光　奉敕編集
後　學　天　台　胡三省　音　註

唐紀七十四

起屠維作噩（己酉），盡重光大淵獻（辛亥），凡三年。

昭宗聖穆景文孝皇帝上之上

諱傑，懿宗第七子，及即位，改名敏，又改名曄。

龍紀元年（己酉、八八九）

1 春，正月，癸巳朔，赦天下，改元。考異曰：唐年補錄曰：「正月，癸巳，改文德二年爲龍紀元年，百寮上帝徽號曰聖文睿德光武弘孝皇帝。」新、舊紀、實錄，明年正月乃上尊號，補錄誤也。舊紀又云：「以劍南西川節度、兩川招撫制置使韋昭度爲東都留守。」按昭度大順二年乃爲留守，舊紀誤也。今皆從實錄。

2 以翰林學士承旨、兵部侍郎劉崇望同平章事。

3 汴將龐師古拔宿遷，軍于呂梁。九域志：徐州彭城縣有呂梁洪鎭。時溥逆戰，大敗，還保彭城。

4 壬子，蔡將郭璠殺申叢，送秦宗權於汴，璠，孚袁翻。考異曰：實錄：「申叢、裴涉欲復立宗權爲帥，汴將李璠知之，斬叢、涉，以宗權送汴州。」薛居正五代史：「初，申叢縛宗權，折足而囚之，雖納款於太祖，欲自獻於長安以邀旄鉞。及姦謀不就，乃欲復奉宗權以接取其柄，爲其將郭璠所殺，縶宗權送于太祖，即以璠爲留後。太祖遣都統判官韋震奏事，且疏時溥之罪，願委討伐，仍請降滄、兗二帥之命。」按全忠若自求兼領滄、兗二鎮，則明年朝廷命兼領滑州，全忠猶辭不受，今豈敢遽求滄、兗邪！若爲滄、兗二帥求之，則兗帥朱瑾，乃仇讎也。當時不知全忠欲以何人爲滄帥，諸書皆無其名。薛史、實錄皆云申叢欲復立宗權，按叢折宗權足而囚之，豈有復奉爲帥之理！蓋郭璠欲奪其功，誣之云爾。新、舊紀、五代紀、傳皆云郭璠殺申叢，而實錄云李璠，誤也。李璠乃檻送宗權者。告朱全忠云：「叢謀復立宗權。」全忠以璠爲淮西留後。朱全忠又并淮西以連襄、鄧，其勢愈盛矣。

5 戊申，王建大破山行章於新繁，殺獲近萬人，行章僅以身免。楊晟懼，徙屯三交，行章屯濛陽，與建相持。儀鳳二年，分九隴、雒、什邡三縣置濛陽縣，屬彭州。九域志：在州東三十一里。宋白曰：縣在濛江之北，故曰濛陽。

6 二月，朱全忠送秦宗權至京師，斬于獨柳。考異曰：舊紀：「二月己丑，汴州行軍司馬李璠監送秦宗權并妻趙氏以獻，斬於獨柳。」實錄：「三月，全忠獻宗權，斬於獨柳。」新紀：「二月戊辰，朱全忠俘宗權以獻。己丑，宗權伏誅。」按宗權正月離汴，不應三月始至長安；戊辰獻俘，不應至己丑始伏誅。故但云二月。京兆尹孫揆監刑，監，古銜翻。宗權於檻車中引首謂揆曰：「尚書察宗權豈反者邪？但輸忠不效耳。」觀者皆笑。揆，逖之族孫也。孫逖仕至刑部侍郎，揆五世從孫也。

7 三月，加朱全忠兼中書令，進爵東平郡王。考異曰：舊紀在四月，封東平郡王。薛居正五代史在三月，亦云封東平。今從實錄，止加中書令。據考異，則「進爵東平郡王」六字合汰。然按舊書帝紀，光啓元年，封全忠沛郡王。此時雖未進爵東平，固已封王矣。全忠既克蔡州，軍勢益盛。

加奉國節度使趙德諲中書令，僖宗中和二年，以蔡州爲奉國軍，命秦宗權爲節度使。文德元年，以襄州爲忠義軍，命趙德諲爲節度使。宗權既亡，未嘗以奉國節授人，趙德諲亦未嘗兼奉國節，當改「奉國」爲「忠義」。加蔡州節度使趙犨同平章事，充忠武節度使，以陳州爲理所。忠武本治許州；趙犨，陳人也，又守陳有功，因徙治所於陳。犨，昌牛翻。會犨有疾，悉以軍府事授其弟昶，表乞骸骨，詔以昶代爲忠武節度使。未幾，犨薨。幾，居豈翻。考異曰：薛居正五代史趙犨傳曰：「文德元年，蔡州平，朝廷議勳，犨檢校司徒，充泰寧軍節度使，又改授浙西節度使，不離宛丘，兼領二鎮。龍紀元年，三月，又以平巢、蔡功，就加平章事，充忠武軍節度使，仍以陳州爲理所。犨一日念弟昶共立軍功，乃下令盡以軍州事付於昶，遂上表乞骸。後數月，寢疾卒。」昶傳曰：「犨遥領泰寧軍節度使，以昶爲本州刺史。俄而犨有疾，遂以軍州盡付於昶。詔授兵馬留後，旋遷忠武軍節度使，亦以陳州爲理所。時宗權未滅，陳、蔡封疆相接，昶每選精鋭深入蔡境，蔡賊雖衆，終不能抗，以至宗權敗焉。」上云「蔡州平，以犨爲忠武節度使」，下云「昶爲節度使，時宗權未滅」，自相違。今從犨傳。

8 丙申，錢銶【章：十二行本「銶」作「銖」；乙十一行本同。】拔蘇州，去年冬，錢銶攻蘇州，事見上卷。徐約亡入海而死。光啓三年，徐約據蘇州，今走死。錢鏐以海昌都將沈粲權知蘇州。

9 夏，四月，賜陝虢軍號保義。陝，失冉翻。

10 五月，甲辰，潤州制置使阮結卒，錢鏐以靜江都將成及代之。

11 李克用大發兵，遣李罕之、李存孝攻孟方立，六月，拔磁、洺二州。方立遣大將馬溉、袁奉韜將兵數萬拒之，戰於琉璃陂，方立兵大敗，二將皆爲所擒，克用乘勝進攻邢州。方立性猜忌，諸將多怨，至是皆不爲方立用，方立慙懼，飲藥死。中和二年，孟方立據邢州。弟攝洺州刺史遷，素得士心，衆奉之爲留後，考異曰：實錄：「克用以弟克脩守潞，遣澤州刺史安金俊討方立。方立因結諸鎮救援，其將奚忠信攻遼州。克用復遣李罕之等急攻，方立將馬溉出戰，爲罕之所擒。溉謂曰：『欲圖邢州，當先取磁州。』及幷師圍磁州，方立與奚忠信帥兵大戰，軍敗，陷磁州，而方立單騎還邢州，忠信死焉。方立愧之，乃自圖死。三軍立其弟遷，求援汴州。朱全忠遣王虔裕赴之，鎮州王鎔遺克用書和解而退。」唐年補錄：「方立有謀將石元佐爲安金俊所獲，金俊問之，元佐請攻磁州，破奚忠信，金俊乃殺之。方立果與忠信引兵入磁，金俊與之戰，大敗，忠信死，方立單騎入邢州，愧見父老，遂自裁。」薛居正五代史方立傳：「六月，李存孝下洺、磁兩郡，方立遣馬溉、袁奉韜盡率其衆逆戰於琉璃陂，存孝擊之，盡殪，生獲馬溉、奉韜。初，方立性苛急，恩不逮下，攻圍累旬，夜自巡城慰諭，守陴者皆倨。方立知其不可，乃飲酖而卒。其從弟洺州刺史遷，素得士心，衆乃推爲留後，求援於汴。時梁祖方攻時溥，援兵不出。」按李罕之攻下磁州，進攻洺州，乃擒馬溉。實錄云「溉爲罕之謀取磁州」，蓋誤以石元佐爲溉也。又，奚忠信去年已爲李克脩所擒，乃云「與方立率兵大戰」，亦誤也。舊紀：「六月，邢、洺節度使孟方立卒，三軍推其弟洺州刺史遷爲留後，李克用出軍攻之。」新紀：「六月，李克用寇邢州，昭義軍節度使孟方立卒，其弟遷自稱留後。」按唐年補錄載王鎔奏得邢洺大將等狀，以「孟方立奄辭昭代，三軍、百姓同以親弟攝洺州刺史遷權知兵馬留後事。」及新、舊紀、實錄、薛史方立傳皆云立其弟遷，唯太祖紀年錄及薛史武皇紀云立其姪遷，恐誤。今從諸書。求援於朱全忠。全忠假道於魏博，羅弘信不許；全忠乃遣大將王虔裕將精甲數百，間道入邢州共守。間，古莧翻。爲孟遷執王虔裕降河東張本。

12楊行密圍宣州，城中食盡，人相啗，指揮使周進思據城逐趙鍠；鍠將奔廣陵，田頵追擒之。未幾，城中執進思以降。幾，居豈翻。降，戶江翻。行密入宣州，諸將爭取金帛，徐溫獨據米囷，爲粥以食餓者。溫，朐山人也。囷，去倫翻。倉圓曰囷。食，祥吏翻。徐溫之遠略已見於此矣。鍠將宿松周本，勇冠軍中，行密獲而釋之，以爲裨將。宿松，漢皖縣地，梁置高塘郡，隋廢郡，置宿松縣，唐屬舒州。九域志：在州西南一百四十里。宋白曰：宿松縣，漢元始中爲松滋縣，屬廬江郡，晉武帝以荆州有松滋縣，遂改爲宿松。冠，古玩翻。鍠既敗，左右皆散，惟李德誠從鍠不去，行密以宗女妻之。妻，七細翻。李德誠自此遂委質於楊氏。海陵讓皇之世，此心復能如從鍠之時乎？德誠，西華人也。行密表言於朝，詔以行密爲宣歙觀察使。朝，直遙翻。歙，書涉翻。

朱全忠與趙鍠有舊，遣使求之；行密謀於袁襲，襲曰：「不若斬首以遺之。」遺，唯季翻。行密從之。未幾，襲卒，行密哭之曰：「天不欲成吾大功邪，何爲折吾股肱也！折，而設翻。吾好寬而襲每勸我以殺，好，呼到翻。此其所以不壽與！」與，讀曰歟。

孫儒遣兵攻廬州，蔡儔以州降之。降，戶江翻。

13朱珍拔蕭縣，據之，與時溥相拒，朱全忠欲自往臨之。珍命諸軍皆葺馬廐，李唐賓部將嚴郊獨惰慢，軍吏責之，唐賓怒，見珍訴之；珍亦怒，以唐賓爲無禮，拔劍斬之，珍、唐賓交惡久矣，乘怒殺之，不復顧慮。遣騎白全忠，云唐賓謀叛。淮南左司馬敬翔，恐全忠乘怒，倉猝處置違宜，處，昌呂翻。故留使者，逮夜，然後從容白之，從，千容翻。朱全忠兼領淮南節度，以敬翔爲左司馬。逮夜而後言，則全忠雖怒而未能發其暴。全忠果大驚。翔因爲畫策，爲，于僞翻；下爲之同。詐收唐賓妻子繫獄，遣騎往慰撫，全忠從之，軍中始安。秋，七月，全忠如蕭縣，未至，珍出迎，命武士執之，責以專殺而誅之。敬翔爲全忠謀取朱珍，猶用前計。諸將霍存等數十人叩頭爲之請，全忠怒，以牀擲之，乃退。使全忠不殺朱珍，珍其肯爲全忠用乎？霍存等爲之請，弗思爾矣。爲，于僞翻。丁未，至蕭縣，以龐師古代珍爲都指揮使。八月，丙子，全忠進攻時溥壁，會大雨，引兵還。

14 冬，十月，平盧節度使王敬武薨；子師範，年十六，軍中推爲留後，棣州刺史張蟾不從。詔以太子少師崔安潛兼侍中，充平盧節度使。蟾迎安潛至州，與之共討師範。爲王師範殺張蟾張本。

15 以給事中杜孺休爲蘇州刺史。錢鏐不悅，以知州事沈粲爲制置指揮使。沈粲制其兵權，杜孺休直寄坐耳。

16 楊行密遣馬步都虞候田頵等攻常州。時錢鏐將杜稜守常州。

17 十一月，上改名曄。

18 上將祀圜丘。故事，中尉、樞密皆褑衫侍從；僖宗之世，已具襴笏；褑，睽桂翻，衣裾分也。

襴，音闌，卽今之袍也。下施横幅，因謂之襴。新志曰：唐初士人以棠苧襴衫爲上服，貴女功之始也。一命以黄，再命以黑，三命以纁，四命以緑，五命以紫。中書令馬周上議：禮無服衫之文，三代之制有深衣；請加襴袖褾襈，爲士人上服；開骻者爲缺骻衫，庶人服之。長孫無忌又議，服袍者下加襴，緋紫皆視其品。從，才用翻。至是，又令有司制法服，法服，謂冕服劍佩也。孔緯及諫官、禮官皆以爲不可，上出手札諭之曰：「卿等所論至當。當，丁浪翻。事有從權，勿以小瑕遂妨大禮。」於是宦官始服劍佩侍祠。考異曰：按田令孜、楊復恭雖威權震主，官不過金吾衛上將軍，則其餘宦官必卑矣，但諸書不見當時宦官所欲衣者何品秩之法服也。己酉，祀圜丘，赦天下。

上在藩邸，素疾宦官，及卽位，楊復恭恃援立功，援立見上卷上年。所爲多不法，上意不平；政事多謀於宰相，孔緯、張濬勸上舉大中故事抑宦者權。復恭常乘肩輿至太極殿。太極殿，西内前殿也。他日，上與宰相言及四方反者，孔緯曰：「陛下左右有將反者，況四方乎！」上矍然問之，緯指復恭曰：「復恭陛下家奴，乃肩輿造前殿，矍，居縛翻。造，七到翻。多養壯士爲假子，使典禁兵，或爲方鎮，非反而何！」楊復恭以假子守立爲天威軍使，守信爲玉山軍使，守貞爲龍劍節度，守忠爲武定節度，守厚爲綿州刺史，其餘假子爲州刺史者甚衆，號外宅郎君。又養子六百人，監諸道軍。復恭曰：「子壯士，欲以收士心，衞國家，豈反邪！」上曰：「卿欲衞國家，何不使姓李而姓楊乎？」復恭無以對。

復恭假子天威軍使楊守立，本姓胡，名弘立，勇冠六軍，冠，古玩翻。人皆畏之。上欲討復恭，恐守立作亂，謂復恭：「朕欲得卿胡子在左右。」復恭見守立於上，見，賢遍翻。上賜姓名李順節，使掌六軍管鑰，北軍六軍，皆分屯苑中，屯營各有門，晨夕啓閉。不期年，擢至天武都頭，領鎮海節度使，俄加同平章事。天武亦神策五十四都之一。期，讀曰朞。及謝日，臺吏申請班見百僚，孔緯判不集；判臺申，不使集百官。順節至中書，色不悅。他日，語微及之，緯曰：「宰相師長百僚，長，知兩翻。故有班見。相公職爲都頭，而於政事堂班見百僚，於意安乎？」順節不敢復言。復，扶又翻。

朱全忠求領鹽鐵，孔緯獨執以爲不可，謂進奏吏曰：「朱公須此職，非興兵不可！」全忠乃止。史言孔緯相唐，欲振紀綱，惜制於時，不得行其志耳。

19 田頵攻常州，爲地道入城；中宵，旌旗甲兵出於制置使杜稜之寢室，遂虜之，以兵三萬戍常州。

20 朱全忠遣龐師古將兵自潁上趨淮南，擊孫儒。宋僑置樓煩縣於汝陰郡界，後魏以縣爲下蔡郡治所，後齊廢郡，隋改爲潁上縣，唐屬潁州。九域志：在州東一百一十七里。趨，七喻翻。

21 十二月，甲子，王建敗山行章及西川騎將宋行能於廣都；敗，補邁翻。行能奔還成都，行章退守眉州。壬申，行章請降於建。

22 戊寅，孫儒自廣陵引兵渡江，壬午，逐田頵，取常州，以劉建鋒守之。儒還廣陵，建鋒又逐成及，取潤州。成及爲錢鏐守潤州。

23 前山南東道節度使劉巨容之在襄陽也，有申屠生教之燒藥爲黃金。田令孜之弟過襄陽，巨容出金示之。及寓居成都，中和四年，巨容自襄陽奔成都。令孜求其方，不與，恨之，是歲，令孜殺巨容，滅其族。

大順元年（庚戌、八九〇）

1 春，正月，戊子朔，羣臣上尊號曰聖文睿德光武弘孝皇帝；改元。上，時掌翻。

2 李克用急攻邢州，孟遷食竭力盡，執王虔裕及汴兵以降。僖宗中和二年，孟方立據邢、磁、洺三州，至是而亡。考異曰：唐末見聞錄：「龍紀元年，大軍守破邢州城，孟遷投來，拜李存孝邢州刺史。十一月四日，孟遷補充教練使。」太祖紀年錄及薛居正五代史太祖紀，皆曰「大順元年，李存孝攻邢州急，邢帥孟遷以邢、洺、磁三州歸于我，執朱溫之將王虔裕等三百人以獻」，而無月。太祖紀年錄又曰：「太祖徙孟遷于太原，以大將安金俊爲邢洺團練使。」薛史孟遷傳曰：「大順元年，二月，遷執王虔裕等乞降，武皇令安金俊代之。」今從實錄。薛史虔裕傳曰：「時太祖大軍方討兗、鄆，未及救援，邢人困而攜貳，遷乃縶虔裕送于太原，尋爲所殺。」按是時全忠方攻時溥，未討兗、鄆也。虔裕傳誤。克用以安金俊爲邢洺團練使。

3 壬寅，王建攻邛州，邛，渠容翻。陳敬瑄遣其大將彭城楊儒將兵三千助刺史毛湘守之，湘出戰，屢敗。楊儒登城，見建兵盛，歎曰：「唐祚盡矣，王公治衆，嚴而不殘，殆可以庇民乎！」治，直之翻。遂帥所部出降。帥，讀曰率。降，戶江翻。建養以爲子，更其姓名曰王宗儒。更，工衡翻。乙巳，建留永平節度判官張琳爲邛南招安使，引兵還成都。復攻陳敬瑄也。琳，許州人也。

陳敬瑄分兵布寨於犀浦、郫、導江等縣，垂拱二年，分成都縣置犀浦縣。郫，漢古縣，唐並屬成都府。九域志：郫縣在府西四十五里。發城中民戶一丁，不計其家丁數多少，一戶則發一丁。晝則穿重壕，採竹木，運磚石，重，直龍翻。史炤曰：古史考：烏曹作塼。夜則登城，擊柝巡警，無休息。韋昭度營於唐橋，王建營於東閶門外；建事昭度甚謹。辛亥，簡州將杜有遷執刺史員虔嵩降於建。員，音云，又音運，姓也。建以有遷知州事。

4 汴將龐師古等衆號十萬，渡淮，聲言救楊行密，攻下天長，壬子，下高郵。下者，降下。

5 二月，己未，資州將侯元綽執刺史楊戡降於王建，建以元綽知州事。

6 乙丑，加朱全忠守中書令。

7 龐師古引兵深入淮南，己巳，與孫儒戰於陵亭，九域志：泰州興化縣有陵亭鎮。師古兵敗而還。還，從宣翻，又如字。

8 楊行密遣其將馬敬言將兵五千，乘虛襲據潤州。李友將兵二萬屯青城，將攻常州。安仁義、劉威、田頵敗劉建鋒於武進，去年，孫儒使劉建鋒據常、潤。晉分曲阿縣置武進縣，梁改爲蘭陵，隋廢，唐垂拱二年，又分晉陵置武進縣，屬常州。九域志，縣有青城鎮。敬言、仁義、威屯潤州。友，合肥人；威，愼縣人也。

9 李克用將兵攻雲州防禦使赫連鐸，克其東城。鐸求救於盧龍節度使李匡威，匡威將兵三萬赴之。丙子，邢洺團練使安金俊中流矢死，中，竹仲翻。考異曰：實錄：「四月，丙辰朔，李克用遣安金俊率師攻雲州，赫連鐸求援於幽州李匡威，匡威出師赴之，戰于蔚州，太原府軍大敗，燕師執金俊，獻于朝。」據太祖紀年錄，攻雲州在三月。舊紀、實錄皆在四月，恐是約奏到。然紀年錄不言克用敗，蓋諱之也。今從唐末見聞錄。又紀年錄、唐末見聞錄皆云金俊戰死。實錄云執獻之，亦誤。河東萬勝軍使申信叛降於鐸。會幽州軍至，克用引還。

10 時溥求救於河東，李克用遣其將石君和將五百騎赴之。

11 李克用巡潞州，以供具不厚，怒昭義節度使李克脩，詬而笞之；詬，古候翻，又許候翻。克脩慙憤成疾，三月，薨。考異曰：太祖紀年錄：「太祖遣李罕之、李存孝攻邢州。十月，且命班師，由上黨而歸。克脩性吝嗇，太祖左右徵賂於克脩，旬日間，費數十萬，尚以爲供張不豐，掎其事，笞克脩而歸太原。俄而克脩憤恥寢疾。」薛史克脩傳曰：「龍紀元年，武皇大舉以伐邢洺，及班師，因撫封於上黨。」按太祖紀但遣罕之、存孝攻邢州，不云親行。蓋罕之、存孝圍邢州，克用但以大軍屯境上爲之聲援，去十月先還，罕之、存孝猶圍邢州，故正月孟遷降也。克用表其弟決勝軍使克恭爲昭義留後。爲潞州叛克用張本。

12 賜宣歙軍號寧國，以楊行密爲節度使。

13 夏，四月，宿州將張筠逐刺史張紹光，附于時溥；去年朱全忠取宿州。朱全忠帥諸軍討之。帥，讀曰率。溥出兵掠碭山，碭，徒郎翻。全忠遣牙內都指揮使朱友裕擊之，殺三千餘人，擒石君和。考異曰：郗象梁太祖實錄，前云四月丙辰，後云乙卯溥出兵。按長曆，乙卯，三月晦日。實錄誤也。友裕，全忠之子也。

14 乙丑，陳敬瑄遣蜀州刺史任從海將兵二萬救邛州，戰敗，欲以蜀州降王建；敬瑄殺之，任，音壬。以徐公鉥代爲蜀州刺史。鉥，時橘翻。丙寅，嘉州刺史朱實舉州降于建。丙子，僰道土豪文武堅執戎州刺史謝承恩降于建。僰道，故僰侯國，漢立縣，爲犍爲郡治所，梁置戎州。僰，蒲北翻。

15 赫連鐸、李匡威表請討李克用。乘其不利也。朱全忠亦上言：「克用終爲國患，今因其敗，臣請帥汴、滑、孟三軍，汴、滑、孟三鎮，時皆屬全忠。帥，讀曰率。與河北三鎮共除之。河北三鎮，謂盧龍李匡威、成德王鎔、魏博羅弘信。乞朝廷命大臣爲統帥。」帥，所類翻。

初，張濬因楊復恭以進，事見二百五十四卷僖宗廣明元年。復恭中廢，更附田令孜而薄復恭。更，工衡翻，改也。附令孜事見中和元年。及復恭再用事，深恨之。襄王熅之亂，田令孜往依陳敬瑄，自是之後，復恭再用事。上知濬與復恭有隙，特親倚之；考異曰：舊傳：「再幸山南，復恭代令孜爲中尉，罷濬知政事。昭宗初在藩邸，深疾宦官，復恭有援立大勳，恃恩任事，上心不平之。當時趨向者多言濬有方略，能畫大計，復用爲宰相，判度支。」據舊紀、實錄、新紀、表，濬自光啓三年九月拜平章事，至大順二年兵敗坐貶，中間未嘗罷免。舊傳誤也。今從新傳。濬亦以功名爲己任，每自比謝安、裴度。克用之討黃巢屯河中也，見二百五十五卷僖宗中和二十三年。濬爲都統判官。王鐸爲都統，張濬爲判官。克用薄其爲人，聞其作相，私謂詔使曰：「張公好虛談而無實用，好，呼到翻。傾覆之士也。主上采其名而用之，他日交亂天下，必是人也。」濬聞而銜之。

上從容與濬論古今治亂，從，千容翻。濬曰：「陛下英睿如此，而中外制於強臣，言中則制於宦官，外則制於方鎭。此臣日夜所痛心疾首也。」上問以當今所急，對曰：「莫若強兵以服天下。」上於是廣募兵於京師，至十萬人。

及全忠等請討克用，上命三省、御史臺四品以上議之，三省：尚書省、門下省、中書省也。四品以上，尚書左右丞及六部侍郎，門下、中書省自左右諫議以上，御史臺自中丞以上，皆四品也。以爲不可者什六七，杜讓能、劉崇望亦以爲不可。杜讓能、劉崇望，二相也。濬欲倚外勢以擠楊復恭，宰相主兵，則外廷之勢重。擠，子細翻，又子西翻。乃曰：「先帝再幸山南，沙陀所爲也。謂光啓二年，事見二百五十六卷。臣常慮其與河朔相表裏，致朝廷不能制。今兩河藩鎭共請討之，河南獨朱全忠、河北獨李匡威請討克用耳，餘皆不欲也。此千載一時。載，子亥翻。但乞陛下付臣兵柄，旬月可平。失今不取，後悔無及。」考異曰：舊濬傳曰：「會朱全忠誅秦宗權，安居受殺李克恭，以潞州降全忠，幽州李匡威、雲州赫連鐸等奏請出軍討太原。」按時安居受未殺李克恭，舊傳誤也。太祖紀年錄曰：「太祖中和破賊時，濬爲諫議大夫，出軍判官，常以虛誕誘太祖，太祖薄其爲人。及聞濬入中書，太祖常私於詔使曰：『張公傾覆之士，先帝知其爲人，不至大任。主上付之重位，必亂天下。』濬知之，陰銜太祖。」按濬自僖宗時爲宰相，紀誤。孔緯曰：「濬言是也。」復恭曰：「先朝播遷，雖藩鎮跋扈，亦由居中之臣措置未得其宜。今宗廟甫安，不宜更造兵端。」上曰：「克用有興復大功，謂破黃巢、復京城也。今乘其危而攻之，天下其謂我何？」緯曰：「陛下所言，一時之體也；張濬所言，萬世之利也。昨計用兵、饋運、犒賞之費，一二年間未至匱乏，在陛下斷志行之耳。」上以二相言叶，僶俛從之，斷，丁亂翻。僶，民尹翻。僶俛，勉強不得已之意。曰：「茲事今付卿二人，無貽朕羞！」觀帝此言，亦知河東之不可伐矣。

五月，詔削奪克用官爵、屬籍，克用賜姓，故編之屬籍，註已見前。以濬爲河東行營都招討制置宣慰使，京兆尹孫揆副之，以鎮國節度使韓建爲都虞候兼供軍糧料使，以朱全忠爲南面招討使，李【章：十二行本「李」上有「王鎔爲東面招討使」八字；乙十一行本同；孔本同；張校同；退齋校同。】匡威爲北面招討使，赫連鐸副之。

濬奏給事中牛徽爲行營判官，徽曰：「國家以喪亂之餘，喪，息浪翻。欲爲英武之舉，橫挑強寇，挑，徒了翻。離諸侯心，吾見其顛沛也！」沛，音貝。遂以衰疾固辭。徽，僧孺之孫也。牛僧孺，文宗太和中爲相。

16李克恭驕恣不曉軍事；潞人素樂李克脩之簡儉，樂，音洛。且死非其罪，潞人憐之，由是將士離心。初，潞人叛孟氏，牙將安居受等召河東兵以取潞州；見二百五十五卷僖宗中和三年。及孟遷以邢、洺、磁州歸李克用，克用寵任之，以遷爲軍城都虞候，羣從皆補右職，從，才用翻。其後孟知祥見任於莊宗，亦遷之兄子也。居受等咸怨且懼。

昭義有精兵，號「後院將」。克用既得三州，將圖河朔，令李克恭選後院將尤驍勇者五百人送晉陽，潞人惜之。克恭遣牙將李元審及小校馮霸部送晉陽，至銅鞮，銅鞮，漢縣，唐屬潞州。九域志：在州西北一百四十五里。校，戶教翻。鞮，丁奚翻。霸招【章：十二行本「招」作「劫」；乙十一行本同；孔本同；退齋校同。】其衆以叛，循山而南，至于沁水，沁水，漢縣名。唐之沁水，後魏泰寧郡地也。北齊廢郡，爲永安縣，隋開皇十八年，改曰沁水，唐屬澤州。九域志：在州西北二百里。衆已三千人。李元審擊之，爲霸所傷，歸于潞。考異曰：元審與霸同部送後院將，霸所以能獨叛而元審所以得不死者，蓋後院將有叛有不叛者，叛者從霸，不叛者從元審，故克用益元審兵使討霸也。此段考異疑有闕文。庚子，克恭就元審所館視之，安居受帥其黨作亂，帥，讀曰率。攻而焚之，克恭、元審皆死。衆推居受爲留後，附于朱全忠。居受使召馮霸，不至。居受懼，出走，爲野人所殺。霸引兵入潞，自爲留後。考異曰：編遺錄：「八月，甲寅，馮霸殺李克恭來降，上請河陽帥朱崇節領兵入潞，兼充留後。戊辰，李克用圍之，上遣葛從周率驍勇夜銜枚斫營突入上黨，以壯潞人之心。」薛居正五代史梁太祖紀亦同。按克用未嘗自圍潞也。克恭傳：

「李元審戰傷，收軍於潞，五月十五日，克恭視元審於孔目吏劉崇之第，是日，州縣將安居受引兵攻克恭，克恭、元審並遇害，州民推居受爲留後。居受遣人召馮霸於沁水，霸不受命；居受懼，將奔歸朝廷，至長子，爲野人所殺，傳首馮霸軍。霸乃引衆據潞州，自稱留後，求援於汴。武皇令康君立討之，汴將葛從周來援霸。」唐末見聞錄曰：「五月十七日，昭義狀申軍變，殺節使，當日點汾州五縣土團將士赴昭義。二十三日，昭義僕射家累入府。」新紀：「五月，壬寅，安居受殺李克恭。」按壬寅，十七日，乃報到太原日也。今從太祖紀年錄、薛史克恭傳、舊紀，「五月丙午，潞州軍亂，殺李克恭。監軍使薛績本函克恭首獻之于朝，濬方起兵，朝廷稱賀。」此蓋克恭首到日也。舊紀又曰：「七月，全忠遣從周帥千騎入潞州。」唐太祖紀年錄、薛史唐紀，五月葛從周入潞，太早。蓋因克恭死終言之。編遺錄、薛史梁紀，八月克恭死，太晚。蓋因從周入潞推本之。又從周入潞，全忠始請孫揆赴鎮，當在揆被執前也。今克恭死從紀年錄。從周入潞從舊紀。

時朝廷方討克用，聞克恭死，朝臣皆賀。全忠遣河陽留後朱崇節將兵入潞州，權知留後。克用遣康君立、李存孝將兵圍之。

壬子，張濬帥諸軍五十二都及邠、寧、鄜、夏雜虜合五萬人發京師，帥，讀曰率；下同。鄜，音夫。夏，戶雅翻。上御安喜樓餞之。安喜樓，安喜門樓也。按楊復恭之亂，上御安喜門，劉崇望謂禁軍曰：「天子親在街東督戰。」竊意安喜門卽朱雀街東之安上門也。濬屏左右言於上曰：屏，必郢翻，又必正翻。「俟臣先除外憂，然後爲陛下除內患。」爲，于僞翻。楊復恭竊聽，聞之。兩軍中尉餞濬於長樂坂，長樂坂，在長安城東，卽滻坡。樂，音洛。坂，音反。復恭屬濬酒，屬，之欲翻。濬辭以醉，復恭戲之曰：「相公杖鉞專征，作態邪？」濬曰：「俟平賊還，方見作態耳！」未能成事而先爲大言，此張濬之疏也。復恭益忌之。

癸丑，削奪李罕之官爵；以附李克用也。六月，以孫揆爲昭義節度使，充招討副使。

17 丁巳，茂州刺史李繼昌帥衆救成都，己未，王建擊斬之。辛酉，資簡都制置應援使謝從本殺雅州刺史張承簡，舉城降建。資、簡相去二百十六里。簡州北至成都百五十里。雅州與邛州接壤，相去二百七十里。王建圖邛州以爲根本，兵威所及，故謝從本以雅州降之。

18 孫儒求好於朱全忠，全忠表爲淮南節度使。未幾，全忠殺其使者，遂復爲仇敵。好，呼到翻。幾，居豈翻。復，扶又翻。

19 光啓末，【嚴：「末」改「初」。】德州刺史盧彥威逐義昌節度使楊全玫，自稱留後，見二百五十六卷僖宗光啓元年。玫，莫杯翻。求旌節，朝廷未許。至是，王鎔、羅弘信因張濬用兵，爲之請，爲，于僞翻。乃以彥威爲義昌節度使。

20 張濬會宣武、鎭國、靜難、鳳翔、保大、定難諸軍於晉州。難，乃旦翻。

21 更命義成軍曰宣義；辛未，以朱全忠爲宣武、宣義節度使。按方鎭表，全忠以父名誠，請改義成曰宣義。更，工衡翻。全忠以方有事徐、楊，徵兵遣戍，殊爲遼闊，乃辭宣義，請以胡眞爲節度使，從之；然兵賦出入，皆制於全忠，一如巡屬。及胡眞入爲統軍，竟以全忠爲兩鎭節度使，罷淮南不領焉。領淮南見上卷僖宗光啓三年。

22 秋，七月，官軍至陰地關，汾州靈石縣西南有陰地關。考異曰：舊紀：「七月，乙酉朔，王師屯于陰地，太原大將康君立以兵拒戰。」按君立時圍潞州，何暇至陰地關！又不言勝負。今不取。朱全忠遣驍將葛從周將千騎潛自壺關夜抵潞州，犯圍入城。九域志：壺關西至潞州二十五里。宋白曰：壺關縣以山形似壺，古於此置關，故名。考異曰：舊紀、實錄皆云：從周權知留後。又，汴人圍澤州，呼李罕之云：「葛司空已入潞府。」李存孝圍潞州，呼城上人云：「葛僕射可歸大梁。」似從周實爲留後也。然薛居正五代史梁太祖紀云：「帝請以河陽節度使朱崇節爲潞州留後。」實錄：「明年五月，以前昭義節度使朱崇節爲河陽節度使。」按河陽自解張全義圍以來，常附屬於汴，朱全忠以部將丁會、張宗厚等爲之留後，非一人，崇節蓋亦汴將爲河陽留後，全忠使權昭義留後，既不能守，復歸河陽耳。諸書因謂之節度使，蓋誤也。從周但與崇節共守潞州，以其名著，故外人但稱從周，不數崇節也。又遣別將李讜、李重胤、鄧季筠將兵攻李罕之於澤州，又遣張全義、朱友裕軍於澤州之北，爲從周應援。考異曰：編遺錄：「八月，遣從周入上黨。九月，壬寅，上往河陽，令李讜救應朱崇節，又命朱友裕、張全義簡精鋭過山，於澤州北應接，取崇節、從周以歸。」薛居正五代史梁太祖紀：「九月，壬寅，上至河陽，遣李讜引軍趨澤潞，爲晉人所敗。帝又遣朱友裕、張全義率精兵至澤州北，以爲應援。既而崇節、從周棄潞來歸，戊申，帝斬李重裔，遂班師。」按讜等初圍澤州時，語城上人云：「張相公圍太原，葛司空已入潞府，」是當時南兵方盛，非孫揆就擒，從周棄潞州之後也。故置於此。季筠，下邑人也。全忠奏：臣已遣兵守潞州，請孫揆赴鎮。張濬亦恐昭義遂爲汴人所據，分兵三【章：十二行本「三」作「二」；乙十一行本同。】千，使揆將之趣潞州。趣，七喻翻。

八月，乙丑，揆發晉州，九域志：自晉州東至潞州，三百八十五里。李存孝聞之，以三百騎伏於長子西谷中。長子，漢縣，唐屬潞州。九域志：在州西南四十五里。揆建牙杖節，褒衣大蓋，擁衆而行；凡節度使，其行前建牙旗，杖所賜節。褒衣，大袖博裾之衣。大蓋，即今之清涼繖。存孝突出，擒揆及賜旌節中使韓歸範、牙兵五百餘人，追擊餘衆於刀黃嶺，盡殺之。存孝械揆及歸範，紖以素練，紖，充夜翻，維縶之也。徇於潞州城下曰：「朝廷以孫尚書爲潞帥，命韓天使賜旌節，韓歸範銜天子之命，故謂之天使。帥，所類翻。使，疏吏翻。葛僕射可速歸大梁，令尚書視事。」遂紖以獻於克用。克用囚之，既而使人誘之，欲以爲河東副使，誘，音酉。揆曰：「吾天子大臣，兵敗而死，分也，分，扶問翻。豈能伏事鎮使邪！」節度使任居方鎮，孫揆鄙薄之，呼爲鎮使。復，扶又翻。克用怒，命以鋸鋸之，鋸不能入。揆罵曰：「死狗奴！鋸人當用板夾，汝豈知邪！」乃以板夾之，至死，罵不絕聲。

23 丙寅，孫儒攻潤州。

24 蘇州刺史杜孺休到官，去年朝廷命杜孺休刺蘇州。錢鏐密使沈粲害之。會楊行密將李友拔蘇州，粲歸杭州；鏐欲歸罪於粲而殺之，粲奔孫儒。

25 王建退屯漢州。自成都退屯漢州。

26 陳敬瑄括富民財以供軍，置徵督院，逼以桎梏箠楚，使各自占；凡有財者如匿贓、虛占，急徵，箠，止橤翻。占，之瞻翻。無其財而自占爲有，謂之虛占。咸不聊生。

27 李罕之告急於李克用，爲汴兵所圍也。克用遣李存孝將五千騎救之。

28 九月，壬寅，朱全忠軍于河陽。汴軍之初圍澤州也，呼李罕之曰：「相公每恃河東，輕絕當道；當道，猶云本道，汴軍自謂也。今張相公圍太原，葛僕射入潞府，張相公，謂張濬；葛僕射，謂葛從周。旬月之間，沙陀無穴自藏，相公何路求生邪！」及李存孝至，選精騎五百，繞汴寨呼曰：呼，火故翻。「我，沙陀之求穴者也，欲得爾肉以飽士卒；可令肥者出鬭！」汴將鄧季筠，亦驍將也，引兵出戰，存孝生擒之。是夕，李讜、李重胤收衆遁去，存孝、罕之隨而擊之，至馬牢山，大破之，斬獲萬計，追至懷州而還。存孝復引兵攻潞州，復，扶又翻。葛從周、朱崇節棄潞州而歸。戊申，全忠庭責諸將橈敗之罪，橈，奴教翻。斬李讜、李重胤而還。考異曰：唐太祖紀年錄：「六月，李崇節、葛從周據潞州，李重胤、鄧季筠、張全義將兵七萬攻澤州，李存孝將三千騎赴援。初，汴軍攻城門，呼李罕之云云。李存孝憤其言，引鐵騎五百追擊，入季筠營門，生獲其都將十數。是夜，汴將李讜收軍而遁，存孝、罕之追擊至馬牢山，斬首萬級，追襲掩擊，至於懷州而還。存孝復引軍攻潞州，九月二日，葛從周帥衆棄城而遁。」唐末見聞錄：「閏九月，昭義軍前狀申昭義軍人拔滅逃遁，收下城池，擒獲到餘黨五十人，巾縛送上；至二十日，行營都指揮使李存孝迴戈歸府。」薛居正五代史梁太祖紀：「九月，壬寅，帝至河陽，遣李讜引軍趨澤潞，行至馬牢川，爲晉人所敗。帝又遣朱友裕、張全義率精兵至澤州北以爲應援。既而崇節、從周棄潞來歸。戊申，帝廷責諸將敗軍之罪，斬李重胤以徇，遂班師焉。」實錄：「九月，甲申朔，康君立急攻潞州，朱全忠駐河陽，遣李讜引軍趨澤潞，至馬牢山川，與幷師大戰，不利，鄧季筠被執。復遣朱友裕、張全義至澤州北應援，葛從周、朱崇節率衆棄潞州歸。」按六月李存孝若已破李讜，追至懷州，懷州去河陽止一程，豈得九月方到河陽！讜之敗必在九月戊申前一兩日也。蓋紀年錄因從周據潞州事終言之。九月，甲申朔，十九日壬寅，二十五日戊申。若全忠至河陽始遣讜等趣澤潞，既敗，而從周等棄潞來歸，七日之間，豈容許事！蓋薛史因讜敗，追本前事耳。若九月二日從周已棄潞州，何得十九日後攻澤州者，猶云葛司空入潞府乎！蓋實錄承紀年錄而誤也。今全忠往來月日從薛史，事則兼采諸書。

李克用以康君立爲昭義留後，李存孝爲汾州刺史。存孝自謂擒孫揆功大，當鎮昭義，而君立得之，憤恚不食者數日，縱意刑殺，始有叛克用之志。

李匡威攻蔚州，虜其刺史邢善益，赫連鐸引吐蕃、黠戛斯衆數萬攻遮虜軍，【章：十二行本「軍」作「平」；乙十一行本同；孔本同；熊校同。】殺其軍使劉胡子。克用遣其將李存信擊之，不勝；更命李嗣源爲存信之副，遂破之。克用以大軍繼其後，匡威、鐸皆敗走，考異曰：太祖紀年錄：「是月，幽帥李匡威會赫連鐸，引吐蕃、黠戛斯之衆十萬寇我北鄙，攻遮虜軍，太祖御親軍出塞，營於渾河川之田村。李存孝引前鋒與賊戰於欒安鎮，賊軍大敗，遁走。」舊紀：「九月，幽州、雲州蕃、漢兵三萬攻鴈門，太原府將李存信、薛阿檀擊敗之。」實錄：「閏月，甲寅朔，幽州李匡威下蔚州，克用援兵至，匡威大敗。赫連鐸引吐蕃、黠戛斯之衆攻遮虜軍，克用營渾河川，戰於欒安鎮，破之，鐸乃退軍。」此蓋約奏到日。唐末見聞錄：「十一月十五日，發往向北打鹿，有使報稱幽州李匡威收卻蔚州，十六日至十八日，旋發諸州兵士至軍前。二十九日，大捷，有牓曉告殺燕軍三萬餘人。十九日，知客押衙苗仲周齎榜到，殺得退渾一千帳。」二十九日下復云十九日，亦誤。今但繫此月，不書日。獲匡威之子武州刺史仁宗新志：河東道有武州，領文德縣，闕其建置之年。及鐸之壻，俘斬萬計。

李嗣源性謹重廉儉，諸將相會，各自詫勇略，詫，丑亞翻，誇也。嗣源獨默然，徐曰：「諸君喜以口擊賊，喜，許記翻。嗣源但以手擊賊耳。」衆慙而止。

29 楊行密以其將張行周爲常州制置使。閏月，孫儒遣劉建鋒攻拔常州，殺行周，遂圍蘇州。考異曰：吳錄：「十一月，孫儒攻破望亭、無錫諸屯，遂至蘇州。」今從吳越備史，在閏月。

30 邛州刺史毛湘，本田令孜親吏，王建攻之急，食盡，救兵不至。壬戌，湘謂都知兵馬使任可知曰：「吾不忍負田軍容，吏民何罪！爾可持吾頭歸王建。」乃沐浴以俟刃。可知斬湘及二子降於建，士民皆泣。甲戌，建持永平旌節入邛州，以節度判官張琳知留後。時朝命以邛州建永平軍，王建爲節度使。是年正月，建攻邛州，至是克之。繕完城隍，撫安夷獠，經營蜀、雅。九域志：邛州北至蜀州七十里，西南至雅州一百六十里。獠，魯皓翻。冬，十月，癸未朔，建引兵還成都，蜀州將李行周逐徐公鉥，舉城降建。鉥，辛律翻。

31 乙酉，朱全忠自河陽如滑州視事，朱全忠既領宣義節，遂如滑州視事。遣使者請糧馬及假道于魏以伐河東，羅弘信不許，又請於鎭，鎭人亦不許；全忠乃自黎陽濟河擊魏。

32 加邠寧節度使王行瑜侍中，佑國節度使張全義同平章事。

33官軍出陰地關，遊兵至于汾州。李克用遣薛志勤、李承嗣將騎三千營于洪洞，洪洞，漢楊縣，義寧元年，改曰洪洞，取縣北洪洞嶺爲名，屬晉州。九域志：在州北五十五里，又北二百九十五里至汾州。李存孝將兵五千營于趙城。義寧元年，分霍邑置趙城縣，以春秋時晉獻公滅耿以賜趙夙，因謂之趙城，屬晉州。九域志：在州北八十五里。宋白曰：史記：周穆王封造父於趙城。註云：在河東永安縣。余按宋白既以趙城爲造父所封之地，此又引史記註，何所折衷哉！鎮國節度使韓建以壯士三百夜襲存孝營，存孝知之，設伏以待之；建兵不利，靜難、鳳翔之兵不戰而走。【章：十二行本「走」下有「禁軍自潰」四字；乙十一行本同；孔本同；張校同；退齋校同。】難，乃旦翻。河東兵乘勝逐北，抵晉州西門；張濬出戰，又敗，官軍死者近三千人。近，其靳翻。靜難、鳳翔、保大、定難之軍先渡河西歸，濬獨有禁軍及宣武軍合萬人，與韓建閉城拒守，自是不敢復出。復，扶又翻。存孝引兵攻絳州，九域志：晉州南至絳州一百二十五里。十一月，刺史張行恭棄城走。存孝進攻晉州，三日，與其衆謀曰：「張濬宰相，俘之無益；天子禁兵，不宜加害。」乃退五十里而軍；李存孝雖悍，猶不敢攻執宰相，犯獵禁兵，分尙存故也。濬、建自含口遁去。水經註：洮水源出河東聞喜縣清襄山，其水東逕大嶺下西流，出，謂之含口，又西，合于涑水，即含山之口也。存孝取晉、絳二州，大掠慈、隰之境。

先是，克用遣韓歸範歸朝，韓歸範與孫揆俱擒，李克用遣之歸朝。附表訟冤，考異曰：實錄：「十一月，王師入陰地關，至汾隰，李克用遣將薛阿檀、李承嗣拒之。李存信以兵五千圍趙城，韓建以華州兵戰，存信設伏擊破之；邠、鳳之師未戰而走，禁軍自潰，由是大敗。存信直壓晉州西門，引軍攻絳州。十二月，壬午朔，晉州刺史張行恭棄城而遁。韓建以諸軍保晉州，李存信追擊，戰敗，退保絳州。張濬以汴卒、禁軍屯晉州，存信攻之三日，濬，建拔晉、絳遁還，存信收二州。」舊紀：「克用遣李存信、薛阿檀拒王師于陰地，三戰三捷，由是河西、鄜、夏、邠、岐之軍渡河西歸。韓建以諸軍保平陽，存信追之，建軍又敗，建退保絳州。張濬在晉州，存信攻之三日，相與謀云云，遂退舍五十里。十二月，壬午朔，濬、建拔晉、絳遁去。存信收晉、絳，大掠河中四郡。」張濬傳曰：「十月，濬軍至陰地，邠、岐、華三鎮之師營平陽，李存孝擊之，一戰而敗，進攻晉州。」薛居正五代史武皇紀曰：「十月，張濬之師入晉州，遊軍至汾隰。武皇遣薛鐵山、李承嗣將騎三千出陰地關，營於洪洞，遣李存孝將兵五千營於趙城。華州韓建以壯士三百人冒犯存孝之營，存孝追擊，直壓晉州西門，張濬之師出戰，爲存孝所敗，自是閉壁不出。存孝引軍攻絳州。」李存孝傳曰：「十月，存孝引收潞之師圍張濬于平陽云云。存孝引軍攻絳州。十一月，刺史張行恭棄城而去，張濬、韓建亦由含口而遁，存孝收晉、絳。」太祖紀年錄：「十月，張濬之師入陰地關，犯汾隰，令薛鐵山、李承嗣將騎三千出陰地，繼發李存孝將兵五千進擊，營於趙城，敗韓建，直壓晉州西門，自是閉壁不出。存孝攻絳州。十二月，晉州刺史張行恭棄城遁，建、濬由含山路逃遁，遂收晉、絳。初，濬部禁軍至晉州，邠、鳳之師望風遁歸，蓋楊復恭陰沮之也。」唐末見聞錄曰：「八月五日，相公差晉州捉到天使閤大夫入京奏事，兼貢表曰：『臣某乙言：今月二十六日，臣所部南界晉州長寧關使張承暉等投臣當道齎到宰臣張濬牓一道，內稱招討處置使兼錄到詔白，云陛下削臣屬籍，奪臣本官，仍欲會兵討問』」云云。唐補紀曰：「朱全忠自攻破徐州，頻貢章表，『克用與朱玫同立襄王以爲大逆，其朱玫以下並已誅鋤，克用時最爲魁首，據其罪狀，請舉天兵。臣率師關東。掎角相應。』朝廷遂以宰臣張濬爲都統，授崔胤爲河中節度應援使。大軍行到同州，克用領蕃、漢馬步稱三十萬入河北界。其張濬使人探朱全忠兵馬，並不來相應，乃於昭義西與太原交戰，不利而回。朝廷知爲全忠所賣，便差使至克用所，與賞給令回，貶都統張濬於雲夢，除崔胤於嶺外。」薛史李承嗣傳：「初，大軍入陰地，薛志勤與承嗣率騎三千抗之，敗韓建之軍於蒙坑，進收晉、絳，以功授忻州刺史。時鳳翔軍營霍邑，承嗣帥一軍收之，岐人夜遁，追擊至趙城，合大軍攻平陽，旬有三日而拔。」按李存信傳無攻晉、絳事。蓋舊紀，十月存孝已背太原，故此戰皆云存信，實錄因之而誤。據五代紀、傳、太祖紀年錄，當是存孝。又隰州隸河中節度，所云入陰地關犯汾隰者，蓋謂汾水之旁，下濕曰隰耳。又紀年錄、實錄以張行恭爲晉州刺史，亦誤也。今從薛史。晉州刺史若已走，則濬、建安能保城！實錄誤也。今從李存孝傳。唐補紀云崔胤爲河中節度，尤爲疏繆。自餘諸書參取之。言：「臣父子三代，受恩四朝，破龐勛，翦黃巢，黜襄王，存易定，執宜、國昌、克用三代歷武、宣、懿、僖四朝。破龐勛見二百五十一卷懿宗咸通十年。翦黃巢見二百五十五卷僖宗中和三年、四年。黜襄王見二百五十六卷光啓二年。存易定見光啓元年。致陛下今日冠通天之冠，日冠，古玩翻。佩白玉之璽，未必非臣之力也！若以攻雲州爲臣罪，則拓跋思恭之取鄜延，拓跋思恭取鄜延，以授其弟思孝。朱全忠之侵徐、鄆，謂朱全忠攻時溥於徐，攻朱瑄於鄆，事並見上。何獨不討？賞彼誅此，臣豈無辭！且朝廷當阽危之時，則譽臣爲韓、彭、伊、呂；阽，余廉翻，又丁念翻。臨危曰阽危。譽，音余，稱譽。及既安之後，則罵臣爲戎、羯、胡、夷。今天下握兵立功之人，獨不懼陛下他日之罵乎！況臣果有大罪，六師征之，自有典刑，何必幸臣之弱而後取之邪！今張濬既出師，則固難束手，已集蕃、漢兵五十萬，欲直抵蒲、潼，與濬格鬭；若其不勝，甘從削奪。不然，方且輕騎叩閽，頓首丹陛，訴姦回於陛下之扆坐，扆，隱豈翻。記：天子負扆南面而立。扆，畫斧屏風也，設之戶牖間。坐，徂臥翻。納制敕於先帝之廟庭，然後自拘司敗，恭俟鈇質。」司敗，卽司寇之官。表至，濬已敗，朝廷震恐。濬與韓建踰王屋至河陽，撤民屋爲栰以濟河，河南王屋縣有王屋山。王屋，漢河東垣縣地，後魏置長平縣，後周置王屋郡，隋廢郡爲縣。九域志：縣在孟州西北一百三十里。考異曰：實錄明年二月云：「時張濬、韓建兵敗後，爲克用騎將李存信所追，至是，方自含山踰王屋，出河清，達于河陽。河溢無舟檝，建壞民廬舍爲木罌數百渡河，人多覆溺。」似太晚。今因濬、建走，終言之。師徒失亡殆盡。

是役也，朝廷倚朱全忠及河朔三鎭；及濬至晉州，全忠方連兵徐、鄆，雖遣將攻澤州而身不至。行營乃求兵糧於鎭、魏，鎭、魏倚河東爲扞蔽，皆不出兵；惟華、邠、鳳翔、鄄、夏之兵會之。華，戶化翻。「鄄」，當作「鄜」。詳見辯誤。兵未交而孫揆被擒，幽、雲俱敗，幽，李匡威；雲，赫連鐸。楊復恭復從中沮之，故濬軍望風自潰。復從，扶又翻。史言張濬志節可憐。

34 十二月，【章：十二行本「月」下有「己丑」二字；乙十一行本同；張校同。】孫儒拔蘇州，殺李友。考異曰：莊宗列傳：「楊行密，壽州壽春人。初據本州，秦宗權遣孫儒及行密同攻陷揚州，儒專據之。龍紀元年，儒出軍攻宣州，行密襲據揚州，稱留後，北通時溥，儒引軍攻之。大順元年，行密禦備力竭，率衆夜遁，出據宣州。」此說最爲差誤。國朝開寶中，薛居正脩五代史，江南未平，不見本國舊史，據昭遠所記及唐年補錄作行密傳，但知行密非壽春人，改爲廬州；又知行密非受宗權命與孫儒同陷揚州，餘皆無次敍。今按吳錄太祖紀及高遠唐烈祖實錄行密傳云：「光啓三年，十月，秦彥、畢師鐸出走，行密入揚州。十一月，孫儒圍揚州。文德元年，四月，儒陷揚州，行密奔廬州。八月，自廬州帥兵攻宣州。龍紀元年，六月，陷宣州，殺趙鍠。大順二年，七月，孫儒再渡江攻宣州。景福元年，六月，執斬儒，復歸揚州。」且龍紀元年孫儒方強，行密新得宣州，安能襲據揚州踰年哉！近脩唐書行密傳，全用吳錄事迹，乃云「儒進攻行密，行密復入揚州，北通時溥，扞儒。朱全忠遣龐師古助行密，敗於高郵，行密懼，退還宣州。」蓋承莊宗列傳、五代史之誤而不考正也。安仁義等聞之，焚潤州廬舍，夜遁。儒使沈粲守蘇州，又遣其將歸傳道守潤州。楊行密遣安仁義破錢鏐之兵而取常、蘇、潤，孫儒又從而奪之，民之死於兵者，不知其幾矣。

35 辛丑，汴將丁會、葛從周擊魏，渡河，取黎陽、臨河，黎陽，漢古縣，唐屬衞州。九域志：在州東北一百二十里。隋分黎陽縣置臨河縣，唐屬相州。龐師古、霍存下淇門、衞縣，衞，漢朝歌縣；紂所都朝歌城，在今縣西；隋大業二年，改曰衞縣，唐屬衞州。九域志：衞州汲縣有淇門鎮。朱全忠自以大軍繼之。

36 是歲，置昇州於上元縣，以張雄爲刺史。至德二載，以潤州江寧縣置昇州，上元二年廢，今復置。考異曰：新地理志：「光啓三年，以上元等四縣置昇州。」張雄傳：「大順初，以上元爲昇州，授雄刺史。」吳錄馮弘鐸傳：「大順元年，復以上元爲昇州，命弘鐸爲刺史。」按是時雄尚存。今從雄傳。

二年（辛亥、八九一）

1 春，正月，羅弘信軍于內黃。丙辰，朱全忠擊之，五戰皆捷，至永定橋，斬首萬餘級。弘信懼，遣使厚幣請和。全忠命止焚掠，歸其俘，還軍河上。魏博自是服於汴。

2 庚申，制以太保、門下侍郎、同平章事孔緯爲荆南節度使，中書侍郎、同平章事張濬爲鄂岳觀察使。二人罷相，以晉、絳喪師也。以翰林學士承旨、兵部侍郎崔昭緯同平章事，御史中丞徐彥若爲戶部侍郎、同平章事。昭緯，愼由從子；崔愼由相宣宗。從，才用翻。彥若，商之子也。徐商見二百四十九卷宣宗大中十二年。

楊復恭使人劫孔緯於長樂坡，長樂坡卽長樂坂。斬其旌節，資裝俱盡，緯僅能自免。李克用復遣使上表曰：復，扶又翻。「張濬以陛下萬代之業，邀自己一時之功，知臣與朱溫深仇，私相連結。臣今身無官爵，名是罪人，不敢歸陛下藩方，且欲於河中寄寓，進退行止，伏俟指麾。」竊謂克用此表，楊復恭密教之也。詔再貶孔緯均州刺史，張濬連州刺史。賜克用詔，悉復其官爵，使歸晉陽。考異曰：舊紀：「太原軍屯晉州，克用遣中使韓歸範還朝，因上表訴冤，言『賊臣張濬依倚全忠，離間功臣』。朝廷欲令釋憾，下羣臣議其可否，左僕射韋昭度等議」云云。在十二月。按是年昭度討陳敬瑄，舊紀誤。今從實錄。

3 孫儒盡舉淮、蔡之兵濟江，癸酉，自潤州轉戰而南，田頵、安仁義屢敗退，楊行密城戍皆望風奔潰。儒將李從立奄至宣州東溪，東溪，在宣城，今謂之宛溪。行密守備尚未固，衆心危懼，夜，使其將合肥臺濛將五百人屯溪西；溪西，卽宛溪之西。濛使士卒傳呼，往返數四，從立以爲大衆繼至，遽引去。儒前軍至溧水，溧水，漢溧陽縣，隋分置溧水縣，時屬昇州。九域志：在州東八十五里。行密使都指揮使李神福拒之。神福陽退以示怯，儒軍不設備，神福夜帥精兵襲之，俘斬千人。帥，讀曰率；下同。

4 二月，加李克用守中書令，復李罕之官爵；再貶張濬繡州司戶。

5 韋昭度將諸道兵十餘萬討陳敬瑄，三年不能克，文德元年遣昭度討西川，至是三年矣。饋運不繼，朝議欲息兵。三月，乙亥，制復敬瑄官爵，考異曰：新紀：「二月，乙巳，赦陳敬瑄。己未，詔王建罷兵，不受命。」十國紀年亦曰：「二月，乙巳，復敬瑄官爵。」按二月辛巳朔，無己未，新紀誤也。今從實錄。令顧彥朗、王建各帥衆歸鎮。使顧彥朗歸梓州，王建歸邛州。

6 王師範遣都指揮使盧弘擊棣州刺史張蟾，弘引兵還攻師範，師範使人以重賂迎之，曰：「師範童騃，騃，語駭翻，癡愚也。不堪重任，願得避位，使保首領，公之仁也。」弘以師範年少，信之，不設備；少，詩照翻。師範密謂小校安丘劉鄩曰：安丘，漢縣，古根牟國；唐屬密州。九域志：在州西北一百二十里。校，戶教翻。鄩，徐心翻。「汝能殺弘，吾以汝爲大將。」弘入城，師範伏甲而享之，鄩殺弘於座及其黨數人。師範慰諭士卒，厚賞重誓，自將以攻棣州，執張蟾，斬之；崔安潛逃歸京師。師範以鄩爲馬步副都指揮使。詔以師範爲平盧節度使。

師範和謹好學，好，呼到翻。每本縣令到官，師範輒備儀衛往謁之；令不敢當，師範命客將挾持，令坐於聽事，客將，主唱導，儐贊賓客，漢、晉鈐下威儀之職。將，卽亮翻。令，力丁翻。聽，讀曰廳。自稱「百姓王師範」，拜之於庭。僚佐或諫，師範曰：「吾敬桑梓，所以教子孫不忘本也！」詩：維桑與梓，必恭敬止。註云：父之所樹，子不敢不恭敬。

7張濬至藍田，逃奔華州依韓建，與孔緯密求救於朱全忠。全忠上表爲緯、濬訟冤，爲，于僞翻。朝廷不得已，並聽自便。緯至商州而還，亦寓居華州。

8邢洺節度使安知建潛通朱全忠，安金俊既死，李克用以安知建代鎮邢、洺。李克用表以李存孝代之。知建懼，奔青州，朝廷以知建爲神武統軍。知建帥麾下三千人將詣京師，過鄆州，朱瑄與克用方睦，伏兵河上，斬之，薛史：安知建奔青州，自棣州泝河歸朝，朱瑄邀斬之河上。帥，讀曰率。傳首晉陽。

9夏，四月，有彗星見于三台，斗魁下六星兩兩而比曰三台。見，賢遍翻。東行入太微，長十丈餘。長，直兩翻。甲申，赦天下。

10成都城中乏食，棄兒滿路。父子不能相贍，至於棄之。民有潛入行營販米入城者，邏者得之，邏，郎佐翻。以白韋昭度，昭度曰：「滿城飢甚，忍不救之！」釋勿問。亦有白陳敬瑄者，敬瑄曰：「吾恨無術以救餓者，彼能如是，勿禁也！」由是販者浸多，然所致不過斗升，截筒，徑寸半，深五分，量米而鬻之，每筒百餘錢，餓殍狼籍。深，式禁翻。量，音良。殍，被表翻。軍民強弱相陵，將吏斬之不能禁；乃更爲酷法，或斷腰，或斜劈，斷，都管翻。劈，普壁翻。死者相繼而爲者不止，人耳目既熟，不以爲懼。吏民日窘，窘，巨隕翻。多謀出降，敬瑄悉捕其族黨殺之，慘毒備至。內外都指揮使、眉州刺史成都徐耕，性仁恕，所全活數千人。田令孜曰：

「公掌生殺而不刑一人，有異志邪？」耕懼，夜，取俘囚戮於市。

王建見罷兵制書，曰：「大功垂成，柰何棄之！」謀於周庠，庠勸建請韋公還朝，獨攻成都，克而有之。朝，直遙翻。建表請：【章：十二行本作「稱」；乙十一行本同；張校同，云無註本亦誤「請」。】「陳敬瑄、田令孜罪不可赦，「請」，恐當作「稱」。考異曰：十國紀年：朝議以建不奉詔，而不能制，更授西川行營招討制置使。按此命蓋在昭度還朝之後也。願畢命以圖成功。」昭度無如之何，由是未能東還。建說昭度曰：「今關東藩鎮迭相吞噬，此腹心之疾也，相公宜早歸廟堂，與天子謀之。敬瑄，疥瘲耳，瘲，與癬同，音息淺翻。當以日月制之，責建，可辦也！」昭度猶豫未決。庚子，建陰令東川將唐友通等擒昭度親吏駱保於行府門，臠食之，韋昭度攻成都，置行府以治事。臠，力兗翻。云其盜軍糧。昭度大懼，遽稱疾，以印節授建，牒建知三使留後，三使，節度使，招撫使、制置使也。兼行營招討使，卽日東還。建送至新都，跪觴馬前，泣拜而別。跪觴，跪而奉觴也。昭度甫出劍門，劍門，諸葛亮立關，唐聖曆二年，分普安、永歸、陰平，置劍門縣，屬劍州。九域志：在州東北五十五里。卽以兵守之，不復內東軍。復，扶又翻。昭度至京師，除東都留守。考異曰：舊紀：「龍紀元年，正月，昭度爲東都留守。」實錄：「大順二年，三月，乙亥，復陳敬瑄官爵。丙子，以昭度爲東都留守。」按昭度若已除留守，不領西川節度及招討使，則便應釋兵東歸，不應更留在彼；縱使強留，諸軍亦安肯稟服，王建亦何必更說之云「相公宜早歸廟堂，與天子籌之」！舊傳：「建脅說昭度，奏請還都。建以重兵守劍門，急攻成都。昭度還，以檢校司空充東都留守。」新傳亦同。蓋今年三月，既復敬瑄官爵，但召昭度還朝。王建不肯罷兵，昭度爲所牽率，亦同執奏，以爲敬瑄不可赦。既而爲建所脅，授兵東歸，朝廷責其進退失據，故左遷留守，如新、舊傳所云者是也。今從之。又昭度初圍成都，楊守亮爲招討副使，顧彥朗爲行軍司馬，王建爲都指揮使，同在成都城下。及昭度東歸，時獨建在彼，以兵授之。不見二人者，按三月乙亥詔書，但云令彥朗各歸本鎮，則是守亮先已歸也。彥朗得此詔必亦歸，獨昭度與建留在彼耳。然建令東川將唐友通食駱保，是彥朗身歸而留兵共攻成都也。

建急攻成都，環城烽塹亙五十里。環，音患。有狗屠王鷂，鷂，亦肖翻。請詐得罪亡入城說之，說，式芮翻。使上下離心，建遣之。鷂入見陳敬瑄、田令孜，則言「建兵疲食盡，將遁矣」，出則鬻茶於市，陰爲吏民稱建英武，兵勢強盛；爲，于僞翻。由是敬瑄等懈於守備懈，古隘翻。而衆心危懼。建又遣其將京兆鄭渥詐降以覘之，敬瑄以爲將，使乘城，既而復以詐得歸。復，扶又翻，又如字。建由是悉知城中虛實，以渥爲親從都指揮使，更姓名曰王宗渥。從，才用翻。更，工衡翻。

11 以武安節度使周岳爲嶺南西道節度使。方鎮表：中和三年，升湖南觀察爲欽化軍節度，光啓元年，改武安軍。

12 李克用大舉擊赫連鐸，敗其兵於河上，北河之上。敗，補邁翻。進圍雲州。

13 楊行密遣其將劉威、朱延壽將兵三萬擊孫儒于黃池，九域志：宣州當塗縣有黃池鎮。威等大敗。延壽，舒城人也。孫儒軍于黃池，五月，大水，諸營皆沒，乃還揚州，使其將康晊據和州，眭，于放翻。安景思據滁州。和、滁，相去一百五十里。

14 丙午，立皇子祐爲德王。

15 楊行密遣其將李神福攻和、滁，康眭降，降，戶江翻。安景思走。

16 秋，七月，李克用急攻雲州，赫連鐸食盡，奔吐谷渾部，赫連鐸，本吐谷渾酋長，開成中，其父帥種人三千帳自歸，守雲州十五年，至是而亡。考異曰：舊紀、實錄皆云，「克用率兵出井陘，屯常山，大掠深、趙。盧龍李匡威自率步騎萬餘援王鎔。」按唐太祖紀年錄，是時克用方攻赫連鐸，既平雲州，乃討王鎔。實錄蓋因舊紀之誤。又紀年錄曰：「七月，太祖進軍，至於柳城，會赫連鐸力屈食盡，奔入吐渾」云云。實錄云：「克用遣將急攻雲州。」蓋以前云克用親討王鎔故也。按紀年錄，討王鎔在後。實錄誤。既而歸於幽州。克用表大將石善友爲大同防禦使。

17 朱全忠遣使與楊行密約共攻孫儒。儒恃其兵強，欲先滅行密，後敵全忠，移牒藩鎮，數行密、全忠之罪，且曰：「俟平宣、汴，當引兵入朝，除君側之惡。」數，所具翻。於是悉焚揚州廬舍，盡驅丁壯及婦女渡江，殺老弱以充食。行密將張訓、李德誠潛入揚州，滅餘火，得穀數十萬斛以賑飢民。揚州之民仇孫儒而德楊行密，使孫儒不死於宣州，揚州之民亦必歸楊行密矣。泗州刺史張諫貸數萬斛以給軍，訓以行密之命饋之，諫由是德行密。爲張諫降行密張本。

18 邢洺節度使李存孝勸李克用攻鎮州，克用從之。八月，克用南巡澤潞，遂涉懷孟之境。

19朱全忠遣其將丁會攻宿州，克其外城。元年，夏，四月，宿州將張筠附于時溥。

20乙未，孫儒自蘇州出屯廣德，沈約曰：廣德縣，疑吳所立。劉昫曰：廣德縣，漢故障也；宋分宣州之廣德，吳興之故障，置綏安縣，唐至德二年，改爲廣德，以縣界廣德故城爲名，屬宣州。九域志：在州東一百二十里。楊行密引兵拒之。儒圍其寨，行密將上蔡李簡帥百餘人力戰，破寨，拔行密出之。帥，讀曰率。

21王建攻陳敬瑄益急，敬瑄出戰輒敗，巡內州縣率爲建所取。威戎節度使楊晟時饋之食，建以兵據新都，彭州道絕。田令孜以彭州爲威戎軍。敬瑄出，慰勉士卒，皆不應。辛丑，田令孜登城謂建曰：「老夫曏於公甚厚，何見困如是？」建曰：「父子之恩豈敢忘！言令孜養建爲假子也。但朝廷命建討不受代者，不得不然。儻太師改圖，建復何求！」太師，謂陳敬瑄。復，扶又翻。是夕，令孜自攜西川印節詣建營授之，舊書：龍紀元年，五月壬辰朔，漢州刺史王建陷成都，遷陳敬瑄於雅州，建自稱兵馬留後，復用田令孜爲監軍。記事既有不同，而紀年前後復有兩年之差。將士皆呼萬歲。建泣謝，請復爲父子如初。

先是，建常誘其將士曰：「成都城中繁盛如花錦，一朝得之，金帛子女恣汝曹所取，節度使與汝曹迭日爲之耳！」先，悉薦翻。壬寅，敬瑄開門迎建。僖宗廣明元年，陳敬瑄鎮西川，至是而亡。建署其將張勍爲馬步斬斫使，使先入城。乃謂將士曰：「吾與汝曹三年百戰，今始得城，汝曹不憂不富貴，愼勿焚掠坊市。吾已委張勍護之矣，彼幸執而白我，我猶得赦之；若先斬而後白，吾亦不能救也！」既而士卒有犯令者，勍執百餘人，皆捶其胸而殺之，積尸於市，衆莫敢犯。故時人謂勍爲「張打胸」。勍，渠京翻。捶，止橤翻。

癸卯，建入城，自稱西川留後。小校韓武數於使廳上馬，牙司止之，使廳，節度使廳事也。牙司，吏也，掌使牙之事。數，所角翻。上，持掌翻。武怒曰：「司徒許我迭日爲節度使；上馬何爲！」建密遣人刺殺之。刺，七亦翻。

初，陳敬瑄之拒朝命也，田令孜欲盜其軍政，謂敬瑄曰：「三兄尊重，敬瑄第三。朝，直遙翻。軍務煩勞，不若盡以相付，日具記事咨呈，兄但高居自逸而已。」敬瑄素無智能，忻然許之。自是軍事皆不由己，以至於亡。建表敬瑄子陶爲雅州刺史，使隨陶之官，明年，罷歸，寓居新津，以一縣租賦贍之。

癸丑，建分遣士卒就食諸州，更文武堅姓名曰王宗阮，謝從本曰王宗本。更其姓名，以爲假子。更，工衡翻。陳敬瑄將佐有器幹者，建皆禮而用之。史言王建所以能有蜀。

22 六軍十二衞觀軍容使、左神策軍中尉楊復恭總宿衞兵，專制朝政，諸假子皆爲節度使、刺史，又養宦官子六百人，皆爲監軍。假子龍劍節度使守貞、武定節度使守忠不輸貢賦，上表訕薄朝廷。龍劍節度，領龍、劍、利、閬四州。武定節度，領洋、果、階、扶四州。

上舅王瓌求節度使，上訪於復恭，復恭以爲不可，瓌怒，詬之。詬，古候翻，又許候翻。瓌出入禁中，頗用事，復恭惡之，奏以爲黔南節度使，是時以黔中節度爲永泰軍，黔中以南則羈縻諸蠻州矣。未知黔南節度置於何所，豈楊復恭欲殺王瓌，特創置此鎮以授之邪？惡，烏路翻。黔，渠今翻。至吉柏津，利州益昌縣有桔柏津，益昌驛有古柏，土人謂之桔柏，因以名津。據楊復恭傳，王瓌取道興元至桔柏津。令山南西道節度使楊守亮覆諸江中，宗族賓客皆死，以舟敗聞。上知復恭所爲，深恨之。

李順節既寵貴，與復恭爭權，盡以復恭陰事告上，上乃出復恭爲鳳翔監軍；復恭慍懟，不肯行，慍，於運翻，怒也。懟，直類翻，怨也。稱疾，求致仕。九月，乙卯，以復恭爲上將軍致仕，賜以几杖。使者致詔命還，復恭潛遣腹心張綰刺殺之。刺，七亦翻。

23 加護國節度使王重盈兼中書令。

24 東川節度使顧彥朗薨，軍中推其弟彥暉知留後。

25 冬，十月，壬午，宿州刺史張筠降于丁會。

26 癸未，以永平節度使王建爲西川節度使，甲申，廢永平軍。去年置永平節鎮於邛州以授王建。建既得西川，授以西川節而廢永平軍，建志也。建既得西川，留心政事，容納直言，好施樂士，好，呼到翻。施，式豉翻。用人各盡其才，謙恭儉素；然多忌好殺，諸將有功名者，多因事誅之。

27 楊復恭居第近玉山營，據舊史，楊復恭居第在昭化里。近，其靳翻。假子守信爲玉山軍使，數往省之。數，所角翻。省，悉景翻。或告復恭與守信謀反，乙酉，上御安喜樓，陳兵自衛，命天威都將李順節、神策軍使李守節將兵攻其第。張綰帥家衆拒戰，家衆，楊復恭私所蓄養之人也。帥，讀曰率。守信引兵助之，順節等不能克。丙戌，禁兵守含光門，含光門，皇城南面西來第一門也。俟其開，欲出掠兩市，遇劉崇望，立馬諭之曰：「天子親在街東督戰，汝曹皆宿衛之士，當於樓前殺賊立功，勿貪小利，自取惡名！」衆皆曰：「諾。」遂從崇望而東。守信之衆望見兵來，遂潰走。守信與復恭挈其族自通化門出，趣興元，通化門，長安城東面北來第一門。趣，七喻翻。永安都頭權安追之，擒張綰，斬之。永安都，亦神策五十四都之一。復恭至興元，楊守亮、楊守忠、楊守貞及綿州刺史楊守厚同舉兵拒朝廷，以討李順節爲名。守厚，亦復恭假子也。

28 李克用攻王鎔，大破鎮兵於龍尾岡，斬獲萬計，遂拔臨城，攻元氏、柏鄉；薛居正曰：龍尾岡在臨城西北。臨城本房子，天寶元年更名，與元氏、柏鄉皆屬趙州。九域志：臨城在趙州西南一百三十里。考異曰：唐太祖紀年錄曰：「攻元氏，斬首千級，進拔雹水，攻柏鄉。」按雹水屬易州。克用方攻鎮州以救易、定，必不取其地，恐誤也。李匡威引幽州兵救之。克用大掠而還，軍于邢州。

29 十一月，曹州都將郭銖殺刺史郭詞，降於朱全忠。曹州，天平節度使朱瑄巡屬也。

30 泰寧節度使朱瑾將萬餘人攻單州。唐末，以宋州之單父、碭山，曹州之成武，兗州之魚臺，置單州。九域志：兗州西南至單州二百八十里。單州時屬朱全忠。單，音善。

31 乙丑，時溥將劉知俊帥衆二千降於朱全忠。帥，讀曰率。知俊，沛人，徐之驍將也，溥軍自是不振。全忠以知後爲左右開道指揮使。

32 辛未，壽州將劉弘鄂惡孫儒殘暴，惡，烏路翻；下同。舉州降朱全忠。

33 十二月，乙酉，汴將丁會、張歸霸與朱瑾戰於金鄉，大破之，殺獲殆盡，瑾單騎走免。

34 天威都將李順節恃恩驕横，横，户孟翻。出入常以兵自隨。兩軍中尉劉景宣、西門君遂惡之，白上，恐其作亂。戊子，二人以詔召順節，順節入至銀臺門，二人邀順節於仗舍坐語，供奉官似先知自後斬其首，似先知，宦官也。舊書帝紀作部將嗣光審斬順節頭。考異曰：唐補紀：「景福二年，四月，十七日夜，見掃星長十餘丈。承旨陳匡用奏，『當有亂臣，將入宮內。』昭宗乳母名曰芥子，自即位加夫人，衆呼白婆。左神策軍天威都軍使胡弘立，先是軍中馬騎官，巧佞取容，朝廷達官多重之。楊復恭爲軍主，與改姓名爲楊守節。主上每出畋遊，經天威軍內，其楊守節以憸巧趨附，乞與主上爲兒，既而允從，頗生驕縱。於是引聖人入堂室，令妻妾對於庭簷，或入內中，經旬不出，致主有撫楹之咎，爲臣懷通室之非。承醉奏云：『玉印金箱，兒未曾識，望阿郎略將宣示，以慰平生。』其白婆在側，曰：『此寶非凡人得見，不用發言！』於是奏曰：『除此老嫗，才應太平。』從此白婆得罪，不見蹤由。兩神策軍以其事漸乖，必爲大禍，與諸王商議，須急去除。於重陽節向樞密院中排宴，喚入謝恩，卻出宣化門，供奉官似先知袖劍揮之，諸王相次剸刃，以爲葅醢。」按胡弘立，即順節也。新、舊紀及諸書，景福二年皆無此事。蓋程匡柔傳聞之誤。今日從實錄，事則參取諸書。從者大譟而出。從，才用翻。於是天威、捧日、登封三都大掠永寧坊，三都，皆神策五十四都之數。至暮乃定。百官表賀。

35 孫儒焚掠蘇、常，引兵逼宣州，錢鏐復遣兵據蘇州。蘇州自此爲錢氏所有。復，扶又翻。儒屢破楊行密之兵，旌旗輜重亙百餘里。重，直用翻。行密求救於錢鏐，鏐以兵食助之。

36以顧彥暉爲東川節度使，遣中使宋道弼賜旌節。楊守亮使楊守厚囚道弼，奪旌節，發兵攻梓州。癸卯，彥暉求救於王建；甲辰，建遣其將華洪、李簡、王宗侃、王宗弼救東川。華，戶化翻，姓也。建密謂諸將曰：「爾等破賊，彥暉必犒師，汝曹於行營報宴，因而執之，無煩再舉。」宗侃破守厚七砦，砦，與寨同；音士賣翻。守厚走歸綿州。彥暉具犒禮，諸將報宴，宗弼以建謀告之，彥暉乃以疾辭。

初，李茂貞養子繼臻據金州，均州刺史馮行襲攻下之，九域志：均州西至金州七百里。詔以行襲爲昭信防禦使，治金州。方鎮表：僖宗光啓元年，置昭信防禦於金州。考異曰：薛居正五代史：「行襲破楊守亮兵，詔升金州節鎮，以戎昭爲軍額，卽以行襲爲節度使。」按實錄，光化元年正月，始以昭信防禦使馮行襲爲昭信節度使。新方鎮表，光啓元年，升金商都防禦使爲節度使，是年，罷節度，置昭信軍防禦使，治金州。光化元年，始升昭信軍防禦使爲節度使；天祐二年，賜號戎昭軍。薛史誤也。楊守亮欲自金、商襲京師，行襲逆擊，大破之。

37是歲，賜涇原軍號曰彰義，考異曰：新表在乾寧元年。今從實錄。增領渭、武二州。

38福建觀察使陳巖疾病，遣使以書召泉州刺史王潮，欲授以軍政，未至而巖卒。巖妻弟都將范暉諷將士推己爲留後。【章：十二行本「後」下有「發兵拒潮」四字；乙十一行本同；孔本同；張校同；退齋校同。】考異曰：蔣文懌閩中實錄云：「大順中，巖薨。」十國紀年在大順二年，昭宗實錄在明年三月：恐約奏到。今從閩中録、十國紀年。又薛史、閩中錄、閩書皆云范暉，巖壻，餘書皆云妻弟。林仁志王氏啓運圖載監軍程克諭表云妻弟，此最得實，今從之。

王崇武標點容肇祖聶崇岐覆校

資治通鑑卷第二百五十九

端明殿學士兼翰林侍讀學士太中大夫提舉西京嵩山崇福宮上柱國河内郡開國公食邑二千二百戶食實封九百戶賜紫金魚袋臣　司馬光　奉敕編集
後　學　天　台　胡三省　音　註

唐紀七十五

起玄黓困敦（壬子），盡閼逢攝提格（甲寅），凡三年。

昭宗聖穆景文孝皇帝上之中

景福元年（壬子、八九二）

1春，正月，丙寅，赦天下，改元。

2鳳翔李茂貞、靜難王行瑜、難，乃旦翻。鎮國韓建、同州王行約、秦州李茂莊五節度使上言：楊守亮容匿叛臣楊復恭，事見上卷上年。上，時掌翻。請出軍討之，乞加茂貞山南西道招討使。朝議以茂貞得山南，不可復制，復，扶又翻。下詔和解之，皆不聽。

3王鎔、李匡威合兵十餘萬攻堯山，李克用遣其將李嗣勳擊之，大破幽、鎮兵，斬獲三萬。考異曰：實錄在二月，恐約奏到。今從唐太祖紀年錄。

4 楊行密謂諸將曰：「孫儒之衆十倍於我，吾戰數不利，數，所角翻。欲退保銅官，何如？」劉威、李神福曰：「儒掃地遠來，利在速戰。宜屯據險要，堅壁清野以老其師，時出輕騎抄其饋餉，抄，楚交翻。奪其俘掠。彼前不得戰，退無資糧，可坐擒也！」戴友規曰：「儒與我相持數年，僖宗光啓三年，楊行密、孫儒爭揚州，至是五年矣。勝負略相當。今悉衆致死於我，我若望風棄城，正墮其計。淮南士民從公渡江及自儒軍來降者甚衆，公宜遣將先護送歸淮南，降，戶江翻。將，卽亮翻。使復生業；儒軍聞淮南安堵，皆有思歸之心，人心旣搖，安得不敗！」行密悅，從之。以孫儒驅淮南人以攻楊行密，故其謀云爾。爲行密擒孫儒張本。友規，廬州人也。

5 威戎節度使楊晟僖宗文德元年，置威戎軍於彭州。與楊守亮等約攻王建，二月，丁丑，晟出兵掠新繁、漢州之境，使其將呂堯將兵二千會楊守厚攻梓州；堯，如招翻。梓州，東川節度使顧彥暉治所。建遣行營都指揮使李簡擊堯，斬之。

6 戊寅，朱全忠出兵擊朱瑄，遣其子友裕將兵前行，軍于斗門。據舊書李師道傳，斗門城在濮陽縣界。

7 李茂貞、王行瑜擅舉兵擊興元。不以天子之命舉兵，故曰擅。茂貞表求招討使不已，遺杜讓能、西門君遂書，遺，唯季翻。杜讓能時爲相，西門君遂時爲神策中尉，此內外二大臣也。陵蔑朝廷。上意不能容，御延英，召宰相、諫官議之。時宦官有陰與二鎭相表裏者，宰相相顧不敢言，上不悅。給事中牛徽曰：「先朝多難，茂貞誠有翼衛之功；此謂僖宗再幸山南時也。難，乃旦翻。諸楊阻兵，亟出攻討，其志亦在疾惡，但不當不俟詔命耳。比聞兵過山南，比，毗至翻。殺傷至多。陛下儻不以招討使授之，使用國法約束，則山南之民盡矣！」上曰：「此言是也。」乃以茂貞爲山南西道招討使。牛徽之言，上所以誘掖其君，下所以彌縫悍將；若以之爲國謀則未也。

8 甲申，朱全忠至衛南，朱瑄將步騎萬人襲斗門，朱友裕棄營走，瑄據其營。全忠不知，乙酉，引兵趣斗門，趣，七喻翻。至者皆爲鄆人所殺。全忠退軍瓠河，九域志：濮州雷澤縣有瓠河鎮。丁亥，瑄擊全忠，大破之，全忠走。張歸厚於後力戰，全忠僅免，考異曰：歸厚傳云十一月，誤也。今從梁紀。副使李璠等皆死。璠，音煩。

9 朱全忠奏貶河陽節度使趙克裕，考異曰：實錄在正月末，云「全忠欲全義得河陽，乃奏克裕有誣謗之言而貶。」新紀云，「己未，朱全忠陷孟州，逐河陽節度使趙克裕。」今從編遺錄。以佑國節度使張全義兼河陽節度使。二鎮時皆屬朱全忠，或貶或兼，唯其所奏。

10 孫儒圍宣州。初，劉建鋒爲孫儒守常州，將兵從儒擊楊行密，甘露鎮使陳可言帥部兵千人據常州。潤州城東角土山上有甘露寺，前對北固山，後枕大江。寶曆中，李德裕建寺，適有甘露降，因以名之。孫儒蓋因此寺而置甘露鎮也。帥，讀曰率。行密將張訓引兵奄至城下，可言倉猝出迎，訓手刃殺之，遂取常州。考異曰：新紀：「景福二年二月，楊行密陷常州。」按行密自宣歸揚，過常州，已歎張訓之功；

新紀誤也。今從十國紀年。行密別將又取潤州。楊行密自此遂有潤州，而與錢氏爭常州矣。

11 朱全忠連年攻時溥，光啓三年，徐、汴始交兵。徐、泗、濠三州民不得耕穫，兗、鄆、河東兵救之，皆無功，復值水災，復，扶又翻。人死者什六七。溥困甚，請和於全忠，全忠曰：「必移鎮乃可。」溥許之。全忠乃奏請移溥他鎮，仍命大臣鎮徐州。詔以門下侍郎、同平章事劉崇望同平章事，充感化節度使，以溥爲太子太師。溥恐全忠詐而殺之，據城不奉詔，崇望及華陰而還。華，戶化翻。還，從宣翻，又如字。

12 忠義節度使趙德諲薨，子匡凝代之。考異曰：實錄，此月以前，忠義軍節度使趙匡凝起復某官，不言德諲卒在何時。新傳、薛史但云「匡凝爲唐州刺史兼七州馬步軍都校；及德諲卒，自爲襄州留後，朝廷即以旄鉞授之。」亦不言年月。今附於此。

13 范暉驕侈失衆心，范暉據福州，見上卷上年。王潮以從弟彥復爲都統，弟審知爲都監，將兵攻福州。從，才用翻。監，古銜翻。民自請輸米餉軍，平湖洞及濱海蠻夷皆以兵船助之。平湖洞在泉州莆田縣界外。九域志曰：今興化軍大飛山，地本平湖數頃，一夕風雨暴至，旦見此山聳峙，一名大飛。

14 辛丑，王建遣族子嘉州刺史宗裕、雅州刺史王宗侃、威信都指揮使華洪、茂州刺史王宗瑤將兵五萬攻彭州，按九域志：彭州距成都九十餘里。此其壤地相接，煙火相望，所謂「臥榻之側，豈容他人鼾睡」者也。王建安得而不急攻之邪！楊晟逆戰而敗，宗裕等圍之。楊守亮遣其將符昭救之，徑趨成都，營三學山。趨，七喩翻。漢州金堂縣東北十里有三學山。建亟召華洪還。洪疾驅而至，王建一時諸將唯華洪饒智略，建所倚也，故亟召之以禦符昭。華，戶化翻。後軍尚未集，以數百人夜去昭營數里，多擊更鼓；昭以爲蜀軍大至，引兵宵遁。更，工衡翻。更鼓，持更之鼓，官府及行軍，每更擊之以爲節。更鼓多則敵人以爲營寨多，故宵遁。

15 三月，以戶部尚書鄭延昌爲中書侍郎、同平章事。延昌，從讜之從兄弟也。僖宗乾符間，鄭從讜鎭河東有聲績。之從，才用翻。

16 左神策勇勝三都都指揮使楊子實、子遷、子釗，皆守亮之假子也，勇勝三都，亦神策五十二都之數。自渠州引兵救楊晟，知守亮必敗，壬子，帥其衆二萬降於王建。帥，讀曰率。

17 李克用、王處存合兵攻王鎔，癸丑，拔天長鎭。天長鎭，在滹沱河東北。戊午，鎔與戰於新市，大破之，殺獲三萬餘人；新市，漢古縣，唐併入鎭州九門縣。辛酉，克用退屯欒城。詔和解河東及鎭、定、幽四鎭。

18 楊晟遺楊守貞、楊守忠、楊守厚書，遺，于季翻。使攻東川以解彭州之圍，守貞等從之。神策督將竇行實戍梓州，守厚密誘之爲內應；誘，音酉。守厚至涪城，行實事泄，顧彥暉斬之。考異曰：實錄明年正月，「楊守厚攻東川，以竇行實爲內應。事泄，行實死，守厚遁去。」因李茂貞與王建爭東川，追敘今年事耳。今從十國紀年。守厚遁去。守貞、守忠軍至，無所歸，盤桓綿、劍間，綿、劍，二州名。宋白曰：綿州，漢涪城縣地，西魏置潼州；隋置綿州，以綿水爲稱。九域志：綿州東北至劍州二百九十四里。守忠、守厚皆走。王建遣其將吉諫襲守厚，破之。癸亥，西川將李簡邀擊守忠於鍾陽，九域志：綿州巴西縣有鍾陽鎭。斬獲三千餘人。夏，四月，簡又破守厚於銅鉾，鉾，亡侯翻。斬獲三千餘人，降萬五千人；

19 乙酉，置武勝軍於杭州，以錢鏐爲防禦使。

20 天威軍使賈德晟，以李順節之死，頗怨憤，李順節死見上卷上年。西門君遂惡之，惡，烏路翻。奏而殺之。德晟麾下千餘騎奔鳳翔，李茂貞由是益強。

21 李匡威出兵侵雲、代，壬寅，李克用始引兵還。自鎭州引還。

22 時溥遣兵南侵，至楚州，楊行密將張訓、李德誠敗之于壽河，敗，補邁翻；下同。遂取楚州，執其刺史劉瓚。朱全忠以劉瓚刺楚州，見二百五十七卷僖宗光啓三年。張訓等既破徐兵，乘勝遂取汴之楚州。考異曰：新紀，「三月乙巳，楊行密陷楚州，執刺史劉瓚。」十國紀年，「三月，時溥遣兵三萬南侵至楚州；四月，楊行密將張訓、李德誠敗徐兵于壽河，俘斬三千級，取楚州，執瓚。」今從之。

23 加【章：十二行本「加」上有「五月」二字；乙十一行本同；孔本同；張校同；退齋校同。】邠寧節度使王行瑜兼中書令。

24 楊行密屢敗孫儒兵，破其廣德營，廣德營，孫儒之兵營於廣德者也。敗，補邁翻。張訓屯安吉，斷其糧道。義寧二年，沈法興分烏程置安吉縣，唐因之，屬湖州。九域志：在州西南百七十一里。斷，音短。儒食盡，士卒大疫，遣其將劉建鋒、馬殷分兵掠諸縣。六月，行密聞儒疾瘧，瘧，逆約翻，疾而寒熱迭作，謂之瘧。戊寅，縱兵擊之。會大雨、晦冥，儒軍大敗，安仁義破儒五十餘寨，田頵擒儒於陳，陳，讀曰陣。斬之，傳首京師，儒衆多降於行密。光啓三年，孫儒始與行密交兵，至是而敗。孫儒以十倍之衆攻行密，其智勇亦無以大相過，而卒斃於行密者，儒專務殺掠，人心不附，又後無根本。行密雖爲儒所困，分遣張訓、李德誠略淮、浙之地以自廣，又斥餘廩以飼飢民，既得人心，又有根本，所以勝也。劉建鋒、馬殷收餘衆七千，南走洪州，走，音奏。推建鋒爲帥，殷爲先鋒指揮使，張【章：十二行本「張」上有「以行軍司馬」五字；乙十一行本同；孔本同；張校同；退齋校同。】佶爲謀主，比至江西，衆十餘萬。帥，所類翻。比，必利翻，及也。

丁酉，楊行密帥衆歸揚州；帥，讀曰率。考異曰：十國紀年，「行密過常州，謂左右曰：『常州大城也，張訓以一劍下之，不亦壯哉！』」舊紀：「大順二年三月，淮南節度使孫儒爲宣州觀察使楊行密所殺。初，行密揚州失守，據宣州，孫儒以兵攻圍三年。是春，淮南大饑，軍中疫癘。是月，孫儒亦病，爲帳下所執，降行密；行密乃併孫儒之衆，復據廣陵。」薛居正五代史行密傳曰：「大順元年，行密危蹙，出據宣州，儒復入揚州。二年，儒攻行密。屬江、淮疾疫，師人多死，儒亦臥病，爲部下所執，送於行密，殺之。行密自宣城長驅入于廣陵。」唐補紀：「大順二年六月，孫儒兵敗於宛陵城下，楊行密進首級於西京。」吳錄曰：「景福元年，六月六日，太祖盡率諸將晨出擊儒，田頵臨陳擒儒以獻，斬儒於市，傳首京師。」新紀、實録、十國紀年皆據此。舊紀、薛史、唐補紀皆誤。秋，七月，丙辰，至廣陵，表田頵守宣州，安仁義守潤州。

先是，揚州富庶甲天下，先，悉薦翻。時人稱揚一、益二，言揚州居一，益州爲次也。及經秦、畢、孫、楊兵火之餘，秦彥、畢師鐸、孫儒、楊行密也。江、淮之間，東西千里掃地盡矣。

25 王建圍彭州，久不下，民皆竄匿山谷；諸寨日出俘掠，謂之「淘虜」，都將先擇其善者，餘則士卒分之，以是爲常。將，卽亮翻。

有軍士王先成者，新津人，本書生也，世亂，爲兵，度諸將惟北寨王宗侃最賢，乃往說之曰：度，徒洛翻。說，式芮翻。「彭州本西川之巡屬也，陳、田召楊晟，割四州以授之，見二百五十七卷文德元年。陳、田，謂陳敬瑄、田令孜。僞署觀察使，與之共拒朝命。朝，直遥翻。今陳、田已平而晟猶據之，州民皆知西川乃其大府，巡屬諸州，以節度使府爲大府，亦謂之會府。而司徒乃其主也，時朝命以王建檢校司徒，故稱之。故大軍始至，民不入城而入山谷避之，以俟招安。今軍至累月，未聞招安之命，軍士復從而掠之，復，扶又翻。與盜賊無異，奪其貲財，驅其畜產，分其老弱婦女以爲奴婢，使父子兄弟流離愁怨；其在山中者暴露於暑雨，殘傷於蛇虎，孤危飢渴，無所歸訴。彼始以楊晟非其主而不從，今司徒不加存恤，彼更思楊氏矣。」宗侃惻然，不覺屢移其牀前問之，先成曰：「又有甚於是者：今諸寨每旦出六七百人，入山淘虜，薄暮乃返，薄，迫也。曾無守備之意。賴城中無人耳，萬一有智者爲之畫策，爲，于僞翻。使乘虛奔突，先伏精兵千人於門内，登城望淘虜者稍遠，出弓弩手、礮手各百人，礮，與砲同，匹貌翻。攻寨之一面，隨以役卒五百，負薪土塡壕爲道，然後出精兵奮擊，且焚其寨；又於三面城下各出耀兵，耀兵者，以耀敵使不知所備。諸寨咸自備禦，無暇相救，城中得以益兵繼出，如此，能無敗乎！」宗侃矍然曰：矍，居縛翻。「此誠有之，將若之何？」先成請條列爲狀以白王建，宗侃卽命先成草之，大指言：「今所白之事，須四面通共，時西川兵圍彭州，四面下寨，宗裕、宗侃、華洪、宗瑤各當一面。宗侃所司止於北面，或所白可從，乞以牙舉施行。」牙舉，謂從使牙檢舉而見之施行。事凡七條：「其一，乞招安山中百姓。其二，乞禁諸寨軍士及子弟無得一人輒出淘虜，仍表諸寨之旁七里内聽樵牧，敢越表者斬。其三，乞置招安寨，中容數千人，以處所招百姓，處，昌呂翻。宗侃請選所部將校謹幹者爲招安將，使將三十人晝夜執兵巡衞。其四，招安之事須委一人總領，今牓帖既下，下，戶嫁翻。諸寨必各遣軍士入山招安，百姓見之無不驚疑，如鼠見貍，誰肯來者！貍，捕鼠者也。鼠見貍則知必死，特恨不可得而走耳，詎肯前就之哉！故以爲喩。欲招之必有其術，願降帖付宗侃專掌其事。其五，乞嚴勒四寨指揮使，悉索前日所虜彭州男女老幼集於營場，有父子、兄弟、夫婦自相認者卽使相從，牒具人數，部送招安寨，有敢私匿一人者斬；仍乞勒府中諸營，亦令嚴索，府，謂成都府。索，山客翻。有自軍前先寄歸者，量給資糧，量，音良。悉部送歸招安寨。其六，乞置九隴行縣於招安寨中，彭州治九隴縣，彭州未下，故乞置行縣。九隴故漢繁縣地，後魏改曰九隴，以州西有九隴山爲名。九隴，一伏隴，二豆隴，三秋隴，四龍奔隴，五走馬隴，六駱駝隴，七千秋隴，八較車隴，九橫擔隴。以前南鄭令王丕攝縣令，南鄭，漢古縣，唐帶興元府。設置曹局，撫安百姓，擇其子弟之壯者，給帖使自入山招其親戚；彼知司徒嚴禁侵掠，前日爲軍士所虜者，皆獲安堵，必歡呼踊躍，相帥下山，帥，讀曰率。如子歸母，不日盡出。其七，彭州土地宜麻，益州記：彭之地號小郫，言土地肥良，比之郫邑也。百姓未入山時多漚藏者，漚，烏候翻，久漬也。宜令縣令曉諭，各歸田里，出所漚麻鬻之，以爲資糧，必漸復業。」建得之大喜，卽行之，悉如所申。考異曰：張彭耆舊傳曰：「五月二十日，諸軍馬步兵士到彭州城下。至七月初，已經五十餘日，諸軍兵士始到，刈麥充糧。至七月初，麥盡，並無顆粒。兵士但託求食，乃每日遠去入山，虜劫逃避百姓。有一軍士，本是儒生，乃往北面寨說於統帥」云云。十國紀年：「王先成謂王宗侃云云。先成上招攜七事，建皆納之。先成，蜀州新津人。」按十國紀年，王建自二月辛丑遣王宗裕等擊楊晟，遂圍彭州。又晟遺楊守忠書云：「弊邑雖小，圍守三年矣。」而張彭云五月二十日方圍彭州，或者先圍之不克而再往歟？彭但云有一軍士，而十國紀年姓王名先成，不知其本出何書也。

明日，牓帖至，威令赫然，無敢犯者。三日，山中民競出，赴招安寨如歸市，寨不能容，斥而廣之；浸有市井，又出麻鬻之。民見村落無抄暴之患，抄，楚交翻。稍稍辭縣令，復故業。月餘，招安寨皆空。

26 己巳，李茂貞克鳳州，感義節度使滿存奔興元。僖宗光啓二年，滿存得鳳州，至是而敗。奔興元，就楊守亮。茂貞又取興、洋二州，皆表其子弟鎮之。考異曰：薛居正五代史茂貞傳曰：「大順二年，楊復恭得罪奔山南，與楊守亮據興元叛，茂貞與王行瑜討平之。詔以徐彥若鎮興元。茂貞違詔，表其假子繼徽爲留後，堅請旄鉞，昭宗不得已而授之。自是茂貞始萌問鼎之志。既而逐涇原節度使張球、洋州節度使楊守忠、鳳州刺史滿存，皆奪據其地。」云大順二年，誤也。今從新紀。

27 八月，以楊行密爲淮南節度使、同平章事，以田頵知宣州留後，安仁義爲潤州刺史。

孫儒降兵多蔡人，降，戶江翻。行密選其尤勇健者五千人，厚其稟賜，以皁衣蒙甲，稟，筆錦翻，給也。皁，才早翻。號「黑雲都」，每戰，使之先登陷陳，陳，讀曰陣。四鄰畏之。

行密以用度不足，欲以茶鹽易民布帛，掌書記舒城高勖曰：「兵火之餘，十室九空，又漁利以困之，記坊記：諸侯不下漁色。註曰：象捕魚然，中網取之，是無所擇。漁利之「漁」猶漁色之「漁」。將復離叛。復，扶又翻；下同。不若悉我所有易鄰道所無，足以給軍；選賢守令勸課農桑，數年之間，倉庫自實。」行密從之。守，式又翻。令，力正翻。田頵聞之曰：「賢者之言，其利遠哉！」行密馳射武伎，皆非所長，伎，渠綺翻。而寬簡有智略，善撫御將士，與同甘苦，推心待物，無所猜忌。嘗早出，從者斷馬鞦，取其金，從，才用翻。斷，音短。鞦，七由翻，史炤曰：馬紂也。行密知而不問，他日，復早出如故，人服其度量。

淮南被兵六年，光啓三年，畢師鐸亂，淮南始被兵。被，皮義翻。士民轉徙幾盡；幾，居依翻；下幾復同。行密初至，賜與將吏，將，即亮翻。帛不過數尺，錢不過數百；而能以勤儉足用，非公宴，未嘗舉樂。招撫流散，輕傜薄斂，斂，力贍翻。未及數年，公私富庶，幾復承平之舊。復，還也，讀如字。

28 李克用北巡至天寧軍，代州西有天安軍，天寶十二載置。聞李匡威、赫連鐸將兵八萬寇雲州，遣其將李君慶發兵於晉陽。克用潛入新城，伏兵於神堆，神堆在雲州城南，新城又在神堆東南。神堆，卽神武川之黃花堆，新城在其側，蓋克用祖執宜保黃花堆時所築也。按薛史唐紀，李克用生於神武川之新城。宋白曰：雲州西南至神堆柵九十里。擒吐谷渾邏騎三百；邏，郎佐翻。匡威等大驚。丙申，君慶以大軍至，克用遷入雲州。丁酉，出擊匡威等，大破之。己亥，匡威等燒營而遁；追至天成軍，蔚州東北有天成軍。斬獲不可勝計。勝，音升。

29 辛丑，李茂貞攻拔興元，楊復恭、楊守亮、楊守信、楊守貞、楊守忠、滿存奔閬州。光啓三年，楊守亮鎭興元，至是而敗。考異曰：舊紀：「景福元年十一月辛丑，鳳翔、邠寧之衆攻興元，陷之，節度使楊守亮、前中尉楊復恭、判官李巨川突圍而遁。十二月，辛未，華州刺史韓建奏於乾元縣遇興元散兵，擊敗之，斬楊守亮、楊復恭，傳首。」實錄：「乾寧元年七月，鳳翔、邠寧之兵攻興元，陷之，楊守亮、楊復恭突圍而遁。」新紀：「景福元年八月，茂貞寇興元，守亮、滿存奔閬州。乾寧元年七月，茂貞陷閬州，八月，守亮伏誅。」新復恭傳：「景福元年，茂貞攻興元，破其城，復恭、守亮、守信奔閬州。」十國紀年蜀史：「景福元年十月，行瑜、茂貞表守亮招納叛臣，請討之。感義節度使滿存救守亮，爲茂貞所敗，奔興元。十一月，邠、岐攻陷興元，楊復恭帥守亮、守貞、守忠、滿存同奔閬州。

十二月，壬午，華洪敗守亮等於州。」按實錄，景福二年正月移茂貞山南，於時守亮不應猶在山南。今年月從新紀，事則參取諸書。茂貞表其子繼密權知興元府事。

30 九月，加荊南節度使成汭同平章事。

31 時溥迫監軍奏稱將士留己，是年二月，召時溥爲太子太師。冬，十月，復以溥爲侍中、感化節度。朱全忠奏請追溥新命；詔諭解之。

32 初，邢、洺、磁州留後李存孝，與李存信俱爲李克用假子，不相睦。存信有寵於克用，存孝在邢州，欲立大功以勝之，乃建議取鎭冀；見上卷大順二年。存信從中沮之，不時聽許。及王鎔圍堯山，存孝救之，不克。克用以存信爲蕃、漢馬步都指揮使，與存孝共擊之，二人互相猜忌，逗留不進；克用更遣李嗣勳等擊破之。事見上是年正月。存信還，譖存孝無心擊賊，疑與之有私約。存孝聞之，自以有功於克用，而信任顧不及存信，顧，反也。憤怨，且懼及禍，乃潛結王鎔及朱全忠，上表以三州自歸於朝廷，考異：實錄：「大順元年十月，太原將邢州刺史李存孝自晉州帥行營兵據邢州。」舊紀：「十一月，癸丑朔，太原將邢州刺史李存孝自恃擒孫揆功，合爲昭義帥，怨克用授康君立。存孝自晉州帥行營兵歸邢州，據城，上表歸明，仍致書與張濬、王鎔求援。」唐末見聞錄：「十月二十四日，李存孝領兵打晉州，遁歸邢州，背叛，與宰臣張濬狀曰：『某自主三郡，已近二年。』又曰：『常思安知建在此之日，歸順朝廷之時。四鄰不有保持，一家俄受塗炭，以此猶豫，莫敢申明，遂至去年遽絕鄰好。豈是某之情願，蓋因李某之指揮。』又曰：『自今春戰爭之後，實願休罷戈鋋。自九月十五日以來，有李某之人，使促令某南面進軍至趙州牽脅，李某卽土門路入，直屆鎮州。今月十四日，昭義軍人百姓等衆請某權知兵馬留後，歸順朝廷。』大王聞存孝致逆，大震雄威，令下，先差大將進軍，速至邢州，仍候指揮，不得輒有鬭敵，但圍小壘，專俟大軍。」據唐太祖紀年錄、薛居正五代史紀、傳、實錄、新紀，皆云景福元年十月，存孝叛太原，歸朝廷；而舊紀、唐末見聞錄在大順元年十月。舊紀恐是連言以後事。按二年三月，安知建方叛太原，而此書中已說知建。又云：「自主三郡，已近二年。」存孝大順二年方爲邢、洺、磁節度，至景福元年，乃二年也。然則實錄云邢州刺史據邢州，亦因舊紀之誤。見聞錄所載存孝書，蓋與王鎔，誤云與張濬也。乞賜旌節及會諸道兵討李克用；詔以存孝爲邢、洺、磁節度使，不許會兵。

33 十一月，時溥濠州刺史張璲、泗州刺史張諫以州附于朱全忠。璲，徐醉翻。史言時溥巡屬皆附于汴，溥僅保徐州。

34 乙未，朱全忠遣其子友裕將兵十萬攻濮州，拔之，執其刺史邵倫，濮州，朱瑄巡屬。濮，博木翻。遂令友裕移兵擊時溥。

35 孫儒將王壇陷婺州，刺史蔣瓌奔越州。中和四年，蔣瓌據婺州。

36 廬州刺史蔡儔發楊行密祖父墓，光啓三年，楊行密留蔡儔守廬州；明年，儔以州附孫儒；儒既敗，儔遂阻兵以拒行密。與舒州刺史倪章連兵，遣使送印於朱全忠以求救。全忠惡其反覆，惡，烏路翻。納其印，不救，且牒報行密；行密謝之。行密遣行營都指揮使李神福將兵討儔。

37 宣明曆浸差，穆宗立，以爲累世纘緒，必更曆紀，乃詔日官改撰曆術，名曰宣明。太子少詹事邊岡造新曆成，十二月，上之。命曰景福崇玄曆。邊岡與司天少監胡秀林、均州司馬王墀改治新曆，然術一出於岡。岡用算巧，能馳騁反覆於乘除間，由是簡捷超徑等接之術興，而經制遠大衰序之法廢矣。雖籌策便易，然皆冥於本原。上，時掌翻。

38 壬午，王建遣其將華洪擊楊守亮於閬州，破之。建遣節度押牙延陵鄭頊使於朱全忠；延陵，漢曲阿縣地，晉分置延陵郡，隋移治丹徒。武德三年，移於舊郡治，屬潤州。今丹陽縣之延陵鎮即其地。全忠問劍閣，頊極言其險。全忠不信，頊曰：「苟不以聞，恐誤公軍機。」全忠大笑。

39 是歲，明州刺史鍾文季卒，其將黃晟自稱刺史。路振九國志：黃晟，明州鄞縣人，歷爲將領，會刺史鍾文季卒，遂據其郡。

二年（癸丑、八九三）

1 春，正月，時溥遣兵攻宿州，刺史郭言戰死。大順二年，朱全忠取宿州，事見上卷。

2 東川留後顧彥暉既與王建有隙，大順二年，楊守亮攻東川，王建遣兵救之，欲因而取之，不克，由是與顧彥暉有隙，事亦見上卷。李茂貞欲撫之使從己，奏請更賜彥暉節；大順二年，朝廷遣中使賜顧彥暉節，楊守厚邀而奪之，故請更賜。詔以彥暉爲東川節度使。申前命也。茂貞又奏遣知興元府事李繼密救梓州，梓州未受兵而救之，何也？非救之也，遣兵助顧彥暉以致西川之師耳。未幾，建遣兵敗東川、鳳翔之兵於利州。幾，居豈翻。敗，補邁翻；下同。彥暉求和，請與茂貞絕；乃許之。

3 鳳翔節度使李茂貞自請鎮興元，詔以茂貞爲山南西道兼武定節度使，以中書侍郎、同平章事徐彦若同平章事，充鳳翔節度使，考異曰：舊紀在七月癸未。今從實錄、新紀。又割果、閬二州隸武定軍。茂貞欲兼得鳳翔，不奉詔。

4 二月，甲戌，加西川節度使王建同平章事。

5 李克用引兵圍邢州，王鎔遣牙將王藏海致書解之。克用怒，斬藏海，進兵擊鎔，敗鎮兵於平山。平山，漢蒲吾縣，隋爲房山縣，至德元年，改爲平山縣，屬鎮州。九域志：在州西六十五里。辛巳，攻天長鎮，旬日不下。鎔出兵三萬救之，克用逆戰於叱日嶺下，大破之，斬首萬餘級，餘衆潰去。河東軍無食，脯其尸而啗之。啗，徒濫翻。

6 時溥求救於朱瑾，朱全忠遣其將霍存將騎兵三千軍曹州以備之。瑾將兵二萬救徐州，存引兵赴之，與朱友裕合擊徐、兗兵於石佛山下，大破之，石佛山近彭城。薛史曰：石佛山在彭門南。述征記：彭城南有石佛山，頂方二丈二尺。瑾遁歸兗州。辛卯，徐兵復出，存戰死。霍存恃勝而不虞徐兵之復出，故戰敗而死。復，扶又翻。

7 李克用進下井陘，李存孝將兵救王鎔，遂入鎮州，與鎔計事。鎔又乞師於朱全忠，全忠方與時溥相攻，不能救，但遺克用書，遺，唯季翻。言「鄴下有十萬精兵，抑而未進。」克用復書：「儻實屯軍鄴下，顒望降臨；顒，魚容翻，仰也。必欲眞決雌雄，願角逐於常山之尾。」甲午，李匡威引兵救鎔，敗河東兵於元氏，敗，補邁翻。克用引還邢州。鎔犒匡威於槀城，輦金帛二十萬以酬之。

8朱友裕圍彭城，時溥數出兵，友裕閉壁不戰。去年十一月，朱全忠遣友裕攻彭城。此言其積時相持之事。數，所角翻。朱瑾宵遁，友裕不追，謂石佛山下戰時。都虞候朱友恭以書譖友裕於全忠，全忠怒，驛書下都指揮使龐師古，下，戶嫁翻。使代之將，且按其事。書誤達於友裕，友裕大懼，以二千騎逃入山中，按薛史元貞張后傳作「二十騎」，朱友裕傳作「數騎」。二千騎太多，當以二十騎爲是。潛詣碭山，匿於伯父全昱之所。朱全忠兄弟本居碭山；全昱，全忠長兄也。碭，音唐。全忠夫人張氏聞之，使友裕單騎詣汴州見全忠，泣涕拜伏於庭；全忠命左右捽抑，將斬之，捽者，持其髻；抑者，按其頸。捽，昨沒翻。夫人趨就抱之，泣曰：「汝捨兵衆，束身歸罪，無異志明矣。」全忠悟而捨之，使權知許州。友恭，壽春人李彥威也，幼爲全忠家僮，考異曰：薛居正五代史高季興傳，以友恭爲汴之賈人李七郎，十國紀年以爲壽春賈人。友恭傳云：「彥威丱角事太祖。」今從之。全忠養以爲子。張夫人，碭山人，多智略，全忠敬憚之，雖軍府事，時與之謀議；或將兵出，中塗，夫人以爲不可，遣一介召之，全忠立爲之返。爲，于僞翻。

龐師古攻佛山寨，拔之；佛山寨，即石佛山寨。自是徐兵不敢出。

9李匡威之救王鎔也，將發幽州，家人會別，家人悉會於使宅以送別。弟匡籌之妻美，匡威醉而淫之。二月，匡威自鎮州還，至博野，匡籌據軍府自稱留後，以符追行營兵。匡威衆潰歸，但與親近留深州，深州在博野東南一百五十里。進退無所之，遣判官李抱眞【張：「抱眞」作「正抱」。】入奏，請歸京師。京師屢更大亂，更，工衡翻，經也。聞匡威來，坊市大恐，曰：「金頭王來圖社稷。」士民或竄匿山谷。王鎔德其以己故致失地，德其救己以致失幽州。迎歸鎮州，爲築第，父事之。爲，于僞翻。爲李匡威劫王鎔而死張本。薛史曰：鎔館匡威於寶壽佛寺。

10 以渝州刺史柳玭爲瀘州刺史。九域志：渝州西至瀘州七百六十里。玭，部田翻。考異曰：新傳：「玭坐事貶瀘州刺史，卒。」北夢瑣言亦云謫授瀘州。新、舊書，玭貶官無年月。今據實錄。此月玭自渝爲瀘州刺史，當是初貶渝州後移瀘州；新傳、北夢瑣言誤也。柳氏自公綽以來，世以孝悌禮法爲士大夫所宗。言自元和以來爲名家。玭爲御史大夫，上欲以爲相，宦官惡之，惡，烏路翻。故久謫於外。玭嘗戒其子弟曰：「凡門地高，可畏不可恃也。立身行己，一事有失，則得罪重於他人，死無以見先人於地下，此其所以可畏也。門高則驕心易生，族盛則爲人所嫉；懿行實才，人未之信，行，下孟翻；下同。小有玼纇，玼，疾移翻。纇，盧對翻。玉病曰玼；絲節曰纇。衆皆指之：此其所以不可恃也。故膏粱子弟，學宜加勤，行宜加勵，僅得比他人耳！」使柳氏子姪常能守玭之戒，各務脩飭，雖至今爲名家可也。

11 王建屢請殺陳敬瑄、田令孜，朝廷不許。夏，四月，乙亥，建使人告敬瑄謀作亂，殺之新津。陳敬瑄居新津，見上卷大順二年。又告令孜通鳳翔書，下獄死。下，遐嫁翻。建使節度判官馮涓草表奏之曰：「開匣出虎，孔宣父不責他人；當路斬蛇，孫叔敖蓋非利己。」論語：孔子責冉有、季路曰：「虎兕出於柙，是誰之過歟！」楚孫叔敖爲嬰兒，出遊而還，憂而不食。其母問其故，泣而對曰：「今日吾見兩頭蛇，恐去死無日矣。」母曰：「今蛇安在？」曰：「吾聞見兩頭蛇者死，吾恐他人復見，已埋之也。」母曰：「無憂，汝不死。吾聞之，有陰德者天報以福。」人聞之，皆諭其爲仁也。專殺不行於閫外，先機恐失於轂中。」轂，古候翻。涓，宿之孫也。馮宿事見二百四十五卷開成元年。涓，圭淵翻。

12 汴軍攻徐州，累月不克。自去年十一月攻徐州，至是五月矣。通事官張濤以書白朱全忠云：「進軍時日非良，故無功。」全忠以爲然。敬翔曰：「今攻城累月，所費甚多，徐人已困，旦夕且下，使將士聞此言，則懈於攻取矣。」全忠乃焚其書。癸未，全忠自將如徐州；戊子，龐師古拔彭城，時溥舉族登燕子樓自焚死。僖宗中和元年，時溥據徐州，至是而亡。張建封之鎮徐也，有愛妓曰盼盼。建封既歿，張氏舊第有小樓，名燕子，盼盼念舊愛而不嫁，居是樓十餘年，幽獨悵然。出白樂天集。考異曰：實錄：「五月，汴州奏拔徐州。」舊紀：「四月，汴將王重師、牛存節陷徐州。」舊傳：「溥求援于兗州朱瑾，出兵救之，值大雪，糧盡而還。汴將王重師、牛存節夜乘梯而入，溥與妻子登樓自焚而卒。景福二年也。」新紀：「四月，戊子，朱全忠陷徐州，時溥死之。」薛居正五代史梁紀：「丁亥，師古下彭門，梟溥首以獻。」唐太祖紀年錄：「四月，澤州李罕之上言：『懷孟降人報汴將龐師古於今月八日攻陷徐州，徐帥時溥舉族皆沒。』」溫既下徐，方詐請朝廷命帥，昭宗乃以兵部尚書孫儲爲徐帥，既而溫以他詞斥去，自以其將鎭之。四月八日，蓋河東傳聞之誤。今從編遺錄、新紀。

己丑，全忠入彭城，以宋州刺史張廷範知感化留後，奏乞朝廷除文臣爲節度使。

13 李匡威在鎭州，爲王鎔完城塹，繕甲兵，【章：十二行本「兵」下有「訓士卒」三字；乙十一行本同；孔本同；張校同。】視之如子。匡威以鎔年少，且樂眞定土風，爲，于僞翻；下爲之同。鎭州，漢之眞定國也。樂，音洛。潛謀奪之。李抱眞自京師還，爲之畫策，陰以恩施悅其將士。施，式豉翻。王氏在鎭久，鎭人愛之，不徇匡威。匡威忌日，鎔就第弔之，父母終之日，子以爲忌日。第者，李匡威寓第也。匡威素服衷甲，伏兵劫之，鎔趨抱匡威曰：「鎔爲晉人所困，幾亡矣，晉人，謂河東李克用之兵。幾，居依翻。賴公以有今日；公欲得四州，此固鎔之願也，鎭、冀、深、趙四州。不若與公共歸府，以位讓公，則將士莫之拒矣。」匡威以爲然，與鎔駢馬，駢馬，並馬也。陳兵入府。會大風雷雨，屋瓦皆震。匡威入東偏門，此鎭州牙城之東偏門也。鎭之親軍閉之，既入門而爲鎭兵所閉，絶其繼至者。有屠者墨君和自缺垣躍出，拳毆匡威甲士，毆，烏口翻。挾鎔於馬上，負之登屋。鎭人既得鎔，攻匡威，殺之，并其族黨。考異曰：實錄，殺匡威在五月，恐約奏到。舊紀：「六月乙卯，幽州李匡威謀害王鎔，恆州三軍攻匡威，殺之。」舊傳、唐太祖紀年錄皆云五月。新紀，四月丁亥。按匡籌奏云四月十九日。是月己巳朔，十九日，丁亥也。今從之。鎔時年十七，體疏瘦，爲君和所挾，頸痛頭偏者累日。李匡籌奏鎔殺其兄，請舉兵復冤；詔不許。

14 幽州將劉仁恭將兵戍蔚州，過期未代，士卒思歸。會李匡籌立，戍卒奉仁恭爲帥，還攻幽州，蔚，紆勿翻。帥，所類翻。至居庸關，爲府兵所敗。府兵，幽州節度使府之兵也。敗，補邁翻。仁恭奔河東，李克用厚待之。爲李克用取幽州張本。

15李神福圍廬州；甲午，楊行密自將詣廬州，田頵自宣州引兵會之。初，蔡人張顥以驍勇事秦宗權，後從孫儒，儒敗，歸行密，行密厚待之，使將兵戍廬州。蔡儔叛，顥更爲之用。及圍急，顥踰城來降，降，戶江翻。行密以隸銀槍都使袁積。使，疏吏翻。積，止忍翻。積以顥反覆，白行密，請殺之，行密恐積不能容，置之親軍。爲張顥殺楊渥張本。積，陳州人也。積，止忍翻。

16王彥復、王審知攻福州，久不下。去年二月，王潮遣彥復等攻福州。范暉求救於威勝節度使董昌，僖宗中和三年，升浙東觀察爲義勝節度；光啓三年，改爲威勝節度。昌與陳巖婚姻，發溫、台、婺州兵五千救之。彥復、審知以城堅，援兵且至，士卒死傷多，白王潮，欲罷兵更圖後舉，潮不許。請潮自臨行營，潮報曰：「兵盡添兵，將盡添將，兵將俱盡，吾當自來。」將，即亮翻。彥復、審知懼，親犯矢石急攻之。五月，城中食盡，暉知不能守，夜，以印授監軍，棄城走，援兵亦還。庚子，彥復等入城。辛丑，暉亡抵沿海都，爲將士所殺。文德二年，范暉據福州。潮入福州，自稱留後，素服葬陳巖，以女妻其子延晦，厚撫其家。妻，七細翻。汀、建二州降，嶺海間羣盜二十餘輩皆降潰。言羣盜或降或潰也。王氏自此遂據有七閩矣。降，戶江翻。

17閏月，以武勝防禦使錢鏐爲蘇杭觀察使。錢鏐以杭幷蘇，因以命之。又以扈蹕都頭曹誠爲黔中節度使，耀德都頭李鋋爲鎮海軍節度使，宣威都頭孫惟晟爲荆南節度使，耀德、宣威，亦皆神策五十二都之數。黔，渠今翻。鋋，音蟬。六月，以捧日都頭陳珮爲嶺南東道節度使，並同平章事。時李茂貞跋扈，上以武臣難制，欲用諸王代之，故誠等四人皆加恩，解兵柄，令赴鎮。後四人不聞至鎮，蓋各有分據者，四人不得而赴也。考異曰：舊紀：「三月庚子，以陳珮爲嶺南東道節度使，曹誠爲黔中節度使，李鋋爲鎮海節度使，孫惟晟爲荆南節度使。時朝議以茂貞傲侮王命，武臣難制，故罷五將之權。」今從實錄，止是四將。

18 李匡籌出兵攻王鎔之樂壽、武強，以報殺匡威之恥。

19 秋，七月，王鎔遣兵救邢州；李克用敗之于平山，敗，補邁翻。壬申，進擊鎮州。鎔懼，請以兵糧二十萬助攻邢州，克用許之。克用治兵於欒城，合鎔兵三萬進屯任縣，任，漢古縣，中廢。唐之任，漢南䜌縣地。武德四年，置任縣，治苑鄉城，在邢州東南。治，直之翻。李存信屯琉璃陂。琉璃陂，在邢州龍岡縣界。

20 丁亥，楊行密克廬州，斬蔡儔。左右請發儔父母冢，行密曰：「儔以此得罪，吾何爲效之！」蔡儔發行密祖父冢，見上年。

21 加天雄節度使李茂莊同平章事。時以秦州爲天雄軍。

22 錢鏐發民夫二十萬及十三都軍士築杭州羅城，周七十里。錢鏐以八都兵起，後其衆日盛，置十三都。今杭州羅城，鏐所築也。

23 昇州刺史張雄卒，考異曰：新紀八月庚子，蓋約奏到之日。今從十國紀年。馮弘鐸代之爲刺史。

24 李茂貞恃功驕横，上表及遺杜讓能書，横，戶孟翻。上，時掌翻。遺，唯季翻。辭語不遜。上怒，欲討之。茂貞又上表，略曰：「陛下貴爲萬乘，不能庇元舅之一身；元舅，謂王瓌，事見上卷大順二年。尊極九州，不能戮復恭之一豎。」又曰：「今朝廷但觀强弱，不計是非。」又曰：「約衰殘而行法，隨盛壯以加恩；李茂貞之表辭固慢，然當時之政事實亦如此。體物錙銖，言體物有錙銖之重，則待之亦重；有錙銖之輕，則待之亦輕。看人衡纊。」劉峻廣絶交論曰：衡所以揣其輕重，纊所以屬其鼻息。註云：謂操衡揣勢之輕重，持纊量氣之粗細。又曰：「軍情易變，戎馬難羈，唯慮甸服生靈，因兹受禍，古之王者，畿方千里，以爲甸服。未審乘輿播越，自此何之！」乘，繩證翻。上益怒，決討茂貞，命杜讓能專掌其事，讓能諫曰：「陛下初臨大寶，國步未夷，茂貞近在國門，按九域志，鳳翔東距長安二百八十里耳。臣愚以爲未宜與之構怨，萬一不克，悔之無及。」上曰：「王室日卑，號令不出國門，此乃志士憤痛之秋。藥弗瞑眩，厥疾弗瘳。書說命之辭。註云：如服藥，必瞑眩極，其病乃除。瞑，莫遍翻。眩，玄遍翻。瞑眩，困極也。朕不能甘心爲孱懦之主，孱，鉏山翻。愔愔度日，愔，於禽翻。愔愔，深靜貌。坐視陵夷。卿但爲朕調兵食，爲，于僞翻。調，徒釣翻。朕自委諸王用兵，成敗不以責卿！」讓能曰：「陛下必欲行之，則中外大臣共宜協力以成聖志，不當獨以任臣。」上曰：「卿位居元輔，杜讓能時爲首相。與朕同休戚，無宜避事！」讓能泣曰：「臣豈敢避事！況陛下所欲行者，憲宗之志也；顧時有所未可，勢有所不能耳。但恐他日臣徒受晁錯之誅，不能弭七國之禍也。晁錯事見漢景帝紀。敢不奉詔，以死繼之！」杜讓能固已知必死矣。上乃命讓能留中書，計畫調度，月餘不歸。不歸私第也。調，徒弔翻。崔昭緯陰結邠、岐，爲之耳目，讓能朝發一言，二鎮夕必知之。李茂貞使其黨糾合市人數百千人，擁觀軍容使西門君遂馬訴曰：「岐帥無罪，岐帥，謂李茂貞。鳳翔本岐州。帥，所類翻。不宜致討，使百姓塗炭。」君遂曰：「此宰相事，非吾所及。」市人又邀崔昭緯、鄭延昌肩輿訴之，舊制：朝臣入朝，皆乘馬。宋建炎播遷，以揚州街路滑，始許朝士乘擔子。觀此，則唐末宰相亦有乘肩輿者矣。二相曰：「茲事主上專委杜太尉，吾曹不預知。」市人因亂投瓦石，二相下輿走匿民家，僅自免，喪堂印及朝服。上命捕其唱帥者誅之，喪，息浪翻。朝，直遙翻；下同。帥，讀曰率。用兵之意益堅。京師民或亡匿山谷，嚴刑所不能禁。八月，以嗣覃王嗣周爲京西招討使，考異曰：按順宗子經封郯王，嗣周當是其後。會昌後，避武宗諱，改「郯」作「覃」。按武宗諱瀍，後改諱炎。如考異所云，蓋避「郯」字旁從「炎」字也。神策大將軍李鐬副之。鐬，火外翻。

25 丙辰，楊行密遣田頵將宣州兵二萬攻歙州；歙州刺史裴樞城守，久不下。歙，書涉翻。時諸將爲刺史者多貪暴，獨池州團練使陶雅寬厚得民，歙人曰：「得陶雅爲刺史，請聽命。」

行密卽以雅爲歙州刺史，歙人納之。雅盡禮見樞，送之還朝。樞，遵慶之曾孫也。裴遵慶見二百二十二卷肅宗上元二年。

26 朱全忠命龐師古移兵攻兗州，與朱瑾戰，屢破之。

27 九月，丁卯，以錢鏐爲鎭海節度使。升杭州武勝防禦使爲鎭海節度使。唐本置鎭海軍於潤州，今以命錢鏐於杭州，至光化元年，鏐遂請徙軍於杭州。考異曰：今年五月，以李鋋爲鎭海節度使，令赴鎭。今復除鏐者，按是時安仁義已據潤州，又孫惟晟除荆南，時成汭已據荆南，二人安得赴鎭！蓋但欲罷其軍權，其實不至鎭而返耳。實錄云，仍徙鎭海軍額於杭州。按吳越備史，是歲鏐初除鎭海節度使，猶領潤州刺史，至光化元年，始移鎭海軍於杭州。實錄誤也。

28 李存孝夜犯李存信營，虜奉誠軍使孫考老。李克用自引兵攻邢州，掘塹築壘環之。環，音宦。存孝時出兵突擊，塹壘不能成。河東牙將袁奉韜密使人謂存孝曰：「大王惟俟塹成卽歸晉陽，尙書所憚者獨大王耳，李克用時封隴西郡王，存孝蓋亦檢校尙書。諸將非尙書敵也。大王若歸，咫尺之塹，安能沮尙書之鋒銳邪！」存孝以爲然，按兵不出。旬日，塹壘成，飛走不能越，存孝由是遂窮。汴將鄧季筠從克用攻邢州，輕騎逃歸。鄧季筠被擒，見上卷大順元年。朱全忠大喜，使將親軍。將，卽亮翻。

29 乙亥，覃王嗣周帥禁軍三萬送鳳翔節度使徐彥若赴鎭，軍于興平。帥，讀曰率。考異曰：

舊紀：「覃王率扈駕五十四軍進攻岐陽。」今從實錄。李茂貞、王行瑜合兵近六萬，軍于盩厔以拒之。近，其靳翻。禁軍皆新募市井少年，茂貞、行瑜所將皆邊兵百戰之餘，壬午，茂貞等進逼興平，禁軍皆望風逃潰，茂貞等乘勝進攻三橋，京城大震，士民奔散，市人復守闕請誅首議用兵者。復，扶又翻。崔昭緯心害太尉、門下侍郎、同平章事杜讓能，密遺茂貞書曰：「用兵非主上意，皆出於杜太尉耳。」遺，于季翻。甲申，茂貞陳於臨皋驛，臨皋驛，在長安城西。表讓能罪，請誅之。讓能言於上曰：「臣固先言之矣，請以臣爲解。」言歸罪於讓能以解兵也。上涕下不自禁，禁，居吟翻。曰：「與卿訣矣！」是日，貶讓能梧州刺史，梧州去京師五千五百里。宋白曰：漢武帝置蒼梧郡，理廣信縣；隋置蒼梧郡，理蒼梧縣；唐爲梧州。制辭略曰：「棄卿士之臧謀，構藩垣之深釁，咨詢之際，證執彌堅。」又流觀軍容使西門君遂于儋州，內樞密使李周潼于崖州，段詡于驩州。乙酉，上御安福門，斬君遂、周潼、詡，再貶讓能雷州司戶。遣使謂茂貞曰：「惑朕舉兵者，三人也，非讓能之罪。」以內侍駱全瓘、劉景宣爲左右軍中尉。

壬辰，以東都留守韋昭度爲司徒、門下侍郎、同平章事，御史中丞崔胤爲戶部侍郎、同平章事。胤，慎由之子也，崔慎由歷事文、武、宣，大中間爲相。外寬弘而內巧險，與崔昭緯深相結，故得爲相。季父安潛謂所親曰：「吾父兄刻苦以立門戶，終爲緇郎所壞！」壞，音怪。考異曰：舊傳，胤初拜平章事，安潛有此言。按安潛去年卒，必先時嘗有此言也。緇郎，胤小字也。

李茂貞勒兵不解，請誅杜讓能然後還鎮，崔昭緯復從而擠之。復，扶又翻；下同。擠，牋西翻，又子細翻。冬，十月，賜讓能及其弟戶部侍郎弘徽自盡。考異曰：續寶運錄曰：「大順二年，相國杜讓能、孔緯值上京頻嬰離亂，朝綱紊墜，是時徇意諸道，扈駕兵五十四都，坊坊皆滿，兼近藩連帥，要行征討，便自統軍。至如岐陽李茂貞，先朝封爲太子，本姓宋，洋州牧，先祖討昭義劉從諫有功，子孫爵賞不絕。洎壽王登位後，遣禮部侍郎薛廷珪持璽書具禮，册爲岐王。茂貞先中和年中，投判軍容使田令孜作養男，姓田名彥賓，蓋趨其勢也。汴州朱溫先朝册東平王，至今上，又遣薛廷珪爲禮儀使，延王爲册命使，封爲梁王。且岐王與北司，人情方洽，宰相甚不和睦，累表章云：『臣今駐旆咸陽，未敢入中書問罪，杜讓能等請置極法。』表奏，上不悅，遂詔孔、杜二相國令往咸陽謝過；及二相到咸陽見岐王，戰不能言。岐王大怒，卻令歸中書省過。纔到中書，上又發遣，令祈謝岐王。如是往來三度。岐王又奏曰：『二相見臣，並不措一言。如此曠官，有辱聖代，請行朝典，別選英賢。』上不樂，敕罷知政事，不得已除孔緯荆南節度，杜讓能河中節度；三日後，貶于嶺表；出國門三十里，並賜自盡。時岐王率驍果五千人住咸陽，及貶二相，乃退。」此皆誤謬之說。今從實錄。復下詔布告中外，稱「讓能舉枉錯直，用論語孔子之言，謂枉者舉之，直者錯而不用也。衰亂之朝，安有公是非邪！錯，千故翻。愛憎繫於一時；鬻獄賣官，聚斂踰於巨萬。」斂，力贍翻。自是朝廷動息皆稟於邠、岐，南、北司往往依附二鎮以邀恩澤。有崔鋋、王超者，鋋，音蟬。爲二鎮判官，凡天子有所可否，其不逞者，輒訴於鋋、超，二人則教茂貞、行瑜上章論之，朝廷少有依違，其辭語已不遜。

制復以茂貞爲鳳翔節度使兼山南西道節度使、守中書令，於是茂貞盡有鳳翔、興元、洋、隴秦等十五州之地。鳳翔本一鎮，興元山南西道又一鎮，洋州武定軍又一鎮，秦隴天雄軍又一鎮；史言李茂貞兼有四鎮之地。以徐彥若爲御史大夫。

30 戊戌，以泉州刺史王潮爲福建觀察使。

31 舒州刺史倪章棄城走，倪章與蔡儔連兵，儔已敗，故章走。楊行密以李神福爲舒州刺史。

32 邠寧節度使、守侍中兼中書令王行瑜求爲尚書令；韋昭度密奏：「太宗以尚書令執政，遂登大位，自是不以授人臣。惟郭子儀以大功拜尚書令，終身避讓。行瑜安可輕議！」十一月，以行瑜爲太師，賜號尚父，仍賜鐵券。

33 十二月，朱全忠請徙鹽鐵於汴州以便供軍；崔昭緯以爲全忠新破徐、鄆，兵力倍增，若更判鹽鐵，不可復制，復，扶又翻。乃賜詔開諭之。

34 汴將葛從周攻齊州刺史朱威，朱瑄、朱瑾引兵救之。按方鎮表，齊州時屬平盧節度。以後乾寧三年朱瓊降汴之事觀之，則齊州已爲兗、鄆所并也。考異曰：編遺錄云十月乙未。今從薛居正五代史梁紀。

35 初，武安節度使周岳殺閔勗，據潭州，見二百五十六卷僖宗光啓二年。邵州刺史鄧處訥聞而哭之，諸將入弔，處訥曰：「吾與公等咸受僕射大恩，閔勗檢校尚書右僕射、欽化節度使，以處訥刺邵州，故言受恩。路振九國志，鄧處訥自唐乾符中，從閔勗征蠻于安南。勗帥潭，署處訥邵州兵馬留後。處，昌呂翻。今周岳無狀殺之，吾欲與公等竭一州之力，爲僕射報仇，可乎？」爲，于僞翻。皆曰：「善！」

於是訓卒厲兵，八年，乃結朗州刺史雷滿雷滿與周岳有爭肉之仇。共攻潭州，克之，斬岳，自稱留後。鄧處訥甫得潭州，而劉建鋒、馬殷已擬其後矣。

乾寧元年（甲寅、八九四）

1春，正月，乙丑朔，赦天下，改元。

2李茂貞入朝，大陳兵自衞，數日歸鎭。

3以李匡籌爲盧龍節度使。

4二月，朱全忠自將擊朱瑄，軍于魚山。魚山，在鄆州須昌、東阿兩縣之間。瑄與朱瑾合兵攻之，兗、鄆兵大敗，死者萬餘人。

5以右散騎常侍鄭綮爲禮部侍郎、同平章事。綮，康禮翻。考異曰：舊傳云「光化初爲相」，恐誤。北夢瑣言曰：「綮雖有詩名，本無廊廟之望。嘗典廬州，吳王楊行密爲本州步奏官，因有遺闕而笞責之；然其儒懦清愼，弘農常重之。昭宗時，吳王雄據淮海，朝廷務行姑息，因盛言鄭公之德，由是登庸，中外驚駭。太原兵至渭北，天子震恐，渴於攘卻。相國奏對，請於文宣王謚號中加一『哲』字。其不究時病，率此類也。」按明年李克用舉兵至渭北，綮已罷相。今從實錄、新紀。綮好詼諧，好，呼到翻。多爲歇後詩，譏嘲時事；歇後者，敍所以爲詩而歇後語不發。上以爲有所蘊，手注班簿，命以爲相，班簿，著在朝者姓名。聞者大驚。堂吏往告之，綮笑曰：「諸君大誤，使天下更無人，未至鄭綮！」吏曰：「特出聖意。」綮曰：「果如是，柰人笑何！」既而賀客至，綮搔首言曰：「歇後鄭五作宰相，鄭綮第五，爲歇後詩，時謂之歇後鄭五體。時事可知矣！」累讓不獲，乃視事。

6以邵州刺史鄧處訥爲武安節度使。

7彰義節度使張鈞薨，表其兄鐇爲留後。時以涇州爲彰義節度。鐇，甫袁翻。

8三月，黄州刺史吴討舉州降楊行密。黄州時隸鄂岳，鄂岳，武昌軍也。按新書杜洪傳，吴討，鄂州永興縣民，以土團帥起，據黄州。

9邢州城中食盡，甲申，李存孝登城謂李克用曰：「兒蒙王恩得富貴，苟非困於讒慝，安肯捨父子而從仇讎乎！願一見王，死不恨！」克用使劉夫人視之。夫人引存孝出見克用，存孝泥首謝罪曰：「兒粗立微勞，存信逼兒，失圖至此！」粗，坐五翻。克用叱之曰：「汝遺朱全忠、王鎔書，毁我萬端，遺，唯季翻。亦存信教汝乎！」囚之，歸于晉陽，車裂於牙門。考異曰：太祖紀年録：「先獲汴將鄧筠、安康八、軍吏劉藕子、潞州所俘供奉官韓歸範，皆與存孝連坐，同日誅之。騎將薛阿檀懼，自刺。」按舊紀，克用擒歸範，尋遣歸，因附表訴冤，不聞復往晉陽也。薛居正五代史鄧季筠傳，後復自邢州逃歸汴。紀年録誤也。存孝傳曰：「武皇出井陘，將逼眞定，存孝面見王鎔，陳軍機。武皇暴怒，誅先獲汴將安康八耳。」存孝驍勇，克用軍中皆莫及；常將騎兵爲先鋒，所向無敵，身被重鎧，腰弓髀槊，獨舞鐵檛陷陳，萬人辟易。被，皮義翻。重，直龍翻。檛，陟瓜翻。陳，讀曰陣；下同。辟，讀曰闢。易，如字。每以二馬自隨，馬稍乏，言馬稍疲而乏力也。就陳中易之，出入如飛。克用惜其才，意臨刑諸將必爲之請，爲，于僞翻；下同。因而釋之。既而諸將疾其能，竟無一人言者。既死，克用爲之不視事者旬日，私恨諸將，而於李存信竟無所譴。又有薛阿檀者，其勇與存孝相侔，諸將疾之，常不得志，密與存孝通；存孝誅，恐事泄，遂自殺。自是克用兵勢浸弱，而朱全忠獨盛矣。史言克用自翦羽翼，故不競於汴。克用表馬師素爲邢洺節度使。

10 朱全忠遣軍將張從晦慰撫壽州。從晦陵侮刺史江彥溫而與諸將夜飲；彥溫疑其謀己，明日，盡殺在席諸將，以書謝全忠而自殺。軍中推其子從頊知軍州事，全忠爲之腰斬從晦。

11 五月，加鎮海節度使錢鏐同平章事。

12 劉建鋒、馬殷引兵至澧陵，「澧」，當作「醴」。醴陵，在漢臨湘縣界，後漢分爲醴陵縣，隋廢；武德四年，分長沙置醴陵縣，屬潭州。九域志：在州東一百六十里。鄧處訥遣邵州指揮使蔣勛、鄧繼崇將步騎三千守龍回關。殷先至關下，遣使詣勛，勛等以牛酒犒師。殷使說勛曰：「劉驤智勇兼人，觀後姚彥章說馬殷曰：「公與劉龍驤一體之人，」此必逸「龍」字。說，式芮翻。術家言當興翼、軫間。翼、軫，楚荆州分；長沙入軫十六度。今將十萬衆，精銳無敵，而君以鄉兵數千拒之，難矣。按新書，蔣勛、鄧繼崇皆邵州土豪，所領之兵皆其土人，故謂之鄉兵。不如先下之，取富貴，還鄉里，不亦善乎！」勛等然之，謂衆曰：「東軍許吾屬還。」劉建鋒等兵從東來，故蔣勛等謂之東兵。士卒皆懽呼，棄旗幟鎧仗遁去。建鋒令前鋒衣其甲，張其旗，趨潭州。衣，於既翻。趨，七喻翻。潭人以爲邵州兵還，不爲備。建鋒徑入府，處訥方宴，擒斬之。戊辰，建鋒入潭州，自稱留後。

13 王建攻彭州，城中人相食，彭州內外都指揮使趙章出降。降，戶江翻。王先成請築龍尾道，屬于女牆。自城外築磴道，陂陀而上，屬于城上短垣，其道前高後庳，後塌于地，若龍之垂尾然，故謂之龍尾道。屬，之欲翻。女牆，即城上短垣，所謂陴也。丙子，西川兵登城，楊晟猶帥衆力戰，帥，讀曰率。刀子都虞候王茂權斬之。文德元年，楊晟得彭州。王建攻彭州，踰兩期而後克，亦憊矣。獲彭州馬步使安師建，建欲使爲將，師建泣謝曰：「師建誓與楊司徒同生死，不忍復戴日月，復，扶又翻。惟速死爲惠。」再三諭之，不從，乃殺之，禮葬而祭之。更趙章姓名曰王宗勉，王茂權名曰宗訓，又更王釗名曰宗謹，李綰姓名曰王宗綰。更，工衡翻。

14 辛卯，中書侍郎、同平章事鄭延昌罷爲右僕射。

15 朱瑄、朱瑾求救於河東，李克用遣騎將安福順及弟福慶、福遷督精騎五百假道於魏，渡河應之。

16 武昌節度使杜洪攻黃州，以吳討叛附楊行密也。楊行密遣行營都指揮使朱延壽等救之。

17 六月，甲午，以宋州刺史張廷範爲武寧節度使，從朱全忠之請也。徐州先時改感化軍，既屬朱全忠，復爲武寧軍。

18 蘄州刺史馮敬章邀擊淮南軍，朱延壽攻蘄州，不克。蘄州，武昌巡屬也。

19 戊午，以翰林學士承旨、禮部尚書李谿同平章事；方宣制，水部郎中知制誥劉崇魯出班掠麻慟哭。強奪取之爲掠。上召崇魯，問其故，對言：「谿姦邪，依附楊復恭、西門君遂，得在翰林，無相業，恐危社稷。」谿竟罷爲太子少傅。谿，鄘之孫也。李鄘見憲宗紀。上師谿爲文，崔昭緯恐谿爲相，分己權，故使崇魯沮之。谿十表自訟，醜詆「崇魯父符受贓枉法，事覺自殺；弟崇望與楊復恭深交，崇魯庭拜田令孜，爲朱玫作勸進表，爲，于僞翻。乃云臣交結內臣，何異抱贓唱賊！且故事，絁巾慘帶，不入禁庭。絁巾，絹巾也。慘，淺色。絁，式支翻。臣果不才，崇魯自應上章論列，上，時掌翻；下上表同。豈於正殿慟哭！「豈」下有「宜」字或「當」字，文意乃明。爲國不祥，無人臣禮，乞正其罪。」詔停崇魯見任。見，賢遍翻。谿猶上表不已，乞行誅竄，表數千言，詬詈無所不至。詬，古候翻，又許候翻。劉崇魯固可罪，李谿亦褊矣。當是時，強藩遙制朝廷，視當朝宰相特鬼朴耳，李谿急於作相，將以何爲！此其所以有都亭驛之禍也。

20 李克用大破吐谷渾，殺赫連鐸，擒白義誠。考異曰：舊紀：「六月壬辰，克用攻陷雲州，執赫連鐸，以薛志勤守雲中。」按唐太祖紀年錄、莊宗列傳、薛居正五代史武皇紀皆云，大順二年，武皇拔雲州，鐸奔吐谷渾；誤也。新紀：「六月，赫連鐸及李克用戰于雲州，死之。」太祖紀年錄：「十月，討李匡籌，師次新城，邊兵願從者衆。赫連鐸、白義誠數敗，至是窮蹙無歸，自縶膝行，詣於軍門。太祖微數其罪，命笞而脫之。」薛史武皇紀、吐谷渾傳亦云「鐸等來歸，命笞而釋之」。薛志勤傳云：「王暉據雲州叛，討平之，以志勤爲大同防禦使。」與舊紀異。唐末見聞錄，「六月，收雲州，處置赫連鐸，活擒白義誠，進兵幽州界，巡檢廻府。」新紀蓋據此。今從之。

21 秋，七月，李茂貞遣兵攻閬州，拔之，楊復恭、楊守亮、楊守信帥其族黨犯圍走。楊復恭等奔閬州，見上景福元年。帥，讀曰率。

22 禮部侍郎、同平章事鄭綮自以不合衆望，累表避位，詔以太子少保致仕；以御史大夫徐彥若爲中書侍郎兼吏部尚書、同平章事。

23 綿州刺史楊守厚卒，其將常再榮舉城降王建。

24 楊復恭、守亮、守信將自商山奔河東，至乾元，萬歲通天元年，分商州豐陽置安業縣，乾元元年，更名乾元縣，屬商州。遇華州兵，獲之。八月，韓建獻于闕下，斬于獨柳。復恭父子至是夷矣。李茂貞獻復恭遺守亮書，訴致仕之由遺，唯季翻。楊復恭致仕，見上卷大順元年。云：「承天門乃隋家舊業，承天門，長安太極宮南門，隋文帝使宇文愷所營。本名昭陽門，唐改曰承天門，故復恭云然。大姪但積粟訓兵，勿貢獻。守亮，復光養子，故呼爲姪。吾於荊榛中立壽王，上本封壽王。纔得尊位，廢定策國老，有如此負心門生天子！」

25 昭義節度使康君立詣晉陽謁李克用。己未，克用會諸將飲博，酒酣，克用語及李存孝，流涕不已。君立素與李存信善，一言忤旨，克用拔劍斫之，因於馬步司。唐末諸鎮皆於馬步司置獄，今謂之兵馬司。忤，五故翻。九月，庚申朔，出之，君立已死。考異曰：薛居正五代史：「李存孝既死，武皇深惜之，怒諸將無解慍者；君立以一言忤旨，武皇賜酖而殂。」唐末見聞錄曰：「八月三十日，相公於左街宅夜飲，行劍斫損昭義節度使康君立，把送馬步司收禁，至九月一日，放出，尋已身薨。」薛史賜酖，恐是文飾其事。克用表雲州刺史薛志誠爲昭義留後。

26冬，十月，【章：十二行本「月」下有「丁酉」二字；乙十一行本同；孔本同。】封皇子祤爲棣王，禊爲虔王，祤，兄羽翻。禊，胡計翻。禋爲沂王，禕爲遂王。

27劉仁恭數因蓋寓獻策於李克用，數，所角翻；下同。蓋，古盍翻。願得兵萬人取幽州。克用方攻邢州，分兵數千，欲納仁恭於幽州，不克。此言是年十一月以前事。李匡籌益驕，數侵河東之境。數，所角翻。克用怒，十一月，大舉兵攻匡籌，拔武州，進圍新州。新州，領永興、礬山、懷安、龍門四縣。史失其建置之始，其地在媯州西北。考異曰：唐太祖紀年錄：「十一月，壬辰，大軍拔截寇，進收楊門、九子；戊戌，下武州。甲寅，攻新州，營於西北隅。」按十一月己未朔，無壬辰、戊戌、甲寅。紀年錄誤。今從實錄。

28以涇原留後張鐇爲彰義節度使。

29朱全忠遣使至泗州，陵【章：十二行本「陵」上有「使者」二字；乙十一行本同；孔本同；退齋校同。】慢刺史張諫，諫舉州降楊行密。泗州，本徐州巡屬，自此遂爲楊行密所有。行密遣押牙唐令回持茶萬餘斤如汴宋貿易，貿，音茂。全忠執令回，盡取其茶。揚、汴始有隙。爲全忠攻行密張本。

30 十二月，李匡籌遣大將將步騎數萬救新州，李克用選精兵逆戰於段莊，大破之，段莊，在新州東南。斬首萬餘級，生擒將校三百人，以練紤之，紤，充夜翻。狥於城下。是夕，新州降。辛亥，進攻嬀州。宋白曰：嬀州東南至幽州二百八十里，西南至蔚州二百四十里。嬀，居爲翻。壬子，匡籌復發兵出居庸關，復，扶又翻；下同。克用使精騎當其前以疲之，遣步將李存審自他道出其背夾擊之，幽州兵大敗，殺獲萬計。甲寅，李匡籌挈其族奔滄州，義昌節度使盧彥威利其輜重、妓妾，遣兵攻之於景城，殺之，盡俘其衆。重，直用翻。僖宗光啓元年，李全忠得幽州，三世十年而滅。景城，漢成平縣，唐屬滄州，宋廢爲鎮，屬瀛州樂壽縣。九域志：樂壽在瀛州南六十里。宋白曰：自幽州東南至滄州五百五十里。妓，渠綺翻。考異曰：唐太祖紀年錄作「匡儔」，今從新舊紀、傳、實錄。存審本姓符，宛丘人，克用養以爲子。薛史，符存審初從李罕之；罕之爲諸葛爽所逼，出保懷州，部下分散，存審乃歸李克用。丙辰，克用進軍幽州，其大將請降。匡籌素暗懦，初據軍府，兄匡威聞之，謂諸將曰：「兄失弟得，不出吾家，亦復何恨！但惜匡籌才短，不能保守，得及二年，幸矣。」景福二年，匡籌得幽州，至是僅及二年。

31 加匡國節度使王行約檢校侍中。

32 吳討畏杜洪之逼，杜洪攻吳討見上五月。納印請代于楊行密，行密以先鋒指揮使瞿章權知黃州。爲瞿章爲汴兵攻執張本。

[33]是歲，黃連洞蠻二萬圍汀州，黃連洞，在汀州寧化縣南，今潭飛磜卽其地。福建觀察使王潮遣其將李承勳將萬人擊之；蠻解去，承勳追擊之，至漿水口，破之。閩地略定。潮遣僚佐巡州縣，勸農桑，定租稅，交好鄰道，好，呼到翻。保境息民，閩人安之。

[34]封州刺史劉謙卒，子隱居喪於賀江，賀水源出賀州富川縣石龍，置〔亙〕州城，合桂嶺水，謂之賀江。土民百餘人謀亂，隱一夕盡誅之。嶺南節度使劉崇龜召補右都押牙兼賀水鎭使；未幾，表爲封州刺史。劉隱始此。

[35]義勝節度使董昌【章：十二行本「昌」下有「爲政」二字；乙十一行本同；孔本同；張校同。】苛虐，詳考下卷，浙東乃威勝節度。又按新書方鎭表，廣明三年，升浙東道觀察爲義勝軍節度，光啓三年，改威勝軍。威勝爲是。於常賦之外，加斂數倍，以充貢獻及中外饋遺，斂，力贍翻。遺，唯季翻。每旬發一綱，金萬兩，銀五千鋌，越綾萬五千匹，他物稱是，稱，尺證翻，適相等也。用卒五百人，或遇雨雪風水違程，則皆死。唐制：陸行之程，馬日七十里，步及驢五十里，車三十里。水行之程，舟之重者泝河日三十里，江四十里，餘水四十五里。空舟泝河四十里，江五十里，餘水六十里。沿流之舟則輕重同制，河日一百五十里，江一百里，餘水七十里。轉運徵斂送納，皆準程節其遲速。其三峽、砥柱之類，不拘此限。若遇風水淺不得行者，卽於隨近官司申牒驗記，聽折半；功不及是，則爲違程。董昌蓋計日限程以至長安，又不許以雨雪風水準折也。貢奉爲天

下最，由是朝廷以爲忠，寵命相繼，官至司徒、同平章事，爵隴西郡王。

昌建生祠於越州，制度悉如禹廟，禹廟，在越州會稽縣東南七里。命民間禱賽者，賽，先代翻。先祈福於神，其後報祠謂之賽。無得之禹廟，皆之生祠。昌求爲越王，朝廷未之許，昌不悅曰：「朝廷欲負我矣，我累年貢獻無算而惜【章：十二行本「惜」下有「一」字；乙十一行本同；孔本同。】越王邪！」有諂之者曰：「王爲越王，曷若爲越帝。」於是民間訛言時世將變，競相帥塡門喧譟，請昌爲帝。帥，讀曰率。昌大喜，遣人謝之曰：「天時未至，時至我自爲之。」其僚佐吳瑤、都虞候李暢之等皆勸成之，吏民獻謠讖符瑞者不可勝紀，勝，音升。其始賞之以錢數百緡，既而獻者日多，稍減至五百、三百而已。昌曰：「讖云『兔子上金牀』，此謂我也。我生太歲在卯，明年復在卯，復，扶又翻。二月卯日卯時，吾稱帝之秋也。」爲董昌僭號，錢鏐舉兵討之張本。

王崇武標點容肇祖聶崇岐覆校

資治通鑑卷第二百六十

端明殿學士兼翰林侍讀學士太中大夫提舉西京嵩山崇福宮上柱國河内郡開國公食邑二千二百戶食實封九百戶賜紫金魚袋臣　司馬光　奉敕編集
後　學　天　台　胡三省　音　註

唐紀七十六 起旃蒙單閼（乙卯），盡柔兆執徐（丙辰），凡二年。

昭宗聖穆景文孝皇帝上之下

乾寧二年（乙卯、八九五）

1春，正月，辛酉，幽州軍民數萬以麾蓋歌鼓迎李克用入府舍；克用命李存審、劉仁恭將兵略定巡屬。幽、涿、瀛、莫、嬀、檀、薊、順、營、平、新、武等州，皆盧龍巡屬也。

2癸未，【嚴：「未」改「亥」。】朱全忠遣其將朱友恭圍兗州，朱瑾據兗州，屢爲汴人所敗，兵力俱困，至是受圍。朱瑄自鄆以兵糧救之，友恭設伏，敗之於高梧，敗，補邁翻。高梧，即春秋魯國之高魚。杜預註曰：高魚在東郡廩丘縣東南。續漢志：廩丘有鄆城、高魚城。盡奪其餉，擒河東將安福順、安福慶。去年河東遣安福順等救兗、鄆，事見上卷。

3 己巳，以給事中陸希聲爲戶部侍郎、同平章事。希聲，元方五世孫也。陸元方見二百五卷武后長壽二年。

4 壬申，護國節度使王重盈薨，軍中請以重榮子行軍司馬珂知留後事。珂，重盈兄重簡之子也，重榮養以爲子。爲王珙、王珂爭河中張本。重，直龍翻。珂，丘何翻。

5 楊行密表朱全忠罪惡，請會易定、兗、鄆、河東兵討之。

6 董昌將稱帝，集將佐議之。節度副使黃碣曰：碣，其謁翻。「今唐室雖微，天人未厭。齊桓、晉文皆翼戴周室以成霸業。大王興於畎畝，昌爵隴西郡王，故稱之。畎，古泫翻。受朝廷厚恩，位至將相，富貴極矣，柰何一旦忽爲族滅之計乎！碣寧死爲忠臣，不生爲叛逆！」昌怒，以爲惑衆，斬之，投其首於廁中，罵之曰：「奴賊負我！好聖明時三公不能待，而先求死也！」并殺其家八十口，同坎瘞之。瘞，於計翻。又問會稽令吳鐐，會，古外翻。鐐，力彫翻，又力弔翻。對曰：「大王不爲眞諸侯以傳子孫，乃欲假天子以取滅亡邪！」「乃欲」之下有「爲」字，文意方足。昌亦族誅之。又謂山陰令張遜曰：「汝有能政，吾深知之，俟吾爲帝，命汝知御史臺。」遜曰：「大王起石鏡鎮，見二百五十三卷僖宗乾符五年。建節浙東，榮貴近二十年，近，其靳翻。何苦效李錡、劉闢之所爲乎！李錡、劉闢以反誅，事皆見憲宗紀。浙東僻處海隅，處，昌呂翻。巡屬雖有六州，大王若稱帝，彼必不從，台、明、溫、處、婺、衢，浙東巡屬也；時豪傑並起，各自爲刺史，昌羈縻而已。

徒守空【章：十二行本「空」作「孤」；乙十一行本同；張校同，云無註本作「空」。】城，爲天下笑耳！」昌又殺之，謂人曰：「無此三人者，則人莫我違矣！」

二月，辛卯，昌被衮冕登子城門樓，即皇帝位。被，皮義翻。考異曰：吳越備史云，「癸卯，昌僭號」。按會稽錄，「昌自云應兔子之讖，欲以二月二日僭號，取卯月卯日也」，而實錄、長曆皆云「二月己丑朔」，非當時曆誤，即今日曆誤。要之昌必以二月辛卯日僭號。悉陳瑞物於庭以示衆。先是，咸通末，先，悉薦翻。吳、越間訛言山中有大鳥，四目三足，聲云「羅平天册」，見者有殃，民間多畫像以祀之，及昌僭號，曰：「此吾鸑鷟也。」鸑，五角翻。鷟，士角翻。鸑鷟，鳳屬。乃自稱大越羅平國，改元順天，考異曰：吳越備史曰，「癸卯，昌僭稱皇帝，建元順天，國號羅平。」年號或云天册，或云大聖，皆非也。羅隱撰吳越行營露布曰：「羅平者，啓國之名；順天者，建元之始。」又曰：「將軍門稱天册之樓，以會府爲宣室之地。明告我其所稱，曰『權即羅平國位』。」昌狀印文曰『順天治國之印』。十國紀年亦云「年號順天」。會稽錄云天册，蓋誤。今從備史。署城樓曰天册之樓，令羣下謂己曰「聖人」。以前杭州刺史李邈、前婺州刺史蔣瓌、兩浙鹽鐵副使杜郢、前屯田郎中李瑜爲相。又以吳瑤等皆爲翰林學士，李暢之等皆爲大將軍。

昌移書錢鏐，告以權即羅平國位，以鏐爲兩浙都指揮使。鏐遺昌書曰：遺，唯季翻。「與其閉門作天子，與九族、百姓俱陷塗炭，豈若開門作節度使，終身富貴邪！及今悛悔，悛，且緣翻，改也。尚可及也！」昌不聽，鏐乃將兵三萬詣越州城下，至迎恩門迎恩門，越州城西門。見昌，再拜言曰：「大王位兼將相，柰何捨安就危！鏐將兵此來，以俟大王改過耳。【章：十二行本「耳」下有「若天子命將出師」七字；乙十一行本同；退齋校同；張校同，云無註本亦無。】縱大王不自惜，鄉里士民何罪，隨大王族滅乎！」昌懼，致犒軍錢二百萬，執首謀者吳瑤及巫覡數人送於鏐，犒，苦到翻。覡，刑狄翻。且請待罪天子。鏐引兵還，以狀聞。聞於朝也。

7 王重盈之子保義節度使珙、王重盈先鎮陝虢；王重榮爲其下所殺，重盈代鎮河中，以其子珙繼鎮陝虢。陝虢號保義軍。珙，居勇翻。晉【嚴：「晉」改「絳」。】州刺史瑤舉兵擊王珂，表言珂非王氏子。與朱全忠書，言「珂本吾家蒼頭，不應爲嗣。」珂上表自陳，珂，丘何翻。上，時掌翻。且求援於李克用。上遣中使諭解之。

8 上重李谿文學，乙未，復以谿爲戶部侍郎、同平章事。去年命李谿爲相，劉崇魯沮之而止，事見上卷。

9 朱【章：十二行本「朱」上有「己酉」二字；乙十一行本同；孔本同；張校同；退齋校同。】全忠軍于單父，單父縣，時帶單州。單，音善。父，音甫。爲朱友恭聲援。朱友恭時圍朱瑾於兗州。

10 李克用表劉仁恭爲盧龍留後，留兵戍之；壬子，還晉陽。嬀州人高思繼兄弟，有武幹，爲燕人所服，克用皆以爲都將，分掌幽州兵；部下士卒，皆山北之豪也，嬀、檀諸州皆在幽州山北，亦謂之山後。仁恭憚之。久之，河東兵戍幽州者暴横，横，戶孟翻。思繼兄弟以法裁之，所誅殺甚多。克用怒，以讓仁恭，仁恭訴稱高氏兄弟所爲，克用俱殺之。仁恭欲收燕人心，復引其諸子置帳下，厚撫之。爲仁恭叛克用張本。復，扶又翻；下同。

11崔昭緯與李茂貞、王行瑜深相結，得天子過失，朝廷機事，悉以告之。邠寧節度副使崔鋋，昭緯之族也，鋋，音蟬。李谿再入相，昭緯使鋋告行瑜曰：「曏者尚書令之命已行矣，而韋昭度沮之，事見上卷景福二年。今又引李谿爲同列，相與熒惑聖聽，恐復有杜太尉之事。」杜讓能，事亦見上卷景福二年。行瑜乃與茂貞表稱谿姦邪，昭度無相業，宜罷居散秩。散，悉亶翻。上報曰：「軍旅之事，朕則與藩鎮圖之；至於命相，當出朕懷。」行瑜等論列不已，三月，谿復罷爲太子少師。復，扶又翻。

12王珙、王瑤請朝廷命河中帥，帥，所類翻；下同。詔以中書侍郎、同平章事崔胤同平章事，充護國節度使；以戶部侍郎、判戶部王摶爲中書侍郎、同平章事。

13王珂，李克用之壻也。克用表重榮有功於國，言破黄巢、黜襄王，王重榮皆有功也。請賜其子珂節鉞。王珙厚結王行瑜、李茂貞、韓建三帥，更上表稱珂非王氏子，更，工衡翻；迭也。請以珂爲陝州、珙爲河中。上諭以先已允克用之奏，不許。允，從也。爲三帥稱兵入京城，克用誅王瑤討三帥張本。陝，失冉翻。

14 加王鎔兼侍中。

15 楊行密浮淮至泗州，防禦使臺濛盛飾供帳，姓苑：臺姓，臺駘之後，後漢有高士臺佟，晉有術士臺彥，前趙有特進臺彥皋。供，居用翻。行密不悅。既行，濛於臥內得補綻衣，馳使歸之。「綻」，當作「綻」，丈莧翻。綻，亦補也。使，疏吏翻。行密笑曰：「吾少貧賤，不敢忘本。」少，詩照翻。濛甚慚。

行密攻濠州，拔之，執刺史張璲。璲附朱全忠見上卷景福元年。

行密軍士掠得徐州人李氏之子，生八年矣，行密養以爲子，南唐世家曰：李昪，徐州人，李榮之子。榮遇亂不知所終。昪少孤，流寓濠、泗間，楊行密攻濠州得之，養爲子。行密長子渥憎之，行密謂其將徐溫曰：「此兒質狀性識，頗異於人，吾度渥必不能容，度，徒洛翻。今賜汝爲子。」溫名之曰知誥。知誥事溫，勤孝過於諸子。嘗得罪於溫，溫笞而逐之；及歸，知誥迎拜於門。溫問：「何故猶在此？」知誥泣對曰：「人子捨父母將何之！父怒而歸母，人情之常也。」溫以是益愛之，使掌家事，家人無違言。及長，喜書善射，長，知兩翻。喜，許既翻。識度英偉。行密常謂溫曰：「知誥俊傑，諸將子皆不及也。」徐知誥事始此，後復姓李，名昪。

丁亥，行密圍壽州。

16 上以郊畿多盜，至有踰垣入宮或侵犯陵寢者，欲令宗室諸王將兵巡警，又欲使之四方撫慰藩鎮。南北司用事之臣恐其不利於己，交章論諫。上不得已，夏，四月，下詔悉罷之。

17 朝廷以董昌有貢輸之勤，輸，舂遇翻。今日所爲，類得心疾，詔釋其罪，縱歸田里。

18 戶部侍郎、同平章事陸希聲罷爲太子少師。

19 楊行密圍壽州，不克，將還；庚寅，其將朱延壽請試往更攻，一鼓拔之，以行密將還而懈於守備，故一鼓而拔。執刺史江從勗。高彥溫舉壽州附朱全忠，全忠以江從勗爲刺史，楊行密執之，遂有濠、壽二州。行密以延壽權知壽州團練使。

未幾，幾，居豈翻。汴兵數萬攻壽州，州中兵少，吏民恟懼。恟，許勇翻。延壽制，軍中每旗二十五騎。命黑雲隊長李厚將十旗擊汴兵，不勝；延壽將斬之，長，知兩翻。厚稱衆寡不敵，願益兵更往，不勝則死。都押牙汝陽柴再用亦爲之請，路振九國志：柴再用始名存，事孫儒，與一小校結死友。有告小校反，儒斬之。執存至，詰何故反，不對。又問，對曰：「與彼結死友，彼反則某反，公誅之，復何問焉！」儒奇之曰：「汝果不反，吾再用汝。」因改名。爲，于僞翻。乃益以五旗。厚殊死戰，再用助之，延壽悉衆乘之，汴兵敗走。厚，蔡州人也。李厚者，孫儒之遺兵。

行密又遣兵襲漣水，拔之。史言楊行密壤地浸廣。泗州漣水縣，杜佑曰：漢仇猶縣。宋白曰：按厹猶城，今宿豫縣也，魏曰海安縣，晉爲宿豫之境，宋置東海郡，後魏改海安郡，隋廢郡，置漣水縣。

20 錢鏐表董昌僭逆，不可赦，請以本道兵討之。錢鏐本有并董昌之心，因其僭號，仗大順而請討之。

21 太傅、門下侍郎、同平章事韋昭度以太保致仕。

22 戊戌，以劉建鋒爲武安節度使。建鋒以馬殷爲內外馬步軍都指揮使。爲馬殷代建鋒張本。

23 楊行密遣使詣錢鏐，言董昌已改過，宜釋之；楊行密欲存董昌以制錢鏐之後，使不得與己爭衡耳。亦遣詣昌，使趣朝貢。趣，讀曰促。朝，直遙翻；下同。

24 河東遣其將史儼、李承嗣以萬騎馳入于鄆，李克用遣史儼等再往救兗、鄆，則不得還矣。勞師遠圖，自古忌之。朱友恭退歸于汴。

25 五月，詔削董昌官爵，委錢鏐討之。

26 初，王行瑜求尚書令不獲，見上卷景福二年。由是怨朝廷。畿內有八鎮兵，隸左右軍。左、右神策軍也。郃陽鎮近華州，韓建求之；郃陽，漢縣，唐屬同州。九域志：縣在州東一百二十里。郃，音合。近，其靳翻；下同。良原鎮近邠州，王行瑜求之。良原縣，屬涇州。宦官曰：「此天子禁軍，何可得也！」王珂、王珙爭河中，行瑜、建及李茂貞皆爲珙請，不能得，恥之。珙使人語三帥曰：爲，于僞翻。語，牛倨翻。帥，所類翻。「珂不受代而與河東婚姻，必爲諸公不利，請討之。」行瑜使其弟匡國節度使行約攻河中，時以同州爲匡國軍。九域志：同州東至河中七十五里。珂求救於李克用。行瑜乃與茂貞、建各將精兵數千入朝，甲子，至京師，坊市民皆竄匿。上御安福門以待之，三帥盛陳甲兵，拜伏舞蹈於門下。上臨軒，親詰之曰：宇末曰軒。詰，去吉翻。「卿等不奏請俟報，輒稱兵入京城，其志欲何爲乎？若不能事朕，今日請避賢路！」行瑜、茂貞流汗不能言，獨韓建粗述入朝之由。粗，坐五翻。上與三帥宴，三帥奏稱：「南、北司互有朋黨，墮紊朝政。墮，讀曰隳。紊，音問。韋昭度討西川失策，討西川事見二百五十七卷、二百五十八卷。李谿作相，不合衆心，請誅之。」上未之許。是日，行瑜等殺昭度、谿於都亭驛，都亭驛，在朱雀門外西街，含光門北來第二坊。又殺樞密使康尚弼及宦官數人。又言：「王珂、王珙嫡庶不分，請除王珙河中，徙王行約於陝，王珂於同州。」上皆許之。始，三帥謀廢上，立吉王保；至是，聞李克用已起兵於河東，行瑜、茂貞各留兵二千人宿衞京師，與建皆辭還鎮。貶戶部尚書楊堪爲雅州刺史。堪，虞卿之子，楊虞卿見文宗紀。昭度之舅也。

27 初，崔胤除河中節度使，河東進奏官薛志勤揚言曰：「崔公雖重德，以之代王珂，不若光德劉公於我公厚也。」光德劉公者，太常卿劉崇望也。光德，里名，在長安城中。唐末，大臣有時望者，時人率以其所居里稱之。光德坊，朱雀街西第三街北來第六坊，京兆府在焉。及三帥入朝，聞志勤之言，貶崇望昭州司馬。李克用聞三鎮兵犯闕，卽日遣使十三輩發北部兵，北部兵，代北諸蕃落兵也。期以來月渡河入關。

28 六月，庚寅，以錢鏐爲浙東招討使；鏐復發兵擊董昌。復，扶又翻。

29 辛卯，以前均州刺史孔緯、繡州司戶張濬並爲太子賓客。壬辰，以緯爲吏部尚書，復其階爵；癸巳，拜司空，兼門下侍郎、同平章事。以張濬爲兵部尚書、諸道租庸使。孔緯、張濬貶見二百五十八卷大順元年。今欲復用之。時緯居華州，濬居長水，上以崔昭緯等外交藩鎮，朋黨相傾，思得骨鯁之士，故驟用緯、濬。緯以有疾，扶輿至京師，見上，涕泣固辭；上不許。

30 李克用大舉蕃、漢兵南下，上表稱王行瑜、李茂貞、韓建稱兵犯闕，賊害大臣，請討之，李克用實黨王珂，聲三帥之罪而表請致討。又移檄三鎮，行瑜等大懼。克用軍至絳州，刺史王瑤閉城拒之；克用進攻，旬日，拔之，斬瑤於軍門，殺城中違拒者千餘人。秋，七月，丙辰朔，克用至河中，王珂迎謁於路。

匡國節度使王行約敗於朝邑，朝，直遙翻。戊午，行約棄同州走，己未，至京師。行約弟行實時爲左軍指揮使，神策左軍非此。帥衆與行約大掠西市。朱雀街西，謂之西市。行實奏稱同華已沒，沙陀將至，請車駕幸邠州。庚申，樞密使駱全瓘奏請車駕幸鳳翔。上曰：「朕得克用表，尚駐軍河中。就使沙陀至此，朕自有以枝梧，卿等但各撫本軍，勿令搖動。」

右軍指揮使李繼鵬，茂貞假子也，程大昌雍錄曰：北軍左、右兩軍，皆在苑內。左三軍在內東苑之東，大明宮苑東也。右三軍在九仙門之西，九仙在內東苑之西北角。左三軍，左神策、左龍武、左羽林軍也。右三軍，右神策、右龍武、右羽林軍也。余按雍錄所云左、右六軍，代、德以後宿衞者也。僖宗廣明幸蜀，此六軍潰散，田令孜於成都募新軍五十二都，分屬左、右神策軍；自時厥後，凡所謂左、右軍者，皆此軍也，分營於京城內外，又不專在苑中。若此時王行實、李繼鵬爲左、右軍指揮使，疑是邠、岐二帥所留兵以宿衞者自分爲左、右也。本姓名閻珪，與駱全瓘謀劫上幸鳳翔；中尉劉景宣與王行實知之，欲劫上幸邠州；孔緯面折景宣，以爲不可輕離宮闕。折，之舌翻。離，力智翻。向晚，繼鵬連奏請車駕出幸，於是王行約引左軍攻右軍，鼓譟震地。上聞亂，登承天樓，欲諭止之，捧日都頭李筠將本軍，於樓前侍衛。李繼鵬以鳳翔兵攻筠，王行約以李繼鵬欲先劫車駕幸岐，故攻右軍。李繼鵬當與行約戰，而乃攻李筠者，以筠衛上，不得而劫幸也。矢拂御衣，著于樓桷，著，直略翻。桷，榱也。椽方曰桷。左右扶上下樓；繼鵬復縱火焚宮門，煙炎蔽天。時有鹽州六都兵屯京師，炎，讀與燄同。鹽州六都兵，孫德昭等所領兵也。素爲兩軍所憚，上急召令入衛；既至，兩軍退走，各歸邠州及鳳翔。城中大亂，互相剽掠，剽，匹妙翻。上與諸王及親近幸李筠營，護蹕都頭李居實帥衆繼至。護蹕都亦神策五十四都之一，或曰卽扈蹕都。帥，讀曰率。或傳王行瑜、李茂貞欲自來迎車駕，上懼爲所迫，辛酉，以筠、居實兩都兵自衛，出啓夏門，啓夏門，長安城南面東來第一門。趣南山，宿莎城鎭。莎城鎭，在長安城南，近郊之地也。趣，七喻翻。士民追從車駕者數十萬人，比至谷口，暍死者三之一，谷口，南山谷口也。暍，於歇翻。暍死者，中熱而死。比，必寐翻。夜，復爲盜所掠，哭聲震山谷。時百官多扈從不及，從，才用翻。戶部尚書、判度支及鹽鐵轉運使薛王知柔獨先至，知柔，薛王業之曾孫。上命權知中書事及置頓使。

壬戌，李克用入同州。崔昭緯、徐彥若、王摶至莎城。甲子，上徙幸石門鎭，路振九國志：

昭宗出啓夏門，駐華嚴寺，晡晚，出幸南山之莎城，駐于石門山之佛寺。與此稍異。命薛王知柔與知樞密院劉光裕還京城，制置守衛宮禁。丙寅，李克用遣節度判官王瓌奉表問起居。丁卯，上遣內侍郗廷昱新書百官志：內侍在內侍監之下，內常侍之上，員四人，從四品上。郗，丑之翻。齎詔詣李克用軍，令與王珂各發萬騎同赴新平。赴新平以討王行瑜。邠州新平郡。又詔彰義節度使張鐇以涇原兵控扼鳳翔。

李克用遣兵攻華州；韓建登城呼曰：呼，火故翻。「僕於李公未嘗失禮，何爲見攻？」克用使謂之曰：「公爲人臣，逼逐天子，公爲有禮，孰爲無禮者乎！」會郗廷昱至，言李茂貞將兵三萬至盩厔，王行瑜將兵至興平，皆欲迎車駕，克用乃釋華州之圍，移兵營渭橋。考異曰：唐太祖紀年錄：「王師攻華州，俄而郗廷昱至，且言茂貞領兵三萬至盩厔，行瑜領軍至興平，欲往石門迎駕，乃解華圍，進營渭橋。」按實錄，八月延王戒丕至河中，克用已發前鋒至渭北。己丑克用進營渭橋。又紀年錄載詔曰：「省表，已部領大軍，前月二十七日離河中。」蓋克用不親圍華州，但遣別將將兵往，及聞邠、岐謀迎駕，乃遣華兵詣渭橋，卽所謂前鋒者也。克用既以七月二十七日離河中，則戒丕至彼必在其前，實錄云八月至河中，誤也。今從紀年錄。以薛王知柔爲清海節度使、是年，賜嶺南節度使軍額曰清海。同平章事，仍權知京兆尹、判度支，充鹽鐵轉運使，俟反正日赴鎮。

上在南山旬餘，士民從車駕避亂者日相驚曰：「邠、岐兵至矣！」上遣延王戒丕詣河中，趣李克用令進兵。延王邠，玄宗子，戒丕其後也。趣，讀曰促。壬午，克用發河中。上遣供奉官張承業詣克用軍。張承業，內供奉官也。承業，同州人，屢奉使於克用，因留監其軍。爲張承業盡心於李克用父子張本。己丑，克用進軍渭橋，遣其將李存貞爲前鋒；辛卯，拔永壽，又遣史儼將三千騎詣石門侍衞。癸巳，遣李存信、李存審會保大節度使李思孝攻王行瑜梨園寨，梨園寨，在京兆雲陽縣。九域志：雲陽在華州西北九十里。考異曰：莊宗列傳曰：「三鎮亂長安，李存信從太祖入關，以前軍先自夏陽渡河，攻同華屬邑，下之。時太祖在渭北，伶官羣小或勸太祖入朝自握兵柄。太祖亦以全忠圖己，朝廷不能斷，心微有望，月餘不進軍。存信與蓋寓乘間密啓曰：『大王家世效忠，此行討逆，上爲邠、鳳不臣，但令臣節爲天下所知，即三賊不足平也。而悠悠之徒，不達大體，或以弗詢之畫苟悅台情，雖俳優之言，不宜縱其如此。京師咫尺，天聽非遙，實無益於英德也。今三凶正蹙，須速圖之，事留變生，無宜猶豫。』太祖曰：『公言是也。』即日出師，下梨園砦。」按克用謀大事，固非伶官所豫。又實錄，己丑克用進營渭橋，癸巳克梨園，中間四日耳，無月餘不進事。且既云羣小勸入朝，即當詣行在，不當留渭北。此特李存信之人欲歸功於存信耳。今不取。擒其將王令陶等，獻於行在。思孝本姓拓跋，思恭之弟也。李茂貞懼，斬李繼鵬，傳首行在，李茂貞委劫乘輿之罪於繼鵬。上表請罪，且遣使求和於克用。上復遣延王戒丕、丹王允諭克用，丹王逾，代宗子，允其後也。復，扶又翻。令且赦茂貞，併力討行瑜，俟其殄平，當更與卿議之。且命二王拜克用爲兄。

31 以前河中節度使崔胤爲中書侍郎、同平章事。

32 戊戌，削奪王行瑜官爵。癸卯，以李克用爲邠寧四面行營都招討使，保大節度使李思孝爲北面招討使，定難節度使李思諫爲東面招討使，難，乃旦翻。彰義節度使張鐇爲西面招討使。命李克用自南臨討之。克用遣其子存勗詣行在，李存勗始此。考異曰：實錄作「存貞」。據後唐實錄、薛居正五代史，莊宗未嘗名存貞。實錄蓋誤。年十一，上奇其狀貌，撫之曰：「兒方爲國之棟梁，他日宜盡忠於吾家。」克用表請上還京；上許之。令克用遣騎三千駐三橋爲備禦。辛亥，車駕還京師。

壬子，司空兼門下侍郎、同平章事崔昭緯罷爲右僕射。

33 以護國留後王珂、盧龍留後劉仁恭各爲本鎭節度使。李克用之志也。

34 時宮室焚毀，未暇完葺，上寓居尚書省，程大昌曰：尚書省，在朱雀門正街之東，自占一坊，六部附麗其旁。百官往往無袍笏僕馬。

35 以李克用爲行營都統。

36 九月，癸亥，司空兼門下侍郎、同平章事孔緯薨。

37 辛未，朱全忠自將擊朱瑄，戰於梁山；新志：鄆州壽張縣有刀梁山。水經註，梁山在壽張縣，濟水逕其東。瑄敗走還鄆。

38 李克用急攻棃園，王行瑜求救於李茂貞，茂貞遣兵萬人屯龍泉鎭，九域志：邠州三水縣有龍泉鎮，在州東北。自將兵三萬屯咸陽之旁。克用請詔茂貞歸鎮，仍削奪其官爵，欲分兵討之。上以茂貞自誅繼鵬，前已赦宥，不可復削奪誅討，復，扶又翻。但詔歸鎮，仍令克用與之和解。以昭義節度使李罕之檢校侍中，充邠寧四面行營副都統。史儼敗邠寧兵於雲陽，敗，補邁翻；下同。擒雲陽鎮使王令誨等，獻之。

39王建遣簡州刺史王宗瑤等將兵赴難；難，乃旦翻。甲戌，軍于綿州。春秋之法，書救而書次者，以次爲貶。貶者，以其頓兵觀望不進，無救難解急之意也。王建遣兵赴難而軍于綿州，何日至長安邪！

40董昌求救於楊行密，行密遣泗州防禦使臺濛攻蘇州以救之，蘇州時屬錢鏐，攻之，所以牽制鏐兵不得專攻董昌。且表昌引咎，願脩職貢，請復官爵。又遺錢鏐書，稱：「昌狂疾自立，已畏兵諫，遺，唯季翻。春秋左氏傳，鬻拳強諫，楚子不從，臨之以兵。執送同惡，謂董昌執首謀者吳瑤及巫覡數人送於鏐也。不當復伐之。」復，扶又翻。

41冬，十月，丙戌，河東將李存貞敗邠寧軍於梨園北，殺千餘人。敗，補邁翻。自是梨園閉壁不敢出。

42貶右僕射崔昭緯爲梧州司馬。以黨附邠、岐也。

43魏國夫人陳氏，才色冠後宮；冠，古玩翻。戊子，上以賜李克用。薛史曰：後克用薨，陳氏爲尼，至晉天福中乃卒。

克用令李罕之、李存信等急攻黎園；城中食盡，棄城走。罕之等邀擊之，所殺萬餘人，克黎園等三寨，獲王行瑜子知進及大將李元福等；克用進屯黎園。庚寅，王行約、王行實燒寧州遁去。九域志：寧州南至邠州一百二十五里。克用奏請以匡國節度使蘇文建爲靜難節度使，趣令赴鎮，且理寧州，招撫降人。以蘇文建代王行瑜也；時邠州未下，故令且治寧州。趣，讀曰促。降，戶江翻。

44 上遷居大內。葺理稍完，自尚書省還居大內。

45 朱全忠遣都將葛從周擊兗州，自以大軍繼之。癸卯，圍兗州。是年春，汴兵圍兗州，以河東救至而退，今復圍之。

46 楊行密遣寧國節度使田頵、景福元年，升宣歙團練使爲寧國節度使。潤州團練使安仁義攻杭州鎮戍以救董昌，昌使湖州將徐淑會淮南將魏約共圍嘉興。錢鏐遣武勇都指揮使顧全武救嘉興，破烏墩、光福二寨。九域志：湖州烏程縣有烏墩鎮。墩，都昆翻。淮南將柯厚破蘇州水柵。全武，餘姚人也。

47 義武節度使王處存薨，軍中推其子節度副使郜爲留後。郜，古到翻。

48 以京兆尹武邑孫偓爲兵部侍郎、同平章事。

49 王行瑜以精甲五千守龍泉寨，李克用攻之；李茂貞以兵五千救之，營於鎮西。鎮西，龍泉鎮之西也。李罕之擊鳳翔兵，走之，十一月，丁巳，拔龍泉寨。行瑜走入邠州，遣使請降於李克用。

50齊州刺史朱瓊舉州降於朱全忠。爲朱瑾誘斬瓊張本。考異曰：薛居正五代史梁紀，瓊降及死皆在十月。按編遺錄：「十一月丁巳，瓊遣軍將王自新奉檄歸義。壬申，瓊自來，辛巳，死。」今從之。瓊，瑾之從父兄也。從，才用翻。

51衢州刺史陳儒卒，弟岌代之。

52李克用引兵逼邠州，王行瑜登城，號哭號，戶刀翻。謂克用曰：「行瑜無罪，迫脅乘輿，皆李茂貞及李繼鵬所爲，請移兵問鳳翔，行瑜願束身歸朝。」乘，繩證翻。朝，直遙翻。克用曰：「王尚父何恭之甚！王行瑜賜號尚父，時已削奪，克用稱之以戲之。僕受詔討三賊臣，謂王行瑜、李茂貞、韓建也。公預其一，束身歸朝，非僕所得專也。」丁卯，行瑜挈族棄城走。克用入邠州，封府庫，撫居人，命指揮使高爽權巡撫軍城，奏趣蘇文建赴鎮。趣，讀曰促。行瑜走至慶州境，部下斬行瑜，傳首。光啓三年，王行瑜得靜難節，至是而誅。

53朱瑄遣其將賀瓌、柳存及河東將薛【章：十二行本「薛」作「何」；乙十一行本同；孔本同。】懷寶將兵萬餘人襲曹州，曹州降汴，見二百五十八卷大順二年。以解兗州之圍。瓌，濮陽人也。濮，博木翻。丁卯，全忠自中都引兵夜追之，比明，至鉅野南，及之，比，必利翻。中都，漢平陸縣，天寶元年改曰中都；鉅野，漢古縣：唐並屬鄆州。九域志，中都縣在州東南六十里；鉅野縣在州南百八十里。屠殺殆盡，生擒瓌、存、懷寶，俘士卒三千餘人。是日晡後，大風沙塵晦冥，全忠曰：「此殺人未足耳！」下令所得之俘盡殺之。庚午，縛瓌等徇於兗州城下，謂朱瑾曰：「卿兄已敗，何不早降！」

54 丁丑，雅州刺史王宗侃攻拔利州，執刺史李繼顒，斬之。王宗侃，西川將。李繼顒，鳳翔將。

55 朱瑾僞遣使請降於朱全忠，因其誘降而行詐。全忠自就延壽門下與瑾語。延壽門，蓋兗州城門也。瑾曰：「欲送符印，願使兄瓊來領之。」

辛巳，全忠使瓊往，瑾立馬橋上，述驍果董懷進於橋下，瓊至，懷進突出，擒之以入，須臾，擲首城外。全忠乃引兵還，全忠知瑾無降心，攻之未易猝下，故還。以瓊弟玭爲齊州防禦使，玭，蒲田翻。殺柳存、懷【章：十二行本「懷」上有「何」字；乙十一行本同；張校「何」作「薛」，云「存」下脫「薛」字。】寶；聞賀瓌名，釋而用之。賀瓌自此遂爲朱氏用。

56 李克用旋軍渭北。自邠寧回屯渭北。

57 加靜難節度使蘇文建同平章事。

58 蔣勛求爲邵州刺史，劉建鋒不許，乾寧二年，蔣勛棄回龍關，以開劉建鋒之取長沙，故邀之以求邵州。勛乃與鄧繼崇起兵，連飛山、梅山蠻寇湘潭，飛山蠻，在邵州西北界，今其山在靖州北十五里，比諸山爲最高峻，四面絕壁千仞。梅山蠻，在潭州界，宋朝開爲安化縣，在州西三百二十里。湘潭，後漢湘南縣地，吳分湘南置衡陽縣，天寶八年，移治於洛口，因改名湘潭縣，屬潭州。九域志：在州南一百六十里。據邵州，使其將申德昌屯定勝鎮定勝鎮，在邵州東北界。以扼潭人。

59 十二月，甲申，閬州防禦使李繼雍、蓬州刺史費存、費，父沸翻。渠州刺史陳璠各帥所部兵奔王建。三人皆鳳翔將。帥，讀曰率。

60 乙酉，李克用軍于雲陽。

61 王建奏：「東川節度使顧彥暉不發兵赴難，而掠奪輜重，遣瀘州刺史馬敬儒斷峽路，請興兵討之。」難，乃旦翻。重，直用翻。觀此，則去年王宗瑤赴難之軍，非眞有勤王之心，特借此以開東川兵端耳。斷，音短。戊子，華洪大破東川兵於楸林，俘斬數萬，拔楸林寨。楸，七由翻。

62 乙未，進李克用爵晉王，自隴西郡王進爵晉王。加李罕之兼侍中，以河東大將蓋寓領容管觀察使；蓋，古盍翻。領，遙領也。自餘克用將佐、子孫並進官爵。克用性嚴急，左右小有過輒死，無敢違忤；惟蓋寓敏慧，能揣其意，忤，五故翻。揣，初委翻。婉辭裨益，無不從者。克用或以非罪怒將吏，寓必陽助之怒，克用常釋之；有所諫諍，必徵近事爲喻；由是克用愛信之，境內無不依附，權與克用侔。朝廷及鄰道遣使至河東，其賞賜賂遺，先入克用，次及寓家。朱全忠數遣人間之，遺，于季翻。數，所角翻。間，古莧翻。及揚言云蓋寓已代克用，而克用待之益厚。自古英雄之爭天下，必倚勇智之士以爲用；而出入左右，伺候顏色者，亦有敏慧軟媚之人，若蓋寓之於李克用是也。

63 丙申，王建攻東川，別將王宗弼爲東川兵所擒，路振九國志曰：王宗弼掠地飛烏，爲顧彥暉所獲。顧彥暉畜以爲子。畜，吁玉翻。戊戌，通州刺史李彥昭將所部兵二千降於建。通州，今之達州。李彥昭亦鳳翔將。

64 李克用遣掌書記李襲吉入謝恩，景鳳元年，行軍府置掌書記；開元以後，諸節鎮皆置之；掌朝覲、聘慰、薦祭祀、祈祝之文，與號令、升絀之事。密言於上曰：「比年以來，比，毗至翻。關輔不寧，關，謂蒲、潼、隴、蜀、藍田諸關。輔，謂三輔。關內，卽漢三輔之地。乘此勝勢，遂取鳳翔，一勞永逸，時不可失。臣屯軍渭北，專俟進止。」上謀於貴近，或曰：「茂貞復滅，復，扶又翻；下同。則沙陀大盛，朝廷危矣！」上乃賜克用詔，褒其忠款，款，誠也。而言：「不臣之狀，行瑜爲甚。自朕出幸以來，茂貞、韓建自知其罪，不忘國恩，職貢相繼，且當休兵息民。」克用奉詔而止。既而私於詔使曰：「觀朝廷之意，似疑克用有異心也。然不去茂貞，去，羌呂翻。關中無安寧之日。」其後李茂貞再犯京師，克用亦不能救矣。又詔免克用入朝，將佐或言：「今密邇闕庭，豈可不入見天子！」見，賢遍翻。克用猶豫未決，蓋寓言於克用曰：「鄉者王行瑜輩縱兵狂悖，悖，蒲妹翻，又蒲沒翻。致鑾輿播越，百姓奔散。今天子還未安席，人心尚危，大王若引兵渡渭，竊恐復驚駭都邑。蓋寓言李克用既不可釋兵入朝，若以衆入，是復邠、岐、華三帥之事耳。人臣盡忠，在於勤王，不在入覲，願熟圖之！」克用笑曰：「蓋寓尚不欲吾入朝，況天下之人乎！」乃表稱：「臣總帥大軍，帥，讀曰率。不敢徑入朝覲，且懼部落士卒侵擾渭北居人。」辛亥，引兵東歸。表至京師，上下始安。詔賜河東士卒錢三十萬緡。克用既去，李茂貞驕横如故，横，下孟翻。河西州縣多爲茂貞所據，河西，謂涼、瓜、沙、肅諸州。以其將胡敬璋爲河西節度使。

65 朱全忠之去兗州也，朱瓊死而全忠還。留葛從周將兵守之，朱瑾閉城不復出。從周將還，乃揚言「天平、河東救兵至，引兵西北邀之。」夜半，潛歸故寨。瑾以從周精兵悉出，果出兵攻寨。從周突出奮擊，殺千餘人，擒其都將孫漢筠而還。

66 加鎮海節度使錢鏐兼侍中。

67 彰義節度使張鐇薨，以其子璉權知留後。璉，力展翻。

68 朱瑄、朱瑾屢爲朱全忠所攻，民失耕稼，財力俱弊。告急於河東，李克用遣大將史儼、李承嗣將數千騎假道於魏以救之。史儼、李承嗣自此遂與朱瑾入淮南矣。

69 安州防禦使家晟姓苑：家姓，周大夫家父之後；又魯公族有子家氏。與朱全忠親吏蔣玄暉有隙，自恐及禍，與指揮使劉士政、兵馬監押陳可璠將兵三千襲桂州，殺經略使周元靜而代之。自安州遠襲桂州而克之者，江、湘城邑荒殘，守兵單弱，道無邀截之患，桂人不意其至，遂殺其帥而代之。璠，孚袁翻。晟醉侮可璠，可璠手刃之，推士政知軍府事，可璠自爲副使。詔卽以士政爲經【章：十二行本「經」上有「桂管」二字；乙十一行本同；孔本同；退齋校同。】略使。玄暉，吳人也。爲劉、陳又爲馬殷所併張本。

三年（丙辰、八九六）

1 春，正月，西川將王宗夔攻拔龍州，殺刺史田昉。此時龍州當屬李茂貞。昉，方往翻。

2 丁巳，劉建鋒遣都指揮使馬殷將兵討蔣勛，攻定勝寨，破之。去年，蔣勛遣兵守定勝寨。

3 辛未，安仁義以舟師至湖州，欲渡江應董昌，安仁義自潤州以舟師至湖州，何從而渡江哉！蓋欲自湖州舟行入柳浦而渡西陵耳，然錢鏐在杭，未容得至西陵。錢鏐遣武勇都指揮使顧全武、都知兵馬使許再思守西陵，仁義不能渡。昌遣其將湯臼守石城，會稽志：石城山在山陰縣東北三十里。袁邠守餘姚。

4 閏月，克用遣蕃、漢都指揮使李存信此又是一段起事；「克用」之上當有「李」字。將萬騎假道于魏以救兗、鄆，軍于莘縣。朱全忠使人謂羅弘信曰：「克用志吞河朔，師還之日，貴道可憂。」存信戢衆不嚴，戢，則立翻。侵暴魏人，弘信怒，發兵三萬夜襲之。存信軍潰，退保洺州，喪士卒什二三，按九域志，莘縣西距魏州九十里。羅弘信欲襲李存信，亦必朝出軍而後能乘夜而至；李存信之敗，斥候不明故也。喪，息浪翻。委棄資糧兵械萬數；史儼、李承嗣之軍隔絕不得還。弘信自是與河東絕，專志於汴。全忠方圖兗、鄆，畏弘信議其後，弘信每有贈遺，遺，于季翻。全忠必對使者北向拜授之，曰：「六兄於予，倍年以長，固非諸鄰之比。」「授」當作「受」。羅弘信，第六。記曲禮：年長以倍，則父事之。朱全忠豈知禮者？繆爲恭敬以離幷、魏之交耳。長，知兩翻。諸鄰，謂與宣武鄰道諸帥也。弘信信之，全忠以是得專意東方。謂專意攻兗、鄆也。

5 丁亥，果州刺史張【嚴：「張」改「周」。】雄降于王建。宋白曰：果州南充郡，劉璋初分墊江已上置巴郡，理此。建安六年，璋改郡爲巴西，徙理閬中。今郡在嘉陵江之西。魏平蜀，於今州北三十七里石苟墳置南宕渠郡，其縣亦移就郡理。隋廢郡，併入閬中，復爲巴西縣地，仍移巴西縣，理安漢城。開皇十八年，改爲南充縣。唐武德四年，分置果州，以郡南八里有果山爲名。

6 二月，戊辰，顧全武、許再思敗湯臼於石城。敗，補邁翻；下同。上用楊行密之請，赦董昌，復其官爵；錢鏐不從。

7 以通王滋判侍衛諸將事。通王滋，宣宗子。

8 朱全忠薦兵部尚書張濬，上欲復相之；李克用表請發兵擊全忠，且言「濬朝爲相，臣則夕至闕庭！」觀李克用此表，謂非脅君，吾不信也。京師震懼，上下詔和解之。

9 三月，以天雄留後李繼徽爲節度使。

10 保大節度使李思孝表請致仕，薦弟思敬自代，詔以思孝爲太師，致仕，思敬爲保大留後。

11 朱全忠遣龐師古將兵伐鄆州，敗鄆兵於馬頰，馬頰，禹疏九河之一也。水經註：濟水自須昌縣北逕魚山東，左合馬頰水；水首受濟，西北流，歷安民山北，又逕桃城東，又東北逕魚山南，又東注于濟，曰馬頰口。

敗，補邁翻。遂抵其城下。

12 己酉，顧全武等攻餘姚，明州刺史黃晟遣兵助之；董昌遣其將徐章救餘姚，全武擊擒之。

13 夏，四月，辛酉，河漲，將毀滑州城，朱全忠命決爲二河，夾滑城而東，爲害滋甚。

14 李克用擊羅弘信，報李存信之敗也。攻洹水，洹，于元翻。殺魏兵萬餘人，進攻魏州。

15 武安節度使劉建鋒既得志，小人之器易盈，劉建鋒甫得長沙，已得志矣。嗜酒，不親政事。長直兵陳贍妻美，建鋒私之，贍袖鐵撾擊殺建鋒；諸將殺贍，迎行軍司馬張佶爲留後。佶將入府，馬忽趹齧，傷左髀。佶，巨乙翻。趹，大計翻。齧，五結翻。時馬殷攻邵州未下，是年正月，劉建鋒遣馬殷攻邵州。佶謝諸將曰：「馬公勇而有謀，寬厚樂善，吾所不及，眞乃主也。」乃，汝也。樂，音洛。乃以牒召之。殷猶豫未行，聽直軍將姚【章：十二行本「姚」上有「汝南」二字；乙十一行本同；孔本同；張校同。】彥章說殷曰：「公與劉龍驤、張司馬，一體之人也，聽，讀曰廳。直廳事之軍將也。劉建鋒、張佶、馬殷同在孫儒軍中，儒敗，三人者叶力成軍以取湖南，故彥章云然。路振曰：乾符中，黃巢亂，詔遣忠武決勝指揮使孫儒、龍驤指揮使劉建鋒戍淮西，隸秦宗權。宗權爲巢所敗，遂降之，儒等皆爲所脅制。今龍驤遇禍，司馬傷髀，天命人望，捨公尚誰屬哉！」屬，之欲翻。殷乃使親從都副指揮使李瓊留攻邵州，從，才用翻。徑詣長沙。

16淮南兵與鎮海兵戰于皇天蕩，大江過昇州界，浸以深廣，自老鸛觜渡白沙，橫闊三十餘里，俗呼爲皇天蕩。是時淮南兵既敗浙兵於皇天蕩，遂圍蘇州，則非前所言皇天蕩矣。宋熙寧三年，崑山人郟亶上疏言水利，謂長洲縣界有長蕩、黃天蕩，其水上承湖，下通海，正淮、浙兵戰處也。鎮海兵不利，楊行密遂圍蘇州。

17錢鏐、鍾傳、杜洪畏楊行密之強，皆求援於朱全忠；其後鍾、杜皆不能保其土，而錢氏獨傳子及孫，以此知有國有家者，久近存乎其人。全忠遣許州刺史朱友恭將兵萬人渡淮，聽以便宜從事。

18董昌使人覘錢鏐兵，覘，丑廉翻。有言其強盛者輒怒，斬之；言兵疲食盡，則賞之。戊寅，袁邠以餘姚降於鏐；顧全武、許再思進兵至越州城下。五月，昌出戰而敗，嬰城自守，全武等圍之。昌始懼，去帝號，去，羌呂翻。復稱節度使。

19馬殷至長沙，張佶肩輿入府，坐受殷拜謁，已，乃命殷升聽事，以留後讓之，即趨下，帥將吏拜賀，坐受拜謁，留後受將校牙參之禮；帥將吏拜賀，行軍司馬賀新留後之禮。帥，讀曰率。復爲行軍司馬，代殷將兵攻邵州。

20癸未，蘇州常熟鎮使陸郢以州城應楊行密，虜刺史成及。行密閱及家所蓄，惟圖書、藥物，賢之，歸，署行軍司馬。及拜且泣曰：「及百口在錢公所，失蘇州不能死，敢求富貴！願以一身易百口之死！」引佩刀欲自刺。刺，七亦翻。行密遽執其手，止之，館於府舍。館，古玩翻。其室中亦有兵仗，行密每單衣詣之，與之共飲膳，無所疑。使楊行密待俘虜皆如成及，不亦汎乎？是必有所見也。

錢鏐聞蘇州陷，急召顧全武，使趨西陵備行密，趨，七喻翻。既恐其得蘇而乘勝攻杭，又恐其自海道趨西陵也。全武曰：「越州賊之根本，柰何垂克棄【章：十二行本「棄」上有「而」字；乙十一行本同；孔本同。】之！請先取越州，後復蘇州。」鏐從之。史言顧全武頗識用兵先後。

21 淮南將朱延壽奄至蘄州，圍其城。大將賈公鐸方獵，不得還，伏兵林中，命勇士二人衣羊皮夜入延壽所掠羊羣，潛入城，約夜半開門舉火爲應，復衣皮反命。衣，於既翻。公鐸如期引兵至城南，門中火舉，力戰，突圍而入。延壽驚曰：「吾常恐其潰圍而出，反潰圍而入，如此，城安可猝拔！」乃白行密，求軍中與公鐸有舊者持誓書金帛往說之，許以婚。說，式芮翻。壽州團練副使柴再用請行，臨城與語，爲陳利害。爲，于僞翻。數日，公鐸及刺史馮敬章請降。以敬章爲左都押牙，淮南左都押牙也。公鐸爲右監門衞將軍。此是領環衞官。僖宗光啓三年，馮敬章陷蘄州，至是降。路振九國志曰：賈鐸生於上蔡，叛秦宗權，渡淮，遇故人馮敬章，導之襲破蘄春，推敬章爲帥，鐸爲牙將，塹城礪兵以自固。延壽進拔光州，殺刺史劉存。楊行密自此全有淮南之地。

22 丙戌，上遣中使詣梓州和解兩川，王建雖奉詔還成都，然猶連兵未解。

23 崔昭緯復求救於朱全忠。戊子，遣中使賜昭緯死，行至荆南，追及，斬之，中外咸以爲快。崔昭緯結邠、岐以殺杜讓能、韋昭度、李谿，卒亦以殺其身；朋比爲姦，果何益哉！

24荆南節度使成汭與其將許存泝江略地，盡取濱江州縣；武泰節度使王建肇棄黔州，收餘衆保豐都。豐都，漢巴郡枳縣地，後漢置平都縣，因山以名縣也。梁置臨江郡，隋廢郡爲縣。義寧二年，分臨江置豐都縣。唐屬忠州。九域志：在州西九十里。存又引兵西取渝、涪二州，汭以其將趙武爲黔中留後，存爲萬州刺史。

汭知存不得志，使人詗之，曰：「存不治州事，日出蹴鞠。」汭曰：「存將逃走，先匀足力也。」詗，古迥翻，又翾正翻。治，直之翻。蹴，子六翻。鞠，居六翻。蹴，蹋也；鞠，毬也。顔師古曰：鞠以皮爲之，實以毛。崔豹曰：蹴鞠起黄帝，習用兵之勢。匀，于倫翻。遣兵襲之，存棄城走；成汭不見容於張瓌，而己又不能容許存；忌賢疾能，常人之情也。其衆稍稍歸之，屯于茅壩。壩，必駕翻。蜀人謂平川爲壩。宋白曰：渝州江津縣有茅壩驛。趙武數攻豐都，王建肇不能守，文德元年，王建肇得黔中節，今敗走。數，所角翻。與存皆降于王建。建忌存勇略，欲殺之，掌書記高燭曰：「公方總攬英雄以圖霸業，彼窮來歸我，柰何殺之！」建使戍蜀州，陰使知蜀州王宗綰察之。宗綰密言存忠勇謙謹，有良將才，建乃捨之，更其姓名曰王宗播。更，工衡翻。而宗綰竟不使宗播知其免己也。宗播元從孔目官柳修業，每勸宗播愼靜以免禍。從，才用翻。其後宗播爲建將，遇強敵諸將所憚者，以身先之，先，悉薦翻。及有功，輒稱病，不自伐，由是得以功名終。

25甲午，夜，顧全武急攻越州，乙未旦，克其外郭，董昌猶據牙城拒之。戊戌，鏐遣昌故將駱團紿昌云：「奉詔，令大王致仕歸臨安。」昌乃送牌印，出居清道坊。今越州牙城外東街猶有橋曰清道橋。己亥，全武遣武勇都監使吳璋以舟載昌如杭州，至小江南，斬之，據新書董昌傳，小江，西江也，蓋錢清江也，源出諸暨縣界，東流過錢清鎮，又東入于海，去越州四十五里，又西至杭州八十里。光啓二年，董昌得越州，至是而亡。監，古銜翻。幷其家三百餘人，宰相李邈、蔣瓌以下百餘人。昌在圍城中，貪吝日甚，口率民間錢帛，計口而率之。減戰士糧。及城破，庫有【章：十二行本「有」下有「金帛」二字；乙十一行本同；孔本同；退齋校同。】雜貨五百間，倉有糧三百萬斛。錢鏐傳昌首於京師，散金帛以賞將士，開倉以振貧乏。

26 李克用攻魏博，侵掠徧六州。魏、博、貝、衞、澶、相六州。朱全忠召葛從周於鄆州，使將兵營洹水以救魏博，葛從周，汴之騎將也。沙陀使於鞍馬，故召使敵之。留龐師古攻鄆州。六月，克用引兵擊從周，汴人多鑿坎於陳前，陳，讀曰陣。戰方酣，克用之子鐵林指揮使落落馬遇坎而蹪，蹪，陟利翻。汴人生擒之；考異曰：唐太祖紀年錄、薛居正五代史武皇紀、實錄，禽落落皆在七月。葛從周、李存信傳在五月。今從梁太祖紀。克用自往救之，馬亦蹪，幾爲汴人所獲；克用顧射汴將一人，斃之，幾，居依翻。射，而亦翻。乃得免。克用請脩好以贖落落，全忠不許，以與羅弘信，使殺之。羅弘信既殺李克用之子，則與克用爲深仇，而汴、魏之交益固矣；此全忠之術也。好，呼到翻。克用引軍還。

葛從周自洹水引兵濟河，屯于楊劉，復擊鄆，復，扶又翻。及兗、鄆、河東之兵戰于故樂亭，破之。兗、鄆屬城皆爲汴人所據，屢求救於李克用，克用發兵赴之，爲羅弘信所拒，不得前，兗、鄆由是不振。

27 初，李克用屯渭北，謂自邠寧還屯渭北時也。李茂貞、韓建憚之，事朝廷禮甚恭。克用去，謂歸河東也。二鎮貢獻漸疏，表章驕慢。上自石門還，於神策兩軍之外，更置安聖、捧宸、保寧、宣化等軍，選補數萬人，使諸王將之；嗣延王戒丕、嗣覃王嗣周又自募麾下數千人。茂貞以爲欲討己，語多怨望，嫌隙日構。茂貞亦勒兵揚言欲詣闕訟寃；京師士民爭亡匿山谷。上命通王滋及嗣周、戒丕分將諸軍以衞近畿，戒丕屯三橋。茂貞遂表言「延王無故稱兵討臣，臣今勒兵入朝請罪。」考異曰：薛居正五代史：「五月，制授茂貞東川節度使，仍命通王、覃王治禁軍於闕下，如茂貞違詔，卽討之。茂貞懼，將赴鎮。王師至興平，夜，自驚潰，茂貞因出乘之，官軍大敗。」唐補紀曰：「五月，朝廷除覃王爲鳳翔節度使，除茂貞爲興元節度使。茂貞拒命不發，亦無向闕之心，自是京國人心驚憂，出投郊坰，京城爲之一空，上潛謀行幸。」按實錄、新、舊紀諸書，茂貞未嘗除東川，薛史誤。移鎮興元，乃景福二年事，唐補紀誤。今從實錄。上遽遣使告急於河東。丙寅，茂貞引兵逼京畿，覃王與戰於婁館，官軍敗績。婁館，蓋在京兆興平縣西。考異曰：舊紀：「是月，茂貞請入覲，上令通王、覃王、延王分統四軍以衞近畿。丙寅，鳳翔軍犯京畿，覃王拒之於婁館，接戰不利。」實錄：「命延王部神策諸軍於三橋防遏。茂貞上言：『延王稱兵討臣，臣有何罪！』言將朝覲。丙寅，李茂貞大軍犯京師，覃王拒之於婁館，王師戰不利。」新紀：「六月，庚戌，李茂貞犯京師，嗣延王戒丕禦之，丙寅，及茂貞戰于婁館，敗績。」今從舊紀。

秋，七月，茂貞進逼京師。果如李克用之言。延王戒丕曰：「今關中藩鎮無可依者，不若自鄜州濟河，幸太原，自鄜州濟河，道汾、隰至太原，路甚回遠，以韓建在華州，李茂貞養子繼瑭在同州，不敢由同州出河中也。鄜，音夫。臣請先往告之。」辛卯，詔幸鄜州；壬辰，上出至渭北；韓建遣其子從允奉表請幸華州，上不許。華，戶化翻。以建爲京畿都指揮、安撫制置及開通四面道路、催促諸道綱運等使。而建奉表相繼，上及從官亦憚遠去，從，才用翻。癸巳，至富平，遣宣徽使元公訊召建，面議去留。甲午，建詣富平見上，頓首涕泣言：「方今藩臣跋扈者，非止茂貞。陛下若去宗廟園陵，遠巡邊鄙，臣恐車駕濟河，無復還期。今華州兵力雖微，控帶關輔，亦足自固。臣積聚訓厲，十五年矣，按韓建從鹿晏弘至興元之時，僖宗在蜀，遂奔行在，中和四年也。僖宗還長安，光啓元年也。建刺華州，當在此時，至是纔十二年耳。西距長安不遠，九域志：華州西至長安一百五十里。願陛下臨之，以圖興復。」上乃從之。乙未，宿下邽；丙申，至華州，九域志：自富平至下邽三十五里。自下邽至華州六十五里。以府署爲行宮；建視事於龍興寺。茂貞遂入長安，自中和以來所葺宮室、市肆，燔燒俱盡。黄巢之亂，宮室燔毀，中和以來，留守王徽補葺粗完。襄王之亂，又爲亂兵所焚，及僖宗還京，復加完葺。上出石門，重罹燒爇，還又葺之，至是爲茂貞所燔。

乙巳，以中書侍郎、同平章事崔胤同平章事，充武安節度使。上以胤，崔昭緯之黨也，故出之。

28 丙午，以翰林學士承旨、尚書左丞陸扆爲戶部侍郎、同平章事。扆，陝人也。扆，隱豈翻。陝，失冉翻。

29 水部郎中何迎新書百官志：水部郎中，屬工部尚書，掌津濟、船艫、渠梁、堤堰、溝洫、漁捕、運漕、碾磑之事。此時惟具官，不復能舉其職矣。表薦國子毛詩博士襄陽朱朴，才如謝安，唐制：國子監置五經博士各二人，掌以其經之學教國子。周易、尚書、毛詩、左氏春秋、禮記爲五經。道士許巖士亦薦朴有經濟才。上連日召對，朴有口辯，上悅之，曰：「朕雖非太宗，得卿如魏徵矣！」賜以金帛，并賜何迎。

30 以徐彥若爲大明宮留守，兼京畿安撫制置等使。

31 楊行密表請上遷都江淮，王建請上幸成都。皆欲迎天子，挾之以令諸侯。

32 宰相畏韓建，不敢專決政事。八月，丙辰，詔建關議朝政；建上表固辭，乃止。韓建非避權勢者，目不知書，故辭耳。朝，直遙翻。上，時掌翻。韓建移檄諸道，令共輸資糧詣行在。李克用聞之，歎曰：「去歲從余言，豈有今日之患！」謂欲討李茂貞，上不許也。又曰：「韓建天下癡物，爲賊臣弱帝室，爲，于僞翻。是不爲李茂貞所擒，則爲朱全忠所虜耳！」因奏將與鄰道發兵入援。曰將入援，亦虛言耳。

33 加錢鏐兼中書令。

34 癸丑，以王建爲鳳翔西面行營招討使。欲使王建討李茂貞也。

35 甲寅，以門下侍郎、同平章事王摶同平章事，充威勝節度使。先是已升浙東觀察使為威勝節度使。方鎮表：乾寧元年，以乾州置威勝軍節度。參考下文，則朝議以董昌已誅，欲以王摶代鎮浙東。然則此時藩鎮有兩威勝軍邪？

36 上憤天下之亂，思得奇傑之士不次用之。國子博士朱朴自言：「得為宰相，月餘可致太平。」上以為然。乙丑，以朴為左諫議大夫、同平章事。考異曰：舊傳曰：「朴腐儒，木強無他才伎。道士許巖士出入禁中，常依朴為姦利，從容上前，薦朴有經濟才。昭宗召見，對以經義，甚悅，即日拜平章事。在中書，與名公齒，筆札議論，動為笑端。」唐補紀曰：「朴亦有文詞，託識諸王下吏人以通意旨，言：『方今宰相皆非時才，致令宗社不安，頻有傾動；若使朴在相位，月餘能致太平。』諸王以為然，乃奏天聽。翌日，宣喚，顧問機宜，便入中書，令參知政事。諸相座愕然莫測，聽其籌謨；經四五月，並無所聞，遂貶出嶺外。」按朴雖庸鄙，恐不至如舊傳所云。唐補史亦恐得之傳聞，非詳實。今從新傳。朴為人庸鄙迂僻，無他長。制出，中外大驚。

37 丙寅，加韓建兼中書令。

38 九月，庚辰，升福建為威武軍，以觀察使王潮為節度使。

39 以湖南留後馬殷判湖南軍府事。殷以高郁為謀主，郁，揚州人也。殷畏楊行密、成汭之強，議以金帛結之，高郁曰：「成汭不足畏也。行密公之讎，言馬殷從孫儒攻楊行密，積年交戰，已為仇讎。雖以萬金賂之，安肯為吾援乎！不若上奉天子，下奉【章：乙十一行本「奉」作「撫」；孔本同；張校同。】士民，訓卒厲兵，以脩霸業，則誰與為敵矣。」殷從之。史言馬殷能用高郁以保據湖南。

40崔胤出鎮湖南，出崔胤爲武安節度，見上。韓建之志也。胤密求援於朱全忠，且教之營東都宮闕，表迎車駕。全忠與河南尹張全義表請上遷都洛陽，全忠仍請以兵二萬迎車駕，且言崔胤忠臣，不宜出外。韓建懼，復奏召胤爲相，遣使諭全忠以且宜安靜，全忠乃止。乙未，復以胤爲中書侍郎、同平章事。崔胤自此與朱全忠相爲表裏。考異曰：舊傳：「胤檢校兵部尚書、嶺南東道節度使。胤密致書全忠求援，全忠上疏理之。胤已至湖南，復召拜平章事。」新傳，「昭緯以罪誅，罷爲武安節度使，陸扆當國。時南、北司各樹黨結藩鎮，胤素厚朱全忠，委心結之。全忠爲言胤有功，不宜處外，故還相而逐扆。」按胤出爲清海節度使在後，非此年，舊傳誤。今從實錄。以翰林學士承旨、兵部侍郎崔遠同平章事。遠，珙弟璵之孫也。崔珙見二百四十六卷開成五年。珙，居勇翻。璵，音余。

丁酉，貶中書侍郎、同平章事陸扆爲硤州刺史。考異曰：舊傳曰：「九月，覃王率師送徐彥若赴鳳翔。師之起也，扆堅請曰：『播越之後，國步初集，不宜與近輔交惡，必爲他盜所窺。加以親王統兵，物議騰口，無益於事，祇貽後患。』昭宗已發兵，怒扆沮議，是月十九日，責授硤州刺史。師出，果敗，車駕出幸。」按此乃景福二年杜讓能討鳳翔事，時扆未爲相。舊傳誤，新傳亦同。今從實錄。崔胤恨扆代己，事見上。誣扆，云黨於李茂貞而貶之。

己亥，以朱朴兼判戶部，凡軍旅財賦之事，上一以委之。以孫偓爲鳳翔四面行營都統，又以前定難節度使李思諫爲靜難節度使，兼副都統。皆欲使之討李茂貞。難，乃旦翻。

41 以保大留後李思敬爲節度使。

42 河東將李存信攻臨清，敗汴將葛從周於宗城北，敗，補邁翻；下同。乘勝至魏州北門。九域志：臨清縣在魏州北一百五十里。宗城縣在魏州西北一百七十里。

43 冬，十月，壬子，加孫偓行營節度、招討、處置等使。處，昌呂翻。丁巳，以韓建權知京兆尹，兼把截使。考異曰：李巨川許國公勤王錄：「十月十日，敕命公權知京兆尹，幷充把截使。」實錄作癸丑。是月戊申朔。今從勤王錄。戊午，李茂貞上表請罪，願得自新，仍獻助脩宮室錢；考異曰：舊紀、實錄皆云茂貞進錢十五萬，助脩京闕。按十五萬乃百五十貫，太少，蓋脫「貫」字耳。韓建復佐佑之，復，扶又翻；下同。竟不出師。

44 錢鏐令兩浙吏民上表，請以鏐兼領浙東；朝廷不得已，復以王摶爲吏部尚書、同平章事，以鏐爲鎮海、威勝兩軍節度使。錢鏐自此遂跨有浙東、西。丙子，更名威勝曰鎮東軍。更，工衡翻。

45 李克用自將攻魏州，敗魏兵於白龍潭，按薛史梁太祖紀：「乾化元年，九月，丙辰，幸魏縣。戊辰，幸邑西白龍潭。」則其地在魏縣西也。追至觀音門。薛史，魏州羅城西門曰觀音門，晉天福五年閏三月，改曰金明門。朱全忠復遣葛從周救之，屯于洹水，全忠以大軍繼之，克用乃還。

46 加河中節度使王珂同平章事。

47 十一月，朱全忠還大梁，復遣葛從周東會龐師古，攻鄆州。

48 湖州刺史李師悅求旌節，詔置忠國軍於湖州，以師悅爲節度使。賜告身旌節者未入境，戊子，師悅卒。楊行密表師悅子前綿州刺史彥徽知州事。考異曰：實錄：「乾寧二年，四月，忠國節度使李師悅卒，以其孫彥徽知留後。」今從新紀、十國紀年。

49 淮南將安仁義攻婺州。

50 十二月，東川兵焚掠漢、眉、資、簡之境。漢、眉、資、簡四州，皆西川巡屬。

51 清海節度使薛王知柔行至湖南，廣州牙將盧琚、譚弘玘據境拒之，使弘玘守端州。弘玘結封州刺史劉隱，許妻以女。隱僞許之，託言親迎，玘，起里翻。妻，七細翻。迎，魚敬翻。伏甲舟中，夜入端州，斬弘玘；遂襲廣州，斬琚；按九域志，自封州東南歷康州界而後至端州，自端州東至廣州二百四十里。具軍容迎知柔入視事。具軍容以迎新帥，如承平儀注。知柔表隱爲行軍司馬。

王崇武標點容肇祖聶崇岐覆校

資治通鑑卷第二百六十一

端明殿學士兼翰林侍讀學士太中大夫提舉西京嵩山崇福宮上柱國河内郡開國公食邑二千二百戶食實封九百戶賜紫金魚袋臣　司馬光　奉敕編集

後　學　天　台　胡三省　音　註

唐紀七十七起彊圉大荒落（丁巳），盡屠維協洽（己未），凡三年。

昭宗聖穆景文孝皇帝中之上

乾寧四年（丁巳、八九七）

1春，正月，甲申，韓建奏：「防城將張行思等張行思，華州防城將也。將，即亮翻。告睦、濟、韶、通、彭、韓、儀、陳八王皆嗣王也。睦、韶、韓，代宗之後；彭，肅宗之後；陳，文宗之後；史皆逸其名及其世系。謀殺臣，劫車駕幸河中。」建惡諸王典兵，惡，烏路翻。故使行思等告之。上大驚，召建諭之；建稱疾不入。令諸王詣建自陳，建表稱：「諸王忽詣臣理所，不測事端。建言諸王爲變，事出不測也。臣詳酌事體，不應與諸王相見。」又稱：「諸王當自避嫌疑，不可輕爲舉措。陛下若以友愛含容，請依舊制，令歸十六宅，妙選師傅，教以詩書，不令典兵預政。」援開元、天寶舊制，不令諸王出閤。且曰「乞散彼烏合之兵，用光麟趾之化。」詩序曰：關雎之化行，雖衰世之公子，皆信厚如麟趾之時。建慮上不從，引麾下精兵圍行宮，以兵脅君。表疏連上。上，時掌翻。上不得已，是夕，詔諸王所領軍士並縱歸田里，諸王勒歸十六宅，其甲兵並委韓建收掌。建又奏：「陛下選賢任能，足清禍亂，何必別置殿後四軍！四軍，卽安聖、捧宸、保寧、宣化也。置見上卷上年。顯有厚薄之恩，乖無偏無黨之道。書曰：無偏無黨，王道蕩蕩。韓建安識書語，李巨川教之耳，宜其不免於誅也。一本「厚」下更有「有」字。且所聚皆坊市無賴姦猾之徒，平居猶思禍變，臨難必不爲用，難，乃旦翻。而使之張弓挾刃，密邇皇輿，臣竊寒心，乞皆罷。」詔【章：十二行本「詔」上有「遣」字；乙十一行本同；張校同；孔本有「遣」字，無「亦」字。】亦從之。於是殿後四軍二萬餘人悉散，天子之親軍盡矣。捧日都頭李筠，石門扈從功第一，石門扈從事見上卷二年。從，才用翻。建復奏斬於大雲橋。復，扶又翻。大雲橋，在華州大雲寺前。武后時令天下諸州各置大雲寺以藏大雲經，著受命之符也。建又奏：「玄宗之末，永王璘暫出江南，遽謀不軌。事見肅宗紀至德元載、二載。代宗時吐蕃入寇，光啓中朱玫亂常，皆援立宗支以繫人望。謂吐蕃立廣武王承宏、朱玫立襄王熅也，事各見前紀。援，于元翻。今諸王銜命四方者，乞皆召還。」指言延王戒丕等。又奏：「諸方士出入禁庭，眩惑聖聽，宜皆禁止，無得入宮。」指言許巖士等。詔悉從之。建既幽諸王於別第，知上意不悅，乃奏請立德王爲太子，欲以解之。丁亥，詔立德王祐爲皇太子，仍更名裕。更，工衡翻。考異曰：勤王錄曰：「公以儲副之設，國之大本，上表云云，敕宜從允，時正月十一日也。當四日之間，而儲君奉家祀，宗室歸藩邸，蓬頭突鬢之士不入於禁門，文成、五利之徒不陳其左道，君父開悟，遐邇詠歌，人不震驚，市無易肆，公之力也。」李巨川著書，矯誣善惡乃至於此！今從實錄。

2 **龐師古、葛從周併兵攻鄆州，朱瑄兵少食盡，不復出戰，但引水爲深壕以自固。辛卯，師古等營於水西南，命爲浮梁。癸巳，潛決濠水。丙申，浮梁成，師古夜以中軍先濟。瑄聞之，棄城奔中都，**按九域志，中都縣在鄆州東南六十里。**葛從周逐之，野人執瑄及妻子以獻。**僖宗中和二年，朱瑄得鄆州，至是而亡。考異曰：薛居正五代史梁太祖紀：「辛卯，營于濟水之次，龐師古令諸將撤木爲橋。乙未夜，師古以中軍先濟，朱瑄棄壁夜走，葛從周擒瑄幷妻男以獻。」按濟水自王莽時大旱，不復能絕河而南，自是河南無濟水。編遺錄曰：「五月，遣騎於鄆州軍前追從周，徑往洹水董師，以代侯言，師古留攻鄆。」梁太祖實錄：「四年正月，復以洹水之師大舉伐鄆，十五日辛卯，營其西南河外，龐師古命諸將撤木爲橋以圖宵濟。癸巳，前軍以心膂百人盜決河口，甲午，浮橋集水次。乙未夜，師古中軍先濟，聲振壁內。朱瑄聞之，棄壁走。」編遺錄：「四年正月己卯，朱瑄兵少糧盡，不敢出戰，然深溝高壘，難越也。從周、師古乃取清河內小舟，採野葛草茅，索之以爲巨纜，乃於其牆南建浮橋。丙申，功就，我師渡橋，朱瑄奔遁。」皆不云濟水。師古去年三月已敗鄆兵于馬頰，追至西門，據故洛亭子爲寨。乙未夜先濟，蓋鄆城下清河水，疑朱瑄引之以環城固守，故師古等爲浮橋以濟師。河既可決，明非自然之水也。舊紀：「癸未，龐師古陷鄆州，朱瑄與妻榮氏潰圍走。瑄至中都，爲野人所殺，榮氏俘於軍。」新紀：「丙申，全忠陷鄆州。」實錄：「二月，丙午朔，陷鄆州，瑄至中都，爲亂兵所殺，妻榮至汴爲尼。」據薛史，辛卯營於濟水，則癸未鄆未破也。新紀云丙申陷鄆，實錄二月，蓋約奏到。今從編遺錄、新紀。

3己亥，罷孫偓鳳翔四面行營節度等使，赦李茂貞，故罷鳳翔四面行營。以副都統李思諫爲寧塞節度使。按方鎮表，光化元年，更延州保塞節度爲寧塞節度。

4錢鏐使行軍司馬杜稜救婺州。安仁義移兵攻睦州，不克而還。安仁義攻婺州見上卷上年。還，從宣翻，又如字。

5朱全忠入鄆州，以龐師古爲天平留後。考異曰：舊紀、梁太祖實錄、薛居正五代史師古傳皆云師古爲鄆州留後。編遺錄、薛史梁紀皆云「友裕」。按編遺錄，「三月，丙子，以友裕爲鄆州留後，師古爲徐州留後。」蓋初以師古守鄆州，後以友裕代之，而徙師古於徐州也。

朱瑾留大將康懷貞守兗州，與河東將史儼、李承嗣掠徐州之境以給軍食。九域志：兗州南一百一十里，即徐州界。全忠聞之，遣葛從周將兵襲兗州。懷貞聞鄆州已失守，汴兵奄至，遂降。二月，戊申，從周入兗州，獲瑾妻子。朱瑾還，無所歸，帥其衆趨沂州，刺史尹處賓不納，走保海州。降，戶江翻。帥，讀曰率。趨，七喻翻。九域志，兗州三百四十五里，東至沂州。沂，古琅邪也。沂州東至海州一百八十里。爲汴兵所逼，與史儼、李承嗣擁州民渡淮，奔楊行密。光啓二年，朱瑾取兗州，至是而敗。行密逆之於高郵，表瑾領武寧節度使。領，遙領也。

全忠納瑾之妻，引兵還，張夫人逆於封丘，九域志：封丘縣，在汴州北六十里。全忠以得瑾妻告之。夫人請見之，瑾妻拜，夫人答拜，且泣曰：「兗、鄆與司空同姓，約爲兄弟，以小故恨望，起兵相攻，使吾姒辱於此。他日汴州失守，吾亦如吾姒之今日乎！」姒，詳里翻。長婦曰姒，又兄弟之妻相呼曰姒，互相尊稱之辭也。全忠乃送瑾妻於佛寺爲尼，斬朱瑄於汴橋。於是鄆、齊、曹、棣、兗、沂、密、徐、宿、陳、許、鄭、滑、濮皆入于全忠。鄆、齊、曹、棣，天平軍；兗、沂、密，泰寧軍；徐、宿，感化軍；陳、許，忠武軍；鄭、滑、濮，宣義軍。此五鎮之地也。惟王師範保淄青一道，亦服於全忠。李存信在魏州，聞兗、鄆皆陷，引兵還。

淮南舊善水戰，不知騎射，及得河東、兗、鄆兵，軍聲大振。史儼、李承嗣皆河東驍將，李克用深惜之，遣使間道詣楊行密請之；間，古莧翻。行密許之，亦遣使詣克用脩好。好，呼到翻。

6 戊午，王建遣邛州刺史華洪、彭州刺史王宗祐將兵五萬攻東川，邛，渠容翻。華，戶化翻。以戎州刺史王宗謹爲鳳翔西面行營先鋒使，敗鳳翔將李繼徽等於玄武。玄武，漢氐道縣，晉改曰玄武，唐初屬益州，時屬梓州，宋朝改曰中江，在梓州西九十里。敗，補邁翻。繼徽本姓楊，名崇本，茂貞之假子也。

7 己未，赦天下。考異曰：實錄：「降德音，曲赦天下。」云德音即非赦。既云曲赦即不及天下。實錄誤也。

8 上饗行廟。時駐蹕華州，太常禮院請權立行廟以備告饗。

9 庚申，王建以決雲都知兵馬使王宗侃爲應援開峽都指揮使，將兵八千趨渝州；決勝都知兵馬使王宗阮爲開江防送進奉使，將兵七千趨瀘州。辛酉，【章：十二行本「酉」作「未」；乙十一行本同。】宗侃取渝州，降刺史牟崇厚。癸酉，宗阮拔瀘州，斬刺史馬敬儒，峽路始通。渝、瀘，皆東川巡屬。王建志在廣地，假通峽路進奉以爲名耳。趨，七喻翻。

鳳翔將李繼昭救梓州，留偏將守劍門，西川將王宗播擊擒之。

10 乙亥，門下侍郎、同平章事孫偓罷守本官，中書侍郎、同平章事朱朴罷爲祕書監。朴既秉政，所言皆不效，朱朴自詭月餘可致太平見上卷上年。外議沸騰。太子詹事馬道殷以天文，將作監許巖士以醫得幸於上，韓建誣二人以罪而殺之，且言偓、朴與二人交通，故罷相。馬道殷、許巖士在上左右，二相因之以白事，此必有之。

11 詔以楊行密爲江南諸道行營都統，以討武昌節度使杜洪。按新書洪傳，洪附朱全忠，絕東南貢獻路，命楊行密討之者以此。

12 張佶克邵州，擒蔣勛。潭兵攻蔣勛事始上卷三年正月。佶，巨乙翻。

13 三月，丙子，朱全忠表曹州刺史葛從周爲泰寧留後，朱友裕爲天平留後，龐師古爲武寧留後。朱全忠表以三鎮授三將以樹黨。此時蓋復改感化爲武寧。

14 保義節度使王珙攻護國節度使王珂，珂求援於李克用，珙求援於朱全忠。宣武將張存敬、楊師厚敗河中兵於猗氏南；河東將李嗣昭敗陝兵於猗氏，又敗之於張店，遂解河中之圍。敗，補邁翻。陝，失冉翻。師厚，斤溝人，九域志，潁州萬壽縣有斤溝鎮。萬壽，唐汝陰縣之百尺鎮也，宋朝開寶六年置縣。嗣昭，克用弟克柔之假子也。

15更名感義軍曰昭武，更，工衡翻。治利州，以前靜難節度使蘇文建爲節度使。難，乃旦翻。

16夏，四月，以同州防禦使李繼瑭爲匡國節度使。考異曰：實錄：「賜同州號匡國軍，以防禦使李繼瑭爲匡國節度使。」按新方鎭表，乾寧二年，賜同州號匡國軍。王行約已嘗爲匡國節度使，蓋行約死，繼瑭但爲防禦使，今始復舊名耳。繼瑭，茂貞之養子也。

17以右諫議大夫李洵爲兩川宣諭使，和解王建及顧彦暉。

18辛亥，錢鏐遣顧全武等將兵三千自海道救嘉興，己未，至城下，擊淮南兵，大破之。淮南圍嘉興，始上卷二年。

19杜洪爲楊行密所攻，求救於朱全忠，全忠遣其將聶金掠泗州，聶，尼輒翻，姓也。朱友恭攻黃州。行密遣右黑雲都指揮使馬珣等救黃州。黃州刺史瞿章聞友恭至，棄城，擁衆南保武昌寨。武昌，漢古縣，唐屬鄂州。九域志：在州東北一百八十里，今置壽昌軍。

20癸亥，兩浙將顧全武等破淮南十八營，虜淮南將士魏約等三千人。淮南將田頵屯驛亭埭，埭，徒耐翻。兩浙兵乘勝逐之。甲戌，頵自湖州奔還，自嘉興退軍，取道湖州，還宣州。兩浙兵追敗之，敗，補邁翻。頵衆死者千餘人。

21韓建惡刑部尚書張禕等數人，皆誣奏，貶之。惡，烏路翻。禕，吁韋翻。考異曰：實錄：「貶刑部尙書張禕、趙崇、蘇循等爲衡州司馬。韓建惡之，誣奏貶焉。」禕等必不皆爲刑部尙書，皆貶衡州司馬。實錄誤也。

22 五月，加奉國節度使崔洪同平章事。

23 辛巳，朱友恭爲浮梁於樊港，武昌西三里有樊山，山下有樊溪，注于江，謂之樊口。朱友恭蓋跨江爲浮梁，抵樊口，以攻武昌也。進攻武昌寨，壬午，拔之，執瞿章，遂取黄州；考異曰：薛居正五代史梁紀：「五月丁丑，朱友恭遣使上言，大破淮寇於武昌，收復黄、鄂二州。」新紀：「壬午，全忠陷黄州，刺史瞿章死之。」朱友恭傳云翟章，十國紀年作瞿章。吳錄云：執刺史瞿章，當可據。馬珣等皆敗走。

24 丙戌，王建以節度副使張琳守成都，張琳，王建之腹心。建之攻陳敬瑄也，亦使之守邛州。自將兵五萬攻東川。更華洪姓名曰王宗滌。華洪累戰有功，王建於是養以爲子以收其力用，然殺洪之心蓋已萌於此時矣。華，戶化翻。

25 六月，己酉，錢鏐如越州，受鎭東節鉞。

26 李茂貞表：「王建攻東川，連兵累歲，不聽詔命。」王建豈特攻東川哉！李茂貞山南巡屬諸州，建取之亦多矣；力不能制，欲挾天子之令以臨之。甲寅，貶建南州刺史。新志：武德三年，開黔南蠻，置南州。宋白曰：南州，戰國時爲巴國界，秦則巴郡之地，漢爲江州之境。唐武德三年，割渝州之東界，置南州。乙卯，以茂貞爲西川節度使。以覃王嗣周爲鳳翔節度使。

27 癸亥，王建克梓州南寨，執其將李繼寧。丙寅，宣諭使李洵至梓州，四月，李洵受命而使，六月始至。己巳，見建于張杷砦，建指執旗者曰：「戰士之情，不可奪也。」

28 覃王赴鎭，李茂貞不受代，李茂貞之狡悍，豈肯以鳳翔授人，涉險而爭蜀邪！圍覃王於奉天。

29 置寧遠軍於容州，以李克用大將蓋寓領節度使。李克用之平王行瑜也，蓋寓以功領容管觀察使，今升領節度使。

30 秋，七月，加荊南節度使成汭兼侍中。

31 韓建移書李茂貞；茂貞解奉天之圍，覃王歸華州。

32 以天雄節度使李繼徽爲靜難節度使。李繼徽自秦州徙邠州，邠寧亦爲李茂貞有矣。難，乃旦翻。

33 庚戌，錢鏐還杭州，自越還杭。遣顧全武取蘇州；乙未，拔松江；松江，在蘇州南四十里，淮南立寨以守之。戊戌，拔無錫；無錫，漢縣，唐屬常州。九域志，在州東九十一里。辛丑，拔常熟、華亭。宋白曰：常熟縣，後漢至吳爲司鹽都尉，晉置南沙縣，梁置常熟縣，今崑山縣東一百二十里，常熟故城是也。九域志，在蘇州北七十五里。天寶十載，分嘉興置華亭縣，屬蘇州，在州西南；今屬秀州。

34 初，李克用取幽州，見二百五十九卷乾寧元年。表劉仁恭爲節度使，留戍兵及腹心將十人典其機要，租賦供軍之外，悉輸晉陽。及上幸華州，克用徵兵於仁恭，又遣成德節度使王鎔、義武節度使王郜書，遺，唯季翻。郜，音告。欲與之共定關中，奉天子還長安。仁恭辭以契丹入寇，洪遵曰：契丹之讀如喫，惟新唐書有音。今從欺訖翻。須兵扞禦，請俟虜退，然後承命。克用屢趣之，趣，讀曰促。使者相繼，數月，兵不出。克用移書責之，仁恭抵書於地，慢罵，囚其使者，欲殺河東戍將，戍將遁逃獲免。克用留兵戍幽州，見上卷乾寧二年。克用大怒，八月，自將擊仁恭。爲克用計者，先舉河東之甲以勤王，事定之後，然後移兵臨燕以問罪，劉仁恭安所逃其死乎！不知出此，遽興忿兵，其敗宜矣。

35 上欲幸奉天親討李茂貞，令宰相議之；宰相切諫，乃止。議者率謂昭宗忿不思難，然亦可悲矣。

36 延王戒丕還自晉陽，戒丕使晉陽見上卷上年。韓建奏：「自陛下即位以來，與近輔交惡，近輔，邠、岐、同、華也。皆因諸王典兵，兇徒樂禍，樂，音洛。致鑾輿不安。比者臣奏罷兵權，比，毗至翻，近也。實慮不測之變。今聞延王、覃王尚苞陰計，願陛下聖斷不疑，斷，丁亂翻。制於未亂，周書云：制治於未亂。建奏引之，李巨川之辭也。則社稷之福。」韓建欲殺諸王久矣，憚李克用，故未敢發。延王既還，知克用之兵不能至，故決請殺之。上曰：「何至於是！」數日不報。建乃與知樞密劉季述矯制發兵圍十六宅，諸王被髮，或緣垣，或升屋，呼【章：十二行本「升」作「登」；「呼」上有「或升木」三字；乙十一行本同；張校同，云無註本脫誤與吳本同。】曰：「宅家救兒！」被，皮義翻。呼，火故翻。唐末宮中率稱天子曰宅家。建擁通、沂、睦、濟、韶、彭、韓、陳、覃、延、丹十一王至石隄谷，盡殺之，石隄谷，在華州西。歐陽修集古錄云：殽阬君祠，今謂之五部神廟，其像有石隄西戍樹谷五樓先生、東臺御史王剪將軍，莫曉其義。其碑云：「石隄樹谷，南通商、雒。」又云：「前世通利，吏民興貴，有御史大夫、將軍牧伯，故爲立祠以報其功。」乃知五部之號，自漢有之。如此，則石隄者，石隄谷之神，五部神之一也。唐韓建殺諸王於石隄谷，蓋此谷也。殺阬神祠，在華州鄭縣。考異曰：舊紀：「是日，通、覃以下十一王并其侍者皆爲建兵所擁，至石隄谷，無長少，皆殺之。」唐補紀曰：「六宅諸王，准前商量，請置殿後都。韓建怨怒，進狀爭論，與諸王互說短長。上乃縛韓王克良已下十人送韓建府。建以棘刺圍於大廳，經宿不與相見。軍吏諫，遂請諸王歸宮，散卻殿後都。」新紀：「八月，韓建殺通王滋、沂王湮、韶王、彭王、嗣韓王、嗣陳王、嗣覃王嗣周、嗣延王戒丕、嗣丹王允。」按舊紀韓建奏，睦王、濟王、韶王、通王、彭王、韓王、儀王、陳王八人。新宗室傳，初帝遣嗣延王戒丕、嗣丹王允往見李克用，又有覃王嗣周，則是十一人。新紀、傳「儀」作「沂」。按昭宗子禋封沂王，不應更封宗室。舊紀儀王，恐可據。以謀反聞。

37 貶禮部尚書孫偓爲南州司馬。祕書監朱朴先貶夔州司馬，再貶郴州司戶。考異曰：實錄：「朴貶郴州司戶。」薛廷珪鳳閣書詞有朴自祕書監責除蜀王傅、分司東都制云：「苞藏莫顧於朝綱，進見不由於相府。」復云：「猶希顧問之間，來撓澄清之化。」又貶渠州司馬制云：「爭臣條奏，憲府極言，指陳負國之謀，忿嫉崇姦之計。」與此稍異。今從實錄。朴之爲相，何迎驟遷至右諫議大夫，至是亦貶湖州司馬。何迎薦朱朴見上卷上年。

38 鍾傳欲討吉州刺史襄陽周琲，琲帥其衆奔廣陵。琲，部浼翻，又蒲昧翻。帥，讀曰率。

39 王建與顧彥暉五十餘戰，九月，癸酉朔，圍梓州。蜀州刺史周德權言於建曰：「公與彥暉爭東川三年，士卒疲於矢石，百姓困於輸輓。輓，音晚。東川羣盜多據州縣，彥暉懦而無謀，欲爲偷安之計，皆啗以厚利，啗，徒濫翻。恃其救援，故堅守不下。今若遣人諭賊帥以禍福，帥，所類翻。來者賞之以官，不服者威之以兵，則彼之所恃，反爲我用矣。」建從之，彥暉勢益孤。德權，許州人也。

40丁丑，李克用至安塞軍，安塞軍在蔚州之東，嬀州之西。新志：幽州丁零川西南有安塞軍。辛巳，攻之。幽州將單可及引騎兵至，單，上演翻，姓也；又都寒翻，亦姓也。元魏孝文帝改代北內入諸渴單氏爲單氏。克用方飲酒，前鋒白：「賊至矣！」克用醉，曰：「仁恭何在？」對曰：「但見可及輩。」克用瞋目曰：瞋，昌眞翻。「可及輩何足爲敵！」亟命擊之。是日大霧，不辨人物，幽州將楊師侃伏兵於木瓜澗，據新書，木瓜澗亦在蔚州界。河東兵大敗，失亡太半。史言李克用輕敵，又不得天時，故敗。會大風雨震電，幽州兵解去。史言克用敗而得免者亦天也。克用醒而後知敗，責大將李存信等曰：「吾以醉廢事，汝曹何不力爭！」邢州之叛，莘縣之潰，木瓜澗之敗，皆李存信之罪也。克用終親任之，可謂失刑矣。

41湖州刺史李彥徽欲以州附於楊行密，去年楊行密表彥徽知湖州，故欲附之。其衆不從；彥徽奔廣陵，都指揮使沈攸以州歸錢鏐。錢鏐自此遂有湖州。

42以彰義節度使張璉爲鳳翔西北行營招討使，以討李茂貞。

43復以王建爲西川節度使、同平章事。加義武節度使王郜同平章事。削奪新西川節度使李茂貞官爵，復姓名宋文通。始以李茂貞之請而討王建，既而又以茂貞拒命，赦王建而討茂貞。朝廷號令，朝出而暮改，諸侯其孰尊而信之！皇威不振，自取之也。李茂貞賜姓名見二百五十六卷光啓二年。

44 朱全忠既得兗、鄆，甲兵益盛，乃大舉擊楊行密，遣龐師古以徐、宿、宋、滑之兵七萬壁清口，清口，卽今之清河口。將趨揚州，趨，七喻翻；下同。葛從周以兗、鄆、曹、濮之兵壁安豐，將趨壽州，安豐，漢六縣，故城在縣南；後漢置安豐縣；至唐屬壽州。九域志曰：安豐縣，在州東南六十餘里。蓋唐之壽州，治壽春縣，卽六朝壽陽之地。五代之末，周世宗克壽州，徙治下蔡，故宋朝安豐在壽州東南。全忠自將屯宿州；淮南震恐。

45 匡國節度使李繼瑭聞朝廷討李茂貞而懼，韓建復從而搖之，復，扶又翻。繼瑭奔鳳翔。冬，十月，以建爲鎭國、匡國兩軍節度使。韓建始兼有同、華。

46 壬子，知遂州侯紹帥衆二萬，乙卯，知合州王仁威帥衆千人，戊午，鳳翔李繼溥以援兵二千，皆降於王建。帥，讀曰率。建攻梓州益急。庚申，顧彥暉聚其宗族及假子共飲，遣王宗弼自歸于建；王宗弼爲東川兵所擒事見上卷二年。酒酣，命其假子瑤殺己及同飲者，然後自殺。僖宗光啓三年，顧彥朗得東川，傳至弟彥暉，至是而滅。建入梓州，乾寧二年，王建始攻東川，蓋三年而後克之。城中兵尚七萬人，建命王宗綰分兵徇昌、普等州，以王宗滌爲東川留後。

47 劉仁恭奏稱：「李克用無故稱兵見討，本道大破其黨于木瓜澗，請自爲統帥以討克用。」帥，所類翻。詔不許。又遺朱全忠書。遺，唯季翻。全忠奏加仁恭同平章事，朝廷從之。

仁恭又遣使謝克用，陳去就不自安之意。克用復書略曰：「今公仗鉞控兵，理民立法，擢士則欲其報德，選將則望彼酬恩；己尚不然，人何足信！克用言仁恭背己，人亦將背之也。將，卽亮翻。僕料猜防出於骨肉，嫌忌生於屏帷，持干將而不敢授人，捧盟盤而何詞著誓！」

48 甲子，立皇子祕爲景王，祚爲輝王，祺爲祁王。

49 加彰義節度使張璉同平章事。

50 楊行密與朱瑾將兵三萬拒汴軍於楚州，別將張訓自漣水引兵會之，乾寧二年，楊行密始取漣水，令張訓守之。行密以爲前鋒。龐師古營於淸口，或曰：「營地汙下，不可久處。」不聽。汙，烏瓜翻。處，昌呂翻。師古恃衆輕敵，居常弈棊。朱瑾壅淮上流，欲灌之；或以告師古，師古以爲惑衆，斬之。十一月，癸酉，瑾與淮南將侯瓚瓚，才旱翻。將五千騎潛渡淮，用汴人旗幟，自北來趣其中軍，趣，七喻翻。張訓踰柵而入；士卒蒼黃拒戰，淮水大至，汴軍駭亂。行密引大軍濟淮，與瑾等夾攻之，汴軍大敗，斬師古及將士首萬餘級，餘衆皆潰。葛從周營於壽州西北，壽州團練使朱延壽擊破之，退屯濠州，聞師古敗，奔還。行密、瑾、延壽乘勝追之，及於淠水。水經註：淠水出廬江灊縣西南，霍山東北，又東北過六縣東，又西北過安豐縣故城西，北入于淮。類篇：淠，必至切，水名，在弋陽。按今淠河在來遠鎭西十里，來遠鎭卽東正陽也，東至壽州二百里。從周半濟，淮南兵擊之，殺溺殆盡，從周走免。遏後都指揮使牛存節棄馬步鬭，諸軍稍得濟淮，凡四日不食，會大雪，汴卒緣道凍餒死，還者不滿千人；全忠聞敗，亦奔還。行密遺全忠書曰：「龐師古、葛從周，非敵也，公宜自來淮上決戰。」遺，于季翻。

行密大會諸將，謂行軍副使李承嗣曰：「始吾欲先趣壽州，趣，七喻翻。副使云不如先向淸口，師古敗，從周自走，今果如所料。」賞之錢萬緡，賞其勝算先定。表承嗣領鎭海節度使。行密待承嗣及史儼甚厚，第舍、姬妾，咸選其尤者賜之，故二人爲行密盡力，屢立功，竟卒於淮南。爲，于僞翻。卒，子恤翻。史言楊行密能用人。安仁義亦沙陀也，行密待之非不厚，而終於叛行密，狼子野心，固自有難馴養者。行密由是遂保據江、淮之間，全忠不能與之爭。

51 戊寅，立淑妃何氏爲皇后。后，東川人，生德王、輝王。

52 威武節度使王潮弟審知，爲觀察副使，有過，潮猶加捶撻，捶，止橤翻。審知無怨色。潮寢疾，捨其子延興、延虹、延豐、延休，命審知知軍府事。十二月，丁未，潮薨。審知以讓其兄泉州刺史審邽，審邽以審知有功，辭不受。審知自稱福建留後，表于朝廷。

53 壬戌，王建自梓州還；戊辰，至成都。

是歲，南詔驃信舜化有上皇帝書函及督爽牒中書木夾，年號中興。朝廷欲以詔書報之。王建上言：「南詔小夷，不足辱詔書。臣在西南，彼必不敢犯塞。」從之。黎、雅間有淺蠻曰劉王、郝王、楊王，各有部落，黎、雅西南大山長谷，皆蠻居之，所在深遠，而三王部落居近漢界，故曰淺蠻。西川歲賜繒帛三千匹，使覘南詔，亦受南詔賂詗成都虛實。繒，慈陵翻。覘，丑廉翻，又丑豔翻。詗，古迥翻，又翾正翻。每節度使到官，三王帥酋長詣府，帥，讀曰率。酋，慈由翻。長，知兩翻。節度使自謂威德所致，表于朝廷；而三王陰與大將相表裏，節度使或失大將心，則教諸蠻紛擾。先是節度使多文臣，先，悉薦翻。不欲生事，故大將常藉此以邀姑息，而南詔亦憑之屢爲邊患。及王建鎮西川，絕其舊賜，斬都押牙山行章以懲之。山行章，陳、田舊將，王建因其與淺蠻表裏而斬之，既以威示諸蠻，亦除舊務盡。邛崍之南，不置鄣候，不戍一卒，謂邛崍關以南也。蠻亦不敢侵盜。其後遣王宗播擊南詔，三王漏泄軍事，召而斬之。史言安邊之術，惟洞知近塞蕃落情僞而折其姦，則外夷不敢有所侮而動。

54 右拾遺張道古上疏，稱：「國家有五危、二亂。昔漢文帝卽位未幾，明習國家事。幾，居豈翻。見十三卷漢文帝元年。今陛下登極已十年，帝文德元年踐阼，至此十年；若以卽位踰年改元數之，則九年。而曾不知爲君馭臣之道。太宗內安中原，外開四夷，海表之國，莫不入臣。今先朝封域日蹙幾盡。幾，居依翻。臣雖微賤，竊傷陛下朝廷社稷始爲姦臣所弄，終爲賊臣所有也！」漢、唐之亡，誠如張道古之言。上怒，貶道古施州司戶。宋白曰：施州，漢巫縣地；吳大帝分巫縣立沙渠縣；後周建德三年於此置施州；唐因之。舊志：施州，京師南二千七百九里。仍下詔罪狀道古，宣示諫官。昭宗處艱危之中，猶罪言者，其亡宜矣。道古，青州人也。張道古見於通鑑者惟此事，著其州里，蓋傷之。

光化元年（戊午、八九八）是年八月還京，方改元。

1春，正月，兩浙、江西、武昌、淄青各遣使詣闕，請以朱全忠爲都統，討楊行密；兩浙錢鏐，江西鍾傳，武昌杜洪，淄青王師範，皆憚楊行密之強，而黨附朱全忠者也。詔不許。

2加平盧節度使王師範同平章事。淄青，平盧軍。

3以兵部尚書劉崇望同平章事，充東川節度使；以昭信防禦使馮行襲爲昭信節度使。方鎮表，光化元年置昭信防禦使，治金州，與此異。

4上下詔罪己息兵，復李茂貞姓名官爵，應諸道討鳳翔兵皆罷之。韓建之志也。

5壬辰，河中節度使王珂親迎於晉陽，迎，魚敬翻。李克用遣其將李嗣昭守河中。

6李茂貞、韓建皆致書於李克用，言大駕出幸累年，乞脩和好，好，呼到翻。同獎王室，兼乞丁匠助脩宮室；克用許之。

7初，王建攻東川，顧彥暉求救於李茂貞，茂貞命將出兵救之，事見上。不暇東逼乘輿，詐稱改過，與韓建共翼戴天子。及聞朱全忠營洛陽宮，累表迎車駕，茂貞、韓建懼，請脩復宮闕，奉上歸長安。詔以韓建爲脩宮闕使。考異曰：實錄：「建以行宮卑庳，無眺覽之所，表獻城南別墅。建初脩南莊，起樓觀，疏池沼，欲爲南內，行廢立之事。其叔父豐見其跋扈，謂建曰：『汝陳、許間一民，乘時危亂，位至方鎮，不能感君父之惠，而欲以同、華兩州百里之地行廢立，覆族在旦莫矣。吾不如先自裁，免爲汝所累。』由是建稍弭其志。及李茂貞表請助營宮苑，又聞朱全忠繕治洛陽，累表迎駕，建懼，故急營葺長安，率諸道助役，而又親程功焉。」按建若欲廢立，何必先營南內！今不取。諸道皆助錢及工材；建使都將蔡敬思督其役。既成，二月，建自往視之。

8 錢鏐請徙鎮海軍於杭州，從之。鎮海軍本治潤州，今徙軍額於杭州。

9 復以李茂貞爲鳳翔節度使。

10 三月，己丑，以王審知充威武留後。

11 朱全忠遣副使萬年韋震入奏事，求兼鎮天平，朝廷未之許，震力爭之；穆、敬以後，威令已不振，然藩鎮所遣奏事官不敢力爭於朝也。朝廷不得已，以全忠爲宣武、宣義、天平三鎮節度使。全忠以震爲天平留後，以前台州刺史李振爲天平節度副使。按歐史李振傳，振爲金吾衞將軍，拜台州刺史。盜起浙東，不果行，乃西歸過汴，以策干朱全忠；全忠留之，遂爲全忠用。振，抱眞之曾孫也。代、德之間，李抱眞鎮昭義，有大功。

12 淮南將周本救蘇州，兩浙將顧全武擊破之。淮南將秦裴以兵三千人拔崑山而戍之。崑山，漢婁縣地；梁分婁縣置信義縣，又分信義置崑山縣，取縣界崑山爲名；唐屬蘇州。九域志，在州東七十里。

13 以潭州刺史、判湖南軍府事馬殷知武安留後。時湖南管內七州，賊帥楊師遠據衡州，唐世旻據永州，蔡結據道州，陳彥謙據郴州，魯景仁據連州，路振九國志：唐旻、蔡結皆以郡人聚兵據郡。陳彥謙桂陽人，殺刺史黃岳，據郴州。魯景仁本從黃巢，以病留連州，遂據之。帥，所類翻。郴，丑林翻。殷所得惟潭、邵而已。爲馬殷盡取諸州張本。

14 義昌節度使盧彥威，性殘虐，又不禮於鄰道；與盧龍節度使劉仁恭爭鹽利，仁恭遣其子守文將兵襲滄州，彥威棄城，挈家奔魏州；羅弘信不納，乃奔汴州。光啓元年，盧彥威得滄、景，至是而亡。仁恭遂取滄、景、德三州，以守文爲義昌留後。仁恭兵勢益盛，幷幽、滄兩鎮之兵，故勢益盛。自謂得天助，有幷吞河朔之志，爲守文請旌節，爲，于僞翻；下爲吾同。朝廷未許。會中使至范陽，仁恭語之曰：語，牛倨翻。「旌節吾自有之，但欲得長安本色耳，何爲累章見拒！爲吾言之！」其悖慢如此。悖，蒲內翻，又蒲沒翻。

15 朱全忠與劉仁恭脩好，好，呼到翻。會魏博兵擊李克用。夏，四月，丁未，全忠至鉅鹿城下，敗河東兵萬餘人，逐北至青山口。五代志：邢州龍岡縣，隋文帝開皇十六年置青山縣，煬帝大業初省入龍岡。敗，補邁翻。

16 以護國節度使王珂兼侍中。珂，丘何翻。

17 丁卯，朱全忠遣葛從周分兵攻洺州，戊辰，拔之，斬刺史邢善益。

18 五月，己巳朔，赦天下。

19 葛從周攻邢州，刺史馬師素棄城走。辛未，磁州刺史袁奉滔自剄。全忠以從周爲昭義留後，守邢、洺、磁三州而還。幷、汴自此歲爭邢、洺、磁三州。

20 以武定節度使李繼密爲山南西道節度使。李繼密自洋州徙興元。

21 朝廷聞王建已用王宗滌爲東川留後，乃召劉崇望還，爲兵部尚書，仍以宗滌爲留後。

22 湖南將姚彥章言於馬殷，請取衡、永、道、連、郴五州，仍薦李瓊爲將。殷以瓊及秦彥暉爲嶺北七州游弈使，張圖英、李唐副之，五州，併潭、邵爲七。將兵攻衡州，斬楊師遠，引兵趣永州，趣，七喻翻。圍之月餘，唐世旻走死。殷以李唐爲永州刺史。

23 六月，以濠州刺史趙珝爲忠武節度使。珝，犨之弟也。珝，況羽翻。犨，昌牛翻。

24 秋，七月，加武貞節度使雷滿同平章事，方鎮表：光化元年，置武貞節度，領澧、朗、漵三州，治澧州。加鎮南節度使鍾傳兼侍中。

25 忠義節度使趙匡凝聞朱全忠有清口之敗，忠義軍，山南東道。清口之敗見去年十一月。陰附於楊行密。全忠遣宿州刺史尉氏氏叔琮將兵伐之，丙申，拔唐州，擒隨州刺史趙匡璘，敗襄州兵於鄧城。敗，補邁翻。

26 八月，庚戌，改華州爲興德府。以車駕駐蹕故也。

27 戊午，汴將康懷貞襲鄧州，克之，擒刺史國湘。趙匡凝懼，遣使請服於朱全忠，全忠許之。爲朱全忠再攻趙匡凝張本。

28己未，車駕發華州；壬戌，至長安；甲子，赦天下，改元。改元光化。

上欲藩鎮相與輯睦，以太子賓客張有孚爲河東、汴州宣慰使，賜李克用、朱全忠詔，又令宰相與之書，使之和解。克用欲奉詔，而恥於先自屈，乃致書王鎔，使通於全忠；全忠不從。朱全忠兵力方強，故不從。

29九月，乙亥，加韓建守太傅、興德尹；先是，上駐蹕華州，因以華州爲興德府。加王鎔兼中書令，羅弘信守侍中。

30己丑，東川留後王宗滌言於王建，以東川封疆五千里，文移往還，動踰數月，請分遂、合、瀘、渝、昌五州別爲一鎮；建表言之。

31顧全武攻蘇州；城中及援兵食皆盡，甲申，淮南所署蘇州刺史臺濛棄城走，金城湯池，非粟不守，臺濛雖淮南良將，柰之何哉！援兵亦遁。全武克蘇州，乾寧三年，淮南陷蘇州，今果如顧全武之言而復之。追敗周本等于望亭。九域志：常州無錫縣有望亭鎮，在蘇州北四十五里，又四十五里至無錫。敗，補邁翻。獨秦裴守崑山不下，全武帥萬餘人攻之；帥，讀曰率。裴屢出戰，使病者被甲執矛，壯者彀弓弩，全武每爲之卻。見其弓弩之力及遠，故爲之卻。彀，居候翻。爲，于僞翻。全武檄裴令降。降，戶江翻；下同。全武嘗爲僧，裴封函納款，全武喜，召諸將發函，乃佛經一卷，全武大慙，曰：「裴不憂死，何暇戲予！」益兵攻城，引水灌之，城壞，食盡，裴乃降。錢鏐設千人饌以待之，饌，雛皖翻，又雛戀翻。乃出，「乃」，當作「及」。【章：乙十一行本正作「及」。】羸兵不滿百人。觀通鑑上文，秦裴以三千人取崑山而守之，及其降也，羸兵不滿百人，則其兵死於戰守者殆盡，其存者僅三十之一耳。鏐怒曰：「單弱如此，何敢久爲旅拒！」旅，衆也。怙衆而拒捍，曰旅拒。對曰：「裴義不負楊公，今力屈而降耳，非心降也。」鏐善其言。顧全武亦勸鏐宥之，鏐從之。時人稱全武長者。顧全武甚識而度，所以能佐錢鏐保據一方。長，知兩翻。

32魏博節度使羅弘信薨，考異曰：薛居正五代史梁紀、弘信傳、太祖紀年錄皆云弘信八月卒。按八月昭宗還京，弘信猶加官。舊紀、傳九月卒，今從之。實錄十月，約奏到也。軍中推其子節度副使紹威知留後。

33汴將朱友恭將兵還自江、淮，過安州，朱友恭克黃州，還過安州。九域志：黃州西至安州三百里。或告刺史武瑜潛與淮南通，謀取汴軍，冬，十月，己亥，友恭攻而殺之。

34李克用遣其將李嗣昭、周德威將步騎二萬出青山，將復山東三州。山東三州，邢、洺、磁也；是年五月，葛從周取之。壬寅，進攻邢州；葛從周出戰，大破之。嗣昭等引兵退入青山，從周追之，將扼其歸路；步兵自潰，嗣昭不能制。會橫衝都將李嗣源以所部兵至，薛史明宗紀曰：羅弘信襲破李存信於莘縣，帝奮命殿軍而還，武皇嘉其功，即以所屬五百騎號曰橫衝都。謂嗣昭曰：「吾輩亦去，則勢不可支矣，我試爲公擊之。」爲，于僞翻。嗣昭曰：「善！我請從公後。」嗣源乃解鞍厲鏃，乘高布陳，陳，讀曰陣。左右指畫，邢人莫之測。嗣源直前奮擊，嗣昭繼之，從周乃退。

德威，馬邑人也。馬邑，秦、漢舊縣名，久廢；開元五年，分朔州善陽縣，置馬邑縣於古大同軍城，屬朔州。

35 癸卯，以威武留後王審知爲節度使。

36 以羅紹威知魏博留後。

37 丁巳，以東川留後王宗滌爲節度使。

38 加佑國節度使張全義兼侍中。

39 王珙引汴兵寇河中，珙，居勇翻。王珂告急於李克用；克用遣李嗣昭救之，敗汴兵於胡壁，九域志：河中府榮河縣有胡壁鎮。榮河，唐寶鼎縣也，宋祥符中更名。敗，補邁翻。汴人走。前常州刺史王柷，柷，之六翻。性剛介，有時望；詔徵之，時人以爲且入相。相，息亮翻。過陝，王柷就徵，道過陝州。陝，失冉翻。王珙延奉甚至，請敍子姪之禮拜之，柷固辭不受。珙怒，珙以柷同姓，年輩在前行，且入相，請敍子姪之禮，以親結之，而柷辭不受。珙以柷薄其門地本出寒微而絕之也，故怒。使送者殺之，考異曰：柷爲給事中幷遇害，舊紀、實錄皆無年月，今因珙伐河中事附此。幷其家人悉投諸河，掠其資裝，以覆舟聞。朝廷不敢詰。史言唐之威令不行，藩鎮暴橫，王柷罹其虐殺而不敢問。詰，去吉翻。

40 閏月，錢鏐以其將曹圭爲蘇州制置使，遣王球攻婺州。

41 十一月，甲寅，立皇子禎爲雅王，祥爲瓊王。

42 以魏博留後羅紹威爲節度使。

43 衢州刺史陳岌請降于楊行密，錢鏐使顧全武討之。降，戶江翻。

44 朱全忠以奉國節度使崔洪與楊行密交通，淮西，淮南鄰道也。遣其將張存敬攻之；洪懼，請以弟都指揮使賢爲質，質，音致。考異曰：十國紀年：「洪託以將士不受節制，遣兄賢質於汴。」按舊紀，「十月，汴將張存敬以兵襲蔡州，刺史崔洪納款，請以弟賢質于汴，許之。」實錄亦云「弟賢」，今從之。且言：「將士頑悍，悍，下罕翻，又侯旰翻。不受節制，請遣二千人詣麾下從征伐。」全忠許之，爲朱全忠遣崔賢徵兵、蔡將殺賢劫洪奔淮南張本。召存敬還。存敬，曹州人也。

45 十二月，昭義節度使薛志勤薨。

李克用之平王行瑜也，見上卷乾寧二年。李罕之求邠寧於克用。克用曰：「行瑜恃功邀君，故吾與公討而誅之。昨破賊之日，吾首奏趣蘇文建赴鎮。事見同上。趣，讀曰促。今纔達天聽，遽復二三，復，扶又翻；下同。朝野之論，必喧然謂吾輩復如行瑜所爲也。吾與公情如同體，固無所愛，俟還鎮，當更爲公論功賞耳。」爲，于僞翻；下同。罕之不悅而退，私於蓋寓曰：「罕之自河陽失守，依託大庇，蓋，古盍翻。李罕之失河陽見二百五十七卷僖宗文德元年。歲月已深。比來衰老，比，毗至翻，近也。倦於軍旅，若蒙吾王與太傅哀愍，王，謂李克用，太傅，謂蓋寓。賜一小鎮，使數年之間休兵養疾，然後歸老閭閻，幸矣。」寓爲之言，克用不應。每藩鎮缺，議不及罕之，罕之甚鬱鬱。寓恐其有他志，亟爲之言，（亟，去吏翻，頻也，數也。）克用曰：「吾於罕之豈愛一鎮，但罕之，鷹也，飢則爲用，飽則背飛！」（祖曹操駕御呂布之意而言之。背，蒲妹翻。）及志勤薨，旬日無帥，罕之擅引澤州兵夜入潞州，據之，（九域志：澤州北至潞州一百六十五里。帥，所類翻。）以狀白克用，曰：「薛鐵山死，（薛志勤從克用起代北，初名鐵山。）州民無主，慮不逞者爲變，故罕之專命鎮撫，取王裁旨。」（裁旨者，旨裁其可否也。）克用怒，遣人讓之。罕之遂遣其子【章：十二行本「子」下有「顥」字；乙十一行本同；孔本同；張校同。】請降於朱全忠，執河東將馬溉等及沁州刺史傅瑤送汴州。克用遣李嗣昭將兵討之，（自此，李克用不能與朱全忠爭邢、洺、磁而爭澤、潞矣。）嗣昭先取澤州，收罕之家屬送晉陽。（先取澤州，既掩李罕之不備，且俘其家。史言李嗣昭用兵有方略。）

46 楊行密遣成及【章：十二行本「及」下有「等」字；乙十一行本同。】歸兩浙以易魏約等，（淮南禽成及見上卷乾寧三年。兩浙擒魏約見上去年四月。楊、錢爭蘇州，臺濛、周本、秦裴皆淮南名將也，爲浙人所困，終不能守。楊行密知錢鏐未易可輕，故歸成及以易魏約，意在講解也。）錢鏐許之。（錢鏐亦自知不如楊行密之強，故許之之速。）

47 韶州刺史曾衮舉兵攻廣州，州將王瓌帥戰艦應之；（帥，讀曰率。）清海行軍司馬劉隱一戰破之。韶州將劉潼復據湞、浛，（復，扶又翻。湞、浛當在韶州湞昌縣界。或曰：劉潼據湞陽、浛洭二縣之間。湞，癡貞翻。浛，胡南翻。）隱討斬之。

二年（己未、八九九）

1 春，正月，丁未，中書侍郎兼吏部尚書【章：十二行本「書」下有「同平章事」四字；乙十一行本同；孔本同；張校同。】崔胤罷守本官；以兵部尚書陸扆同平章事。崔胤、陸扆迭爲拜罷。

2 朱全忠表李罕之爲昭義節度使，又表權知河陽留後丁會、武寧留後王敬蕘、蕘，如招翻。彰義留後張珂並爲節度使。河陽、武寧皆附屬朱全忠，獨張珂在涇州，而爲之請節鉞，亦所以結之。

3 楊行密與朱瑾將兵數萬攻徐州，軍于呂梁，朱全忠遣騎將張歸厚救之。

4 劉仁恭發幽、滄等十二州兵十萬，十二州：幽、涿、瀛、莫、平、營、薊、嬀、檀、滄、景、德也。幽州巡屬更有蔚、新、武三州，劉仁恭留以備河東，不發其兵。欲兼河朔；攻貝州，拔之，城中萬餘戶，盡屠之，投尸清水。清水，即清河之水。由是諸城各堅守不下。仁恭進攻魏州，營于城北；魏博節度使羅紹威求救於朱全忠。

5 朱全忠遣崔賢還蔡州，崔洪以弟賢爲質，見上年。發其兵二千詣大梁。二月，蔡將崔景思等殺賢，劫崔洪，悉驅兵民渡淮奔楊行密。兵民稍稍遁歸，安土重遷，人情之常也。至廣陵者不滿二千人。全忠命許州刺史朱友裕守蔡州。

6 朱全忠自將救徐州，楊行密聞之，引兵去；汴人追及之於下邳，下邳，古縣，唐屬徐州。九域志，在徐州東一百八十里。殺千餘人。全忠行至輝州，是年，朱全忠表以宋州之碭山、虞城、單父，曹州之成武，置輝州，即單州之封域也。聞淮南兵已退，乃還。

7三月，朱全忠遣其將李思安、張存敬將兵救魏博，屯于內黃；九域志：內黃縣在魏州西南二百一十四里。癸卯，全忠以中軍軍于滑州。劉仁恭謂其子守文曰：「汝勇十倍於思安，當先虜鼠輩，後擒紹威耳！」乃遣守文及其妹壻單可及將精兵五萬擊思安於內黃。丁未，思安使其將袁象先伏兵於清水之右，淇水東過內黃，謂之白溝水，亦謂之清河水。思安逆戰於繁陽，繁陽，漢古縣，唐併省入內黃。杜佑曰：漢繁陽縣故城在內黃縣西北。陽不勝而卻；守文逐之，及內黃之北，思安勒兵還戰，伏兵發，夾擊之。幽州兵大敗，斬可及，殺獲三萬人，守文僅以身免。可及，幽州驍將，號「單無敵」，燕軍失之喪氣。李克用輕單可及而有木瓜澗之敗，劉仁恭輕李思安而單可及喪元，是以用兵者戒於輕敵。喪，息浪翻。思安，陳留人也。

時葛從周自邢州將精騎八百已入魏州。戊申，仁恭攻上水關、館陶門，館陶門，魏州城北門，由此門出，趣館陶縣，因以爲門名。從周與宣義牙將賀德倫出戰，顧門者曰：「前有大敵，不可返顧。」命闔其扉。闔，轄臘翻。扉，門扇也。從周等殊死戰，仁恭復大敗，復，扶又翻；下同。擒其將薛突厥、王鄶郎。鄶，古外翻。明日，汴、魏乘勝合兵擊仁恭，破其八寨，仁恭父子燒營而遁。汴、魏之人長驅追之，至臨清，擁其衆入永濟渠，殺溺不可勝紀。勝，音升。鎭人亦出兵邀擊於東境，鎭人，王鎔之兵，深、冀、趙之東境。自魏至滄五百里間，僵尸相枕。僵，居良翻。枕，職任翻。仁恭自是不振，而全忠益橫矣。幽、并之兵勢皆挫，故全忠益橫。橫，戶孟翻。德倫，河西胡人也。薛史：賀德倫，其先河西部落人，父懷慶，隸滑州軍，爲小校，故德倫少爲滑牙將。

劉仁恭之攻魏州也，羅紹威遣使脩好於河東，好，呼到翻。且求救。壬午，李克用遣李嗣昭將兵救之。會仁恭已爲汴兵所敗，敗，補邁翻。紹威復與河東絕，自李存信莘縣之敗，魏與幷絕矣，今因求救而通好；幷兵未至，而汴人有功，故復與幷絕。嗣昭引還。

8葛從周乘破幽州之勢，自土門攻河東，拔承天軍；別將氏叔琮自馬嶺入，馬嶺，在太原府太谷縣東南八十里。拔遼州樂平，晉分漢沾縣置樂平縣，唐屬遼州。進軍榆次；榆次，古縣，唐屬太原府。李克用遣內牙軍副周德威擊之。

叔琮有驍將陳章，號「陳夜叉」，爲前鋒，俗言陰府有鬼使曰夜叉；時人以陳章鷙悍可畏如夜叉然，因稱之。請於叔琮曰：「河東所恃者周楊五，周德威小字楊五。請擒之，求一州爲賞。」克用聞之，以戒德威，德威曰：「彼大言耳。」戰于洞渦，洞渦水出沾縣北山，東流南屈，過受陽縣故城東，西過榆次縣南。此據水經註也。魏收地形志：「同過水一出木瓜嶺，一出沾嶺，一出大廉山，一出原過祠下，五水合流，故曰同過。」後語轉爲洞渦。按高歡建大丞相府于晉陽，魏收已策名霸府。齊受魏禪，以晉陽爲別都。魏收多從其主往來晉陽宮，宜知地名之的。德威微服往挑戰，挑，徒了翻。謂其屬曰：「汝見陳夜叉即走。」章果逐之，德威奮鐵檛擊之墜馬，檛，側瓜翻。生擒以獻。因擊叔琮，大破之，斬首三千級。叔琮棄營走，德威追之，出石會關，又斬千餘級。從周亦引還。

9 丁巳，朱全忠遣河陽節度使丁會攻澤州，下之。去年十二月，河東兵取澤州。考異曰：實錄：「丁巳，葛從周復取澤州。」按編遺錄：「丁巳，河陽丁會收復澤州。」實錄云從周，誤也。唐太祖紀年錄：「三月，周德威敗氏叔琮於洞渦驛。先是逆溫令丁會將兵助李罕之，戍潞州。至是，葛從周復入潞州以代丁會，賊復陷我澤州。」梁實錄、薛史梁紀皆云六月方遣從周入潞州，紀年錄於此連言後事耳。

10 婺州刺史王壇爲兩浙所圍，去年閏月，兩浙兵攻婺州。求救於宣歙觀察使田頵，按宣歙觀察，先是已升寧國軍，以田頵爲節度使。歙，書涉翻。夏，四月，頵遣行營都指揮使康儒等救之。

11 五月，甲午，置武信軍於遂州，以遂、合等五州隸之。王建之志也。

12 李克用遣蕃、漢馬步都指揮使李君慶將兵攻李罕之，己亥，圍潞州。朱全忠出屯河陽，辛丑，遣其將張存敬救之，壬寅，又遣丁會將兵繼之；大破河東兵，君慶解圍去。克用誅君慶及其裨將伊審、李弘襲；以李嗣昭爲蕃、漢馬步都指揮使，代之攻潞州。

13 庚戌，康儒等敗兩浙兵於龍丘，龍丘，本漢太末縣，貞觀八年更名龍丘，即今龍遊縣。九域志：屬衢州，在州東七十五里。敗，補邁翻。擒其將王球，王球爲主將，以攻婺州而見擒於龍丘，蓋以浙兵逆與宣兵戰也。遂取婺州。景福元年，王壇得婺州，至是失之。

14 六月，乙丑，李罕之疾亟。亟，紀力翻。丁卯，全忠表罕之爲河陽節度使，以丁會爲昭義節度使；未幾，幾，居豈翻。又以其將張歸霸守邢州，遣葛從周代會守潞州。考異曰：編遺錄：

「六月，乙丑，李罕之疾甚，請歸河陽。丁卯，上令抽大軍迴，以丁會權制置，綏懷上黨，上乃東歸。」不言遣從周入潞。薛居正五代史梁紀：「六月，帝表丁會爲潞州節度使，以李罕之疾亟故也。又遣葛從周由固鎮路入于潞州，以援丁會。」梁實錄、後唐紀皆云代會。自此至潞州破，賀德倫走，不復見會名。或者李罕之既卒，復召會守河陽，以從周代之，不可知也。今因會鎮潞，終言之。

15 以西川大將王宗佶爲武信節度使。王建之請也。宗佶，本姓甘，洪州人也。

16 丁丑，李罕之薨于懷州。李罕之自潞州赴河陽，至懷州而卒。

17 保義節度使王珙，性猜忍，雖妻子親近，常不自保；至是軍亂，爲麾下所殺，僖宗中和初，王重盈鎮陝，傳子珙，至是而亡。推都將李璠爲留後。璠，音煩。

18 秋，七月，朱全忠海州戍將陳漢賓請降于楊行密。淮海遊弈使張訓以漢賓心未可知，與漣水防遏使廬江王綰將兵二千直趣海州，遂據其城。楊行密自此遂有海州。趣，七喩翻。

19 加荊南節度使成汭兼中書令。

20 馬殷遣其將李唐攻道州，蔡結聚羣蠻，伏兵于隘以擊之，大破唐兵。唐曰：「蠻所恃者山林耳，若戰平地，安能敗我！」敗，補邁翻。乃命因風燔林，火燭天地，羣蠻驚遁，遂拔道州，擒結，斬之。

21 朱全忠召葛從周於潞州，使賀德倫守之。八月，丙寅，李嗣昭引兵至潞州城下，分兵攻澤州。己巳，汴將劉玘棄澤州走，河東兵進拔天井關，以李孝璋爲澤州刺史。「李孝璋」，當作「李存璋」。賀德倫閉城不出，李嗣昭日以鐵騎環其城，捕芻牧者，環，音宦。附城三十里禾黍皆刈之。乙酉，德倫等棄城宵遁，趣壺關，賀德倫之兵既不得出城芻牧，城外禾黍又空，糧援俱絕，宜其遁也。九域志：壺關縣在潞州東二十五里。趣，七喻翻。河東將李存審李存審，即符存審。伏兵邀擊之，殺獲甚衆。葛從周以援兵至，聞德倫等已敗，乃還。

22 九月，癸卯，以鳳翔節度使李茂貞爲鳳翔、彰義節度使。是年，春正月，朱全忠表張珂爲彰義節度使。張氏鎮涇州，凡三帥矣，今命李茂貞兼領之。

23 李克用表汾州刺史孟遷爲昭義留後。爲孟遷以潞州叛李克用張本。

24 淄青節度使王師範以沂、密內叛，當是時，朱全忠盡有河南一道之地，王師範亦附屬焉。若沂、密內叛，將安歸邪？又不乞師於全忠而乞師於楊行密，此事當考。乞師于楊行密。冬，十月，行密遣海州刺史臺濛、副使王綰將兵助之，拔密州，歸于師範；將攻沂州，先使覘之，覘，丑廉翻。曰：「城中皆偃旗息鼓。」綰曰：「此必有備，而救兵近，不可擊也。」諸將曰：「密已下矣，沂何能爲！」綰不能止，乃伏兵林中以待之。諸將攻沂州不克，救兵至，引退；此救兵果誰兵歟？州兵乘之，綰發伏擊敗之。敗，補邁翻。

25 十一月，陝州都將朱簡殺李璠，自稱留後，附朱全忠，仍請更名友謙，預於子姪。朱全忠又兼有陝、虢。更，工衡翻。

26加忠義節度使趙匡凝兼中書令。

27馬殷遣其將李瓊攻郴州，執陳彥謙，斬之；進攻連州，魯景仁自殺，湖南皆平。馬殷始盡有湖南之地。

28十二月，加魏博節度使羅紹威同平章事。

王崇武標點容肇祖聶崇岐覆校

資治通鑑卷第二百六十二

端明殿學士兼翰林侍讀學士太中大夫提舉西京嵩山崇福宮上柱國河內郡開國公食邑二千二百戶食實封九百戶賜紫金魚袋臣司馬光 奉敕編集

後學天台胡三省 音註

唐紀七十八 起上章涒灘（庚申），盡重光作噩（辛酉），凡二年。

昭宗聖穆景文孝皇帝中之中

光化三年（庚申、九〇〇）

1 春，正月，宣州將康儒攻睦州；宣州將，田頵所遣將也。錢鏐使其從弟銶拒之。從，才用翻。銶，音求。

2 二月，庚申，以西川節度使王建兼中書令。

3 壬申，加威武節度使王審知同平章事。

4 壬午，以吏部尚書崔胤同平章事，充清海節度使。

5 李克用大發軍民治晉陽城塹，懼朱全忠之攻逼也。治，直之翻。押牙劉延業諫曰：「大王聲振華、夷，宜揚兵以嚴四境，不宜近治城塹，損威望而啓寇心。」克用謝之，賞以金帛。

6 夏，四月，加定難軍節度使李承慶同平章事。難，乃旦翻。

7 朱全忠遣葛從周帥兗、鄆、滑、魏四鎮兵十萬擊劉仁恭，帥，讀曰率。五月，庚寅，拔德州，斬刺史傅公和；己亥，圍劉守文於滄州。仁恭復遣使卑辭厚禮求援於河東，復，扶又翻。李克用遣周德威將五千騎出黄澤，攻邢、洺以救之。黄澤關，在遼州遼山縣黄澤嶺。

8 邕州軍亂，逐節度使李鐬；懿宗咸通三年，升邕管經略使爲嶺南西道節度使。鐬，呼會翻。鐬借兵鄰道討平之。

9 六月，癸亥，加東川節度使王宗滌同平章事。

10 司空、門下侍郎、同平章事王摶，明達有度量，時稱良相。以其時言之，稱爲良相，所謂彼善於此也。上素疾宦官樞密使宋道弼、景務脩專横，横，戶孟翻。崔胤日與上謀去宦官，去，羌呂翻。宦官知之。由是南、北司益相憎嫉，各結藩鎮爲援以相傾奪。摶恐其致亂，從容言於上曰：從，千容翻。「人君當務明大體，無所偏私。宦官擅權之弊，誰不知之！顧其勢未可猝除，宜俟多難漸平，以道消息。難，乃旦翻。以道消息者，言惡者以漸殺其勢，則久而自消；善者以漸培其根，則久而自長。願陛下言勿輕泄以速姦變。」胤聞之，譖摶於上曰：「王摶姦邪，已爲道弼輩外應。」上疑之。及胤罷相，去年胤罷相，見上卷。意摶排己，愈恨之。及出鎮廣州，遺朱全忠書，具道摶語，是年二月，出胤廣州，摶語卽從容言於上者。遺，唯季翻。令全忠表論之。全忠上言：「胤不可離輔弼之地；上，時掌翻；下連上同。離，力智翻。摶與敕使相表裏，同危社稷。」表連上不已。上雖察其情，迫於全忠，不得已，胤至湖南復召還。復，扶又翻。丁卯，以胤爲司空、門下侍郎、同平章事，摶罷爲工部侍郎。以道弼監荆南軍，務脩監青州軍。監，古銜翻。戊辰，貶摶溪州刺史；己巳，又貶崖州司戶；道弼長流驩州，務脩長流愛州；是日，皆賜自盡。摶死於藍田驛，道弼、務脩死於霸橋驛。藍田驛在藍田縣。霸橋驛在長安城南，近霸橋。於是胤專制朝政，勢震中外，朝，直遙翻。宦官皆側目，不勝其憤。爲劉季述、韓全誨之亂張本。勝，音升。

11 劉仁恭將幽州兵五萬救滄州，營於乾寧軍，乾寧軍，在滄州西一百里，蓋乾寧間始置此軍也。宋白曰：乾寧軍，本古蘆臺軍地，後爲馮橋鎮，臨御河之岸，接滄、幽二州之界。周顯德六年，收復關南，始建爲乾寧軍。九域志云：太平興國七年始置軍。葛從周留張存敬、氏叔琮守滄州寨，自將精兵逆戰於老鵶堤，老鵶堤，在乾寧軍東南。大破仁恭，斬首三萬級，仁恭走保瓦橋。瓦橋，在涿州歸義縣南，至莫州三十里。宋白曰：瓦橋亦謂之瓦子濟橋，在涿州南，易州東。周顯德收復三關，以其地控幽、薊，建爲雄州。秋，七月，李克用復遣都指揮使李嗣昭將兵五萬攻邢、洺以救仁恭，敗汴軍於內丘。復，扶又翻。敗，補邁翻；下同。范成大北使錄，內丘縣至邢州三十五里。考異曰：唐太祖紀年錄：「七月，嗣昭攻堯山，至內丘，遇汴軍三千，戰敗之，擒其將李瓌。」薛居正五代史後唐紀與紀年錄同。惟唐末見聞錄：八月二十五日，嗣昭領馬步五萬取馬嶺，進軍下山東，某日山東告捷，收得洺州。九月二日，嗣昭兵士失利卻回。」新紀：「八月，庚辰，陷洺州。」薛史唐紀：「九月，嗣昭棄城歸。」蓋據此也。按編遺錄，八月中云，「前月二十五日，上於毬場饗士，忽有大風驟起，占者云賊風。果於是時李進通領蕃寇出攻洺州。」然則嗣昭出兵，乃七月二十五日也。編遺錄又曰：「八月，乙丑，出兵救洺州。」乙丑，九日也。又進通敗奔歸太原在八月，見聞錄誤。今從編遺錄、紀年錄、梁紀。王鎔遣使和解幽、汴，會久雨，朱全忠召從周還。滄州下濕，雨水，難以駐軍，且欲救邢、洺，故召還。

12 庚戌，以昭義留後孟遷爲節度使。

13 甲寅，以西川節度使王建兼東川、信武軍兩道都指揮制置等使。時置武信軍於遂州。「信武」，當作「武信」。王建兼指揮制置兩道，則可以制宗滌、宗佶，蓋諷朝廷以此命之。

14 八月，李嗣昭又敗汴軍于沙門河，「沙門河」，疑當作「沙河」，即邢州沙河縣也。考異曰：編遺錄：「七月二十五日，李進通領蕃寇出并州來攻洺州。八月乙丑，發大軍救應之。上尋亦自領衙軍相繼北征，翌日，達滑臺。軍前馳報，洺州已陷，刺史朱紹宗因踰堞，墮而傷足，爲賊所擒。」唐太祖紀年錄：「八月，李嗣昭又遇汴軍於沙門河，擊而敗之。進攻洺州，刺史朱紹宗挈其族夜遁，我師追及，擒之。」唐末見聞錄：「八月二十五日，嗣昭進軍下山東，某日山東告捷，收得洺州，捉得刺史朱溫姪男。」舊紀：「八月，庚辰，嗣昭攻洺州，下之。」薛史梁紀：「八月，河東遣李進通襲陷洺州。」新紀亦在庚辰，乃二十五日也。實錄在九月，約奏到。今從編遺錄。進攻洺州。乙丑，朱全忠引兵救之，未至，嗣昭拔洺州，擒刺史朱紹宗。全忠命葛從周將兵擊嗣昭。

15 宣州將康儒食盡，自清溪遁歸。康儒是年正月攻睦州。清溪，漢歙縣地，後分置新安縣，隋改爲雉山，文明元年，復爲新安，開元二十年，改爲還淳，永貞元年，避憲宗名，改曰清溪，屬睦州。九域志：縣在州西一百六十六里。

16 九月，葛從周自鄴縣渡漳水，營於黃龍鎮；朱全忠自將中軍三萬涉洺水置營。李嗣昭棄城走，棄洺州城而走。從周設伏於青山口，邀擊，大破之。考異曰：唐太祖紀年錄：「葛從周攻洺州，嗣昭棄城而歸。是役也，王郃郎、楊師悅陷賊，洺州復爲汴有。」唐末見聞錄：「九月二日，嗣昭兵士失利卻回，被汴州捉到王郃郎。」編遺錄、薛居正五代史梁紀：「八月，帝遣葛從周屯黃龍鎮，親領中軍涉洺而寨，晉人懼而宵遁，洺州復平。」唐紀：「九月，汴帥自將兵三萬圍洺州，嗣昭棄城而歸，葛從周伏青山口，嗣昭軍不利。」實錄：「九月，嗣昭棄洺州，敗於青山口。」今從唐末見聞錄、唐紀、實錄。按考異所錄唐紀，蓋後唐紀。

17 崔胤以太保、門下侍郎、同平章事徐彥若位在己上，惡之；惡，烏路翻。彥若亦自求引去。徐彥若可謂知遙增擊而去之之意者。時藩鎮皆爲強臣所據，惟嗣薛王知柔在廣州，知柔鎮廣州見二百六十卷乾寧元年。乃求代之。乙巳，以彥若同平章事，充清海節度使。初，荊南節度成汭以澧、朗本其巡屬，爲雷滿所據，肅宗至德二載，置荊南節度，領荊、澧、朗、郢、復、夔、峽、忠、萬、歸十州，其後增領分隸不一，自雷滿據澧、朗，又分置武貞軍節度。屢求割隸荊南，朝廷不許，汭頗怨望。薛史曰：汭奏請割隸，彥若爲相，執不行，汭由是銜之。及彥若過荊南，汭置酒，從容以爲言。從，千容翻。彥若曰：「令公位尊方面，自比桓、文，成汭進中書令，故稱之爲令公。雷滿小盜不能取，乃怨朝廷乎！」汭甚慚。

18 丙午，中書侍郎兼吏部尚書、同平章事崔遠罷守本官，以刑部尚書裴贄爲中書侍郎、同平章事。贄，坦之弟子也。裴坦見二百五十一卷懿宗咸通十年。

19 升桂管爲靜江軍，以經略使劉士政爲節度使。

20 朱全忠以王鎔與李克用交通，移兵伐之，自洺州移兵伐趙。下臨城，踰滹沱，攻鎮州南門，焚其關城。全忠自至元氏，鎔懼，遣判官周式詣全忠請和。全忠盛怒，謂式曰：「僕屢以書諭王公，竟不之聽！今兵已至此，期於無捨！」式曰：「鎮州密邇太原，鎮州與太原僅隔山耳。九域志：鎮州西距太原四百三十里。困於侵暴，李克用自得河東以來，屢攻趙。四鄰各自保，莫相救恤，王公與之連和，乃爲百姓故也。爲，于僞翻；下爲人、爲之同。今明公果能爲人除害，則天下誰不聽命，豈惟鎮州！明公爲唐桓、文，當崇禮義以成霸業；若但窮威武，則鎮州雖小，城堅食足，明公雖有十萬之衆，未易攻也！況王氏秉旄五代，庭湊、元逵、紹鼎、紹懿、景崇及鎔爲五世，蓋紹鼎、紹懿兄弟也，共爲一世。時推忠孝，人欲爲之死，庸可冀乎！」全忠笑攬式袂，延之帳中，曰：「與公戲耳！」周式之說朱全忠，猶屈完之說齊桓公也；而當時汴、鎮攻守之勢，誠亦如此。全忠易怒爲笑而延之，以其言中其要害也。乃遣客將開封劉捍入見鎔，客將，主賓客，掌通名贊謁。鎔以其子節度副使昭祚及大將子弟爲質，質，音致。以文繒二十萬犒軍；文繒，絹之有文者，今謂之花絹。全忠引還，以女妻昭祚。還，從宣翻，又如字。妻，七細翻。

成德判官張澤言於王鎔曰：「河東，勍敵也，勍，渠京翻。今雖有朱氏之援，譬如火發於家，安能俟遠水乎！彼幽、滄、易定，猶附河東，不若說朱公乘勝兼服之，幽，劉仁恭；滄，劉守文；易定，王郜。說，式芮翻；下同。使河北諸鎮合而爲一，則可以制河東矣。」鎔復遣周式往說全忠。復，扶又翻。全忠喜，遣張存敬會魏博兵擊劉仁恭；甲寅，拔瀛州；冬，十月，丙辰，拔景州，執刺史劉仁霸；辛酉，拔莫州。

21 靜江節度使劉士政聞馬殷悉平嶺北，湖南之地在五嶺之北。大懼，遣副使陳可璠屯全義嶺以備之。璠，孚袁翻。武德四年，分始安置臨源縣，大曆三年，更名全義，屬桂州。國朝改全義爲興安縣，在桂州東北一百五十里。殷遣使脩好於士政，好，呼到翻。可璠拒之；殷遣其將秦彥暉、李瓊等將兵七千擊士政。湖南軍至全義，士政又遣指揮使王建武屯秦城。范成大桂海虞衡志曰：秦城在桂林城北八十里，相傳以爲始皇發戍五嶺之地。城在湘水之南，瀜、灕二水之間，遺址尚存，石甃亦無恙。城北二十里有嚴關，羣山環之，鳥道不可方軌。秦取百粵，以其地爲桂林、象郡，而戍兵乃止湘南。蓋嶺有喉衿在是，稍南又不可以宿兵也。可璠掠縣民耕牛以犒軍，縣民怨之，請爲湖南鄉導，犒，苦到翻。鄉，讀曰嚮。曰：「此西南有小徑，距秦城纔五十里，僅通單騎。」彥暉遣李瓊將騎六十、步兵三百襲秦城，中宵，踰垣而入，擒王建武，比明，復還，紤之以練，造可璠壁下示之，比，必利翻，及也。紤，充夜翻，縶縛也。造，七到翻。可璠猶未之信；斬其首，投壁中，桂人震恐。瓊因勒兵擊之，擒可璠，降其將士二千，皆殺之。引兵趣桂州，趣，七喻翻；下同。自秦城以南二十餘壁皆望風奔潰，遂圍桂州；數日，士政出降，乾寧二年，劉士政襲據桂州，至是而敗。桂、宜、巖、柳、象五州宜州之地，秦屬象郡，漢屬交趾、日南二郡界，後沒于蠻。唐初，開置粵州，乾封中，更曰宜州。皆降於湖南。馬殷又兼有桂管。考異曰：唐烈祖實錄、新唐書本紀、路振九國志楚世家皆云光化二年殷克桂州。馬氏行年記及王舉大定錄云天復元年。惟曹衍湖湘馬氏故事云：「天復甲子，宣晟自安州入桂州。天祐四年丁卯，十二月，收嶺北七州；明年十月，平桂州。」差繆極甚。新唐書方鎮表：「光化三年，升桂管經略使為靜江節度使。」而本紀：「乾寧二年，安州防禦使宣晟陷桂州，靜江軍節度使周元靜部將劉士政死之。」歲月既已倒錯，又以士政為元靜部將同死，尤為乖誤。今據武安節度掌書記林崇禧撰武威王廟碑云：「我王臨位五歲而桂林歸款。」自乾寧三年至光化三年，五年矣，又與實錄合，故從之。馬殷以李瓊為桂州刺史；未幾，幾，居豈翻。表為靜江節度使。

22 張存敬攻劉仁恭，下二十城，將自瓦橋趣幽州，道濘不能進；濘，乃定翻，泥淖也。乃引兵西攻易定，辛巳，拔祁州，景福二年，王處存表以定州無極、深澤二縣置祁州。殺刺史楊約。

23 癸未，以保義留後朱友謙為節度使。朱全忠請之也。

24 張存敬攻定州，義武節度使王郜部，居號翻。遣後院都知兵馬使王處直將兵數萬拒之。唐中世以來，方鎮多置後院兵。處，昌呂翻。處直請依城為柵，俟其師老而擊之。孔目官梁汶曰：「昔幽、鎮兵三十萬攻我，汶，音問，薛史作「問」。僖宗光啓元年，幽州李可舉、鎮州王鎔攻王處存，事見二百五十六卷。于時我軍不滿五千，一戰敗之。敗，補邁翻。今存敬兵不過三萬，我軍十倍於昔，柰何示怯，欲依城自固乎！」郜乃遣處直逆戰于沙河，沙河，在新城北，望都縣南。易定兵大敗，死者過半，餘衆擁處直奔還。甲申，王郜棄城奔晉陽，王處存素睦於晉，又婚姻也，故郜奔之。軍中推處直爲留後。存敬進圍定州，丙申，朱全忠至城下；處直登城呼曰：呼，火故翻。「本道事朝廷甚【章：十二行本「甚」作「盡」；乙十一行本同；孔本同；張校同。】忠，義武自張孝忠以來，事朝廷最爲忠順。於公未嘗相犯，何爲見攻？」全忠曰：「何故附河東？」對曰：「吾兄與晉王同時立勳，謂王處存與李克用同平黃巢立功。封疆密邇，自定州出飛狐，即河東之境。且婚姻也，脩好往來，乃常理耳；好，呼到翻。請從此改圖。」全忠許之。定州城池高深，朱全忠知不可猝攻而拔，故許其和。乃歸罪於梁汶而族之，以謝全忠，以繒帛十萬犒師；全忠乃還，仍爲處直表求節鉞。爲，于僞翻。處直，處存之母弟也。

劉仁恭遣其子守光將兵救定州，軍於易水之上；易水，在易州遂城縣界。遂城縣於宋爲安肅軍。昔燕太子丹送荊軻於易水之上，即此地。全忠遣張存敬襲之，殺六萬餘人。由是河北諸鎮皆服於全忠。史言河北諸鎮皆羈服於全忠，全忠不能幷有其地也。

先是王郜告急於河東，先，悉薦翻。李克用遣李嗣昭將步騎三萬下太行，攻懷州，拔之，行，戶剛翻。進攻河陽。河陽留後侯言不意其至，狼狽失據，嗣昭壞其羊馬城。壞，音怪。城外別立短垣以屏蔽，謂之羊馬城。會佑國軍將閻寶引兵救之，河南府佑國軍，東北至河陽八十五里。力戰於壕外，河東兵乃退。寶，鄆州人也。

25 初，崔胤與帝密謀盡誅宦官，及宋道弼、景務脩死，事見上六月。宦官益懼。上自華州還，光化元年，上還自華州，事見上卷。還，從宣翻，又如字。忽忽不樂，樂，音洛。多縱酒，喜怒不常，左右尤自危。於是左軍中尉劉季述、右軍中尉王仲先、樞密使王彥範、薛齊偓等陰相與謀曰：「主上輕佻多變詐，難奉事；佻，土彫翻。專聽任南司，時宦官謂之北司，謂南牙百官爲南司。吾輩終罹其禍。不若奉太子立之，尊主上爲太上皇，引岐、華兵爲援，岐，李茂貞；華，韓建。華，戶化翻。控制諸藩，誰能害我哉！」

十一月，上獵苑中，禁苑，在宮城北。因置酒，夜，醉歸，手殺黃門、侍女數人。明旦，日加辰巳，宮門不開。季述詣中書白崔胤曰：「宮中必有變，我內臣也，得以便宜從事，請入視之。」乃帥禁兵千人破門而入，帥，讀曰率。訪問，具得其狀。出，謂胤曰：「主上所爲如是，豈可理天下！廢昏立明，自古有之，爲社稷大計，非不順也。」胤畏死，不敢違。庚寅，季述召百官，陳兵殿庭，陳兵以脅百官也。作胤等連名狀，請太子監國，以示之，使署名；胤及百官不得已皆署之。監，古銜翻。上在乞巧樓，按劉季述傳，乞巧樓在思玄門內，近思政殿。季述、仲先伏甲士千人於門外，即宣化門外。與宣武進奏官程巖等十餘人入請對。季述、仲先甫登殿，將士大呼，呼，火故翻。突入宣化門，至思政殿前，逢宮人，輒殺之。上見兵入，驚墮牀下，起，將走，季述、仲先掖之令坐。宮人走白皇后，后趨至，拜請曰：「軍容勿驚宅家，有事取軍容商量。」量，音良。今人謂議事爲商量。季述等乃出百官狀白上，曰：「陛下厭倦大寶，中外羣情，願太子監國，請陛下保頤東宮。」頤，養也；言於少陽院自保養也。上曰：「昨與卿曹樂飲，不覺太過，樂，音洛。何至於是！」對曰：「此非臣等所爲，皆南司衆情，不可遏也。願陛下且之東宮，之，往也。待事小定，復迎歸大内耳。」后曰：「宅家趣依軍容語！」趣，讀曰促。卽取傳國寶以授季述，宦官扶上與后同輦，嬪御侍從者纔十餘人，從，才用翻。適少陽院。季述以銀檛畫地數上曰：檛，側加翻。數，所具翻，俗從上聲。「某時某事，汝不從我言，其罪一也。」如此數十不止。歷數之，至數十不止。乃手鎖其門，鎔鐵錮之，錮，音固。遣左軍副使李師虔將兵圍之，上動靜輒白季述，穴牆以通飲食。凡兵器針刀皆不得入，上求錢帛俱不得，求紙筆亦不與。時大寒，嬪御公主無衣衾，號哭聞於外。號，戶刀翻。聞，音問。季述等矯詔令太子監國，迎太子入宮。考異曰：按此月乙酉朔，己丑五日，庚寅六日也。廢立之日，舊紀云庚寅，舊宦者傳、唐年補紀皆云六日，無云五日者；而實錄、新紀云己丑，誤也。唐太祖紀年錄，先云六日，後云七日，尤誤也。崔胤所恃者昭宗耳，季述議廢立，安肯卽從之！補錄、紀年録言脅之以兵，是也。唐補紀云「皇后穴牆取太子」，又云「令旨宣告大臣與社稷爲主」，又云「后白軍容，令聖上養疾。」皆程匡柔爲宦者諱耳，不可信也。辛卯，矯詔令太子嗣位，更名縝。

更，工衡翻；下同。縝，止忍翻。以上爲太上皇，皇后爲太上皇后。甲午，太子即皇帝位，更名少陽院曰問安宮。

季述加百官爵秩，與將士皆受優賞，欲以求媚於衆。殺睦王倚；倚，上弟也。凡宮人、左右、方士、僧、道爲上所寵信者，皆榜殺之。榜，音彭。每夜殺人，晝以十車載尸出，一車或止一兩尸，欲以立威。將殺司天監胡秀林，武德四年，改太史監曰太史局，有令、有丞。高宗龍朔二年，改太史局曰祕書閣，局令曰祕書閣郎中。武后光宅元年，改太史局曰渾天監，俄改曰渾儀監，長安二年，復曰太史局。中宗景龍二年，改太史局曰太史監，乾元元年，改曰司天臺。置監一人，正三品，掌察天文，稽曆數。秀林曰：「軍容幽囚君父，更欲多殺無辜乎！」季述憚其言正而止。季述欲殺崔胤，而憚朱全忠，但解其度支鹽鐵轉運使而已。【章：十二行本「已」下有「崔胤密致書全忠，使興兵圖返正」十三字；乙十一行本同；張校同；退齋校同；孔本同，「返」作「反」。】考異曰：舊傳：「劉季述畏朱全忠之強，不敢殺崔胤，但罷知政事，落使務，守本官而已。胤復致書於全忠，請出師返正，故全忠令張存敬急攻晉、絳、河中。」按舊紀、新紀、新宰相表，此際皆無胤罷相事。全忠攻晉、絳、河中，乃在明年返正後。今不取。

左僕射致仕張濬在長水，乾寧三年，上復欲相張濬，以李克用言而止，濬遂致仕居長水。宋白曰：長水，本漢盧氏縣地，後魏延昌二年，分盧氏東境庫谷已西、沙渠谷已東，爲南陝縣。北有陝縣，故名南陝。廢帝元年，改爲長淵，以縣東洛水長淵爲名。唐以犯唐祖諱，改名長水。九域志：在河南府西二百四十里。見張全義於洛陽，勸之匡復；又與諸藩鎮書勸之。

進士無棣李愚客華州，上韓建書，略曰：「僕每讀書，見父子君臣之際，有傷教害義者，恨不得肆之市朝。上，時掌翻。朝，直遥翻；下並同。明公居近關重鎮，蓋謂華州控扼潼關，距關爲近。君父幽辱月餘，坐視凶逆而忘勤王之舉，僕所未諭也。僕竊計中朝輔弼，雖有志而無權；外鎮諸侯，雖有權而無志。惟明公忠義，社稷是依。往年車輅播遷，號泣奉迎，累歲供饋，再復廟、朝，謂乾寧三年建〔迎〕上駐蹕華州，光化元年歸長安也。廟、朝，謂宗廟、朝廷也。號，戶刀翻。義感人心，至今歌詠。此時事勢，尤異前日；明公地處要衝，處，昌呂翻。位兼將相。自宮闈變故，已涉旬時，旬時，即旬日也。若不號令率先以圖反正，遲疑未決，一朝山東侯伯唱義連衡，衡，讀曰横。鼓行而西，明公求欲自安，其可得乎！言山東勤王之師若至華州，韓建亦不得安其位矣。其後朱全忠攻岐，遂徙建許州，卒如李愚之言。此必然之勢也。不如馳檄四方，諭以逆順，軍聲一振，則元凶破膽，旬浹之間，二豎之首傳於天下，旬浹，謂一日、二日至于十日。浹，即協翻。二豎，謂劉季述、王仲先。計無便於此者。」建雖不能用，厚待之。愚堅辭而去。

朱全忠在定州行營，聞亂，丁未，南還；十二月，戊辰，至大梁。季述遣養子希度詣全忠，許以唐社稷輸之；又遣供奉官李奉本以太上皇誥示全忠。劉季述矯爲之誥也。全忠猶豫未決，會僚佐議之，或曰：「朝廷大事，非藩鎮所宜預知。」天平節度副使李振獨曰：「王室有難，難，乃旦翻。此霸者之資也。今公爲唐桓、文，安危所屬。李振以齊桓、晉文諂朱全忠。屬，之欲翻。季述一宦豎耳，乃敢因廢天子，公不能討，何以復令諸侯！復，扶又翻。且幼主位定，則天下之權盡歸宦官矣，是以太阿之柄授人也。」全忠大悟，卽囚希度、奉本，遣振如京師詗事。詗，火迥翻，又翾正翻。既還，又遣親吏蔣玄暉如京師，與崔胤謀之；又召程巖赴大梁。考異曰：薛居正五代史李振傳：「十一月，太祖遣振入奏於長安，邸吏程巖白振曰：『劉中尉命其姪希貞來計大事。』既至，巖乃先啓曰：『主上嚴急，內官憂恐，左中尉欲行廢黜，敢以事告。』振顧希貞曰：『百歲奴事三歲主，亂國不義，廢君不祥，非敢聞也。況梁王以百萬之師匡輔天子，幸熟計之！』希貞大沮而去。振復命，劉季述果作亂，程巖率諸道邸吏牽帝下殿以立幼主。振至陝，陝已賀矣。護軍韓彝範言其事，振曰：『懿皇初昇遐，韓中尉殺長立幼以利其權，遂亂天下；今將軍復欲爾邪！』彝範，卽文約孫也，由是不敢言。」編遺錄：「上雖聞其事，未知摭實，但懷憤激。丁未，上離定州軍前，十二月，戊辰，達大梁，欲潛謀返正，乃遣李振偵視其事。振回，益詳其宜也，尋馳蔣玄暉與崔胤密圖大義。」薛史梁紀：「季述幽昭宗，立德王裕爲帝，仍遣其養子希度來言，願以唐之神器輸於帝。時帝方在河朔，聞之，遽還于汴，大計未決。會李振自長安使回，因言於帝云云。帝悟，因請振復使于長安，與時宰潛謀返正。」按季述廢立之前，李振若已嘗立異，今豈敢復入長安與崔胤謀返正乎！今從編遺錄。（註曰：貞明中，史臣李琪、張袞、郗殷象、馮錫嘉修撰太祖實錄，事多漏略，敬翔別纂成三十卷補其闕，號曰大梁編遺錄。）又按唐太祖紀年錄及舊張濬傳皆云濬勸諸藩匡復，而梁實錄及李振傳皆云濬勸全忠附中官，與紀年錄及舊傳相違，恐梁實錄誤，振傳據實錄也。唐補紀曰：「自監國居位，將及五旬，牋表不來，朝野驚虞，亢旱時多，虹蜺背璚。崔胤覩其不祥，便謀內變，潛行書檄於關外，播揚辭舌於街衢。朱全忠封崔胤檄書併手札等與季述云：『彼已翻覆，早宜別圖。』無何，季述以此書示于崔胤曰：『比來同匡社稷，卻爲鬬亂藩方，不審相公何至於此！』胤唯云『無此事，遣人反圖。』刻蠟僞名，自古乃有。軍容若行怪怒，則乞俯存家族。』季述乃與言，誓相保始終。胤其夜便致書謝全忠云：『昨以丹誠諮撓尊聽，卻蒙封示左軍劉公，其人已知意旨。今日與胤設盟，不相損害，然遠託令公爲主，方應保全，兼送女僕二人，細馬兩匹。』全忠覽書大詬曰：『劉季述，我與伊同王事十二三年，兄弟之故，特令報渠；不能自謀，卻示崔相，道我兩頭三面，實是難容！我若不殺此公，不姓朱也！』乃擲於地，囚其使者，走一健步直申崔公，從茲與大梁同謀大事。」按崔胤鼎來內倚昭宗，外挾全忠，與宦官爲敵。今昭宗既廢，胤所以得未死者，以與全忠親密故也，全忠安肯以其書示季述！季述恨胤深入骨髓，若得此書，立當殺胤，豈肯復以示胤而與之盟誓也！此殊不近人情，皆由程匡柔黨宦官，疾胤之亂耳。

26 清海節度使薛王知柔薨。

27 是歲，加楊行密兼侍中。

28 睦州刺史陳晟卒，弟詢自稱刺史。

29 太子即位累旬，藩鎮牋表多不至。王仲先性苛察，素知左、右軍多積弊，及爲中尉，鉤校軍中錢穀，得隱沒爲姦者，痛捶之，捶，止橤翻。急徵所負；將士頗不安。有鹽州雄毅軍使孫德昭爲左神策指揮使，自劉季述廢立，常憤惋不平。惋，烏貫翻。崔胤聞之，遣判官石戩與之遊。判官，度支鹽鐵判官也。戩，即淺翻。德昭每酒酣必泣，戩知其誠，乃密以胤意說之曰：「自上皇幽閉，中外大臣至於行間士卒，孰不切齒！說，式芮翻。行，戶剛翻。今反者獨季述、仲先耳，公誠能誅此二人，迎上皇復位，則富貴窮一時，忠義流千古；苟狐疑不決，則功落他人之手矣！」德昭謝曰：「德昭小校，校，戶教翻。國家大事，安敢專之！苟相公有命，不敢愛死。」戩以白胤。胤割衣帶，手書以授之。德昭復結右軍清遠都將董彥弼、周承誨，清遠都，亦神策五十四都之一。復，扶又翻。謀以除夜伏兵安福門外以俟之。

天復元年（辛酉、九〇一）是年四月，方改元。

1 春，正月，乙酉朔，王仲先入朝，至安福門，孫德昭擒斬之，馳詣少陽院，叩門呼曰：呼，火故翻。「逆賊已誅，請陛下出勞將士。」勞，力到翻。何后不信，曰：「果爾，以其首來！」德昭獻其首，上乃與后毀扉而出。扉，門扇也。崔胤迎上御長樂門樓，新書儀衞志：太極宮端門曰承天門，承天門分爲東西廊下門，自東廊下入長樂門，自西廊下入永安門。凡朝會之仗，門內各有挾門隊。樂，音洛。帥百官稱賀。帥，讀曰率。周承誨擒劉季述、王彥範繼至，方詰責，已爲亂梃所斃。詰，去吉翻。梃，徒鼎翻。薛齊偓赴井死，出而斬之。滅四人之族，并誅其黨二十餘人。宦官奉太子匿於左軍，獻傳國寶。上曰：「裕幼弱，爲凶豎所立，非其罪也。」命還東宮，黜爲德王，復名裕。裕之爲宦官所立也，更名縝，今復其舊名。丙戌，以孫德昭同平章事，充靜海節度使，靜海軍，安南；孫德昭遙領也。賜姓名李繼昭。

丁亥，崔胤進位司徒，胤固辭；上寵待胤益厚。

己丑，朱全忠聞劉季述等誅，折程巖足，折，而設翻。薛史梁紀曰：昭宗之廢也，汴之邸吏程巖牽昭宗衣下殿。帝召巖至汴，折其足，至長安，殺之。械送京師，并劉希度、李奉本等皆斬於都市，由是益重李振。李振請誅劉季述等見上。

庚寅，以周承誨爲嶺南西道節度使，賜姓名李繼誨，董彥弼爲寧遠節度，賜姓李，並同平章事；與李繼昭俱留宿衞，十日乃出還家，即旬休之制也。賞賜傾府庫，時人謂之「三使相」。未幾，周承誨、董彥弼復朋比宦官，獨孫德昭不肯爾。

癸巳，進朱全忠爵東平王。考異曰：舊紀：「二月，以全忠守中書令，進封梁王。」薛居正五代史梁紀：「正月，癸巳，進封帝爲梁王，酬返正之功也。」實錄：「癸巳，沛郡王朱全忠加定謀宣力功臣，進封東平王。」新紀：「二月，辛未，封全忠爲梁王。」按編遺錄，此年二月辛未表讓梁王。三年二月制云：「兔苑名邦，睢陽奧壤，光膺簡册，大啓封疆；可守太尉、中書令，進封梁王。」或者今年已曾封梁王，全忠讓不受，改封東平王，至三年乃進封梁王。而三年制辭，前官爵已稱梁王，蓋誤也。今從實錄。

2 丙午，敕：「近年宰臣延英奏事，樞密使侍側，爭論紛然；既出，又稱上旨未允，復有改易，橈權亂政。復，扶又翻。橈，奴教翻，或奴巧翻。自今並依大中舊制，俟宰臣奏事畢，方得升殿承受公事。」大中故事，凡宰相對延英，兩中尉先降，樞密使候旨殿西，宰相奏事已畢，樞密使案前受事。賜兩軍副使李師度、徐彥孫自盡，皆劉季述之黨也。

3 鳳翔、彰義節度使李茂貞來朝；加茂貞守尚書令，唐自太宗以尚書令即阼，不復授人。郭子儀有大功，雖授之而不敢受；王行瑜怙強力，雖求之而終不獲。蓋君臣上下，猶知守先朝之法也。今以授李茂貞，唐法蕩然，於此極矣。兼侍中，進爵岐王。

劉季述、王仲先既死，崔胤、陸扆上言：上，時掌翻。「禍亂之興，皆由中官典兵。乞令胤主左軍，扆主右軍，則諸侯不敢侵陵，王室尊矣。」上猶豫兩日未決。李茂貞聞之，怒曰：「崔胤奪軍權未得，已欲翦滅諸侯！」上召李繼昭、李繼誨、李彥弼謀之，皆曰：「臣等累世在軍中，未聞書生爲軍主；若屬南司，必多所變更，更，工衡翻。不若歸之北司爲便。」上乃謂胤、扆曰：「將士意不欲屬文臣，卿曹勿堅求。」於是以樞密使韓全誨、鳳翔監軍使張彥弘爲左、右中尉。全誨，亦前鳳翔監軍也。爲韓全誨劫上幸鳳翔張本。又徵前樞密使致仕嚴遵美爲兩軍中尉、觀軍容處置使。遵美曰：「一軍猶不可爲，況兩軍乎！」按新書宦者傳，嚴遵美嘗歷左神策觀軍容使，故云然。處，昌呂翻。固辭不起。以袁易簡、周敬容爲樞密使。

李茂貞辭還鎮。崔胤以宦官典兵，終爲肘腋之患，欲以外兵制之，諷茂貞留兵三千於京師，充宿衞，以茂貞假子繼筠將之。左諫議大夫萬年韓偓以爲不可，胤曰：「兵自不肯去，非留之也。」偓曰：「始者何爲召之邪？」胤無以應。新書韓偓傳，胤召李茂貞入朝，使留族子繼筠宿衞，故斥言之而胤無以應。偓，於角翻。偓曰：「留此兵則家國兩危，不留則家國兩安。」胤不從。李繼筠卒與宦官劫帝幸鳳翔。考異曰：唐補紀曰：「其月八日，李茂貞朝覲，留二千人在右街侍衛而回。崔胤中朱全忠，請三千人在南坊宅側安下。鳳翔劫駕西去，朱全忠又闇以車子載器仗，稱是紬絹進奉，推車子人皆是官健，入崔胤宅中。人心驚惶，不同前後。崔胤累差人喚召朱全忠不到。」新傳：「韓全誨等知崔胤必除己乃已，因諷茂貞留選士四千宿衛，以李繼徽總之；胤亦諷朱全忠納兵二千居南司，以婁敬思領之。」蓋取唐補紀耳。按韓偓金鑾密記，偓對昭宗云：「當留兵之時，臣五六度與崔胤力爭，胤曰：『某實不留兵，是兵不肯去。』臣曰：『其初何用召來？』又胤云：『且喜岐兵只留三千人。』」據此，則是胤召茂貞入朝，仍留其兵也。又舊紀、梁實錄、編遺錄、薛居正五代史梁紀等諸書，皆不言全忠嘗遣兵宿衛京師。若如唐補紀所言，岐、汴各遣兵數千人戍京師，則昭宗欲西幸時，兩道兵必先鬭於闕下，不則汴兵皆爲宦官所誅，不則先遁去。今皆無此事，蓋程匡柔得於傳聞，又黨於宦官，深疾崔胤，未足信也。然胤所以欲留茂貞兵爲己援者，蓋以茂貞自以誅劉季述爲己功，必能與己同心讎疾；宦官以利誘之，遂復與宦官爲一耳。今從金鑾記。

4 朱全忠既服河北，欲先取河中以制河東，己亥，召諸將謂曰：「王珂駑材，恃太原自驕汰。駑，音奴。王珂恃李克用翁壻之親而不事朱全忠，故云然。吾今斷長蛇之腰，諸君爲我以一繩縛之！」言河東、河中兩鎮連衡以通長安，今若取河中，是斷李克用之腰也。斷，丁管翻。爲，于僞翻。庚子，遣張存敬將兵三萬自汜水渡河出含山路以襲之，含山，在絳州東。張濬之敗也，出含口至河陽，渡河西歸，卽此路。全忠以中軍繼其後；戊申，存敬至絳州。晉、絳不意其至，皆無守備，庚戌，絳州刺史陶建釗降之；釗，音昭。降，戶江翻。壬子，晉州刺史張漢瑜降之。全忠遣其將侯言守晉州，何絪守絳州，絪，音因。屯兵二萬以扼河東援兵之路。朝廷恐全忠西入關，急賜詔和解之；全忠不從。

珂遣間使告急於李克用，道路相繼，間，古莧翻。克用以汴兵先據晉、絳，兵不得進。九域志：太原西南二百六十里至汾州，汾州南三百五十里至晉州，晉州南百二十五里至絳州，絳州西南六十五里至河中府。援兵擇便利投間隙而行，固不盡由驛道。但汴兵已屯晉、絳以塞其衝，并兵縱由捷徑得進，汴兵遮前險，守後要，進不得援河中，退不得歸太原也。珂妻遺李克用書曰：遺，唯季翻；下又遺同。「兒旦暮爲俘虜，大人何忍不救！」克用報曰：「今賊兵塞晉、絳，塞，悉則翻。衆寡不敵，進則與汝兩亡，不若與王郎舉族歸朝。」自晉以來，婦翁皆呼壻爲郎，迨今猶然。珂又遺李茂貞書，言：「天子新返正，詔藩鎮無得相攻，同奬王室。今朱公不顧詔命，首興兵相加，其心可見。河中若亡，則同華、邠、岐俱不自保。同華，韓建；邠，李茂貞養子繼徽；岐，茂貞所鎮也。天子神器拱手授人，其勢必然矣。公宜亟帥關中諸鎮兵，固守潼關，赴救河中。帥，讀曰率。僕自知不武，願於公西偏授一小鎮，此地請公有之。關中安危，國祚脩短，繫公此舉，願審思之！」茂貞素無遠圖，不報。此時李茂貞若能救河中以連河東，異時鳳翔必無受圍之困。

5 二月，甲寅朔，河東將李嗣昭攻澤州，拔之。

乙卯，張存敬引兵發晉州；己未，至河中，遂圍之。王珂勢窮，將奔京師，而人心離貳，會浮梁壞，流澌塞河，舟行甚難。浮梁，謂蒲津之浮梁也。河中府治河東縣，架浮梁以通河西縣，自此路西入長安。塞，悉則翻。珂挈其族數百欲夜登舟，親諭守城者，皆不應。牙將劉訓曰：「今人情擾擾，若夜出涉河，必爭舟紛亂，一夫作難，事不可知。不若且送款存敬，徐圖向背。」珂從之。壬戌，珂植白幡於城隅，（難，乃旦翻。背，蒲妹翻。植，直吏翻，又如字。）遣使以牌印請降於存敬。存敬請開城，珂曰：「吾於朱公有家世事分，（珂父重榮，朱全忠以舅事之。分，扶問翻。）請公退舍，俟朱公至，吾自以城授之。」存敬從之，且使走白全忠。

乙丑，全忠至洛陽，聞之喜，（凡用兵者，擁強大之衆以臨弱小，必曰「以此衆戰，誰能禦之，以此攻城，何城不克。」此以聲形臨敵者也。而弱小者能堅力一心而守之，以大衆困於堅城之下者亦多矣。故善用兵者不以大衆爲可恃，而以攻城爲最下。王珂之迎降，朱全忠之所以喜也。）馳往赴之；戊辰，至虞鄉，（九域志，虞鄉，在河中府東六十里。）先哭於重榮之墓，盡哀；河中人皆悅。珂欲面縛牽羊出迎，全忠遽使止之曰：「太師舅之恩何可忘！若郎君如此，使僕異日何以見舅於九泉！」乃以常禮出迎，握手歔欷，（歔，音虛。欷，音希，又許旣翻。）聯轡入城。全忠表張存敬爲護國軍留後，王珂舉族遷于大梁，（僖宗廣明元年，王重榮據河中，傳兄重盈以及子珂，凡二十二年而亡。朱全忠自此有河中、晉、絳。）其後全忠遣珂入朝，遣人殺之於華州。全忠聞張夫人疾亟，遽自河中東歸。（張夫人，全忠之妻也。）

李克用遣使以重幣請脩好於全忠；（好，呼到翻。）全忠雖遣使報，而忿其書辭蹇傲，決欲攻之。（考異曰：唐末見聞録：「乾寧四年六月，差軍將發往汴州爲使，其書云云，汴州回書云云。」據全忠書，有「前年洹水曾獲賢郎，去歲青山又擒列將，」又云「鎭、定歸款，蒲、晉求和，」則非乾寧四年明矣。唐年補錄：「天復元年五月壬午，制以朱全忠兼領河中，仍詔與太原通和。初，朝廷以全忠呑併河朔，又收下蒲津，必恐兵起相侵，乃下詔太原、夷門，使務和好。時太原意亦以全忠漸強，先以書聘全忠。」書辭與見聞錄同。全忠答太原書，又進表云：「臣與太原曾於頃歲首締歡盟，及其偶掇猜嫌，止爲各爭言氣。」又云：「但以來書意指，未息披攘。」又云：「臣詳茲來意，益切憤懷，不敢遂與通和，必恐有孤朝寄，已遣諸軍進討訖。」續寶運錄載全忠表云：「臣當道先自河府抽軍，便赴太原進討，已累具狀，分析聞奏訖。臣今月二十三日，部領牙隊到東都，李克用差到專使張特與臣書一封，幷馳馬、弓箭、銀器、匹段等，與臣通和。其張特，臣且與回書放歸訖。當月河府抽回兵士，卽勒權於河陽屯駐；見排比收復潞州，便邐迤赴太原進討次。其李克用與臣書一封，謹隨狀封進。天復四年二月奏。」其年三月二日，表到駕前，奉襄宗三月八日敕云云。云天復四年，尤誤也。編遺錄：「天復元年二月，李克用遣軍將張特執檄厚幣而來釋憾，亦差軍將持函以爲報。」又曰：「辛巳，上欲北回軍，便征北虜。近者李克用以甘言重幣，請通和好，遂具事奏聞。」語與補錄同。唐太祖紀年錄：「天復元年六月，太祖以梁寇方強，難以兵伏，陽降心以緩其謀，乃遣押牙張特持幣馬書檄以諭之，請復舊好，書詞大陳北邊五部士馬之盛，皆吾外援。朱溫視之不懌，令敬翔脩報，詞旨疏拙，人士嗤之。」薛居正五代史梁紀：「天復元年二月，李克用遣牙將張特來聘，帝亦遣使報命。」李襲吉傳：「天復中，武皇議欲脩好於梁，命襲吉爲書以貽梁祖。」書辭與見聞錄同，其年月日各參差不同。據全忠答太原書云「今月二十二日使至」，又上表云「先自河陽抽軍赴太原」，又云「二十三日到東都」，則克用書達全忠，必在天復元年二月下旬。今從編遺錄、梁紀。

6 以翰林學士、戶部侍郎王溥爲中書侍郎、同平章事。以吏部侍郎裴樞爲戶部侍郎、同平章事。溥，正雅之從孫也，王正雅見二百四十四卷文宗大和五年。從，才用翻。常在崔胤幕府，故胤引之。

7 贈謚故睦王倚曰恭哀太子。倚爲宦官所殺，見上年。

8 加幽州節度使劉仁恭、魏博節度使羅紹威並兼侍中。

9 三月，癸未朔，朱全忠至大梁。自河中歸至大梁。　癸卯，遣氏叔琮等將兵五萬攻李克用，入自太行，魏博都將張文恭入自磁州新口，武宗之討劉稹也，自遼州開新路，達于磁州武安縣，故謂之新口。葛從周以兗、鄆兵會成德兵入自土門，洺州刺史張歸厚入自馬嶺，義武節度使王處直入自飛狐，沈括曰：北岳常山之岑，謂之大茂山，自石晉割燕、雲與契丹，以大茂山分脊爲界。飛狐路，在大茂山西，自銀冶寨北出倒馬關，度北界，卻自石門子、令水鋪入缾形、梅回兩寨之間，至代州。今大茂祠中多唐人古碑，殿前一亭有李克用題名云：「太原河東節度使李克用親領步騎五十萬，問罪幽陵，回師自飛狐路，卽歸鴈門。」權知晉州侯言以慈、隰、晉、絳兵入自陰地。叔琮入天井關，進軍昂車。昂車，卽昂車關，在澤州昂車嶺。辛亥，沁州刺史蔡訓【嚴：「訓」改「訶」。】以城降。河東都將蓋璋【嚴：「璋」改「瑋」。】詣侯言降，卽令權知沁州。蓋，古盍切，姓也。　壬子，叔琮拔澤州，李【章：十二行本「李」上有「刺史」二字；乙十一行本同；孔本同；張校同；退齋校同。】存璋棄城走。叔琮進攻潞州，昭義節度使孟遷降之。河東屯將李審建、王周將步軍一萬、騎二千詣叔琮降；叔琮進趣晉陽。趣，七喻翻。　夏，四月，乙卯，叔琮出石會關，營於洞渦驛。洞渦驛，臨洞渦水。張歸厚引兵至遼州，丁巳，遼州刺史張鄂降。別將白奉國會成德兵自井陘入，陘，音刑。己未，拔承天軍，與叔琮烽火相應。

10 甲戌，上謁太廟；丁丑，赦天下，改元。雪王涯等十七家。王涯等誅夷見二百四十五卷文宗太和九年。崔胤將誅宦官，故先雪王涯等。

11 初，楊復恭爲中尉，借度支賣麴一年之利以贍兩軍，自是不復肯歸。度，徒洛翻。復，扶又翻；下同。至是，崔胤草赦，草赦文及諸條件。欲抑宦官，聽酤者自造麴，但月輸榷酤錢；兩軍先所造麴，趣令減價賣之，過七月無得復賣。榷，訖岳翻。酤，音故。復，扶又翻。會要：會昌六年九月，敕揚州等八道州府置榷酤，并置官店酤酒，代百姓納榷酒錢，并充資助軍用；如有人私酤酒及置私麴者，罪止一身，不得沒入家產。蓋榷酤賣麴，本皆屬度支。

12 東川節度使王宗滌以疾求代，王建表馬步使王宗裕爲留後。

13 氏叔琮等引兵抵晉陽城下，數挑戰，數，所角翻。挑，徒了翻。城中大恐；李克用登城備禦，不遑飲食。時大雨積旬，城多頹壞，隨加完補。河東將李嗣昭、李嗣源鑿暗門，夜出攻汴壘，屢有殺獲；李存進敗汴軍於洞渦。敗，補邁翻。時汴軍既衆，芻糧不給，久雨，士卒瘧利，瘧，逆約翻。寒熱迭作爲瘧。泄下爲利。全忠乃召兵還。五月，叔琮等自石會關歸，考異曰：編遺錄：「四月，壬戌，上以李克用遣張特齎書請尋懽盟，乃指揮諸軍所在且駐留，見差發專人之太原，許通懽好。兼并州地寒，節候甚晚，戎馬既多，野草不足於芻牧，尋令氏叔琮迴戈。」後唐太祖紀：「五月，氏叔琮及四面賊軍皆退。」薛史梁紀，班師在四月。後唐紀，汴軍退在五月。蓋全忠以四月命班師，而叔琮等以五月離晉陽，故國史記之各異也。諸道軍亦退。河東將周德威、李嗣昭以精騎五千躡之，殺獲甚衆。先是，汾州刺史李瑭舉州附於汴軍，先，悉薦翻。克用遣其將李存審攻之，三日而拔，執瑭，斬之。氏叔琮過上黨，孟遷挈族隨之南徙。朱全忠遣丁會代守潞州。爲丁會歸李克用張本。

14 朱全忠奏乞除河中節度使，而諷吏民請己爲帥；帥，讀曰率。癸卯，以全忠爲宣武、宣義、天平、護國四鎮節度使。當是時，自蒲、陜以東，至于海，南距淮，北距河，諸鎮皆爲朱全忠所有。使全忠以鄰道自廣，則當兼領佑國、河陽、陜虢，不應越此三鎮而領河中；全忠所以領河中者，上以制朝廷，下以制李克用也。

15 己酉，加鎮海、鎮東節度使錢鏐守侍中。

16 崔胤之罷兩軍賣麴也，并近鎮亦禁之。李茂貞惜其利，表乞入朝論奏，李茂貞在鳳翔，近鎮也，故爭賣麴之利。韓全誨請許之。茂貞至京師，全誨深與相結。崔胤始懼，陰厚朱全忠益甚，與茂貞爲仇敵矣。

17 以佑國節度使張全義兼中書令。

18 六月，癸亥，朱全忠如河中。考異曰：薛居正五代史梁紀：「庚申，帝發自大梁。」今從編遺錄。

19 上之返正也，中書舍人令狐渙、給事中韓偓皆預其謀，故擢爲翰林學士，數召對，訪以機密。渙，綯之子也。數，所角翻。令狐綯相宣宗。時上悉以軍國事委崔胤，每奏事，上與之從容，從，千容翻。或至然燭。宦官畏之側目，【章：十二行本「目」下有「事無大小」四字；乙十一行本同；孔本同；張校同；退齋校同。】皆咨胤而後行。胤志欲盡除之，韓偓屢諫曰：「事禁太甚。此輩亦不可全無，恐其黨迫切，更生他變。」胤不從。丁卯，上獨召偓，問曰：「敕使中爲惡者如林，何以處之？」處，昌呂翻；下同。對曰：「東內之變，敕使誰非同惡！處之當在正旦，謂誅劉季述等時也。今已失其時矣。」上曰：「當是時，卿何不爲崔胤言之？」爲，于僞翻。對曰：「臣見陛下詔書云，『自劉季述等四家之外，其餘一無所問。』夫人主所重，莫大於信，既下此詔，則守之宜堅；若復戮一人，則人人懼死矣。復，扶又翻。然後來所去者已爲不少，去，羌呂翻。少，詩沼翻。此其所以忷忷不安也。陛下不若擇其尤無良者數人，明示其罪，置之於法，然後撫諭其餘曰：『吾恐爾曹謂吾心有所貯，貯，丁呂翻，藏蓄也。自今可無疑矣。』乃擇其忠厚者使爲之長。長，知兩翻。其徒有善則奬之，有罪則懲之，咸自安矣。今此曹在公私者以萬數，公，謂有職名於宦者；私，謂乞丐攜養於宦者私家未有名籍在於官者。豈可盡誅邪！夫帝王之道，當以重厚鎮之，公正御之，至於瑣細機巧，此機生則彼機應矣，終不能成大功，所謂理絲而棼之者也。治絲而棼，左傳魯衆仲之言。杜預註云：絲見棼緼，益所以亂。況今朝廷之權，散在四方；苟能先收此權，則事無不可爲者矣。」上深以爲然，曰：「此事終以屬卿。」嗚乎！世固有能知之言之而不能究于行者，韓偓其人也。屬，之欲翻。

20 李克用遣其將李嗣昭、周德威將兵出陰地關，攻隰州，刺史唐禮降之；進攻慈州，刺史張瓌降之。

21 閏月，以河陽節度使丁會爲昭義節度使，考異曰：薛居正五代史會傳：「自河陽以疾致政于洛陽。梁祖季年猜忌，故將功大者多遭族滅，會陰有避禍之志，稱疾者累年。天復元年，梁祖奄有河中、晉、絳，乃起會爲昭義節度使。」按光化二年六月，會自河陽爲昭義節度使。九月，李克用取潞州，表孟遷爲節度使。時罕之已卒，必是會卻領河陽，至此纔二年，則非致政稱疾累年也。又，是時全忠未嘗誅戮大將；疑會降河東後，作傳者誤以天祐中事在前言之耳。孟遷爲河陽節度使，從朱全忠之請也。

22 道士杜從法以妖妄誘昌、普、合三州民作亂，妖，一遙翻。誘，音酉。昌州，乾元中割瀘、普、渝、資等州界置。普州，漢牛鞞、資中、墊江、德陽四縣之境，梁置普慈郡，後周置普州。合州，漢墊江地，宋置東宕渠郡，西魏置合州。九域志：普州東至昌州一百七十五里；昌州東至合州一百八十里。王建遣行營兵馬使王宗黯將兵三萬會東川、武信兵討之。宗黯，即吉諫也。

23 崔胤請上盡誅宦官，但以宮人掌內諸司事；時宦官分領內諸司使。宦官屬耳，頗聞之，屬，之欲翻。韓全誨等涕泣求哀於上，上乃令胤，「有事封疏以聞，勿口奏。」宦官求美女知書者數人，內之宮中，陰令詗察其事，詗，古永翻，又翾正翻。盡得胤密謀，上不之覺也。全誨等大懼，每宴聚，流涕相訣別，日夜謀所以去胤之術。胤時領三司使，去，羌呂翻。三司，戶部、度支、鹽鐵。全誨等教禁軍對上諠譟，訴胤減損冬衣；上不得已，解胤鹽鐵使。

時朱全忠、李茂貞各有挾天子令諸侯之意，全忠欲上幸東都，茂貞欲上幸鳳翔。胤知謀泄，事急，遺朱全忠書，遺，唯季翻。稱被密詔，被，皮義翻。令全忠以兵迎車駕，且言：「昨者返正，皆令公良圖，胤言返正之謀皆出於全忠。按舊書帝紀，全忠并河中，進檢校太師兼中書令，故稱令公。而鳳翔先入朝抄取其功。李茂貞入朝，見上正月。抄，楚交翻。今不速來，必成罪人，豈惟功爲他人所有，且見征討矣！」全忠得書，秋，七月，甲寅，遽歸大梁發兵。考異曰：唐太祖紀年錄：「會汴入寇同華，宦者知崔胤之謀。時胤專掌三司泉貨，韓全誨教禁兵，伺胤出，聚而呼譟，訴以冬衣減損；軍人又上前披訴。天子徇衆情，罷崔胤知政事。崔胤怒，急召朱溫，請以兵師入輔。」唐補紀：「時朱全忠在河中，胤潛作急詔令全忠入朝，又脩書云云。全忠得此書詔，便發河中，還汴。」按是時全忠未寇同華，胤亦未罷，紀年錄誤。今從唐補紀。

24 西川龍臺鎮使王宗侃等討杜從法，平之。九域志：普州安岳縣有龍臺鎮。

25 八月，甲申，上問韓偓曰：「聞陸扆不樂吾返正，樂，音洛；下同。正旦易服，乘小馬出啓夏門，有諸？」啓夏門，京城南面東來第一門。夏，戶雅翻。對曰：「返正之謀，獨臣與崔胤輩數人知之，扆不知也。一旦忽聞宮中有變，人情能不驚駭！易服逃避，何妨有之！陛下責其爲宰相無死難之志則可也，難，乃旦翻。至於不樂返正，恐出讒人之口，願陛下察之！」上乃止。

韓全誨等懼誅，謀以兵制上，乃與李繼昭、李繼誨、李彥弼、李繼筠深相結；繼昭獨不肯從。他日，上問韓偓：「外間何所聞？」對曰：「惟聞敕使憂懼，與功臣及繼筠交結，功臣，謂李繼昭、李繼誨、李彥弼也。將致不安，亦未知其果然不耳。」然不，讀曰否。上曰：「是不虛矣。比日繼誨、彥弼輩語漸倔強，比，毗至翻。倔，其勿翻。強，其兩翻。令人難耐。令狐渙欲令朕召崔胤及全誨等於內殿，置酒和解之，何如？」對曰：「如此則彼凶悖益甚。」悖，蒲昧翻，又蒲沒翻。上曰：「爲之柰何？」對曰：「獨有顯罪數人，速加竄逐，餘者許其自新，庶幾可息。幾，居依翻。若一無所問，彼必知陛下心有所貯，益不自安，事終未了耳。」貯，丁呂翻。上曰：「善！」既而宦官自恃黨援已成，稍不遵敕旨；上或出之使監軍，或黜守諸陵，黜守諸陵者，剝色配役諸陵也。皆不行，上無如之何。

26 或告楊行密云，錢鏐爲盜所殺。行密遣步軍都指揮使李神福等將兵取杭州，兩浙將顧全武等列八寨以拒之。

27 九月，癸丑，上急召韓偓，謂曰：「聞全忠欲來除君側之惡，大是盡忠，然須令與茂貞共其功；若兩帥交爭，則事危矣。帥，所類翻。卿爲我語崔胤，速飛書兩鎮，爲，于僞翻。語，牛倨翻。兩鎮，謂汴、岐。使相與合謀，則善矣。」壬戌，上又謂偓曰：「繼誨、彥弼輩驕橫益甚，橫，戶孟翻。累日前與繼筠同入，輒於殿東令小兒歌以侑酒，侑，佐也。令人驚駭。」對曰：「臣必知其然；茲事失之於初。當正旦立功之時，謂誅劉、王，迎上反正時。但應以官爵、田宅、金帛酬之，不應聽其出入禁中。此輩素無知識，數求入對，【章：十二行本「對」下有「或妄論朝政」五字；乙十一行本同；張校同；退齋校同。】或僭易薦人，數，所角翻。易，以豉翻。稍有不從，則生怨望；況惟知嗜利，爲敕使以厚利雇之，言韓全誨等以利啗繼誨、彥弼，惟其所指使而爲之用，若受傭雇然。令其如此耳。崔胤本留衛兵，欲以制敕使也，言留岐兵以制宦官，事見是年正月。今敕使、衛兵相與爲一，將若之何！汴兵若來，必與岐兵鬬於闕下，臣竊寒心。」上但愀然憂沮而已。愀，子小翻。

冬，十月，戊戌，朱全忠大舉兵發大梁。考異曰：薛居正五代史：「十月，戊戌，奉密詔赴長安。是時朝廷軍國大政，專委崔胤，崔每事裁抑宦官，宦官側目。崔一日於便殿奏，欲盡去之，全誨等屬垣聞之。中官視崔眥裂，以重賂甘言誘藩臣，以爲城社，時因讌聚，則相向流涕。時崔專掌三司貨泉，全誨等教禁兵於昭宗前訴之；昭宗不得已罷崔知政事。崔急召太祖，請以兵入輔，故有是行。」按帝幸鳳翔前，崔胤未罷相，此與太祖紀年錄略同，亦誤。

28 李神福與顧全武相拒久之，神福獲杭俘，使出入臥內。神福謂諸將曰：「杭兵尚強，我師且當夜還。」杭俘走告全武，神福命勿追，逸杭俘使之告全武以誘之。暮遣羸兵先行，神福爲殿，羸，倫爲翻。殿，丁練翻。使行營都尉呂師造伏兵青山下。沈括曰：臨安縣有青山鎮。路振九國志作設伏青山路。全武素輕神福，出兵追之；神福、師造夾擊，大破之，斬首五千級，生擒全武。錢鏐聞之，驚泣曰：「喪我良將！」喪，息浪翻。神福進攻臨安；臨安縣，錢鏐所起之地，衣錦軍在焉。

九域志：臨安縣在杭州西一百二十里。兩浙將秦昶帥衆三千降之。帥，讀曰率。

29 韓全誨聞朱全忠將至，丁酉，令李繼筠、李彥弼等勒兵劫上，請幸鳳翔，宮禁諸門皆增兵防守，考異曰：按金鑾記：「二十日入直，隔夜，崔公傳語，明日請相看。侵早到門，崔出御札相示。」然則添人把門及降御札，皆十九日事。實錄：「己亥，差人把門。」己亥，乃二十一日。實錄誤也。人及文書出入搜閱甚嚴。上遣人密賜崔胤御札，言皆悽愴，愴，楚亮翻。末云：「我爲宗社大計，勢須西行，卿等但東行也。西行，謂將幸鳳翔。使胤等東行，趣朱全忠進兵。惆悵，惆悵！」惆，丑留翻。悵，丑亮翻。

戊戌，上遣趙國夫人出語韓偓：命宮人出至學士院語之也。新、舊書帝紀曰：趙國夫人寵顏。語，牛倨翻。「朝來彥弼輩無禮極甚，欲召卿對，其勢未可。」且言：「上與皇后但涕泣相向。」自是，學士不復得對矣。

癸卯，韓全誨等令上入閤召百官，百官自閤門入見於內殿，謂之入閤。追寢正月丙午敕書，丙午敕書依大中舊制，見上。悉如咸通以來近例。是日，開延英，全誨等即侍側，同議政事。

丁未，神策都指揮使李繼筠遣部兵掠內庫寶貨、帷帳、法物，韓全誨遣人密送諸王、宮人先之鳳翔。之，往也。

戊申，朱全忠至河中，表請車駕幸東都，京城大駭，士民亡竄山谷。是日，百官皆不入朝，闕前寂無人。

十一月，己酉朔，李繼筠等勒兵闕下，禁人出入，諸軍大掠。士民衣紙及布襦者，滿街極目。衣，於既翻。襦，汝朱翻。韓建以幕僚司馬鄴知匡國留後。朱全忠引四鎮兵七萬趣同州，四鎮兵，宣武、宣義、天平、護國兵也。趣，七喻翻。鄴迎降。

30 韓全誨等以李繼昭不與之同，遏絕不令見上。時崔胤居第在開化坊，按五代史孫德昭傳，開化坊在長安東街。繼昭帥所部六十餘人「六十」，當作「六千」。【章：十二行本「十」正作「千」。】帥，讀曰率。及關東諸道兵在京師者共守衛之；史言崔胤所以不死於羣閹之手。百官及士民避亂者，皆往依之。依李繼昭之兵以避禁兵及岐兵暴掠。庚戌，上遣供奉官張紹孫召百官，崔胤等皆表辭不至。

壬子，韓全誨等陳兵殿前，言於上曰：「全忠以大兵逼京師，欲劫天子幸洛陽，求傳禪；臣等請奉陛下幸鳳翔，收兵拒之。」上不許，杖劍登乞巧樓。全誨等逼上下樓，上行纔及壽春殿，李彥弼已於御院縱火。御院，天子及后妃所居之地。是日冬至，上獨坐思政殿，翹一足，一足蹋闌干，蹋，與踏同。闌干，殿檻也。庭無羣臣，旁無侍者。頃之，不得已，與皇后、妃嬪、諸王百餘人皆上馬，慟哭聲不絕，出門，回顧禁中，火已赫然。是夕，宿鄠縣。九域志：鄠縣，在長安南六十里。考異曰：續寶運錄：「其年十月，朱全忠發士馬；十一月，入長安。聖上幸鳳翔，宰臣裴諗、翰林學士令狐渙等扈從。其皇后王氏及千官、太子、玉印、龍服，並是汴州迎在華州，相次脩東都宮室，旋迎赴東都。其年十一月初，鳳翔士馬入京，劫掠街西諸坊寶貨士女至甚。及七日，汴州士馬入京赴救，長安士庶並走，攢在開化坊。」其說妄謬，今不取。

朱全忠遣司馬鄴入華州，謂韓建曰：「公不早知過自歸，又煩此軍少留城下矣。」司馬鄴本韓建幕僚，以同州降，因使之諭建。少，詩沼翻。是日，全忠自故市引兵南渡渭，韓建遣節度副使李巨川請降，獻銀三萬兩助軍；全忠乃西南趣赤水。趣，七喻翻。

癸丑，李茂貞迎車駕於田家磑，磑，五對翻。上下馬慰接之。史言昭宗屈體以接李茂貞。甲寅，車駕至盩厔；乙卯，留一日。

朱全忠至零口西，宋白曰：昭應縣界有零口，天授二年於此置鴻州，於郭下置鴻門縣，蓋古鴻門之地也。昭應，漢新豐縣地，宋又改昭應爲臨潼。九域志：臨潼縣有零口鎮。聞車駕西幸，與僚佐議，復引兵還赤水。左僕射致仕張濬說全忠曰：張濬時居長水。說，式芮翻。「韓建，茂貞之黨，不先取之，必爲後患。」全忠聞建有表勸天子幸鳳翔，乃引兵逼其城。建單騎迎謁，全忠責之，對曰：「建目不知書，凡表章書檄，皆李巨川所爲。」全忠以巨川常爲建畫策，斬之軍門。李巨川之誅晚矣。常爲，于僞翻。謂建曰：「公許人，可卽往衣錦。」漢人曰：「富貴不歸故鄉，如衣錦夜行。」韓建，許州長社人也。衣，於旣翻。丁巳，以建爲忠武節度使，理陳州，唐置忠武軍於許州。黃巢之自長安東出也，趙犨，陳人也，守陳州有功，朝廷以忠武節授之，奏徙忠武軍治陳州。按是時天子已西幸，韓建自華徙陳，皆朱全忠爲之，未經表授，卽以爲忠武節度使，何所稟命乎！以兵援送之。慮韓建中路逸而歸岐；又慮其在華久，其將士有劫奪之者。考異曰：編遺錄：「上引兵逼華州，韓建輕騎出牆歸投。上於西溪亭子與建飲膳畢，卻歸赤水營。旬日，乃請建充忠武節度使。」梁太祖實錄：「乙卯，大軍及華州，建來降。甲辰，署建權知華州事，仍以宣武牙推龔麟佐之。」唐太祖紀年錄：「丙辰，汴軍攻華州，九日，建以城降。」唐補紀：「同州刺史王行約閉城登壘，全忠斫開城門，屠之，不留噍類。華州韓建聞此，出城三十里迎之，只於迎處云：『令公本貫許州，便仰衣錦。』乃差人押出關東。」舊傳：「建令李巨川至河中送款，敬翔疾其文筆，勸全忠害之。」薛居正五代史梁祖紀：「丙辰，帝表建權知忠武軍事，促令赴任。」實錄：「乙卯，全忠取華州。丙辰，次武功，徙建爲忠武節度使。」按此月無甲辰，蓋丙辰字誤也。全忠乙卯取華州，丙辰豈能遽至武功！唐補紀又云：「昭宗不知崔胤僞行詔命，聞朱全忠平陷兩州，十一月三日亥時，奔波西去。」按行約乃克用取同州時節度使也。程匡柔妄謬多此類。今取華州日從梁太祖實錄，李巨川死從昭宗實錄。以前商州刺史李存權知華州，徙忠武節度使趙珝爲匡國節度使。趙珝徙節同州，亦非天子出命。車駕之在華州也，乾寧三年、四年，車駕在華州。商賈輻湊，賈，音古。天子行在所，從兵及百司供億浩繁，故商賈輻湊以牟利。輻湊者，蓋以車輻皆內湊於轂爲諭。夫三十輻共一轂，轂者衆輻聚湊之所；四方之商賈內嚮而聚湊焉，故曰輻湊。韓建重征之，二年，得錢九百萬緡。至是，全忠盡取之。史言自古聚財者，率爲他人積。

是時京師無天子，行在無宰相，崔胤使太子太師盧渥等二百餘人列狀請朱全忠西迎車駕，又使王溥至赤水見全忠計事。考異曰：編遺錄：「于時長安無人主，朝廷無敕畫，帝在岐下無輔臣，自漢、魏以來，喪亂未若今日。胤請王溥自西京至赤水，請上進軍迎駕。戊午，離赤水。」薛居正五代史梁紀：「己未，發赤水。」按唐太祖紀年錄：「朱溫至長樂，崔胤帥百官班迎。」編遺錄：「胤請王溥自西京至赤水軍前商議。」實錄云

「胤東寓華州」，又云「胤召溥至赤水」，皆誤也。舊紀亦云：「胤令溥至赤水，促全忠迎駕。」今從之。發赤水日從編遺錄。全忠復書曰：「進則懼脅君之謗，退則懷負國之慚；然不敢不勉。」戊午，全忠發赤水。

31 辛酉，以兵部侍郎盧光啓權句當中書事。時無宰相，權使之句當。句，古候翻。當，丁浪翻。車駕留岐山三日，壬戌，至鳳翔。

32 朱全忠至長安，宰相帥百官班迎於長樂坡；明日行，復班辭於臨臯驛。班迎、班辭，非藩臣所得當。崔胤之奉朱全忠至此，爲一身脫死計，非爲唐社稷計也。宦官既誅，胤亦死於全忠之手，宜矣。帥，讀曰率。樂，音洛。復，扶又翻。全忠賞李繼昭之功，以其能保衞崔胤及百官也。初令權知匡國留後，復留爲兩街制置使，賜與甚厚；繼昭盡獻其兵八千人。孫德昭畏朱溫之雄猜也。

全忠使判官李擇、裴鑄入奏事，稱：「奉密詔及得崔胤書，令臣將兵入朝。」韓全誨等矯詔答以：「朕避災至此，非宦官所劫，密詔皆崔胤詐爲之，卿宜斂兵歸保土宇。」茂貞遣其將符道昭屯武功以拒全忠，九域志：武功縣，在長安西北一百五十里。癸亥，全忠將康懷貞擊破之。

33 丁卯，以盧光啓爲右諫議大夫，參知機務。參知機務，唐久不除授，盧光啓自權句當中書爲之。

34 戊辰，朱全忠至鳳翔，軍於城東。考異曰：實錄：「乙丑，全忠駐軍岐城之東；丙寅，全忠軍至城下。」按全忠癸亥離長安，乙丑、丙寅至岐，太速。今從編遺錄、新紀。李茂貞登城謂曰：「天子避災，非臣下無禮；讒人誤公至此。」全忠報曰：「韓全誨劫遷天子，今來問罪，迎扈還宮。岐王苟不預謀，何煩陳諭！」上屢詔全忠還鎮，全忠乃拜表奉辭。屢詔全忠歸鎮，韓全誨、李茂貞挾天子以令之也。全忠拜表奉辭，若不敢逆詔指者，然其意則有在矣。辛未，移兵北趣邠州。全忠之意在此。茂貞養子繼徽鎮邠；邠、岐，輔車之援也，若先得邠則岐孤。九域志：鳳翔東北至邠州二百二十二里。趣，七喻翻；下同。考異曰：金鑾記曰：「十七日早，聞岐師昨夜二更卻迴，云軍大衄。汴令有表迎駕，并述行止。汴軍在岐東下寨。十八日、十九日，白麻：『盧光啓可諫議大夫、參知機務。』二十日，翰林學士姚洎兼知外制誥。二十四日，汴令有表，奉辭東去。二十五日，汴軍離發延英門。」舊紀：「癸酉，全忠辭去。」今從編遺錄。

甲戌，制：守司空兼門下侍郎、同平章事崔胤責授工部尚書，考異曰：實錄載制辭曰：「四居極位，一無可稱。」又曰：「無功及人，爲國生事。」按舊傳，前云罷知政事、落使務，後云同平章事、鹽鐵轉運使，實錄前云罷胤鹽鐵使，至此制官位中復帶鹽鐵使，皆誤。戶部侍郎、同平章事裴樞罷守本官。皆宦官之意也；時宰相皆不扈從。

乙亥，朱全忠攻邠州；丁丑，靜難節度使李繼徽請降，復姓名楊崇本。全忠質其妻於河中，令崇本仍鎮邠州。難，乃旦翻。質，音致。爲朱全忠漁色，邠、岐復連兵張本。

全忠之西入關也，韓全誨、李茂貞以詔命徵兵河東，茂貞仍以書求援於李克用。克用遣李嗣昭將五千騎自沁州趣晉州，與汴兵戰于平陽北，破之。漢平陽縣，隋改爲臨汾，晉州治焉。唐府兵未廢時有平陽府。

乙亥，全忠發邠州；戊寅，次三原。自邠州東南至三原，一百五十餘里。十二月，癸未，崔胤至三原見全忠，趣之迎駕。趣，讀曰促。己丑，全忠遣朱友寧攻盩厔，不下。戊戌，全忠自往督戰，盩厔降，屠之。九域志：盩厔縣在鳳翔府東南二百里。盩，音輈。厔，音窒。全忠令崔胤帥百官及京城居民悉遷于華州。帥，讀曰率。

詔以裴贄充大明宮留守。

35 清海節度使徐彥若薨，遺表薦行軍司馬劉隱權留後。劉隱始得廣州。

36 李神福知錢鏐定不死，或言錢鏐爲盜所殺，見上文八月。而臨安城堅，久攻不拔，欲歸，恐爲鏐所邀，自臨安退還宣州，有千秋嶺之險。乃遣人守衞鏐祖考丘壟，禁樵采，錢鏐，臨安人，其祖父丘壟在焉。又使顧全武通家信；鏐遣使謝之。神福於要路多張旗幟爲虛寨，鏐以爲淮南兵大至，遂請和；神福受其犒賂而還。還，音旋，又如字。

37 朱全忠之入關也，是年十一月，朱全忠入關。戎昭節度使馮行襲遣副使魯崇矩聽命於全忠。按光化元年，以馮行襲爲昭信軍節度使，天祐二年，始改昭信軍爲戎昭軍。韓全誨遣中使二十餘人分道徵江、淮兵屯金州，以脅全忠，行襲盡殺中使，收其詔敕送全忠。馮行襲以昭信節度使治金州，故得盡殺中使。又遣使徵兵於王建，朱全忠亦遣使乞師于建。建外脩好於全忠，罪狀李茂貞，好，呼到翻。而陰勸茂貞堅守，許之救援；以武信節度使王宗佶、前東川節度使王宗滌等爲扈駕指揮使，將兵五萬，聲言迎車駕，其實襲茂貞山南諸州。爲王建取山南西道張本。

38江西節度使鍾傳將兵圍撫州刺史危全諷，天火燒其城，士民讙驚。讙，與諠同。諸將請急攻之，傳曰：「乘人之危，非仁也。」乃祝曰：「全諷之罪，無爲害民。」火尋止。全諷聞之，謝罪聽命，以女妻傳子匡時。妻，七細翻。傳少時嘗獵，少，詩照翻。醉遇虎，與鬭，虎搏其肩，而傳亦持虎腰不置，旁人共殺虎，乃得免。既貴，悔之，常戒諸子曰：「士處世貴智謀，勿效吾暴虎也。」詩曰：祖裼暴虎。註云：暴虎，空手以搏之也。處，昌呂翻。

39武貞節度使雷滿薨，子彥威自稱留後。

王崇武標點容肇祖聶崇岐覆校

資治通鑑卷第二百六十三

端明殿學士兼翰林侍讀學士太中大夫提舉西京嵩山崇福宮上柱國河內郡開國公食邑二千二百戶食實封九百戶賜紫金魚袋臣　司馬光　奉敕編集

後　學　天　台　胡三省　音　註

唐紀七十九 起玄黓閹茂（壬戌），盡昭陽大淵獻（癸亥）正月，凡一年有奇。

昭宗聖穆景文孝皇帝中之下

天復二年（壬戌、九〇二）

1 春，正月，癸丑，朱全忠復屯三原，又移軍武功。將復逼鳳翔也。宋白曰：三原縣，本漢池陽縣地，苻堅於巀嶭北置三原護軍，以其地南有鄷原，西有孟侯原，北有白鹿原，是爲三原。後魏太平眞君七年，罷護軍，置縣。河東將李嗣昭、周德威攻慈、隰，以分全忠兵勢。朱全忠兼有河中，慈、隰二州，其巡屬也。

2 丁卯，以給事中韋貽範爲工部侍郎、同平章事。

3 丙子，以給事中嚴龜充岐、汴和協使，賜朱全忠姓李，與李茂貞爲兄弟；全忠不從。時茂貞不出戰。全忠聞有河東兵，二月，戊寅朔，還軍河中。考異曰：實錄在正月。按編遺錄：「二月戊寅，上以久駐兵車於三原，乃議東歸蒲阪，遂取高陵、櫟陽、左馮入于蒲津。」梁太祖實錄：「正月，戊申朔，上總御戎馬，發自三原，復至武功縣駐焉；貢章奉辭，迴軍赴蒲阪。」今從唐年補錄、舊紀。李嗣昭等攻慈、隰，下之，進逼晉、絳。己丑，全忠遣兄子友寧將兵會晉州刺史氏叔琮擊之。李嗣昭襲取絳州，汴將康懷英復取之。康懷英即康懷貞，後避梁均王友貞名，始改名懷英，斯時未改也；史雜書之。嗣昭等屯蒲縣；乙未，汴軍十萬營于蒲南，蒲，漢古縣，唐屬隰州。九域志：在州東南九十五里。按漢蒲反縣，古蒲邑也，屬河東郡。河東郡又有蒲子縣，春秋晉公子所居蒲城也。汴州長垣縣，古名蒲邑，子路所治之地也。古邑之以蒲名者，蓋非一處。宋白曰：後魏孝文帝改蒲子爲長壽縣，隋開皇十八年改爲隰川。後魏孝武帝於蒲子東南置石城縣，尋廢；後周大象元年，於廢縣置蒲子縣，取古蒲子爲名；隋大業二年改爲蒲縣，移今理。叔琮夜帥衆斷其歸路帥，讀曰率。斷，音短。而攻其壘，破之，殺獲萬餘人。己亥，全忠自河中赴之，乙巳，至晉州。

4 盜發簡陵。簡陵，懿宗陵。

5 西川兵至利州，昭武節度使李繼忠棄鎮奔鳳翔；王建以劍州刺史王宗偉爲利州制置使。光啓二年，升興、鳳二州爲感義軍節度使；時僖宗在山南，欲以捍東兵也。文德元年，感義軍增領利州。至乾寧四年，更感義軍曰昭武軍，徙鎮利州。李茂貞既兼山南，欲以鎮兵捍王建而終不能捍也。建自此遂有利州。

6 三月，庚戌，上與李茂貞及宰相、學士、中尉、樞密宴，酒酣，茂貞及韓全誨亡去。上問韋貽範：「朕何以巡幸至此？」對曰：「臣在外不知。」固問，不對。上曰：「卿何得於朕前妄語云不知？」又曰：「卿既以非道取宰相，當於公事如法；謂處事當皆如國法。若有不可，必準故事。」謂貶竄之也。怒目視之，怒，奴古翻。微言曰：「此賊兼須杖之二十。」顧謂韓偓曰：「此輩亦稱宰相！」貽範屢以大盃獻上，上不卽持，貽範舉盃直及上頤。史言昭宗以酣酗納侮。

7 戊午，氏叔琮、朱友寧進攻李嗣昭、周德威營。時汴軍橫陳十里，陳，讀曰陣。而河東軍不過數萬，深入敵境，衆心恟懼。恟，許拱翻。德威出戰而敗，密令嗣昭以後軍前去，德威尋引騎兵亦退。叔琮、友寧長驅乘之，河東軍驚潰，禽克用子廷鸞，兵仗輜重委棄略盡。重，直用翻。朱全忠令叔琮、友寧乘勝遂攻河東。

李克用聞嗣昭等敗，遣李存信以親兵逆之，李克用親兵皆代北雜虜，最爲驍勁。至清源，清源縣在晉陽南五十里。遇汴軍，存信走還晉陽；衆寡不敵，故走。汴軍取慈、隰、汾三州。辛酉，汴軍圍晉陽，營於晉祠，晉陽有晉王祠。攻其西門。周德威、李嗣昭收餘衆依西山得還。汾水過晉陽東；晉陽西南接界休縣之介山、綿山。城中兵未集，叔琮攻城甚急，每行圍，行，下孟翻。褒衣博帶，以示閒暇。

克用晝夜乘城，不得寢食。召諸將議保雲州，李嗣昭、李嗣源、周德威曰：「兒輩在此，必能固守。考異曰：唐太祖紀年錄：「嗣昭與今上日夜入賊營，斬將搴旗，賊多驚擾。」梁太祖實錄：「三月，癸丑，虜衆悉出，友寧以飛騎犯其左右翼，虜大敗北，掩殺不知其數，擒克用男廷鸞及將校健卒數千人。」實錄：「朱友寧圍太原營西北隅，攻其西門，城內大恐。克用欲奔雲中，弟克寧止之。又遣李嗣昭與克用子存勗日夜擾賊營，友寧乃燒營而遁。」按紀年錄所謂今上者，乃明宗，非莊宗也。實錄誤。王勿爲此謀，動搖人心！」李存信曰：「關東、河北皆受制於朱溫，我兵寡地蹙，守此孤城，彼築壘穿塹環之，環，音宦。以積久制我，我飛走無路，坐待困斃耳。今事勢已急，不若且入北虜，徐圖進取。」嗣昭力爭之，克用不能決。劉夫人言於克用曰：「存信，北川牧羊兒耳，代北之地謂之北川，以陘嶺之北皆平川也。安知遠慮！王常笑王行瑜輕去其城，死於人手，王行瑜死見二百六十卷乾寧二年。今日反效之邪！且王昔居達靼，幾不自免，賴朝廷多事，乃得復歸。事見二百五十三卷僖宗廣明元年。幾，居依翻。今一足出城，則禍變不測，塞外可得至邪！」克用乃止。居數日，潰兵復集，軍府浸安。克用弟克寧爲忻州刺史，聞汴寇至，中塗復還晉陽，晉陽北至忻州一百七十餘里。復，扶又翻。曰：「此城吾死所也，去將何之！」衆心乃定。

壬戌，朱全忠還河中，遣朱友寧將兵西擊李茂貞，軍于興平、武功之間。興平縣在長安西，武功縣在長安西北。李嗣昭、李嗣源數將敢死士夜入氐叔琮營，數，所角翻。將，即亮翻；下同。斬首捕虜，汴軍驚擾，備禦不暇。會大疫，丁卯，叔琮引兵還。嗣昭與周德威將兵追之，及石會關，叔琮留數馬及旌旗於高岡之巔。嗣昭等以爲有伏兵，乃引去，復取慈、隰、汾三州。自是克用不敢與全忠爭者累年。兵少力疲，故閉境養晦以俟時。

克用以使引咨幕府使引，節度府所行文引。謀事曰咨。今北人以文書達於上曰咨。使，疏吏翻。曰：「不貯軍食，何以聚衆？不置兵甲，何以克敵？不脩城池，何以扞禦？利害之間，請垂議度！」貯，丁呂翻。度，徒洛翻。掌書記李襲吉獻議，略曰：「國富不在倉儲，兵強不由衆寡，人歸有德，神固害盈。書咸有一德曰：非商求于下民，惟民歸于一德。易謙卦彖辭曰：鬼神害盈而福謙。聚斂寧有盜臣，大學載孟獻子之言曰：「與其有聚斂之臣，寧有盜臣。」斂，力贍翻。苛政有如猛虎，記檀弓載孔子之言曰：「苛政猛於虎也。」所以鹿臺將散，周武以興；武王伐紂，散鹿臺之財，一戎衣而天下大定。齊庫既焚，晏嬰入賀。」韓詩外傳曰：晉平公之藏臺火，救火，三日三夜，乃勝之。公子晏束帛而賀曰：「臣聞王者藏於天下，諸侯藏於百姓，農夫藏於囷庾。今百姓乏於外，而賦斂無已。昔桀、紂殘賊，爲天下戮。今皇天降災於藏臺，是君之福也。」李襲吉以爲齊庫焚而晏嬰入賀，蓋別有所據。又曰：「伏以變法不若養人，溫公讀此語，感熙、豐之政，蓋深有味乎其言也。改作何如舊貫！論語：魯人爲長府，閔子騫曰：「仍舊貫，如之何，何必改作！」韓建蓄財無數，首事朱溫；事見上卷上年十一月。王珂變法如麻，一朝降賊；事見上卷上年正月。珂，丘何翻。降，戶江翻。中山城非不峻，謂王郜不能守定州城。蔡上兵非不多；謂秦宗權恃衆，卒爲朱溫禽。自韓建以下，又以克用耳目之所睹記者動悟之。前事甚明，可以爲戒。且霸國無貧主，強將無弱兵。伏願大王崇德愛人，去奢省役，去，羌呂翻。設險固境，訓兵務農。定亂者選武臣，制理者選文吏，制理，猶言制治也，避唐廟諱。錢穀有句，出納之籍明，則姦弊自無所容。句，讀曰鉤。

刑法有律。依律定刑，則吏手不得而輕重。誅賞由我，則下無威福之弊；近密多正，則人無譖謗之憂。順天時而絕欺誣，敬鬼神而禁淫祀，則不求富而國富，不求安而自安。外破元凶，元凶，指朱溫。內康疲俗，名高五霸，杜預曰：五霸：夏昆吾、商大彭、豕韋、周齊桓、晉文。又曰：齊桓、晉文、宋襄、秦穆、楚莊爲五霸。道冠八元。冠，古玩翻。高辛氏有才子八人，伯奮、叔堪、叔獻、季仲、伯虎、仲熊、叔豹、季貍，忠肅恭懿，宣慈惠和，天下之民謂之八元。至於率閭閻，定間架，增麴蘗，蘗，魚列翻。檢田疇，開國建邦，恐未爲切。」

克用親軍皆沙陀雜虜，喜侵暴良民，喜，許記翻。河東甚苦之。其子存勗以爲言，克用曰：「此輩從吾攻戰數十年，比者帑藏空虛，比，毗至翻。帑，他朗翻。藏，才浪翻。諸軍賣馬以自給；今四方諸侯皆重賞以募士，我若急之，則彼皆散去矣，吾安與同保此乎！此高歡告杜弼之說也。異時莊宗既得天下，兒郎寒冷，遮馬邀求，以養成驕軍之禍，得非此語誤之邪！俟天下稍平，當更清治之耳。」如此語，則克用之意蓋有待也。莊宗得天下之後，豈不復記憶此語邪！治，直之翻。存勗幼警敏，有勇略，克用爲朱全忠所困，封疆日蹙，憂形於色。存勗進言曰：「物不極則不返，惡不極則不亡。朱氏恃其詐力，窮凶極暴，吞滅四鄰，人怨神怒。今又攻逼乘輿，窺覦神器，乘，繩證翻。覦，音俞。此其極也，殆將斃矣！吾家世襲忠貞，謂自朱邪執宜以來，皆輸力於唐室。勢窮力屈，無所愧心。大人當遵養時晦詩酌之篇曰：於鑠王師，遵養時晦。毛傳曰：遵，率；養，取；晦，昧也。

鄭箋曰：文王之用師，率殷之叛國以事紂，養是暗昧之君以老其惡。以待其衰，柰何輕爲沮喪，喪，息浪翻。使羣下失望乎！」克用悅，即命酒奏樂而罷。

劉夫人無子；克用寵姬曹氏生存勗，劉夫人待曹氏加厚。克用以是益賢之，諸姬有子，輒命夫人母之；夫人教養，悉如所生。

8 上以【章：乙十一行本「以」下有「左」字；張校同。】金吾將軍李儼爲江、淮宣諭使，書御札賜楊行密，拜行密東面行營都統、中書令、吳王，以討朱全忠。以朱瑾爲平盧節度使，馮弘鐸爲武寧節度使，朱延壽爲奉國節度使。平盧軍，青州；武寧軍，徐州；奉國軍，蔡州：朱瑾等皆遙領耳。加武安節度使馬殷同平章事。淮南、宣歙、湖南等道立功將士，聽用都統牒承制遷補，然後表聞。儼，張濬之子也，賜姓李。考異曰：唐補紀：「二年，昭宗自鳳翔遣金吾將軍李儼齎御札自巫峽間道潛行，宣告吳王楊行密爲討伐逆賊朱全忠事。李儼者，宰臣張濬男。其張濬先爲都統討太原，退軍，朝貶，韓建力救，不赴貶所，只在三峯，其男留行在，乃授金吾將軍。昭宗差來，宣告於吳王行密。朱全忠探知，張濬一門盡遭殺戮。」按此年濬未死，儼賜姓李，見此年十月註。

9 夏，四月，丁酉，崔胤自華州詣河中，泣訴於朱全忠，恐李茂貞劫天子幸蜀，宜以時迎奉勢不可緩。全忠與之宴，胤親執板，爲全忠歌以侑酒。板，拍板也。古樂無之。玄宗時，教坊散樂用橫笛一，拍板一，腰鼓三。後人因之，歌舞率以板爲節，以木若象凡八片，以韋貫之，兩手各執其外一片而拍之。爲，于僞翻。

10 辛丑，回鶻遣使入貢，請發兵赴難；難，乃旦翻。上命翰林學士承旨韓偓答書許之。乙巳，偓上言：「戎狄獸心，不可倚信。彼見國家人物華靡，而城邑荒殘，甲兵彫弊，必有輕中國之心，啓其貪婪。婪，盧含翻。且自會昌以來，回鶻爲中國所破，事見二百四十七卷武宗會昌三年。恐其乘危復怨。所賜可汗書，宜諭以小小寇竊，不須赴難，虛愧其意，實沮其謀。」從之。

兵部侍郎參知機務盧光啓罷爲太子太保。

11 楊行密遣顧全武歸杭州以易秦裴；顧全武爲淮南兵所禽見上卷上年。秦裴降錢鏐見二百六十一卷光化元年。錢鏐大喜，遣裴還。

12 汴將康懷貞擊鳳翔將李繼昭於莫谷，莫谷，卽漠谷，在奉天城北。大破之。繼昭，蔡州人也，本姓符，名道昭。爲繼昭降汴復舊姓名張本。

13 五月，庚戌，溫州刺史朱褒卒，兄敖自稱刺史。薛史：朱褒，溫州人，兄弟皆爲本州牙校。刺史胡璠卒，朱誕據郡，褒逼誕而代之。與通鑑稍異。

14 鳳翔人聞朱全忠且來，皆懼；癸丑，城外居民皆遷入城。己未，全忠將精兵五萬發河中，考異曰：金鑾記：「五月三日，岐馬步軍敗，迴戈傷中不少。八日，聞四面百姓盡般移入城內。二十一日，聞汴帥於鄠縣築城及寶雞下寨。二十三日，聞汴帥至石鼻，又至橫渠。二十四日，聞汴帥至城南十里。」按編遺錄：「六月，全忠始離渭橋。」此蓋全忠下遊兵耳。實錄據金鑾記云，「癸亥，朱全忠引軍在石鼻，乙丑，至橫渠，己巳，駐師城南」，誤也。至東渭橫橋，遇霖雨，留旬日。

15 庚午，工部侍郎、平章事韋貽範遭母喪，「平章事」之上，當有「同」字。宦官薦翰林學士姚洎爲相。洎，渠至翻。洎謀於韓偓，偓曰：「若圖永久之利，則莫若未就爲善；儻出上意，固無不可。且汴軍旦夕合圍，孤城難保，家族在東，可不慮乎！」洎乃移疾，移文稱有疾。上亦自不許。

16 鎮海、鎮東節度使彭城王錢鏐進爵越王。自郡王進爵國王。

17 六月，丙子，以中書舍人蘇檢爲工部侍郎、同平章事。時韋貽範在草土，居喪者寢苫枕塊，故曰草土。薦檢及姚洎於李茂貞。上既不用洎，茂貞及宦官恐上自用人，協力薦檢，遂用之。

18 丁丑，朱全忠軍于虢縣。九域志：虢縣，在鳳翔府南三十五里。宋白曰：虢縣，禮記註謂「虢」爲「郭」，在武都南一百里有虢叔城是也。又案地理志云：虢，漢併於雍。今虢縣，後魏立爲武都郡，西魏大統十三年，遷同州洛邑縣城於武都城西，置洛邑縣；隋大業三年，改洛邑爲虢縣。

19 武寧節度使馮弘鐸介居宣、揚之間，宣，田頵；揚，楊行密。馮弘鐸以昇州居二鎮之間。常不自安；然自恃樓船之強，不事兩道。寧國節度使田頵欲圖之，頵，居筠翻。募弘鐸工人造戰艦，艦，戶黯翻。工人曰：「馮公遠求堅木，故其船堪久用，今此無之。」頵曰：「第爲之，第，但也。吾止須一用耳。」弘鐸將馮暉、顏建說弘鐸先擊頵，弘鐸從之，帥衆南上，說，式芮翻。上，時長翻。聲言攻洪州，鍾傳據洪州。實襲宣州也。楊行密使人止之；不從。楊行密時爲南面諸道都統，故欲制其行師進止。辛巳，頵帥舟師逆擊于葛山，大破之。新書作「曷山」，當從之。張舜民郴行錄曰：曷山磯在大信口稍西，南去蕪湖縣四十餘里。帥，讀曰率。

20 甲申，李茂貞大出兵，自將之，與朱全忠戰于虢縣之北，大敗而還，將，即亮翻；下同。還，音旋，又如字。死者萬餘人。丙戌，全忠遣其將孔勍出散關勍，渠京翻。散關，在鳳翔府寶雞縣西南。自諸葛亮以來，多以自蜀出師爲出散關，今朱全忠自虢縣遣孔勍進攻鳳州爲出散關，彼我之說也。攻鳳州，拔之。丁亥，全忠進軍鳳翔城下。全忠朝服嚮城而泣，曰：「臣但欲迎車駕還宮耳，朱全忠借正說以行其譎。朝，直遙翻。不與岐王角勝也。」遂爲五寨環之。環，音宦。考異曰：梁太祖實錄：「六月，丁丑，暨虢縣。辛未，文通涸兵驟出，布陳俟敵。我之將卒躍進決鬭，始辰暨午，寇大敗，屍仆萬餘人。命諸軍徙寨，逼其壘。自是岐人繼出師，靡不喪衄。六月，乙亥，上以盩厔有博野軍與岐人往來以窺我，命李暉討平。丙戌，復遣孔勍領兵由大散關取鳳州。」按六月乙亥朔，無辛未。前云丁丑，後云辛未，又再云六月，皆誤。從唐實錄。

21 馮弘鐸收餘衆沿江將入海，僖宗光啓元年，張雄據上元；雄死，弘鐸繼之，至是而亡；楊行密遂有昇州。楊行密恐其爲後患，遣使犒軍，且說之曰：說，式芮翻。「公徒衆猶盛，胡爲自棄滄海之外！吾府雖小，足以容公之衆，使將吏各得其所，如何？」弘鐸左右皆慟哭聽命。衆心既攜，馮弘鐸欲不歸楊行密，其可得乎！弘鐸至東塘，行密自乘輕舟迎之，從者十餘人，從，才用翻。常服，不持兵，升弘鐸舟，慰諭之，舉軍感悅。署弘鐸淮南節度副使，館給甚厚。館，古玩翻。

初，弘鐸遣牙將丹徒尚公迺詣行密求潤州，行密不許。公迺大言曰：「公不見聽，但恐不敵樓船耳。」至是，行密謂公迺曰：「頗記求潤州時否？」公迺謝曰：「將吏各爲其主，爲，于僞翻。但恨無成耳。」行密笑曰：「爾事楊叟如事馮公，無憂矣！」爲田頵、朱延壽之亂，尚公迺盡忠力於楊行密張本。

行密以李神福爲昇州刺史。楊行密用李神福刺昇州，以横制宣、潤。

22 楊行密發兵討朱全忠，以副使李承嗣權知淮南軍府事。軍吏欲以巨艦運糧，都知兵馬使徐溫曰：「運路久不行，葭葦堙塞，黄巢作亂，高駢不臣，江、淮之運不復至京師，故其路久不行。塞，悉則翻。請用小艇，庶幾易通。」軍至宿州，會久雨，重載不能進，士有飢色，而小艇先至，艇，徒鼎翻。載，昨代翻。行密由是奇溫，始與議軍事。爲徐溫竊楊氏三世國命以成養子張本。行密攻宿州，不克，竟以糧運不繼引還。

23 秋，七月，孔勍取成、隴二州，士卒無鬬者。至秦州，州人城守，乃自故關歸。九域志：鳳州西至成州二百七十里，北至隴州二百五十里；又自隴州西至秦州亦二百五十里。孔勍自鳳州西取成州，自成州北取隴州，又自隴州西至秦州。三州時皆屬李茂貞。又，秦州清水縣東五十里有大震關，大中六年，隴州防禦使薛逵徙築安戎關於隴山，由是謂大震關爲故關。今隴州之西有故關山，又西南則清水縣。大中六年，隴州防禦使薛逵奏：「伏以汧源西境，切在故關，雖有隄防，全無制置。僻在重岡之上，苟務高深，今移要會之中，實堪控扼，伏乞改爲安戎關。」

24 韋貽範之爲相也，多受人賂，許以官；既而以母喪罷去，日爲債家所譟。譟，喧聒也。親吏劉延美，所負尤多，故汲汲於起復，日遣人詣兩中尉、樞密及李茂貞求之。甲戌，命韓偓草貽範起復制，偓曰：「吾腕可斷，腕，烏貫翻。斷，音短。此制不可草！」卽上疏論貽範遭憂未數月，遽令起復，實駭物聽，傷國體。學士院二中使怒曰：「學士勿以死爲戲！」時韓全誨等使二中使監學士院，以防上與之密議國事，兼掌傳宣回奏。以偓不肯草制，故怒。偓以疏授之，解衣而寢；二使不得已奏之。上卽命罷草，罷草制也。仍賜敕褒賞之。八月，乙亥朔，班定，無白麻可宣；班定，謂百官立班已定也。學士不草制，故無麻可宣。宦官喧言韓侍郎不肯草麻，聞者大駭。茂貞入見上曰：見，賢遍翻。「陛下命相而學士不肯草麻，與反何異！」上曰：「卿輩薦貽範，朕不之違；學士不草麻，朕亦不之違。況彼所陳，事理明白，若之何不從！」茂貞不悅而出，至中書，見蘇檢曰：「姦邪朋黨，宛然如舊。」扼腕者久之。貽範猶經營不已，茂貞語人曰：「我實不知書生禮數，爲貽範所誤，語，牛倨翻。李茂貞因此乃知居喪起復之非禮。會當於邠州安置。」言將出貽範。貽範乃止。【章：十二行本「止」下有「劉延美赴井死」六字；乙十一行本同；孔本同；張校同；退齋校同。】

25 保大節度使李茂勳將兵屯三原，救李茂貞；朱全忠遣其將康懷貞、【章：十二行本「貞」作「英」；乙十一行本同。】孔勍擊之，茂勳遁去。茂勳，茂貞之從弟也。從，才用翻。

26 初，孫儒死，見二百五十九卷景福元年。其士卒多奔浙西，錢鏐愛其驍悍，悍，下罕翻，又侯旰翻。以爲中軍，號武勇都。行軍司馬杜稜諫曰：「狼子野心，他日必爲深患，請以土人代之。」不從。土人，謂浙西人也。

鏐如衣錦軍，錢鏐，臨安人，既貴，改所居營曰衣錦營，又升曰衣錦城；每遊衣錦城，宴故老，山林皆覆以錦。命武勇右都指揮使徐綰帥衆治溝洫；治衣錦軍溝洫。帥，讀曰率。治，直之翻。洫，泥逼翻。鎮海節度副使成及聞士卒怨言，白鏐請罷役，不從。甲【章：乙十一行本「甲」作「丙」；張校同。】戌，鏐臨饗諸將，綰謀殺鏐於座，不果，稱疾先出。鏐怪之，丁亥，命綰將所部兵先還杭州。及外城，縱兵焚掠。武勇左都指揮使許再思以迎候兵與之合，迎候兵者，許再思以錢鏐將還，領兵迎候。進逼牙城。鏐子傳瑛瑛，音英。與三城都指揮使馬綽等閉門拒之，牙將潘長擊綰，綰退屯龍興寺。鏐還，及龍泉，龍泉卽龍井，在杭州城西南風篁嶺上，去城十五里。聞變，疾驅至城北，使成及建鏐旗鼓與綰戰，鏐微服乘小舟夜抵牙城東北隅，踰城而入。宋自高宗駐蹕杭州，以杭州牙城爲宮城。東北隅，則今之和寧門外也。直更卒憑鼓而寐，更，工衡翻。鼓，更鼓也。鏐親斬之，城中始知鏐至。武安都指揮使杜建徽自新城入援，九域志：新城縣，在杭州西南一百三十里。徐綰聚木將焚北門，建徽悉焚之。建徽，稜之子也。湖州刺史高彥聞難，遣其子渭將兵入援，至靈隱山，九域志：湖州南至杭州一百五十五里。靈隱山，在杭州城西十二里，有靈隱寺。難，乃旦翻。綰伏兵擊殺之。

初，鏐築杭州羅城，事見二百五十九卷景福二年。謂僚佐曰：「十步一樓，可以爲固矣。」掌書記餘姚【章：十二行本「姚」作「杭」；乙十一行本同；孔本同；張校同。】羅隱曰：「樓不若內向。」至是人以隱言爲驗。樓，謂城上敵樓也。樓外向，所以禦敵。今徐綰據杭州羅城，而錢鏐自外攻之，故人以羅隱不若內向之言爲驗。

27 庚戌，李茂貞出兵夜襲奉天，虜汴將倪章、邵棠以歸。乙未，茂貞大出兵，與朱全忠戰，不勝；暮歸，汴兵追之，幾入西門。幾，居依翻。西門，鳳翔城之西門。

28 己亥，再起復前戶部侍郎、同平章事韋貽範，使姚洎草制。貽範不讓，卽表謝，明日，視事。

29 西川兵請假道於興元，言假道以勤王。山南西道節度使李繼密遣兵戍三泉以拒之；辛丑，西川前鋒將王宗播攻之，不克，退保山寨。親吏柳脩業謂宗播曰：「公舉族歸人，不爲之死戰，何以自保？」柳脩業，王宗播元從孔目官也。王宗播，許存也；歸王建見二百六十卷乾寧二年。爲，于僞翻。宗播令其衆曰：「吾與汝曹決戰，取功名；不爾，死於此！」遂破金牛、黑水、西縣、褒城四寨。武德三年，分利州之綿谷置金牛縣，寶曆元年，省入興元府西縣。今三泉縣東六十里有金牛驛。輿地廣記：大劍山有小石門，穿山通道，六丈有餘。昔秦欲伐蜀而不知道，乃作五石牛，以金置尾下，言能糞金，欲以遺蜀。蜀王負力而貪，乃令五丁開道引之。秦因使張儀、司馬錯引兵伐蜀，滅之，謂之石牛道；置牛之地，謂之金牛驛。褒城，漢褒中縣，古褒國也，隋改曰褒城，唐屬興元府。九域志：縣在府西四十五里；又有褒城鎮。軍校秦承厚攻西縣，矢貫左目，達于右目，鏃不出。王建自舐其創，膿潰鏃出。王建髣髴吳起吮疽、太宗吮血之意。校，戶教翻。舐，直氏翻。創，初良翻。王宗播攻馬盤寨，繼密戰敗，奔還漢中。西川軍乘勝至城下，王宗滌帥衆先登，遂克之，帥，讀曰率。繼密請降，遷于成都；光化二年，李繼密得興元，至是而敗。王建遂并有山南西道。降，戶江翻。得兵三萬，騎五千，宗滌入屯漢中。王建曰：「繼密殘賊三輔，李繼密從李茂貞，茂貞犯獵畿甸，繼密蓋預有罪，故王建云然。以其降，不忍殺。」復其姓名曰王萬弘，不時召見。諸將陵易之，易，以豉翻。萬弘終日縱酒，俳優輩亦加戲誚；萬弘不勝憂憤，醉投池水而卒。誚，才笑翻。勝，音升。

詔以王宗滌爲山南西道節度使。宗滌有勇略，得衆心，王建忌之。建作府門，繪以朱丹，蜀人謂之「畫紅樓」，建以宗滌姓名應之，宗滌本姓華名洪。更姓名見二百六十一卷乾寧四年。王宗佶等疾其功，復構以飛語。佶，巨乙翻。復，扶又翻。建召宗滌至成都，詰責之，宗滌曰：「三蜀略平，東、西川及漢川爲三蜀。詰，去吉翻。大王聽讒，殺功臣可矣。」建命親隨馬軍都指揮使唐道襲夜飲之酒，縊殺之，飲，於禁翻。成都爲之罷市，連營涕泣，如喪親戚。爲，于僞翻。華洪，王建之一將耳，其死也，連營涕泣，謂其有勇略、得士心可也；而蜀人爲之罷市，是必有以得民者，宜乎不能免於雄猜之主也！爲，于僞翻。喪，息浪翻。建以指揮使王宗賀權興元留後。道襲，閬州人也，始以舞童事建，後浸預謀畫。爲王建太子元膺殺唐道襲張本。

30 九月，乙巳，朱全忠以久雨，士卒病，召諸將議引兵歸河中。親從指揮使高季昌、左開道指揮使劉知俊曰：「天下英雄，窺此舉一歲矣；朱全忠自去年冬舉兵，至此時幾一歲。從，才用翻。今茂貞已困，柰何捨之去！」全忠患李茂貞堅壁不出，季昌請以譎計誘致之。譎，古穴翻。誘，音酉。募有能入城爲諜者，諜，達協翻，間也。騎士馬景請行，曰：「此行必死，願大王錄其妻子。」錄，收恤之也。全忠惻然止之，景不可。時全忠遣朱友倫發兵於大梁，明日將至，當出兵迓之。迓，魚駕翻，迎也。景請因此時給駿馬雜衆騎而出，全忠從之，命諸軍皆秣馬飽士。丁未旦，偃旗幟潛伏，【章：十二行本「伏」下有「無得妄出」四字；乙十一行本同；孔本同；張校同；退齋校同。】營中寂如無人。景與衆騎皆出，忽躍馬西去，詐爲逃亡，入城告茂貞曰：「全忠舉軍遁矣，獨留傷病者近萬人守營，近，其靳翻。今夕亦去矣，請速擊之！」於是茂貞開門，悉衆攻全忠營；全忠鼓於中軍，百營俱出，縱兵擊之，又遣數百騎據其城門，遮其歸路也。鳳翔軍進退失據，自蹈藉，藉，慈夜翻。殺傷殆盡。茂貞自是喪氣，喪，息浪翻。始議與全忠連和，奉車駕還京，不復以詔書勒全忠還鎮矣。復，扶又翻。全忠表季昌爲宋州團練使。賞其謀也。季昌，硤石人，本朱友恭之僕夫也。歐史：高季昌、董璋皆爲汴富人李讓家奴，世呼爲李七郎者也。朱全忠養以爲子，更姓名曰朱友恭。十國紀年以爲友恭本壽州賈人李彥威；通鑑從之。今按歐史據薛史，十國紀年與王舉天下大定錄同。

31 戊申，武定節度使李思敬以洋州降王建。王建又并有洋州之地。

32 辛亥，李茂貞盡出騎兵於鄜州就芻糧。壬子，朱全忠穿蚰蜒壕圍鳳翔，設犬鋪、鈴架以絕內外。蚰，與周翻。蜒，以然翻。蚰蜒，蟲也，多涎，天陰雨則出行，地皆有跡。穿壕塹如蚰蜒行地之狀，故謂之蚰蜒壕。凡行軍下營，四面設犬鋪，以犬守之。敵來則羣吠，使營中知所警備。鈴架者，繞營設架，掛鈴其上，敵來觸之則鳴。

33 癸亥，以茂貞爲鳳翔、靜難、武定、昭武四鎮節度使。武定、昭武時已爲王建所取。

34 或勸錢鏐渡江東保越州，以避徐、許之難。徐、許，徐綰、許再思也。難，乃旦翻；下同。杜建徽按劍叱之曰：「事或不濟，同死於此，豈可復東渡乎！」復，扶又翻。

鏐恐徐綰等據越州，遣大將顧全武將兵戍之。全武曰：「越州不足往，不若之廣陵。」之，亦往也。廣陵楊行密所治。鏐曰：「何故？」對曰：「聞綰等謀召田頵；田頵至，淮南助之，不可敵也。」建徽曰：「孫儒之難，王嘗有德於楊公，難，乃旦翻。事見二百五十八卷大順二年。今往告之，宜有以相報。」鏐命全武告急於楊行密，全武曰：「徒往無益，請得王子爲質。」質，音致。鏐命其子傳璙【章：十二行本「璙」下有「微服」二字；乙十一行本同；孔本同；張校同；退齋校同。】爲全武僕，璙，力弔翻，又力小翻。與偕之廣陵，且求婚於行密。過潤州，團練使安仁義愛傳璙清麗，將以十僕易之；全武夜半賂閽者逃去。安仁義號淮南名將，居專城之任，而門關出入之禁不嚴，非善守者也。

綰等果召田頵，頵引兵赴之，先遣親吏何饒謂鏐曰：「請大王東如越州，空府廨以相待，廨，古隘翻。無爲殺士卒！」鏐報曰：「軍中叛亂，何方無之！公爲節帥，乃助賊爲逆。戰則亟戰，帥，所類翻。亟，紀力翻。又何大言！」頵築壘絕往來之道，鏐患之，募能奪其地者賞以州。衢州制置使陳璋將卒三百出城奮擊，遂奪其地，鏐即以爲衢州刺史。觀此，則當時諸州制置使在刺史下。

顧全武至廣陵，說楊行密曰：「使田頵得志，必爲王患。王召頵還，錢王請以子傳璙爲質，且求婚。」行密許之，以女妻傳璙。說，式芮翻。妻，七細翻。

35 冬，十月，李儼至揚州，考異曰：十國紀年註，李昊蜀書張格傳云：「弟休，仕唐爲御史，奉使揚州，聞長水之禍，改姓名爲李儼。」九國志云：「李儼本左僕射張濬之少子，名播，起家校書郎，遷右拾遺。濬爲朱全忠所害，播自長水奔鳳翔，昭宗賜其姓名，來使，欲徵兵復讎。」行密與朱全忠書云：「選張述於諫省，俾銜命於敝藩，授秩執金，賜編屬籍。」新舊唐書昭宗紀及濬傳皆云：「天復三年，十二月，全忠殺濬於長水。」然則儼來使時，濬猶未死，「述」字與「休」字相亂，或一名播乎？實錄，是月，始以儼爲江淮宣諭使，以行密充吳王、東面行營都統；誤也。據行密書，則儼父在時，已賜姓李，宣諭行密以討全忠。明年春，全忠既克鳳翔，儼遂留淮南，不敢歸朝耳。楊行密始建制敕院，每有封拜，輒以告儀，於紫極宮玄宗像前陳制書，再拜然後下。玄宗詔天下州郡，皆立紫極宮以奉玄元皇帝。下，戶嫁翻。

36 王建攻拔興州，以軍使王宗浩爲興州刺史。王建又併有興州。宋白曰：興州，漢武都之沮縣也。蜀置武興督，後魏爲武興鎮，後改爲東益州。隋改州爲順政郡，唐武德置興州，因武興爲州名。

37 戊寅夜，李茂貞假子彥詢帥三團步兵奔于汴軍；帥，讀曰率；下同。己卯，李彥韜繼之。庚辰，朱全忠遣幕僚司馬鄴奉表入城；考異曰：實錄：「庚辰，司馬鄷奉表。壬午，對全忠使司馬鄷。」薛居正五代史司馬鄴傳：「大軍在岐下，遣奏事於昭宗，再入復出。」實錄作「鄷」，誤也。甲申，又遣使獻熊白；陸佃埤雅曰：熊脂一名熊白。熊，山居，冬蟄，當心有白脂如玉，味甚美，俗呼熊白。自是獻食物、繒帛相繼。繒，慈陵翻。上皆先以示李茂貞，使啓視之，茂貞亦不敢啓。丙戌，復遣使請與茂貞議連和，復，扶又翻；下同。民出城樵采者皆不抄掠。抄，楚交翻。丁亥，全忠表請脩宮闕及迎車駕。己丑，遣國子司業薛昌祚、內使王延繢齎詔賜全忠。內使，即中使。往往梁臣避朱全忠名，改中爲內耳。繢，戶外翻，又戶對翻。

癸巳，茂貞復出兵擊汴軍城西寨，敗還。全忠以絳袍衣降者，衣，於既翻。降，戶江翻。使招呼城中人，鳳翔軍夜縋去，縋，馳僞翻。及因樵采去不返者甚衆。是後茂貞或遣兵出擊汴軍，多不爲用，散還。茂貞疑上與全忠有密約，壬寅，更於御院北垣外增兵防衛。

38十一月，癸卯朔，保大節度使李茂勳帥其衆萬餘人救鳳翔，屯於城北阪上，阪，音反。與城中舉烽相應。

39甲辰，上使趙國夫人詗學士院二使皆不在，詗，古迥翻，又翾正翻。二使，二中使之直學士院者。韓全誨等置之以防上密召對學士，前此怒韓偓者卽其人也。亟召韓偓、姚洎，竊見之於土門外，執手相泣。洎請上速還，恐爲他人所見；上遽去。

40朱全忠遣其將孔勍、李暉將兵乘虛襲鄜、坊；鄜，音夫；下同。壬子，拔坊州。甲寅，大雪，汴軍冒之夕進，五鼓，抵鄜州城下。九域志：坊州北至鄜州一百一十里。鄜人不爲備，汴軍入城，城中兵尚八千人，格鬬至午，鄜人始敗，格鬬者，短兵接鬬，兩兩相當，以力角力。考異曰：編遺錄：「十二月癸酉，遣孔勍、李暉領兵襲鄜州，以牽李周彝之兵。己亥，我師攻陷鄜牆，獲周彝親族，遂令李暉權知鄜畤軍事。不數日，周彝乃遣幕賓投分通好，然後上許抽兵。」梁太祖實錄：「十一月癸卯，鄜帥李周彝統州兵萬餘人屯于老耼祠之下，上命孔勍、李暉乘虛捷取之。壬子，勍等破中部郡。甲寅，大雨雪，大軍冒之夕進，五鼓，及其壘，克之。」按癸卯距己亥近六十日，鄜、汴相守，豈得全不交兵！今從唐、梁二實錄。擒留守【章：十二行本「守」作「後」；乙十一行本同；孔本同；張校同。】李繼璙。勍撫存李茂勳及將士之家，按堵無擾，命李暉權知軍府事。茂勳聞之，引兵遁去。重戰輕防，此李茂勳之所以敗也；厚撫其家以攜之，茂勳所以歸心於朱全忠也。

汴軍每夜鳴鼓角，城中地如動。攻城者詬城上人云「劫天子賊」，乘城者詬城下人云「奪天子賊」。詬，古候翻，又許候翻。是冬，大雪，城中食盡，凍餒死者不可勝計；或臥未死已爲人所冎。勝，音升。冎，古瓦翻。市中賣人肉，斤直錢百，犬肉直五百。茂貞儲偫亦竭，偫，丈里翻。以犬彘供御膳。上鬻御衣及小皇子衣於市以充用，削漬松柹以飼御馬。柹，方廢翻，斫木札也，詳見辯誤。飼，祥吏翻。

41 丙子，戶部侍郎、同平章事韋貽範薨。

42 癸亥，朱全忠遣人薙城外草以困城中。薙，他計翻，除草也。甲子，李茂貞增兵守宮門，行宮門也。諸宦者自度不免，互相尤怨。

蘇檢數爲韓偓經營入相，度，徒洛翻。數，所角翻。爲，于僞翻。言於茂貞及中尉、樞密，且遣親吏告偓，偓怒曰：「公與韋公自貶所召歸，旬月致位宰相，訖不能有所爲，今朝夕不濟，乃欲以此相汚邪！」汚，烏路翻。

43 田頵急攻杭州，仍具舟將自西陵渡江；錢鏐遣其將盛造、朱郁拒破之。

44 十二月，李茂勳遣使請降於朱全忠，更名周彝。更，工衡翻。於是茂貞山南州鎮皆入王建，關中州鎮皆入全忠，坐守孤城；乃密謀誅宦官以自贖，遺全忠書曰：遺，唯季翻。「禍亂之興，皆由全誨；僕迎駕至此，以備他盜。公既志匡社稷，請公迎扈還宮，僕以弊甲彫兵，從公陳力。」弊甲彫兵，用戰國張儀語。半殘爲彫。全忠復書曰：「僕舉兵至此，正以乘輿播遷；乘，繩證翻。公能協力，固所願也。」

45 楊行密使人召田頵曰：「不還，吾且使人代鎮宣州。」顧全武之說行矣。庚辰，頵將還，徵犒軍錢二十萬緡於錢鏐，且求鏐子爲質，將妻以女。質，音致。妻，七細翻。鏐謂諸子：謂，語之也。句斷。「孰能爲田氏婿者？」莫對。鏐欲遣幼子傳球，傳球不可。鏐怒，將殺之。次子傳瓘請行，吳夫人泣曰：「柰何置兒虎口！」傳瓘曰：「紓國家之難，紓，緩也。難，乃旦翻。安敢愛身！」再拜而出，鏐泣送之。當此之時，錢鏐置後之意，固已屬於傳瓘矣。傳瓘從數人縋北門而下。敵情叵測，不敢開城門直出，故縋而下。頵與徐綰、許再思同歸宣州。鏐奪傳球內牙兵印。以其不肯出質也。

越州客軍指揮使張洪以徐綰之黨自疑，客軍，蓋亦孫儒散卒。帥步兵三百奔衢州，刺史陳璋納之。帥，讀曰率。溫州將丁章逐刺史朱敖，敖奔福州。信宗中和元年，朱褒陷溫州，至是而敗。王審知時據福州。章據溫州，田頵遣使招之，道出衢州；陳璋聽其往還，錢鏐由是恨璋。爲錢鏐圖陳璋張本。按田頵時鎮宣州。九域志：宣州南至歙州，自歙州南至睦州，自睦州南至婺州，自婺州南至處州，自處州東至溫州，其路徑捷。今自溫州取道衢州者，蓋睦州兩浙巡屬，其守不與田頵通，頵使不敢由此道也。自衢州取婺州，自婺州取處州，自處州取溫州，更無他岐。時盧約據處州，亦兩浙巡屬也。錢鏐不恨約而恨璋者，以盧約猶是羈縻，而陳璋乃其部曲將故也。

46 丁酉，上召李茂貞、蘇檢、李繼誨、李彥弼、李繼岌、李繼遠、李繼忠食，【張：「食」作「入」。】議與朱全忠和，上曰：「十六宅諸王以下，凍餒死者日有數人。十六宅諸王，上之兄弟及羣從也。在內諸王及公主、妃嬪，在內諸王及公主，皇子、皇女也。一日食粥，一日食湯餅，湯餅者，磑麥爲麪，以麪作餅，投之沸湯煮之，黃庭堅所謂「煮餅深注湯」是也。程大昌續演繁露曰：釋名：餅，併也；溲麥使合幷也。蒸餅，湯餅之屬，各隨形名之。今亦竭矣。卿等意如何？」皆不對。上曰：「速當和解耳！」

鳳翔兵十餘人遮韓全誨於左銀臺門，長安大明宮城門有左、右銀臺門，而鳳翔行宮亦設此門，示若在長安宮中也。諠罵曰：「闔境塗炭，闔城餓死，正爲軍容輩數人耳！」爲，于僞翻。全誨叩頭訴於茂貞，茂貞曰：「卒輩何知！」命酌酒兩盃，對飲而罷。又訴於上，上亦諭解之。李繼昭謂全誨曰：「昔楊軍容破楊守亮一族，見二百五十九卷景福元年、乾寧元年。今軍容亦破繼昭一族邪！」慢罵之，遂出降於全忠，降，戶江翻。復姓符，名道昭。

47 是歲，虔州刺史盧光稠攻嶺南，陷韶州，韶、虔二州相去雖六百餘里，特以大庾嶺爲阻，而實鄰境也。考異曰：新紀，是歲光稠卒，牙將李圖自稱知州事。按十國紀年、歐陽修五代史光稠傳，開平五年方卒。新紀誤也。使其子延昌守之，進圍潮州。清海【章：十二行本「海」下有「留後」二字；乙十一行本同；孔本同；張校同；退齋校同。】劉隱發兵擊走之，乘勝進攻韶州。隱弟陟以爲延昌有虔州之援，未可遽取；

隱不從，遂圍韶州。會江漲，餽運不繼，自廣州運糧以餽韶州行營，當泝流而上；江漲則水湍急，不可以泝，餽運由此不繼。光稠自虔州引兵救之；其將譚全播伏精兵萬人於山谷，以羸弱挑戰，羸，倫爲翻。挑，徒了翻。大破隱于城南，隱奔還。全播悉以功讓諸將，光稠益賢之。

48 岳州刺史鄧進思卒，弟進忠自稱刺史。

三年（癸亥、九〇三）

1 春，正月，甲辰，遣殿中侍御史崔構、供奉官郭遵誨詣朱全忠營；丙午，李茂貞亦遣牙將郭啓期往議和解。

2 平盧節度使王師範，頗好學，好，呼到翻。以忠義自許，爲治有聲迹。聲聞於時而治有實迹，所謂名與實稱。好，呼到翻。治，直吏翻。朱全忠圍鳳翔，韓全誨以詔書徵藩鎮兵入援乘輿，師範見之，泣下霑衿，曰：「吾屬爲帝室藩屏，乘，繩證翻。衿，音今。屏，必郢翻。豈得坐視天子困辱如此；各擁強兵，但自衞乎！」會張濬自長水亦遺之書，遺，于季翻。勸舉義兵。師範曰：「張公言正會吾意，夫復何疑！夫，音扶。復，扶又翻。雖力不足，當死生以之。」

時關東兵多從全忠在鳳翔，師範分遣諸將詐爲貢獻及商販，包束兵仗，載以小車，入汴、徐、兗、鄆、齊、沂、河南、孟、滑、河中、陝、虢、華等州，諸州皆朱全忠所有之地。鄆，音運。陝，失冉翻。華，戶化翻。期以同日俱發，討全忠。適諸州者多事泄被擒，獨行軍司馬劉鄩取兗州。

鄩，徐林翻。時泰寧節度使葛從周悉將其兵屯邢州，朱全忠攻鳳翔，使葛從周悉泰寧之兵屯邢州以備河東。鄩先遣人爲販油者入城，詗其虛實及兵所從入；詗，古永翻，又翾正翻。丙午，鄩將精兵五百夜自水竇入，比明，軍城悉定，市人皆不知。比，必利翻，及也。軍城，泰寧軍牙城也。以此觀之，軍人與市人異處，營屋之立，自唐然矣。考異曰：舊紀：「丙午，青州牙將劉鄩陷全忠之兗州，又令牙將張厚入奏，是日，亦竊發於華州，殺州將婁敬思。」唐太祖紀年錄：「是月四日，青州帥王師範將劉鄩竊據兗州。同日，師範將張厚輦戈甲十乘至華州，爲華人所詰，因竊發，燔其郛，殺華州指揮使婁敬思而去。」新紀：「丙午，師範取兗州。」梁太祖實錄：「丙辰，青州綱將亂于華而敗；是日，劉鄩陷我兗州。」唐實錄亦在丙辰。按長曆，丙午，正月四日；丙辰，十四日。編遺錄云：「魏師及朱友寧告急，劉鄩正月四日襲陷兗州」，與紀年錄等同。梁太祖實錄多謬誤，恐難據，今從諸書，移置丙午。唐祖補紀云天復二年，尤誤。鄩據府舍，拜從周母，每旦省謁；待其妻子，甚有恩禮；子弟職掌、供億如故。省，悉景翻。鄩料從周必還攻兗州，故善視其家。

是日，青州牙將張居厚帥壯士二百將小車至華州東城，帥，讀曰率；下同。知州事婁敬思疑其有異，剖視之；其徒大呼，呼，火故翻。殺敬思，攻西城。崔胤在華州，帥衆拒之，天復元年十二月，崔胤帥百官遷於華州，事見上卷。不克，爲崔胤所拒，遂不能克華州。走至商州，追獲之。九域志：華州南至商州一百八十里。

全忠留節度判官裴迪守大梁，師範遣走卒齎書至大梁，迪問以東方事，走卒色動。走卒，謂卒之備趨走者。後漢志有門闌走卒。迪察其有變，屏人問之，屏，必郢翻，又卑正翻。走卒具以實告。迪不暇白全忠，亟請馬步都指揮使朱友寧將兵萬餘人東巡兗、鄆。亟，紀力翻。將，卽亮翻；下同。友寧召葛從周於邢州，共攻師範。全忠聞變，亦分兵先歸，使友寧并將之。爲朱友寧戰死、朱全忠後夷王師範張本。

3戊申，李茂貞獨見上，見，賢遍翻。中尉韓全誨、張彥弘、樞密使袁易簡、周敬容皆不得對。易，以豉翻。茂貞請誅全誨等，與朱全忠和解，奉車駕還京。上喜，卽遣內養帥鳳翔卒四十人收全誨等，斬之。內養，亦宦者也。帥，讀曰率。以御食使第五可範爲左軍中尉，御食使，掌御膳，亦唐末所置內諸司使之一也。宣徽南院使仇承坦爲右軍中尉，王知古爲上院樞密使，楊虔朗爲下院樞密使。樞密分東西院，東院爲上院，西院爲下院。是夕，又斬李繼筠、李繼誨、李彥弼及內諸司使韋處廷等十六人。處，昌呂翻。己酉，遣韓偓及趙國夫人詣全忠營；又遣使囊全誨等二十餘人首以示全忠，考異曰：舊紀：「丁巳，蔣玄暉與中使押送全誨等二十人首級，告諭四鎭兵士回鑾之期。」新紀：「正月，戊申，殺全誨等。」唐太祖紀年錄：「正月，甲辰，鳳翔李茂貞殺其子繼筠、觀軍容韓全誨、張彥弘、樞密使袁易簡、周敬容等二十二人，皆斬首囊盛，押領出城，以示朱溫。」金鑾記：「六日，誅全誨等。」唐年補錄：「正月，癸卯，賜朱全忠詔。」唐補紀云：「天復三年，二月，誅全誨等八人。」其全誨等伏誅日，今從金鑾記、實錄、新紀。按金鑾記、唐年補錄、唐實錄、後唐紀年錄載六日所誅宦官名，可見者全誨等四人，處廷等十六人，而金鑾記云，「是夜處置內官一十九人。」唐年補錄云，「全誨以下二十二人首級。」紀年錄云，「殺全誨等二十二人。」北夢瑣言亦云「二十二人首。」新傳云：「繼筠、繼誨、彥弼皆伏誅。是夜，誅內諸司使韋處廷等二十二人。」若并繼筠等數之，則多一人；

若只數宦官，則少二人；若如金鑾記，是夜又誅十九人，則多一人。或者二人名不見歟？曰：「歸來脅留車駕，懼罪離間，間，古莧翻。不欲協和，皆此曹也。今朕與茂貞決意誅之，卿可曉諭諸軍以豁衆憤。」辛亥，全忠遣觀察判官李振奉表入謝。朱全忠先此以李振爲天平節度副使，今蓋爲四鎮觀察判官。

全誨等已誅，而全忠圍猶未解。茂貞疑崔胤教全忠欲必取鳳翔，白上急召胤，令帥百官赴行在。帥，讀曰率。凡四降詔，三賜朱書御札，薛史載莊宗朝段徊奏曰：「唐制，或歲時災歉，國用不足，天子將求經濟之要，則內出朱書御札以訪羣臣。」言甚切至，悉復故官爵，胤竟稱疾不至。茂貞懼，自致書於胤，辭甚卑遜。全忠亦以書召胤，且戲之曰：「吾未識天子，須公來辨其是非。」胤始來。崔胤其初所以未敢來者，待朱全忠之命耳。然君命累召而不來，朱全忠一書而遽至，人臣事君者，必知所先後輕重矣。

甲寅，鳳翔始啓城門。丙辰，全忠巡諸寨，至城北，有鳳翔兵自北山下，全忠疑其逼己，遣兵擊之，擒其將李繼欽。上遣趙國夫人、馮翊夫人詣全忠營詰其故，二夫人於內命婦爵秩有國郡之殊。詰者，詰其已和解而復遣兵相擊。全忠遣親吏蔣玄暉奉表入奏。

李茂貞請以其子侃尚平原公主，又欲以蘇檢女爲景王祕妃以自固。平原公主，何后之女也，后意難之，上曰：「且令我得出，嗚呼！唐昭宗惟幸於得出，徐令全忠取平原，茂貞必不敢距；豈知夫婦委命於全忠，不復有能取之者乎！何憂爾女！」后乃從之。壬戌，平原公主嫁宋侃；嫌於同姓嫁娶，故復侃本姓。納景王妃蘇氏。古者猶謂師婚爲非禮，唏矣！

時鳳翔所誅宦官已七十二人，朱全忠又密令京兆搜捕致仕不從行者，誅九十人。

甲子，車駕出鳳翔，幸全忠營。全忠素服待罪；命客省使宣旨釋罪，時客省使，蓋通知閤門事，故令宣旨釋罪。去三仗，止報平安，唐制：正衙有親、勳、翊三衛立仗，左、右金吾將軍以一人報平安。去三仗者，恐全忠以羽衛之嚴不敢入也。考異曰：王禹偁五代史闕文曰：「昭宗佯爲鞋系脫，呼梁祖曰：『全忠爲吾繫鞋。』梁祖不得已，跪而結之，流汗浹背。時天子扈蹕尚有衛兵，昭宗意謂左右擒梁祖以殺之，其如無敢動者。自是梁祖被召多不至；其後盡去昭宗禁衛，皆用汴人矣。」按全忠時擁十萬之衆，昭宗方脫茂貞虎口，託身全忠，豈敢遽爲此謀！或者欲效漢高祖之折黥布，亦恐昭宗不能辦耳。今不取。去，羌呂翻。以公服入謝。唐章服之制，有朝服、公服。朝服，具服也；公服，從省服也。全忠見上，頓首流涕；上命韓偓扶起之。上亦泣，曰：「宗廟社稷，賴卿再安；朕與宗族，賴卿再生。」親解玉帶以賜之。少休，卽行。全忠單騎前導十餘里，上辭之；此皆朱全忠繆爲恭敬也。全忠乃令朱友倫將兵扈從，自留部分後隊，焚撤諸寨。從，才用翻；下同。分，扶問翻。友倫，存之子也。存，全忠仲兄也。

是夕，車駕宿岐山；丁卯，至興平，崔胤始帥百官迎謁，帥，讀曰率。復以胤爲司空、門下侍郎、同平章事，領三司如故；車駕至鳳翔，貶崔胤官，今復之。己巳，入長安。

庚午，全忠、崔胤同對。胤奏：「國初承平之時，宦官不典兵預政。天寶以來，宦官浸盛。貞元之末，分羽林衛爲左、右神策軍以便衛從，始令宦官主之，以二千人爲定制。神策軍入衛苑中，自代宗魚朝恩始。德宗貞元末始分爲左、右。從，才用翻。自是參掌機密，奪百司權，上下彌縫，共爲不法，大則構扇藩鎮，傾危國家；小則賣官鬻獄，蠹害朝政。朝，直遙翻。王室衰亂，職此之由，不翦其根，禍終不已。請悉罷諸司使，其事務盡歸之省寺，諸道監軍俱召還闕下。」上從之。是日，全忠以兵驅宦官第五可範等數百人於內侍省，盡殺之，考異曰：舊紀：「辛未，內官第五可範已下七百人，並賜死於內侍省。」金鑾記：「二十八日，處置第五可範已下四百五十人。」太祖紀年錄：「內諸司百餘人及隨駕鳳翔羣小二百餘人，一時斬首于內侍省。」舊傳與紀年錄同。新傳：「胤、全忠議誅第五可範等八百餘人於內侍省。」梁太祖實錄：「己巳翌日，誅宦官第五可範等五百餘人于內侍省，仍命畿內及諸道搜索處置以盡厥類。」唐年補錄云：「誅宦官七百一十人。」按舊紀、編遺錄皆云「正月辛未，誅可範等」。而梁實錄、唐補紀、續寶運錄、金鑾記、唐年補錄、薛居正五代史梁紀、新唐紀，或云己巳翊日，或云二十八日，今從之。蓋全忠、胤雖奏云罷諸司使務，追監軍赴闕，其實卽日已擅誅之，至二月癸酉始下詔賜死，故昭宗哀而祭之耳。冤號之聲，徹於內外。號，戶刀翻。徹，敕列翻。其出使外方者，詔所在收捕誅之，使，疏吏翻；下同。止留黃衣幼弱者三十人以備洒掃。宦官品秩之卑者衣黃。洒，所賣翻，又如字。掃，蘇報翻，又如字。又詔成德節度使王鎔選進五十人充敕使，取其土風深厚，人性謹樸也。上愍可範等或無罪，爲文祭之。自是宣傳詔命，皆令宮人出入；其兩軍內外八鎮兵悉屬六軍，謂左、右神策所統內外八鎮兵也。以崔胤兼判六軍十二衛事。

臣光曰：宦官用權，爲國家患，其來久矣。蓋以出入宮禁，人主自幼及長，長，知兩翻。與之親狎，非如三公六卿，進見有時，可嚴憚也。見，賢遍翻。其間復有性識儇利，儇，許緣翻，智也，疾也，利也。語言辯給，【章：十二行本「給」下有「善」字；乙十一行本同；孔本同；張校同。】伺候顏色，承迎志趣，伺，相吏翻。受命則無違迕之患，使令則有稱㥦之效。迕，五故翻。稱，尺證翻。㥦，與愜同，詰叶翻。自非上智之主，燭知物情，慮患深遠，侍奉之外，不任以事，則近者日親，遠者日疏，甘言卑辭之請有時而從，浸潤膚受之愬有時而聽。論語：孔子曰：「浸潤之譖，膚受之愬，不行焉，可謂明也已矣。」朱熹註云：浸潤，如水之浸灌，滋潤漸漬而不驟也。膚受，謂肌膚所受利害切身者也。於是黜陟刑賞之政，潛移於近習而不自知，如飲醇酒，嗜其味而忘其醉也。黜陟刑賞之柄移而國家不危亂者，未之有也。

東漢之衰，宦官最名驕橫，橫，戶孟翻。然皆假人主之權，依憑城社，言宦官在人主左右有所依憑，如城狐、社鼠，不畏熏燒。以濁亂天下，未有能劫脅天子如制嬰兒，廢置在手，東西出其意，使天子畏之若乘虎狼而挾蛇虺，虺，許鬼翻。如唐世者也。所以然者非他，漢不握兵，唐握兵故也。

太宗鑒前世之弊，深抑宦官無得過四品。明皇始隳舊章，是崇是長，宋祁曰：太宗詔內侍省不立三品官，以內侍爲之長，階第四，不任以事，惟門閤守禦、廷內掃除、稟食而已。武后時，稍增其人。

至中宗，黃衣乃二千員，七品以上員外置千員，然衣朱紫者尚少。玄宗承平日久，財用富足，志大事奢，不愛惜賞賜爵位，開元、天寶中，宦官黃衣以上三千員，衣朱紫者千餘人，其稱旨者輒拜三品將軍，列戟于門，其在殿頭供奉，委任華重。長，知兩翻。晚節令高力士省決章奏，省，悉景翻。乃至進退將相，時與之議，自太子王公皆畏事之，宦官自此熾矣。及中原板蕩，肅宗收兵靈武，李輔國以東宮舊隸參豫軍謀，寵過而驕，不能復制，復，扶又翻。遂至愛子慈父皆不能庇，以憂悸終。悸，其季翻。代宗踐阼，仍遵覆轍，程元振、魚朝恩相繼用事，竊弄刑賞，壅蔽聰明，視天子如委裘，賈誼曰：臥赤子天下之上而安，植遺腹，朝委裘，而天下不亂。孟康註云：委裘若容衣，天子未坐朝，事天子裘衣也。朝，直遙翻；下同。陵宰相如奴虜。是以來瑱入朝，遇讒賜死；吐蕃深侵郊甸，匿不以聞，致狼狽幸陜；陜，失冉翻。李光弼危疑憤鬱，以隕其生；郭子儀擯廢家居，不保丘壟；僕固懷恩冤抑無訴，遂棄勳庸，更爲叛亂。更，工衡翻，改也。德宗初立，頗振綱紀，宦官稍絀。絀，讀曰黜。而返自興元，猜忌諸將，以李晟、渾瑊爲不可信，悉奪其兵，而以竇文場、霍仙鳴爲中尉，使典宿衞，自是太阿之柄，落其掌握矣。憲宗末年，吐突承璀欲廢嫡立庶，以成陳洪志之變。寶曆狎暱羣小，璀，七罪翻。暱，尼質翻。劉克明與蘇佐明爲逆，其後絳王及文、武、宣、懿、僖、昭六帝，皆爲宦官所立，勢益驕橫。王守澄、仇士良、田令孜、楊復恭、劉季述、韓全誨爲之魁傑，至自稱「定策國老」，目天子爲門生，根深蔕固，疾成膏肓，不可救藥矣！左傳：晉侯疾病，求醫於秦，秦伯使醫緩爲之，未至。公夢疾爲二豎子曰：「彼良醫也，懼傷我，焉逃之？」其一曰：「居肓之上，膏之下，若我何！」醫至，曰：「疾不可爲也，在肓之上，膏之下，攻之不可，達之不及，藥不至焉，不可爲也。」肓，音荒，鬲也。心下爲膏。文宗深憤其然，志欲除之，以宋申錫之賢，猶不能有所爲，反受其殃；況李訓、鄭注反覆小人，欲以一朝譎詐之謀，譎，古穴翻。翦累世膠固之黨，遂至涉血禁塗，積尸省戶，公卿大臣，連頸就誅，闔門屠滅，天子陽瘖縱酒，飲泣吞氣，自比赧、獻，不亦悲乎！瘖，於金翻。赧，奴板翻。以宣宗之嚴毅明察，猶閉目搖首，自謂畏之。況懿、僖之驕侈，苟聲色毬獵足充其欲，則政事一以付之，呼之以父，固無怪矣。賊汚宮闕，汚，烏故翻。兩幸梁、益，皆令孜所爲也。昭宗不勝其恥，力欲淸滌，而所任不得其人，所行不由其道。始則張濬覆軍於平陽，增李克用跋扈之勢；復恭亡命於山南，啓宋文通不臣之心；李茂貞本宋文通，以軍功賜姓名。終則兵交闕庭，矢及御衣，漂泊莎城，流寓華陰，幽辱東內，劫遷岐陽。莎，素何翻。華，戶化翻。崔昌遐無如之何，崔胤字昌遐；通鑑稱其字，避宋朝太祖廟諱也。更召朱全忠以討之。連兵圍城，再罹寒暑，御膳不足於糗糒，糗，去久翻。糒，音備。王侯斃踣於飢寒，踣，蒲北翻。然後全誨就誅，乘輿東出，翦滅其黨，靡有孑遺，而唐之廟社因以丘墟矣！此論歷敍唐宦官之禍，其事皆具見前紀。乘，繩證翻。然則宦官之禍，始於明皇，盛於肅、代，成於德宗，極於昭宗。易曰：「履霜堅冰至。」爲國家者，防微杜漸，可不愼其始哉！易坤之初六曰：履霜堅冰至。象曰：履霜堅冰，陰始凝也；馴致其道，至堅冰也。文言曰：臣弑其君，子弑其父，非一朝一夕之故，其所由來者漸矣。此其爲患，章章尤著者也。自餘傷賢害能，召亂致禍，賣官鬻獄，沮敗師徒，敗，補邁翻。蠹害烝民，不可徧舉。

去【章：十二行本「去」作「夫」；乙十一行本同；孔本同；退齋校同；熊校同。】寺人之官，寺，音侍。自三王之世，具載於詩、禮，詩有巷伯之篇。禮有寺人之職。所以謹閨闥之禁，通內外之言，安可無也。如巷伯之疾惡，周幽王之時，寺人傷於讒而作巷伯之詩。記曰：好賢如緇衣，惡惡如巷伯。寺人披之事君，左傳：晉獻公信讒，使寺人披伐公子重耳於蒲城；重耳踰垣而出，披斬其袪。及其反國，披請見，公使讓之曰：「蒲城之役，君命一宿，汝卽至。其後予從狄君，以田渭濱，汝爲惠公來求殺余，命汝三宿，汝中宿至。雖有君命，何其速也！」對曰：「君命無二，古之制也。除君之惡，惟力是視，蒲人狄人，予何有焉！今君卽位，其無蒲、狄乎？」公見之，以呂、郤之難告，公由是得免。鄭衆之辭賞，事見四十八卷漢和帝永元元年。呂彊之直諫，事見五十七卷漢靈帝光和二年，五十八卷中平元年。曹日昇之救患，馬存亮之弭亂，楊復光之討賊，嚴遵美之避權，事並見前紀。張承業之竭忠，事見後梁紀。其中豈無賢才乎！顧人主不當與之謀議政事，進退士大夫，使有威福足以動人耳。果或有罪，小則刑之，大則誅之，無所寬赦；如此，雖使之專横，孰敢焉！横，戶孟翻。豈可不察臧否，不擇是非，欲草薙而禽獮之，否，音鄙。薙，他計翻。獮，息淺翻。杜預曰：獮，殺也。能無亂乎！是以袁紹行之於前而董卓弱漢，事見漢靈、獻紀。崔昌遐襲之於後而朱氏篡唐，雖快一時之忿而國隨以亡。是猶惡衣之垢而焚之，惡，烏路翻。患木之蠹而伐之，其爲害豈不益多哉！孔子曰：「人而不仁，疾之已甚，亂也。」見論語。斯之謂矣！

王師範遣使以起兵告李克用，克用貽書襃贊之。河東監軍張承業亦勸克用發兵救鳳翔，克用攻晉州，聞車駕東歸，乃罷。

楊行密承制加朱瑾東面諸道行營副都統、同平章事，以昇州刺史李神福爲淮南行軍司馬、鄂岳行營招討使，舒州團練使劉存副之，將兵擊杜洪。洪將駱殷戍永興，棄城走，縣民方詔據城降。神福曰：「永興大縣，饋運所仰，已得鄂之半矣！」永興，漢鄂縣地；吳分鄂置新陽縣，隋改新陽曰永興，唐屬鄂州。九域志：在鄂州東南四百五十里，今壽昌軍即其地。降，戶江翻。

資治通鑑卷第二百六十四

端明殿學士兼翰林侍讀學士太中大夫提舉西京嵩山崇福宮上柱國河内郡開國公食邑二千二百户食實封九百户賜紫金魚袋臣司馬光奉敕編集

後學天台胡三省音註

唐紀八十起昭陽大淵獻（癸亥）二月，盡閼逢困敦（甲子）閏月，凡一年有奇。

昭宗聖穆景文孝皇帝下之上

天復三年（癸亥、九〇三）

1 二月，壬申朔，詔：「比在鳳翔府所除官，一切停。」比，毗至翻，近也。停所除官者，以皆出李茂貞、韓全誨之意也。

時宦官盡死，惟河東監軍張承業、幽州監軍張居翰、清海監軍程匡柔、西川監軍魚全禋及致仕嚴遵美，爲李克用、劉仁恭、楊行密、王建所匿得全，斬他囚以應詔。禋，伊眞翻。嚴遵美時隱蜀之青城山。據通鑑所書，程匡柔，蓋楊行密匿之。

2 甲戌，門下侍郎、同平章事陸扆責授沂王傅、分司。沂王禮，皇子也。「禮」，一作「禋」。車駕還京師，賜諸道詔書，獨鳳翔無之。扆曰：「茂貞罪雖大，然朝廷未與之絕；今獨無詔書，示人不廣。」考異曰：舊傳：「帝還京後赦諸道，皆降詔書，獨鳳翔無詔，扆奏」云云。按是時未赦，恐止是降詔書；或赦前扆議如此，故胤怒耳。崔胤怒，奏貶之。宮人宋柔等十一人皆韓全誨所獻，獻宋柔等見上卷元年。及僧、道士與宦官親厚者二十餘人，並送京兆杖殺。

3 上謂韓偓曰：「崔胤雖盡忠，然比卿頗用機數。」對曰：「凡爲天下者，萬國皆屬之耳目，屬，之欲翻。安可以機數欺之！莫若推誠直致，雖日計之不足而歲計之有餘也。」用莊子語。

4 丙子，工部侍郎、同平章事蘇檢，吏部侍郎盧光啓，並賜自盡；丁丑，以中書侍郎、同平章事王溥爲太子賓客、分司，皆崔胤所惡也。（自「丁丑」至「所惡也」二十六字，據章鈺資治通鑑校宋記增。）蘇檢、盧光啓皆鳳翔所命相，崔胤惡其黨附韓全誨、李茂貞，故殺之。考異曰：實錄：「檢、光啓並賜自盡。」一說，檢長流環州。」唐太祖紀年錄：「初從幸鳳翔，命盧光啓、韋貽範爲相，又命蘇檢平章事。及車駕還宮，胤積前事怒之，不一月，皆貶謫之，左遷陸扆沂王傅，王溥太子賓客，蘇檢自盡。」續寶運錄：「二月五日，應是岐王駕前宰臣盧光啓等一百餘人，並賜自盡。」新紀：「朱全忠殺蘇檢、盧光啓。」舊胤傳：「昭宗初幸鳳翔，命盧光啓、韋貽範、蘇檢等作相，及還京，胤皆貶斥之。」新光啓傳云「檢長流環州，光啓賜死」，與寶運錄註同。「檢流環州」，不見本出何書。

5 戊寅，賜朱全忠號回天再造竭忠守正功臣，賜其僚佐敬翔等號迎鑾協贊功臣，諸將朱友寧等號迎鑾果毅功臣，都頭以下號四鎮靜難功臣。難，乃旦翻。

上議褒崇全忠，欲以皇子爲諸道兵馬元帥，以全忠副之；崔胤請以輝王祚爲之，上曰：「濮王長。」帥，所類翻。濮，博木翻。長，知兩翻。胤承全忠密旨，利祚沖幼，固請之，己卯，以祚爲諸道兵馬元帥。考異曰：金鑾記：「上曰：『朕以濮王處長』」云云。新傳：「帝十七子，德王裕、棣王祤、虔王禊、沂王禋、遂王禕、景王祕、輝王祚、祁王祺、雅王禛、瓊王祥、端王禎、豐王祁、和王福、登王禧、嘉王祜、潁王禔、蔡王祐。何皇后生裕及祚，餘皆失其母之氏位。」舊傳云昭宗十子，無端王禎以下七人。按新、舊傳，昭宗諸子皆無濮王。孫光憲續通曆：「濮王名紃，昭宗之子，母曰太后王氏。哀帝被殺，朱全忠冊紃爲天子，改元天壽；明年，禪位於梁。」此乃光憲傳聞謬誤也。昭宗亦無王皇后。金鑾記所云濮王，蓋德王改封耳。庚辰，加全忠守太尉，充副元帥，進爵梁王。以胤爲司徒兼侍中。

胤恃全忠之勢，專權自恣，天子動靜皆稟之。稟，筆錦翻。朝臣從上幸鳳翔者，凡貶逐三十餘人。黨附宦官者可罪，扈從天子者何罪邪！朝，直遙翻。刑賞繫其愛憎，愛者賞之，憎者刑之。中外畏之，重足一迹。重，直龍翻。史言崔胤怙權，不知死期將至。

以敬翔守太府卿，朱友寧領寧遠節度使。寧遠軍，容州，時爲龐巨昭所據。五季以來有名號節度使，此類是也。全忠表符道昭同平章事，充天雄節度使，遣兵援送之秦州，之，往也。不得至而還。岐兵塞道，故不得至。還，從宣翻，又如字。

6 初，翰林學士承旨韓偓之登進士第也，御史大夫趙崇知貢舉。上返自鳳翔，欲用偓爲相，偓薦崇及兵部侍郎王贊自代；上欲從之，崔胤惡其分己權，惡，烏路翻。使朱全忠入爭之。全忠見上曰：見，賢遍翻。「趙崇輕薄之魁，王贊無才用，韓偓何得妄薦爲相！」上見全忠怒甚，不得已，癸未，貶偓濮州司馬。上密與偓泣別，偓曰：「是人非復前來之比，謂朱全忠也。臣得遠貶及死乃幸耳，不忍見篡弒之辱！」嗚呼！韓偓何見之晚也！然昭宗聞偓此言，亦何以爲懷哉！惟有縱酒而已。

7 己丑，上令朱全忠與李茂貞書，取平原公主；茂貞不敢違，遽歸之。平原公主嫁茂貞子宋侃，見上卷上年。

8 壬辰，以朱友裕爲鎮國節度使。考異曰：實錄：「壬辰，以興德府復爲華州，賜名感化軍，以友裕爲節度使。」按編遺錄，天祐三年，閏十二月乙丑敕，「鎮國之號，興德之名，並宜停。」薛居正五代史地理志：「華州，梁爲感化軍。」梁功臣傳：「天復三年，友裕權知鎮國軍留後。」今從實錄。

9 乙未，全忠奏留步騎萬人於故兩軍，時神策兩軍已散，而營署尚存。以朱友倫爲左軍宿衞都指揮使；又以汴將張廷範爲宮苑使，王殷爲皇城使，蔣玄暉充街使。於是全忠之黨布列徧於禁衞及京輔。唐北門禁衞之兵，皆屯於宮苑；百司庶府及南衙諸衞，皆分居皇城之內；百官私第及坊市居人，皆分居朱雀街之左右街。今全忠悉以腹心爲使，則京輔之權一歸之矣。去虺得虎，昭宗之謂也。

戊戌，全忠辭歸鎮，辭歸大梁。留宴壽春殿，又餞之於延喜樓。上臨軒泣別，令於樓前上馬。示寵異之也。前上，時掌翻。上又賜全忠詩，全忠亦和進；和，胡臥翻。又進【章：十二行本「進」作「賜」；乙十一行本同。】楊柳枝辭五首。楊柳枝辭，即今之令曲也。今之曲如清平調、水調歌、柘枝、菩薩蠻、八聲甘州，皆唐季之餘聲。又唐人多賦楊柳枝，皆是七言四絕，相傳以爲出於開元梨園樂章，故張祜有折楊柳詞云：「莫折宮前楊柳枝，玄宗曾向笛中吹。」百官班辭於長樂驛。崔胤獨送至霸橋，以唐制驛程考之，霸橋驛當在長樂驛東三十里。自置餞席，夜二鼓，胤始還入城；上復召對，復，扶又翻。問以全忠安否；置酒奏樂，至四鼓乃罷。史言帝徵召不時，宴飲無節。

10以清海節度使裴樞爲門下侍郎、同平章事。【章：十二行本「事」下有「朱全忠薦之也」六字；乙十一行本同；孔本同。】裴樞以朱全忠之薦而相，以忤朱全忠之意而死。白馬之禍，皆自取之也。

11李克用使者還晉陽，言崔胤之横，横，戶孟翻。克用曰：「胤爲人臣，外倚賊勢，內脅其君，既執朝政，又握兵權。權重則怨多，勢侔則釁生，破家亡國，在眼中矣！」史言李克用有識。朝，直遙翻。

12朱全忠將行，奏：「克用於臣，本無大嫌，乞厚加寵澤，遣大臣撫慰，俾知臣意。」進奏吏以白克用，河東進奏吏也。克用笑曰：「賊欲有事淄青，畏吾掎其後耳！」有事淄青，謂攻王師範。史言朱全忠狡譎，李克用已逆知其情。掎，居蟻翻。

13三月，戊午，朱全忠至大梁。王師範弟師魯圍齊州，朱全忠并兗、鄆，遂兼有齊州。九域志：兗州北至齊州三百六十里。朱友寧引兵擊走之。師範遣兵益劉鄩軍，友寧擊取之。由是兗州援絕，葛從周引兵圍之。劉鄩取兗州見上卷本年正月。友寧進攻青州；戊辰，全忠引四鎮及魏博兵十萬繼之。

14 淮南將李神福圍鄂州，是年正月，楊行密遣李神福攻杜洪，事始上卷。望城中積荻，謂監軍尹建峯曰：「今夕爲公焚之。」爲，于僞翻。建峯未之信。時杜洪求救於朱全忠，神福遣部將秦皋乘輕舟至灄口，灄口在武口之上，對岸卽夏浦。灄，書涉翻。舉火炬於樹杪；杪，弭沼翻。洪以爲救兵至，果焚荻以應之。

15 夏，四月，己卯，以朱全忠判元帥府事。輝王沖幼，以朱全忠判元帥府事，則天下兵權盡歸之矣。

16 知溫州事丁章爲木工李彥所殺，丁章得溫州見上卷二年。未有朝命爲刺史，止稱知州事。其將張惠據溫州。

17 王師範求救於淮南，乙未，楊行密遣其將王茂章以步騎七千救之，又遣別將將兵數萬攻宿州。全忠遣其將康懷英救宿州，淮南兵遁去。「康懷英」當作「懷貞」，是時未改名也。

18 楊行密遣使詣馬殷，言朱全忠跋扈，請殷絕之，約爲兄弟。湖南大將許德勳曰：「全忠雖無道，然挾天子以令諸侯，明公素奉王室，不可輕絕也。」言絕全忠，則道路梗塞，併絕朝廷貢奉。殷從之。馬殷附汴之心，自此堅矣。

19 杜洪求救於朱全忠，全忠遣其將韓勍將萬人屯灄口，勍，渠京翻。遣使語荆南節度使成汭、武安節度使馬殷、武貞節度使雷彥威，語，牛倨翻。曰語者，無朝廷詔敕，以意諭之。令出兵救洪。汭畏全忠之強，且欲侵江、淮之地以自廣，發舟師十萬，沿江東下。汭作巨艦，三年而成，艦，戶黯翻。制度如府署，謂之「和舟載」，署，廨舍也；言其舟長闊，和荆州皆載其上。「舟」，當作「州」。【章：十二行本正作「州」；乙十一行本同。】其餘謂之「齊山」、「截海」、「劈浪」之類甚衆。齊山，言其高也。截海，言其長也。劈浪，言其輕疾也。劈，匹歷翻。掌書記李珽諫曰：珽，他鼎翻。「今每艦載甲士千人，稻米倍之，緩急不可動也。吳兵剽輕，剽，匹妙翻。輕，苦定翻。難與角逐；武陵、長沙，皆吾讎也；武陵，謂雷彥威。長沙，謂馬殷。豈得不爲反顧之慮乎！不若遣驍將屯巴陵，九域志：巴陵東北至鄂州三百五十里。大軍與之對岸，堅壁勿戰，不過一月，吳兵食盡自遁，鄂圍解矣。」楊行密時封吳王，故謂其兵爲吳兵。汭不聽。珽，憕之五世孫也。李憕，天寶之末死於安祿山之難。珽後歸中原，仕於梁。

20 王建出兵攻秦、隴，乘李茂貞之弱也；遣判官韋莊入貢，亦脩好於朱全忠。好，呼到翻。全忠遣押牙王殷報聘，建與之宴。殷言：「蜀甲兵誠多，但乏馬耳。」建作色曰：「當道江山險阻，騎兵無所施；然馬亦不乏，押牙少留，當共閱之。」乃集諸州馬，大閱於星宿山，官馬八千，私馬四千，部隊甚整。殷歎服。王建以多馬衒王殷，殷遽歎服，非善覘者也。宿，音秀。建本騎將，王建從楊復光起許州，及扈從昭宗，皆爲騎將。故得蜀之後，於文、黎、維、茂州市胡馬，十年之間，遂及玆數。史言蜀中互市，可以得西蕃之馬。然王建取興元而得騎五千，則東、西川之馬亦必多，此一萬二千之數，蓋集成都近州耳。

21 五月，丁未，李克用雲州都將王敬暉殺刺史劉再立，叛降劉仁恭；克用遣李嗣昭、李存審將兵討之。李存審，即符存審。降，戶江翻。仁恭遣將以兵五萬救敬暉，嗣昭退保樂安，畏燕兵之強也。敬暉舉衆棄城而去。乘嗣昭之退，棄城而走。先是，振武將契苾讓先，悉薦翻。契，欺訖翻。逐戍將石善友，據城叛；嗣昭等進攻之，讓自燔死；復取振武城，殺吐谷渾叛者二千餘人。吐谷渾自赫連鐸與克用作敵，鐸雖敗死，其部落終未肯心服，故屢叛。克用怒嗣昭、存審失王敬暉，皆杖之，削其官。爾朱榮以失万俟道洛而杖爾朱天光，事亦如此。

22 成汭行未至鄂州，馬殷遣大將許德勳將舟師萬餘人，雷彥威遣其將歐陽思將舟師三千餘人會於荊江口，大江自蜀東流入荊州界，謂之荊江。荊江口，卽洞庭之水與大江之水會處。乘虛襲江陵，庚戌，陷之，盡掠其人及貨財而去。將士亡其家，皆無鬬志。此言成汭之將士也。李神福聞其將至，自乘輕舟前覘之，覘，丑廉翻，又丑豔翻。謂諸將曰：「彼戰艦雖多而不相屬，易制也，屬，之欲翻。易，以豉翻。當急擊之！」壬子，神福遣其將秦裴、楊戎將衆數千逆擊汭於君山，君山在洞庭湖中，方六十里，亦名洞庭之山。巴陵志曰：湘君所遊，故曰君山。將，卽亮翻。大破之，因風縱火，焚其艦，士卒皆潰，汭赴水死，僖宗文德元年，成汭襲據荊南，至是敗亡。考異曰：新紀：「彥威之弟彥恭陷江陵。」今從編遺錄。舊紀及薛居正五代史、十國紀年皆云：「汭未至鄂渚，江陵已陷，將士亡其家，皆無鬬志。」按新紀、十國紀年皆云：「壬子，汭敗死。」壬子，此月十二日也，而編遺錄云二十二日陷江陵，今不取。北夢瑣言云天祐中汭死，尤誤也。獲其戰艦二百艘。艘，蘇遭翻。韓勍聞之，亦引兵去。

許德勳還過岳州，刺史鄧進忠開門具牛酒犒軍，德勳諭以禍福，進忠遂舉族遷于長沙。僖宗光啓二年，鄧進思取岳州，傳弟進忠，至是而亡。考異曰：馬氏行年記：「天復三年，自荆南振旅還，遂入岳州，降刺史鄧進思。」九國志楚世家：「天祐二年七月，岳州刺史鄧進忠帥其衆來降。」許德勳傳云：「天祐二年，領兵略地荆南，還經岳州，刺史鄧進忠以城歸附。」新紀全用九國志年月。湖湘故事言：「開平中，收荆南回，進忠以城降。」又載何致雍天策寺碑銘云：「乃克桂林，乃襲荆渚，彼岳之陽，旋師而取。」天祐二年十月，朱全忠謀討襄州趙匡凝，九月，克襄州，始命楊師厚攻荆南。然則七月許德勳何繇略地荆南！蓋九國志之誤。天復三年，成汭敗死，德勳及雷彥威襲江陵，還取岳州，與何致雍碑意略同，故以行年記爲據。馬殷以德勳爲岳州刺史，以進忠爲衡州刺史。

雷彥威狡獪殘忍，有父風，獪，古外翻。雷彥威父滿。常泛舟焚掠鄰境，荆、鄂之間，殆至無人。

23 李茂貞畏朱全忠，自以官爲尚書令，在全忠上，朱全忠守中書令，茂貞爲尚書令，官在其上。累表乞解去；詔復以茂貞爲中書令。

24 崔胤奏：「左右龍武、羽林、神策等軍此崔胤所判六軍也。名存實亡，侍衛單寡；請每軍募步兵四將，每將二百五十人，騎兵一將百人，合六千六百人，六軍，各軍步兵千人，騎兵百人，合六千六百人。選其壯健者，分番侍衛。」從之。令六軍諸衛副使、京兆尹鄭元規立格召募於市。朱全忠自此疑崔胤而有圖之心。

25 朱全忠表潁州刺史朱友恭爲武寧節度使。

26 朱友寧攻博昌，博昌，漢縣，唐屬青州。十三州志云：昌水，其勢平，故曰博昌。後唐避廟諱，改曰博興。九域志：博興，在青州西北一百二十里，管下有博昌鎮。月餘不拔；朱全忠怒，遣客將劉捍往督之。今閫府州軍皆有客將，主贊導賓客，蓋古之舍人、中涓，漢之鈴下、威儀之職。唐末藩鎮置客將，往往升轉至大官，位望不輕。捍至，友寧驅民丁十餘萬，負木石，牽牛驢，詣城南築土山，既成，并人畜木石排而築之，冤號聲聞數十里。俄而城陷，盡屠之。爭城而戰，殺人盈城，朱友寧之隕身喪元，未足以謝冤魂也。號，戶刀翻。聞，音問。考異曰：唐太祖紀年錄：「師範之舉兵也，朱溫令朱友寧討之。三月，己酉，朱溫至汴州，大舉四鎮、魏博之衆十萬擊師範。朱友寧、楊師厚攻博興，旬餘不下，攻城之衆，死者太半。俄而朱溫至，大怒，斬其主將，復起土山，翌日而拔，城中無少長皆屠之，仍毀其垣。四月，進陷臨淄，傅青州。別將攻北海，渡膠水，寇登、萊等郡。」實錄據此而置於四月。梁太祖實錄：「四月，丙子，上至鄆領事。辛卯，從子友寧帥師破青州之博昌、臨淄二邑，殺戮五千餘衆，暨北海焉。」編遺錄：「五月，辛亥，卻離歷下，宿豐齊驛。甲寅，上到汶陽。乙卯，奏王師範逆狀。己未，上又往歷下。壬戌，上以兵士攻取博昌，寨下少樹木，時當炎毒，卻勒親從騎兵皆歸齊州，因又前行。夜將半，客將劉捍謀曰：『捍請馳赴軍前傳諭上意，敦將士，令戮力速攻，必可尅也。今請上卻歸歷下。』上悅而從之，便令捍馳騎東往，上乃西歸汶陽。丙寅，捷音至，攻拔博昌，盡戮其黨矣。」據此，則破博昌在五月。今從朱友寧傳。進拔臨淄，臨淄，漢古縣，久廢；隋復置於古齊國城；唐屬青州。九域志在州西北四十里。抵青州城下，遣別將攻登、萊。淮南將王茂章會王師範弟萊州刺史師誨攻密州，拔之，斬其刺史劉康乂，九域志：萊州南至密州三百里，東北至登州二百四十里。劉康乂，朱全忠所用也。以淮海都遊弈使張訓爲刺史。楊行密據有淮南，西盡淮源，東暨于海，邊面延袤數千里，故置都遊弈使，以謹防遏也。

六月，乙亥，汴兵拔登州。師範帥登、萊兵拒朱友寧於石樓，爲兩柵。據舊書石樓近臨淄。丙子，夜，友寧擊登州柵，柵中告急，師範趣茂章出戰，趣，讀曰促。茂章按兵不動。友寧破登州柵，進攻萊州柵。比明，茂章度其兵力已疲，比，必利翻，及也。度，徒洛翻；下同。乃與師範合兵出戰，大破之。友寧旁自峻阜馳騎赴敵，馬仆，青州將張土梟斬之，梟，堅堯翻。傳首淮南。兩鎮兵逐北至米河，王師範以平盧之兵，王茂章以淮南之兵，是兩鎮兵也。俘斬萬計，魏博之兵殆盡。

全忠聞友寧死，自將兵二十萬晝夜兼行赴之，秋，七月，壬子，至臨朐，臨朐，漢縣，唐屬青州。九域志曰：在州東南四十里。命諸將攻青州。王師範出戰，汴兵大破之。王茂章閉壘示怯，伺汴兵稍懈，伺，相吏翻。懈，古隘翻。毀柵而出，驅馳疾戰，戰酣退坐，召諸將飲酒，已而復戰。全忠登高望見之，問降者，降，戶江翻。知爲茂章，歎曰：「使吾得此人爲將，天下不足平也！」朱全忠見王茂章臨敵整暇，故欲得之。然茂章後歸梁，攻淮南、攻鎮，并皆折北而不振，人固未易知也。至晡，汴兵乃退。茂章度衆寡不敵，度，徒洛翻。是夕，引軍還。全忠遣曹州刺史楊師厚追之，及於輔唐。輔唐，漢安丘縣，乾元二年，移治古昌安城，因改曰輔唐，屬密州。九域志：在州西北一百二十里。薛史地理志曰：密州輔唐縣，梁開平二年，改爲安丘，唐同光元年，復舊名；晉天福七年，改爲膠西，避廟諱也；宋復曰安丘。茂章命先鋒指揮使李虔裕將五百騎爲殿，殿，丁練翻；下同。虔裕殊死戰，師厚擒而殺之。李虔裕以死全王茂章之軍，其勇難能也。楊師厚自此受知於朱全忠矣。師厚，潁州人也。張訓聞茂章去，謂諸將曰：「汴人將至，何以禦之？」諸將請焚城大掠而歸。訓曰：「不可。」封府庫，植旗幟於城上，遣羸弱居前，植，直吏翻。幟，昌志翻。羸，倫爲翻。自以精兵殿其後而去。全忠遣左踏白指揮使王檀攻密州，凡軍行，前軍之前有踏白隊，所以踏伏、候望敵之遠近衆寡。既至，望旗幟，數日乃敢入城；疑其有伏，故遲遲不敢進。見府庫城邑皆完，遂不復追。復，扶又翻。訓全軍而還。史言楊行密所以能保有江、淮，一時諸將皆能盡其智力。全忠以檀爲密州刺史。

27 丁卯，以山南西道留後王宗賀爲節度使。王建之請也。

28 睦州刺史陳詢叛錢鏐，舉兵攻蘭溪，咸亨五年，分婺州之金華西界置蘭溪縣，因溪水爲名。九域志：在州西北五十五里。鏐遣指揮使方永珍擊之。武安都指揮使杜建徽與詢連姻，鏐疑之，建徽不言。會詢親吏來奔，得建徽與詢書，皆勸戒之辭，鏐乃悅。建徽從兄建思譖建徽私蓄兵仗，謀作亂；鏐使人索之，從，才用翻。索，山客翻。建徽方食，使者直入臥內，使，疏吏翻。建徽不顧，鏐以是益親重之。

29 八月，戊辰朔，朱全忠留齊州刺史楊師厚攻青州，身歸大梁。朱全忠以朱友寧之死，興兵以攻青州，豈不欲一鼓而屠之；乃置之而歸汴者，知青州城堅而王師範兵力尚強，未易以旦夕取，故使楊師厚圍守之。

30 庚辰，加西川節度使西平王王建守司徒，進爵蜀王。自郡王進國王。

31 前渝州刺史王宗本王宗本前此刺渝州，亦王建命之也，罷官歸成都，故稱前。言於王建，請出兵取荆南；建從之，以宗本爲開道都指揮使，將兵下峽。峽，三峽也。

32 初，寧國節度使田頵破馮弘鐸，事見上卷二年。詣廣陵謝楊行密，因求池、歙爲巡屬，唐置宣、歙、池觀察使。二州本宣州巡屬，故田頵因有功而求之。行密不許。與之則田頵愈強，故不許。行密左右下及獄吏，皆求賂於頵，以其破馮弘鐸多得寶貨也。頵怒曰：「吏知吾將下獄邪！」下，戶嫁翻。及還，指廣陵南門曰：「吾不可復入此矣！」復，扶又翻；下復出同。頵兵強財富，好攻取；好，呼到翻。行密既定淮南，欲保境息民，每抑止之，頵不從。及解釋錢鏐，事見上卷二年。頵尤恨之，陰有叛志。李神福言於行密曰：「頵必反，宜早圖之。」行密曰：「頵有大功，田頵從楊行密起廬州，破趙鍠、孫儒、馮弘鐸，皆有大功。反狀未露，今殺之，諸將人人自危矣！」頵有良將曰康儒，與頵謀議多不合，行密知之，擢儒爲廬州刺史。擢儒，所以間頵也。頵以儒爲貳於己，族之。儒曰：「吾死，田公亡無日矣！」頵遂與潤州團練使安仁義同舉兵，考異曰：十國紀年：「朱全忠聞田頵等叛，矯制削奪王官爵，命頵及杜洪、鍾傳、錢鏐充四面招討使，布制書於境上。王知其詐妄。」按新、舊紀、實錄、梁太祖紀，皆無削奪行密官爵、命杜洪等爲招討使事。今不取。仁義悉焚東塘戰艦。東塘，即揚州東塘，淮南之戰艦聚焉。對岸即潤州界，故仁義得焚之。艦，戶黯翻。

頵遣二使詐爲商人，詣壽州約奉國節度使朱延壽，朝廷命朱延壽領奉國節度使，見上卷二年。使，疏吏翻。行密將尚公迺遇之，曰：「非商人也。」殺一人，得其書，以告行密。尚公迺歸行密，見上卷二年。行密召李神福於鄂州，神福恐杜洪邀之，宣言奉命攻荆南，勒兵具舟楫；及暮，遂沿江東下，始告將士以討田頵。

己丑，安仁義襲常州，九域志：潤州東南至常州一百七十一里。常州刺史李遇逆戰，極口罵仁義，仁義曰：「彼敢辱我，必有備。」乃引去。壬辰，行密以王茂章爲潤州行營招討使，擊仁義，不克，使徐溫將兵會之。溫易其衣服旗幟，皆如茂章兵，仁義不知益兵，復出戰，復，扶又翻。溫奮擊，破之。李存審救河中，擒梁騎兵，亦用此術。

行密夫人，朱延壽之姊也。行密狎侮延壽，延壽怨怒，陰與田頵通謀。書旅獒曰：德盛不狎侮。狎侮君子，罔以盡其心；狎侮小人，罔以盡其力。楊行密狎侮朱延壽，幾至於亡國喪家，蓋危而後濟耳，可不戒哉！頵遣前進士杜荀鶴至壽州，與延壽相結；又遣至大梁告朱全忠，全忠大喜，遣兵屯宿州以應之。朱全忠喜楊行密有隙之可乘，而不能舉大兵以掎其後者，內有淄青未服，而西又有鳳翔，北又有太原，恐其乘間動搖朝廷也。荀鶴，池州人也。

33 楊師厚屯臨朐，聲言將之密州，留輜重於臨朐。九域志：臨朐縣在青州東南四十里，又二百六十里至密州。朐，音劬。重，直用翻。九月，癸卯，王師範出兵攻臨朐，師厚伏兵奮擊，大破之，殺萬餘人，獲師範弟師克。明日，萊州兵五千救青州，師厚邀擊之，殺獲殆盡，遂徙寨抵其城下。考異曰：梁太祖實錄：「九月，癸卯，楊師厚勵衆決鬭，青人大敗，北走，殺戮一萬人，擒師範弟師克。翌日，東萊郡遣州兵洎土團等五千人將援青壘，我師邀截翦撲，無一二存焉，卽時徙寨逼其闉闍。」唐實錄略與此同。編遺錄：「冬，十月，丁卯，楊師厚繼告捷，於臨朐北及青州四面，累殺破賊黨，擒斬頗衆。至十一月，萊州刺史王師克領六千人欲徑入青丘，助其守禦；師厚伏兵邀之，殺戮將盡。」下又有「丁亥，上誕辰，聞朱友倫死。」誕辰乃十月二十一日，友倫死亦十月中事也。下又別有十一月。疑上十一月，是「十一日」字或「七日」字。又曰：「二日，師範請降，」疑脫「二十」字。二十一日，卽戊午也。今從梁實錄。

34 朱延壽謀頗泄，朱延壽與田頵通謀，久而頗露。楊行密詐爲目疾，對延壽使者多錯亂所見，或觸柱仆地。見甲以爲乙，見犬以爲貓，是錯亂所見也。柱至易見者，而行觸之，皆詐爲失明以愚人。謂夫人曰：「吾不幸失明，諸子皆幼，軍府事當悉以授三舅。」夫人屢以書報延壽；夫人，卽延壽姊也，延壽第三。行密又自遣召之，陰令徐溫爲之備。延壽至廣陵，行密迎及寢門，執而殺之；按尚公迺執田頵二使，田頵繼遣杜荀鶴至壽州，朱延壽亦必知前二使之見執矣。楊行密召之，了不自疑，至於送死，豈其智有所不及邪？抑天奪之鑒也！部兵驚擾，徐溫諭之，皆聽命，徐溫從楊行密起廬州，與劉威、陶雅之徒號三十六英雄，是必有以服朱延壽部兵之心矣，故諭之皆聽命。遂斬延壽兄弟，黜朱夫人。

初，延壽赴召，其妻王氏謂曰：「君此行吉凶未可知，願日發一使以安我！」一日，使不至，王氏曰：「事可知矣！」部分僮僕，使，疏吏翻；下同。分，扶問翻。授兵闔門，捕騎至，乃集家人，聚寶貨，發百燎焚府舍，曰：「妾誓不以皎然之軀爲讎人所辱。」赴火而死。史言朱延壽妻有智識而能守節。

延壽用法嚴，好以寡擊衆，好，呼到翻。嘗遣二百人與汴兵戰，有一人應留者，請行，延壽以違命，立斬之。

35 田頵襲昇州，得李神福妻子，善遇之。天復二年，田頵克昇州，楊行密以李神福爲昇州刺史；時行密遣神福攻鄂，故頵乘虛襲之。九域志：宣州北至昇州三百六十里。神福自鄂州東下，頵遣使謂之曰：「公見機，與公分地而王；不然，妻子無遺！」神福曰：「吾以卒伍事吳王，楊行密封吳王，故稱之。今爲上將，義不以妻子易其志。頵有老母，不顧而反，三綱且不知，或疑行密留田頵之母於廣陵。詳考本末，田頵母殷自從頵在宣州，李神福蓋言頵有母在，不當輕爲舉措，稱兵而敗，則禍必及母也。三綱者，謂君爲臣綱，父爲子綱，夫爲妻綱。烏足與言乎！」斬使者而進，士卒皆感勵。頵遣其將王壇、汪建將水軍逆戰。光化二年，田頵將康儒取婺州，王壇歸之。丁未，神福至吉陽磯，與壇、建遇，壇、建執其子承鼎示之，神福命左右射之。射，而亦翻。神福謂諸將曰：「彼衆我寡，當以奇取勝。」及暮，合戰，神福佯敗，引舟泝流而上；逆流曰泝。泝，蘇故翻。上，時掌翻。壇、建追之，神福復還，順流擊之。壇、建樓船大列火炬，神福令軍中曰：「望火炬輒擊之。」望壇、建所在而擊之。船列火炬，不能以自照見，而敵人望之，洞見表裏，聚而攻之，安有不敗者乎！壇、建軍皆滅火，旗幟交雜，神福因風縱火，焚其艦，壇、建大敗，李神福之陽敗也，必逆風而戰，故引舟順風泝流而上；其縱火焚壇、建之艦也，必因風轉，乘風水之勢以破之，居然可知也。士卒焚溺死者甚衆；戊申，又戰于皖口，舒州懷寧縣有皖口鎮，當皖水入江之口。皖，胡板翻。壇、建僅以身免。獲徐綰，行密以檻車載之，遺錢鏐；鏐剖其心以祭高渭。徐綰殺高渭事見上卷二年。遺，唯季翻。

頵聞壇、建敗，自將水軍逆戰。神福曰：「賊棄城而來，此天亡也！」臨江堅壁不戰，遣使告行密，請發步兵斷其歸路；斷，音短。行密遣漣水制置使臺濛將兵應之。王茂章攻潤州，久未下，行密命茂章引兵會濛擊頵。安仁義雖善戰而兵弱，自守虜耳。田頵兵勢方挫，故命合兵擊之。

36 辛亥，汴將劉重霸拔棣州，執刺史邵播，殺之。全忠滅朱瑄，已得棣州。邵播又以州叛附王師範。重，直龍翻。

37 甲寅，朱全忠如洛陽，遇疾，復還大梁。考異曰：梁實錄云壬戌。唐實錄云十月丁卯朔。今從編遺錄。

38 戊午，王師範遣副使李嗣業及弟師悅請降於楊師厚，曰：「師範非敢背德，降，戶江翻；下同。背，蒲妹翻。韓全誨、李茂貞以朱書御札使之舉兵，師範不敢違。」仍請以其弟師魯爲質。質，音致。時朱全忠聞李茂貞、楊崇本將起兵逼京畿，邠、岐連兵，其事詳見後。岐本亦京畿，李茂貞據之，遂爲強藩。今所謂京畿，特京兆府之京縣、畿縣耳。恐其復劫天子西去，復，扶又翻。欲迎車駕都洛陽，乃受師範降，考異曰：舊紀及薛居正五代史劉鄩傳皆云：「十一月，師範降」。編遺錄曰：「十一月，敗萊州刺史王師克。一日，師範差人捧款檄至軍前，請舉牆歸降。」按梁太祖實錄、薛史梁紀、唐實錄皆云九月戊午。今從之。選諸將使守登、萊、淄、棣等州，即以師範權淄青留後。史言朱全忠本欲殺王師範而力有所未及，爲後屠師範一家張本。師範仍言先遣行軍司馬劉鄩將兵五千據兗州，事始見上卷本年。非其自專，願釋其罪；亦遣使語鄩。語，牛倨翻。

39 田頵聞臺濛將至，自將步騎逆戰，留其將郭行悰以精兵二萬及王壇、汪建水軍屯蕪湖，悰，徂宗翻。蕪湖，漢古縣。晉氏南渡，以上黨、襄垣遺民僑立郡縣於蕪湖，江左遂爲襄垣縣；隋廢襄垣入當塗；至唐，蕪湖之地入當塗、太平二縣界，唐末，始復置蕪湖縣，屬宣州；今以屬太平州。九域志：在太平州西南六十五里。以拒李神福。覘者言：「濛營寨褊小，纔容二千人。」頵易之，覘，昌占翻，又丑豔翻。褊，補典翻。易，以豉翻。不召外兵。濛入頵境，番陳而進，番陳者，分兵爲數部，更番列陳，整兵而後進，以備倉猝薄戰。陳，讀曰陣。軍中笑其怯，濛曰：「頵宿將多謀，不可不備。」將，即亮翻。冬，十月，戊辰，與頵遇於廣德，九域志：廣德西至宣州一百八十里。宋白曰：廣德縣，秦鄣郡地，漢爲故鄣縣。濛先以楊行密書偏賜頵將，皆下馬拜受；濛因其挫伏，挫伏者，言其將士之氣摧挫而厭伏也。縱兵擊之，頵兵遂敗。又戰于黃池，兵交，濛僞走；頵追之，遇伏，大敗，奔還宣州城守，濛引兵圍之。頵亟召蕪湖兵還，不得入。郭行悰、王壇、汪建及當塗、廣德諸戍皆帥其衆降。帥，讀曰率。行密以臺濛已破田頵，命王茂章復引兵攻潤州。知臺濛兵力足以制田頵，故命王茂章復攻安仁義。復，扶又翻。

40 初，夔州刺史侯矩從成汭救鄂州，汭死，矩奔還。成汭死見上四月。會王宗本兵至，【章：十二行本「至」下有「甲戌」二字；乙十一行本同；孔本同；退齋校同。】矩以州降之，宗本遂定夔、忠、萬、施四州。夔、忠、萬，荆南巡屬；施，黔中巡屬。王建復以矩爲夔州刺史，更其姓名曰王宗矩。更，工衡翻。宗矩，易州人也。蜀之議者，以瞿唐，蜀之險要，瞿唐峽，在夔州東一里，舊名西陵峽；乃三峽之門，兩崖對峙，中貫一江，望之如門。乃棄歸、峽，屯軍夔州。荆南自此止領荆、歸、峽三州。建以宗本爲武泰留後。武泰軍舊治黔州，宗本以其地多瘴癘，請徙治涪州，建許之。史言王建全據峽、江之險。九域志：自黔州西北至涪州一百八十二里。黔，其今翻，又其炎翻。瘴，之亮翻。涪，音浮。

41 葛從周急攻兗州，劉鄩使從周母乘板輿登城，謂從周曰：「劉將軍事我不異於汝，新婦輩皆安居，人各爲其主，汝可察之。」從周歔欷而退，攻城爲之緩。新婦，謂葛從周妻也。爲，于僞翻。歔，音虛。欷，音希，又許既翻。劉鄩用兵，十步九計，自得兗州，先定此策以伐葛從周之心。鄩悉簡婦人及民之老疾不足當敵者出之，獨與少壯者少，詩照翻。同辛苦，分衣食，堅守以扞敵；號令整肅，兵不爲暴，民皆安堵。久之，外援既絶，節度副使王彦溫踰城出降，城上卒多從之，不可遏。鄩遣人從容語彦溫曰：從，千容翻。語，牛倨翻。「軍士非素遣者，勿多與之俱。」又遣人徇於城上曰：「軍士非素遣從副使而敢擅往者，族之！」士卒皆惶惑不敢出。敵人果疑彦溫，斬之城下，由是衆心益固。及王師範力屈，謂屢爲汴兵所敗也。從周以禍福諭之，鄩曰：「受王公命守此城，一旦見王公失勢，不俟其命而降，非所以事上也。」及師範使者至，王師範所遣語鄩使降者也。丁丑，始出降。考異曰：梁實錄：「四年，正月，辛丑，劉鄩自兗州來降。」舊紀：「十一月，鄩以兗州降。」實錄：「十一月，鄩降。」薛居正五代史梁紀：「十一月丁酉，鄩降。」鄩傳曰：「天復三年十一月，師範告降，且先差鄩領兵入兗州，請釋其罪，亦以告鄩；鄩即出城聽命。」新紀：「十月丁丑，劉鄩以兗州叛附于朱全忠。」按青、兗相距不遠，師範之降，亦以告鄩，豈有自戊午至丁酉四十日師範使者始至兗州邪！十月丁丑，日差近；今從新紀。從周爲具齎裝，送鄩詣大梁。鄩曰：「降將未受梁王寬釋之命，安敢乘馬衣裘乎！」爲，于僞翻。衣，於既翻。乃素服乘驢至大梁。素服，囚服也。渠帥俘虜，載以驢。全忠賜之冠帶，辭；請因服入見，不許。全忠慰勞，飲之酒，辭以量小。勞，力到翻。飲，於禁翻。量，音亮。飲酒之多少各有量。全忠曰：「取兗州，量何大邪！」以爲元從都押牙。從，才用翻。是時四鎮將吏皆功臣、舊人，朱全忠迎車駕於鳳翔，諸將皆賜迎鑾果毅功臣。舊人，與全忠出入於行間最久者。鄩一旦以降將居其上，諸將具軍禮拜於廷，鄩坐受自如，全忠益奇之；劉鄩自降將擢爲四鎮牙前右職，而居之若固有之，自知其才之足以當之也，全忠以此益奇之。未幾，表爲保大留後。幾，居豈翻。保大軍鄜州，以捍李茂貞。

葛從周久病，全忠以康懷英爲泰寧節度使代之。「懷英」，當作「懷貞」。

42宿【章：十二行本「宿」上有「辛巳」二字；乙十一行本同；孔本同；張校同。】衛都指揮使朱友倫與客擊毬於左軍，墜馬而卒。考異曰：編遺錄：「丁亥，趙廷隱自長安馳來告，今月十四日，朱友倫墜馬而卒。」十四日，則庚辰也。後唐紀年錄、薛居正五代史、昭宗實錄皆云辛巳，今從之。全忠悲怒，疑崔胤故爲之，有爲爲之謂之故。凡與同戲者十餘人盡殺之，遣其兄子友諒代典宿衞。

43 山南東道節度使趙匡凝遣兵襲荆南，朗人棄城走，朗人，雷彥威之兵。成汭既死，荆南無帥，朗人遂守之。匡凝表其弟匡明爲荆南留後。時天子微弱，諸道貢賦多不上供，惟匡明兄弟委輸不絕。唐二稅，有上供以輸京師。供，居用翻。輸，春遇翻。

44 楊行密求兵於錢鏐，鏐遣方永珍屯潤州，從弟鎰屯宣州；屯潤州以助攻安仁義，屯宣州以助攻田頵。從，才用翻。鎰，弋質翻。又遣指揮使楊習攻睦州。陳詢時據睦州，背錢鏐而睦於田頵。

45 鳳翔、邠州屢出兵近京畿，鳳翔，李茂貞；邠，李繼徽。近，其靳翻。朱全忠疑其復有劫遷之謀，復，扶又翻。十一月，發騎兵屯河中。

46 十二月，乙亥，田頵帥死士數百出戰，帥，讀曰率。臺濛陽退以示弱。頵兵踰濠而鬭，濛急擊之；頵不勝，還走城，走，音奏。橋陷墜馬，斬之。其衆猶戰，以頵首示之，乃潰，濛遂克宣州。景福元年，田頵鎮宣州，至是而亡。

初，行密與頵同閭里，少相善，約爲兄弟，少，詩照翻。及頵首至廣陵，行密視之泣下；赦其母殷氏，行密與諸子皆以子孫禮事之。行密以通家諸子禮事殷氏，其子以諸孫禮事之。史言行密雖以法裁部曲，而有恩於故舊。

行密以李神福爲寧國節度使；欲以代田頵。神福以杜洪未平，固讓不拜。宣州長史【章：十二行本「史」下有「合肥」二字；乙十一行本同；孔本同；張校同；退齋校同。】駱知祥善治金穀，治，直之翻。觀察牙推沈文昌爲文精敏，嘗爲頵草檄罵行密，嘗爲，于僞翻。行密以知祥爲淮南支計官，支計官，蓋唐世節度支度判官之屬，唐末藩鎮變其名稱耳。文昌爲節度牙推。唐制，節度觀察牙推在巡官之下，幕府右職也。文昌，湖州人也。

初，頵每戰不勝，輒欲殺錢傳瓘，其母及宣州都虞候郭師從常保護之。師從，合肥人，頵之婦弟也。頵敗，傳瓘歸杭州，錢傳瓘質於田頵見上卷上年。錢鏐以師從爲鎮東都虞候。

47 辛巳，以禮部尚書獨孤損爲兵部侍郎、同平章事。損，及之從曾孫也。獨孤及見二百二十三卷代宗永泰元年。從，才用翻。中書侍郎兼戶部尚書、同平章事裴贄罷爲左僕射。

48 左僕射致仕張濬居長水，王師範之舉兵，濬豫其謀。事見上卷上年。朱全忠將謀篡奪，恐濬扇動藩鎮，諷張全義使圖之。丙申，全義遣牙將楊麟將兵詐爲劫盜，圍其墅而殺之。張濬之死，夷考本末，過於白馬朝士遠矣。墅，承與翻。永寧縣吏葉彥素爲濬所厚，知麟將至，密告濬子格曰：「相公禍不可免，郎君宜自爲謀。」濬謂格曰：「汝留則俱死，去則遺種。」種，章勇翻。格哭拜而去，葉彥帥義士三十人送之渡漢而還，帥，讀曰率。還，從宣翻，又如字。格遂自荆南入蜀。張格入蜀，而亡王氏者格也。

49 盧龍節度使劉仁恭習知契丹情僞，常選將練兵，乘秋深入，踰摘星嶺擊之，契丹畏之。每霜降，仁恭輒遣人焚塞下野草，契丹馬多飢死，常以良馬賂仁恭買牧地。北荒寒早，至秋，草先枯死。近塞差暖，霜降草猶未盡衰，故契丹南並塞放牧；焚其野草，則馬無所食而飢死。契，欺訖翻。契丹王【章：十二行本「王」下有「邪律」二字；乙十一行本同。】阿保機遣其妻兄阿【章：十二行本「阿」上有「述律」二字；乙十一行本同；退齋校同；孔本「述律」二字在「阿」字下。】鉢將萬騎寇渝關，契丹阿保機始此。宋白曰：平州東北至榆關守捉一百九十里。渝，漢書音義音喻，今讀如榆。仁恭遣其子守光戍平州，守光僞與之和，設幄犒饗於城外，犒，苦到翻。酒酣，伏兵執之以入。虜衆大哭，契丹以重賂請於仁恭，然後歸之。考異曰：薛居正五代史及莊宗列傳皆云：「光啓中，守光禽舍利王子，其王欽德以重賂贖之。」按是時仁恭猶未得幽州也。今從薛史蕭翰傳及王皞唐餘錄。

50 初，崔胤假朱全忠兵力以誅宦官，事始二百六十二卷天復元年，終上卷三年。全忠既破李茂貞，併呑關中，威震天下，遂有篡奪之志。胤懼，與全忠外雖親厚，私心漸異，乃謂全忠曰：「長安密邇茂貞，不可不爲守禦之備。六軍十二衞，但有空名，請召募以實之，使公無西顧之憂。」全忠知其意，曲從之，陰使麾下壯士應募以察其變。胤不之知，與鄭元規等繕治兵仗，日夜不息。及朱友倫死，募兵見上五月；朱友倫死見上十月。治，直之翻。全忠益疑胤，且欲遷天子都洛，恐胤立異。恐其立異論以沮遷洛之計。

天祐元年（甲子、九〇四）是年四月方改元。

1 春，正月，全忠密表司徒兼侍中、判六軍十二衞事、充鹽鐵轉運使、判度支崔胤專權亂國，離間君臣，間，古莧翻。幷其黨刑部尚書兼京兆尹・六軍諸衞副使鄭元規、威遠軍使陳班等，皆請誅之。乙巳，詔責授胤太子少傅、分司，貶元規循州司戶，班湊州司戶。時無湊州，「湊」當作「溱」。丙午，下詔罪狀胤等；以裴樞判左三軍事、充鹽鐵轉運使，獨孤損判右三軍事，兼判度支；胤所募兵並縱遣之。以兵部尚書崔遠爲中書侍郎，翰林學士、左拾遺柳璨爲右諫議大夫，並同平章事。考異曰：舊傳：「崔胤得罪前一日，召璨入內殿草制敕。胤死之日，既夕，璨自內出，前騶傳呼『相公來』；人未見制敕，莫測所以。」新傳曰：「崔胤死，昭宗密許璨相，外無知者。日暮，自禁中出，傳呼宰相，人大驚。」按胤未死，璨已除平章事；新、舊傳云胤死後，誤也。璨，公綽之從孫也。自元和以來，柳氏以清正文雅，世濟其美，至柳璨而隤其家聲，所謂「九世卿族一舉而滅之」，柳玭之家訓爲空言矣。從，才用翻。戊申，朱全忠密令宿衞都指揮使朱友諒以兵圍崔胤第，殺胤及鄭元規、陳班幷胤所親厚者數人。崔胤有誤國之罪，無負國之心。考異曰：舊傳：「全忠攻鳳翔，胤寓居華州，爲全忠畫圖王之策。」又曰：「天子還宮，全忠東歸，胤以事權在己，慮全忠急於篡代，乃與鄭元規謀招致兵甲，以扞茂貞爲辭。全忠知其意，從之，令汴州軍人入關應募者數百人。及友倫死，全忠怒，遣其子宿衞軍使友諒誅胤，而應募者突然而出。」唐太祖紀年錄曰：「及事權既大，知朱溫懷篡奪之志，慮一朝禍發，與國俱亡，因圖自安之計，與朱溫外貌相厚，私心漸異；與元規密爲計畫，倍招兵數，繕治鎧甲，朝夕不止。朱溫察之，乃陰令部下驍果數千，給爲散卒，於京師應募。胤每日教閱弓弩，梁卒僞示怯懦，或倒弓背矢，有若不能，胤莫之識。俄而朱友倫打毬墜死，溫愈不悅。又聞胤欲挾天子出幸荊襄，溫乃抗言：『胤將交亂天下，傾覆朝廷，宜急誅之，無令事發。』天子將罷胤知政事，貶太子賓客，鄭元規循州司戶。事未行，溫子友諒引兵攻胤，詰旦，擒之，又攻鄭元規於京府，擒之，崔、鄭俱獻首岐下。」實錄：「胤重世宰相，而志滅唐祚。」按崔胤陰狡險躁，其罪固多；然本召全忠，欲假其兵力以除宦官耳。宦官既誅，全忠兵勢益強，遂有篡奪之心。胤復欲以譎詐幷圖全忠，故全忠覺而殺之。若云唐室因胤而亡則可矣；舊傳云「胤爲全忠畫圖王之策」，實錄云「胤志滅唐祚」，恐未必然也。胤仕唐已爲上相，滅唐立梁，於己何益！假令胤實有此志，則惟患全忠篡代之不速，何故復謀拒之！此所謂天下之惡皆歸焉者也。紀年錄序朱、崔之情，近得其實，今從之；然紀年錄云傳首岐下，誤也。又，全忠之去長安也，留步騎萬人，何患無兵，何必更令汴卒應募！若在訓練之際突出擒胤，猶須此卒，胤既貶官家居，一夫可制，安用此計邪！蓋全忠以胤募兵既多，或能圖己，故使汴卒應募，察其動靜以壞其謀，非藉此兵以誅胤也。人始不知，及誅胤之際皆突出，人方知是汴卒耳。

2 初，上在華州，乾寧三年、四年，上在華州，事見二百六十卷、二百六十一卷。朱全忠屢表請上遷都洛陽，發此機者，則崔胤之罪也。上雖不許，全忠常令東都留守佑國軍節度使張全義繕脩宮室。

全忠之克邠州也，質靜難軍節度使楊崇本妻子於河中。事見二百六十二卷天復元年。質，音致。難，乃旦翻。崇本妻美，全忠私焉，既而歸之。崇本怒，使謂李茂貞曰：「唐室將滅，父何忍坐視之乎！」李茂貞養崇本爲子，更姓名曰李繼徽，故呼之爲父。遂相與連兵侵逼京畿，復姓名爲李繼徽。楊崇本復本姓名，見二百六十二卷天復元年。

己酉，全忠引兵屯河中。丁巳，上御延喜樓，朱全忠遣牙將寇彥卿奉表，稱邠、岐兵逼畿甸，請上遷都洛陽；及下樓，裴樞已得全忠移書，促百官東行。裴樞爲首相，且朱全忠所薦也，故使之促百官；以此觀之，謂非朋附全忠可乎！戊午，驅徙士民，號哭滿路，號，戶刀翻。罵曰：「賊臣崔胤召朱溫來傾覆社稷，使我曹流離至此！」歸罪於天復元年胤召朱全忠誅宦官，其禍遂至此，胤不得不任其責也。老幼繈屬，月餘不絕。繈，舉兩翻，錢貫也。屬，之欲翻。言老幼相隨而東，若繈之貫錢，相屬不絕也。壬戌，車駕發長安，全忠以其將張廷範爲御營使，時以天子東遷，扈衛兵士爲御營，置使以提舉一行事務。御營使之官始此。毀長安宮室百司及民間廬舍，取其材，浮渭沿河而下，長安自此遂丘墟矣。

全忠發河南、北諸鎮丁匠數萬，時河南、北諸鎮皆附於朱全忠，發丁匠必不及鎮、定、幽、滄四鎮。令張全義治東都宮室，治，直之翻。江、浙、湖、嶺諸鎮附全忠者，皆輸貨財以助之。江則鄂岳杜洪，洪州鍾傳，浙則錢鏐，湖則潭州馬殷，澧州雷彥威，嶺則廣州劉隱，皆附全忠者也。

甲子，車駕至華州，民夾道呼萬歲，上泣謂曰：「勿呼萬歲，朕不復爲汝主矣！」館於興德宮，復，扶又翻。館，古玩翻。光化元年，上將自華州還長安，以華州爲興德府，以所居府署爲興德宮。謂侍臣曰：「鄙語云：『紇干山頭凍殺雀，何不飛去生處樂。』樂，音洛。朕今漂泊，不知竟落何所！」因泣下霑襟，左右莫能仰視。

二月，乙亥，車駕至陝，陝，失冉翻。考異曰：梁實錄：「丁巳，詔以今月二十二日，先遣士庶出京，朕將翌日命駕。壬戌，襄宗發自秦、雍；甲子，暨華州。二月，丁卯，上至河中。乙亥，天子駐蹕陝郡，翌日，上來覲于行在。」編遺錄：「正月，丁酉，上聞闕下人心不遑，遂往河中以審都邑動靜。己酉，離梁園，行至汜水，聞崔胤死。是時皆言崔胤已下潛諫帝，不令東遷雒陽，又密與岐、鳳交通，及斯禍也。洎上至蒲津，帝謀東幸，決取二十一日屬車離長安。是日丁巳，玉鑾東指；癸亥，到甘棠。二月乙亥，上離河中；丁丑，到陝郊；戊寅，朝。上欲躬往洛下催促百工，壬辰朝辭，明日東邁。」唐太祖紀年錄，丁巳下詔，與梁實錄同。又曰：「壬戌，昭宗發長安，遷幸洛陽，丁卯，車駕次華州，乙亥，駐蹕陝州。丙子，朱溫自汴州迎覲，見已先發，自此人使相望于路，請駕早行幸洛陽。」舊紀：「正月己酉，全忠帥師屯河中，遣牙將寇彥卿奉表請車駕遷都洛陽。丁巳，車駕發京師；癸亥，次陝州，全忠迎謁于路。二月丙寅朔。乙亥，全忠辭赴洛陽，親督工作。」薛居正五代史梁紀：「正月，辛酉，帝發自大梁，西赴河中，京師聞之，爲之震懼。」唐年補錄：「丁巳，帝御延喜樓，全忠迎扈表至。及還宮，至暮，全忠已移書宰臣裴樞促百官東行，是日下詔。」與梁實錄同。「尋以張廷範爲御營使，便毀拆宮室，沿河而下；仍起豪民從行，貧者亦繼焉。車駕以其月二十三日己未至華州。二月，丙寅，車駕駐陝郊。」又曰：「三月三日戊辰，車駕離華下。其差舛如此。實錄：「丁巳，全忠遣牙將寇彥卿奉表言：『虜邠、岐兵士侵迫，請車駕遷都洛陽。』乃下詔。」與梁實錄同。「二月丙寅朔。丁卯，次華州，時朱全忠屯河中。乙亥，駐陝州。丙子，全忠來朝。又賜王建絹詔云：『正月二十日，朕登樓。二十二日，東軍兵士擁脅朕東去。』」新紀：「正月戊午，全忠遷唐都于洛陽。二月戊寅，次陝州，朱全忠來朝。」按梁實錄、唐紀年錄、唐年補錄、唐實錄所載詔書，皆云「二十二日遣士庶出京，朕翌日命駕」，而諸書月日各不同，莫有與此詔相應者。編遺，汴人所錄，比唐紀年宜得其實，而正月二十一日丁巳，全忠請遷都表始至長安。車駕當日豈能便發！長安去陝猶八程，而癸亥已到甘棠，首尾七日，太似怱遽。實錄全用紀年錄，正月二十六日始離長安，二月二日至華州，駐留數日，故同以十日至陜，差似相近。今從之。以東都宮室未成，駐留於陜。丙子，全忠自河中來朝，上延全忠入寢室見何后，后泣曰：「自今大家夫婦委身全忠矣！」

3 甲申，立皇子禎爲端王，祈爲豐王，福爲和王，禧爲登王，祐爲嘉王。

4 上遣間使以御札告難于王建，間，古莧翻。使，疏吏翻；下同。難，乃旦翻。建以邛州刺史王宗祐爲北路行營指揮使，邛，渠容翻。將兵會鳳翔兵迎車駕，至興平，遇汴兵，不得進而還。建始自用墨制除官，云「俟車駕還長安表聞。」楊行密以便宜除官，猶曰以李儼將命爲據，至王建則自爲之矣。

5 三月，丁未，以朱全忠兼判左、右神策及六軍諸衞事。崔胤既誅，朱全忠遂專總禁衞；其實布分私人於天子左右，而駕言判其事耳。癸丑，全忠置酒私第，朱全忠奔走兵間，得陜州，何暇建私第！其實以到陜州所卽安之地卽爲私第耳。邀上臨幸。天王狩于河陽，晉文公以諸侯見也。仲尼曰：「以臣召君，不可以訓。」安有置酒私第邀人主臨之者乎！乙卯，全忠辭上，先赴洛陽督脩宮室。上與之宴羣臣，既罷，上獨留全忠及忠武節度使韓建飲，皇后出，自捧玉巵以飲全忠，以飲，於禁翻。晉國夫人可證附上耳語。建躡全忠足，躡，尼輒翻。全忠以爲圖己，不飲，陽醉而出。全忠奏以長安爲佑國軍，光啓三年，置佑國軍節度於洛陽。今遷都洛陽，故徙佑國軍於長安。考異曰：按河南府先已爲佑國軍，今京兆府乃與同名者。蓋車駕既在河南，則無用軍額，故移其名於京兆耳。天祐二年，鄭賓猶爲西京留守判官。然則雖立軍額，京名尚在耳。以韓建爲佑國節度使，以鄭州刺史劉知俊爲匡國節度使。

丁巳，上復遣間使以絹詔告急於王建、楊行密、李克用等，令糾帥藩鎮以圖匡復，上復，扶又翻。帥，讀曰率。考異曰：續寶運錄：「天復四年，三月二十二日丑時，襄宗在陝府行營，密遣絹詔告晉、楚、蜀，末云，『三月二十三日。』四月二十七日賚到西川，頒示管內州縣。」實錄，此月絹詔在四月。據十國紀年，楊行密三月、王建四月得詔。與寶運錄略相應。今移置此月。曰：「朕至洛陽，則爲所幽閉，詔敕皆出其手，朕意不復得通矣！」昭宗絹詔，當時居方面者未必動心，而讀其書者往往掩卷。

6 楊行密遣錢傳璙及其婦并顧全武歸錢塘。錢傳璙爲質於楊行密，見上卷天復二年。以淮南行軍司馬李神福爲鄂岳招討使，復將兵擊杜洪。田頵已平，故復遣李神福擊杜洪。朱全忠遣使詣行密，請捨鄂岳，復脩舊好。行密報曰：「俟天子還長安，然後罷兵脩好。」楊行密之心在廣土，朱全忠之心在篡唐。全忠力不能救杜洪，故有是言。行密之報，假天討以折其辭，其所志不在此也。好，呼到翻。

7 夏，四月，辛巳，朱全忠奏洛陽宮室已成，請車駕早發，表章相繼。上屢遣宮人諭以皇后新產，未任進路，任，音壬，堪也。請俟十月東行。全忠疑上徘徊俟變，疑上徘徊以待諸道勤王之師。怒甚，謂牙將寇彥卿曰：「汝速至陝，即日促官家發來！」以臣迎君，此何等語！華督有無君之心而後動於惡，君子於其攻孔氏之時始知之。若朱全忠之心，徵於色，發於聲，爲有君乎，爲無君乎！又按西漢羣臣謂天子爲「縣官」，東漢以來謂爲「國家」，唐時宮中率呼天子爲「宅家」。又羣小呼之爲「官家」。或曰：其義蓋取五帝官天下，三王家天下。閏月，丁酉，車駕發陝；壬寅，全忠逆於新安。九域志：新安縣在洛陽西七十里。上之在陝也，司天監奏：「星氣有變，期在今秋，不利東行。」此椒殿弑逆之徵也。天之垂象示戒，豈不昭昭也哉！故上欲以十月幸洛。至是，全忠令醫官許昭遠告醫官使閻祐之、司天監王墀、內都知韋周、晉國夫人可證等謀害元帥，悉收殺之。唐末置醫官使以主醫官。內都知，盛唐知內侍省之職事也。至宋，沿唐之制，有內侍省左・右班都都知、左・右班都知、副都知。閻祐之、王墀之死，以言星氣也；韋周、可證之死，以附耳語也。元帥，朱全忠。

癸卯，上憩於穀水。穀水，在洛城西。憩，音去例翻。自崔胤之死，六軍散亡俱盡，所餘擊毬供奉、內園小兒共二百餘人，從上而東。考異曰：後唐紀年錄云五百人；實錄據之。今從舊紀、薛史。全忠猶忌之，爲設食於幄，盡縊殺之。爲，于僞翻。縊，一計翻，又於賜翻。豫選二百餘人大小相類者，衣其衣服，衣其，於既翻。代之侍衞。上初不覺，累日乃寤。自是上之左右職掌使令，令，音零。皆全忠之人矣。

甲辰，車駕發穀水，入宮，御正殿，受朝賀，時以貞觀殿爲正殿，崇勳殿爲入閤。朝，直遙翻。乙巳，御光政門，時遷洛之後，易宮門名，改長樂門爲光政門。赦天下，改元。改元天祐。更命陝州曰興唐府。更，工衡翻。詔討李茂貞、楊崇本。

戊申，敕內諸司惟留宣徽等九使時惟留宣徽兩院、小馬坊、豐德庫、御廚、客省、閤門、飛龍、莊宅九使。外，餘皆停廢，仍不以內夫人充使。考異曰：編遺錄曰：「戊申，鑾輿初到洛都，經費甚廣；況國用未豐，庶事草創，因刪略閑冗司局，今後除留宣徽等九使外，餘並停廢，仍不差內中夫人充使。」蓋初誅宦官後，內諸司使皆以內夫人領之，至此始用外人也。而實錄改充使爲宣事，誤也。按宦官既誅，以內夫人宣傳詔命及充內諸司使。夫既宣傳詔命，則實錄云宣事，亦未爲誤。但天祐三年，方罷宮人宣傳詔命，故以實錄爲誤。以蔣玄暉爲宣徽南院使兼樞密使，王殷爲宣徽北院使兼皇城使，張廷範爲金吾將軍、充街使，以韋震爲河南尹兼六軍諸衞副使，又徵武寧留後朱友恭爲左龍武統軍，保大節度使氏叔琮爲右龍武統軍，典宿衞，皆全忠之腹心也。

癸丑，以張全義爲天平節度使。

乙卯，以全忠爲護國、宣武、宣義、忠武四鎭節度使。朱全忠先爲宣武、天平、宣義、護國四鎭節度使；以張全義有積年葺理洛陽之功，今洛陽建都，不爲節鎭，故以天平授全義，而己兼忠武爲四鎭。

8 鎭海、鎭東節度使越王錢鏐求封吳越王；朝廷不許。朱全忠爲之言於執政，乃更封吳王。天復元年，錢鏐封越王。爲，于僞翻。更，工衡翻。

9 更命魏博曰天雄軍。代宗以魏博爲天雄軍以寵田承嗣；至德宗時，田悅逆命，後復歸順，命爲魏博節度使。今復舊天雄軍號。癸亥，進天雄節度使長沙郡王羅紹威爵鄴王。

王崇武標點容肇祖聶崇岐覆校

資治通鑑卷第二百六十五

端明殿學士兼翰林侍讀學士太中大夫提舉西京嵩山崇福宮上柱國河內郡開國公食邑二千二百戶食實封九百戶賜紫金魚袋臣　司馬光　奉敕編集

後學天台　胡三省　音註

唐紀八十一

起閼逢困敦（甲子）五月，盡柔兆攝提格（丙寅），凡二年有奇。

昭宗聖穆景文孝皇帝下之下

天祐元年（甲子、九〇四）

1 五月，丙寅，加河陽節度使張漢瑜同平章事。

2 帝宴朱全忠及百官於崇勳殿，時以洛陽宮前殿爲貞觀殿，內朝爲崇勳殿。既罷，復召全忠宴於內殿；復，扶又翻。全忠疑，不入。帝曰：「全忠不欲來，可令敬翔來。」全忠擿翔使去，曰：「翔亦醉矣。」全忠疑帝欲圖己，敬翔其腹心也，故亦不使之入。擿，他狄翻。辛未，全忠東還；還，從宣翻，又如字。乙亥，至大梁。

3 忠義節度使趙匡凝遣水軍上峽攻王建夔州，趙匡凝以襄陽之甲窺夔門。夔在三峽上游，泝流攻之，故曰上峽。上，時掌翻。知渝州王宗阮等擊敗之。萬州刺史張武作鐵絙絕江中流，立栅於兩端，謂之「鏁峽」。敗，補邁翻。絙，古恆翻。鏁，即鎖字。

4 六月，李茂貞、王建、李繼徽傳檄合兵以討朱全忠；全忠以鎮國節度使朱友裕爲行營都統，將步騎擊【章：十二行本「擊」上有「數萬」二字；乙十一行本同；孔本同。】之；當是時，蜀兵不出，朱全忠之兵力不能及也，令朱友裕擊岐、邠耳。命保大節度使劉鄩棄鄜州，引兵屯同州。劉鄩在鄜州，逼近李茂貞、繼徽，聲援不接，故使棄鄜還屯同州，與朱友裕合勢。鄜，音夫。癸丑，全忠引兵自大梁西討茂貞等；秋，七月，甲子，過東都入見；見，賢遍翻。壬申，至河中。

5 西川諸將勸王建乘李茂貞之衰，攻取鳳翔。建以問節度判官馮涓，涓，圭淵翻。涓曰：「兵者凶器，殘民耗財，不可窮也。言不可窮兵。極其兵力，好戰不休，是窮兵也。今梁、晉虎爭，勢不兩立，梁，朱全忠。晉，李克用。若併而爲一，舉兵向蜀，雖諸葛亮復生，不能敵矣。復，扶又翻。鳳翔，蜀之藩蔽，不若與之和親，結爲婚姻，無事則務農訓兵，保固疆埸，埸，音亦。有事則覘其機事，觀釁而動，可以萬全。」覘，丑廉翻，又丑豔翻。釁，許覲翻。建曰：「善！茂貞雖庸才，然有強悍之名，悍，下罕翻，又侯旰翻。遠近畏之，與全忠力爭則不足，自守則有餘，使爲吾藩蔽，所利多矣。」乃與茂貞脩好。王建既併山南諸州，阻關而守，關外倚李茂貞爲藩蔽，故與之脩好。好，呼到翻。丙子，茂貞遣判官趙鍠如西川，爲其姪天雄節度使繼勳求婚；鍠，戶盲翻。爲，于僞翻。此天雄軍治秦州，屬李茂貞。建以女妻之。妻，七細翻。茂貞數求貨及甲兵於建，建皆與之。墮軍實以厚寇讎，豈王建之本心哉！倚以自蔽，不厭其數也。數，所角翻。

王建賦斂重，人莫敢言。馮涓因建生日獻頌，先美功德，後言生民之苦。建愧謝曰：「如君忠諫，功業何憂！」賜之金帛。自是賦斂稍損。史言馮涓因獻頌而進規，故其諫易入。斂，力贍翻。

6 初，朱全忠自鳳翔迎車駕還，見二百六十三卷天復三年。還，從宣翻，又如字。見德王裕眉目疏秀，且年齒已壯，惡之，惡，烏路翻。全忠欲篡，利立庸幼；德王裕貌秀而齒長，立之非己之利也，故惡之。私謂崔胤曰：「德王嘗奸帝位，謂爲劉季述所立也。事見二百六十二卷光化三年、天復元年。豈可復留！奸，音干。復，扶又翻。公何不言之！」胤言於帝。帝問全忠，全忠曰：「陛下父子之間，臣安敢竊議，此崔胤賣臣耳。」史言朱全忠之狡猾。帝自離長安，日憂不測，與皇后終日沈飲，或相對涕泣。離，力智翻。是年正月壬戌，帝離長安而東。沈，持林翻。全忠使樞密使蔣玄暉伺察帝，動靜皆知之。伺，相吏翻。帝從容謂玄暉曰：「德王朕之愛子，全忠何故堅欲殺之？」因泣下，齧中指血流。玄暉具以語全忠，史言昭宗之輕脫以速禍。從，千容翻。齧，五結翻。語，牛倨翻。全忠愈不自安。

時李茂貞、楊崇本、李克用、劉仁恭、王建、楊行密、趙匡凝移檄往來，皆以興復爲辭。

全忠方引兵西討，西討岐、邠。以帝有英氣，恐變生於中，欲立幼君，易謀禪代。易，以豉翻。乃遣判官李振至洛陽，與玄暉及左龍武統軍朱友恭、右龍武統軍氏叔琮等圖之。

八月，壬寅，帝在椒殿，椒殿，皇后殿也。史炤曰：椒殿亦猶椒房之稱。玄暉選龍武牙官史太等百人夜叩宮門，言軍前有急奏，軍前，謂西討行營軍前也。欲面見帝。夫人裴貞一開門見兵，曰：「急奏何以兵爲？」史太殺之。玄暉問：「至尊安在？」昭儀李漸榮臨軒呼曰：呼，火故翻。「寧殺我曹，勿傷大家！」帝方醉，遽起，單衣繞柱走，史太追而弒之。年三十八。漸榮以身蔽帝，太亦殺之。又欲殺何后，后求哀於玄暉，乃釋之。何后祈生於蔣玄暉而卒以玄暉死，屈節以苟歲月之生，豈若以身殉昭宗之不失節也！

癸卯，蔣玄暉矯詔稱李漸榮、裴貞一弒逆，宜立輝王祚爲皇太子，更名柷，更，工衡翻。柷，昌六翻。監軍國事。監，古銜翻。又矯皇后令，太子於柩前卽位。宮中恐懼，不敢出聲哭。丙午，昭宣帝卽位，時年十三。

7 李克用復以張承業爲監軍。李克用匿張承業見上卷天復三年。監，古銜翻。

8 淮南將李神福攻鄂州未下，天復三年，李神福始攻鄂州，天祐元年又攻鄂州，事並見上卷。會疾病，還廣陵，楊行密以舒州團練使泌陽劉存代爲招討使；泌陽，漢湖陽縣地，後魏置石馬縣，後訛爲上馬，貞觀元年廢，開元十六年復割湖陽置上馬縣，天寶元年改曰泌陽，屬唐州。宋白曰：泌陽縣本漢舞陰縣地云云，同上。唐改泌陽，以地在泌水之陽也，唐州治焉。泌，兵媚翻。神福尋卒。宣州觀察使臺濛卒，卒，子恤翻。楊行密以其子牙內諸軍使渥爲宣州觀察使，右牙都指揮使徐溫謂渥曰：「王寢疾而嫡嗣出藩，此必姦臣之謀。他日相召，非溫使者及王令書，愼無亟來！」諸侯下令於境內，謂之令書，以異於天子所下制、詔、敕之書也。亟，紀力翻。爲徐溫召渥張本。渥泣謝而行。

9 九月，己巳，尊皇后爲皇太后。

10 朱全忠引兵北屯永壽，南至駱谷，軍永壽，所以致邠兵；自此而南至駱谷，所以致岐兵。鳳翔、邠寧兵竟不出。辛未，東還。

11 冬，十月，辛卯朔，日有食之。

12 朱全忠聞朱友恭等弑昭宗，陽驚，號哭，號，戶刀翻。自投於地，曰：「奴輩負我，令我受惡名於萬代！」癸巳，至東都，自軍前東還至東都。伏梓宮慟哭流涕，又見帝自陳非己志，請討賊。帝，昭宣帝也。賊，弑君之賊。先是，護駕軍士有掠米於市者，先，悉薦翻。甲午，全忠奏朱友恭、氏叔琮不戢士卒，侵擾市肆，以此爲二人罪，猶不敢昌然以弑逆之罪罪之。友恭貶崖州司戶，復姓名李彥威，李彥威，壽州人，客汴州，殖財任俠，朱全忠愛而子之。考異見二百五十九卷景福二年。叔琮貶白州司戶，尋皆賜自盡。彥威臨刑大呼曰：「賣我以塞天下之謗，呼，火故翻。塞，悉則翻。如鬼神何！行事如此，望有後乎！」

丙申，天平節度使張全義來朝。丁酉，復以全忠爲宣武、護國、宣義、天平節度使；以全義爲河南尹兼忠武節度使、判六軍諸衞事。朱全忠兼忠武，張全義帥天平，見上卷上年。朱友恭、氏叔琮既誅，以全義領宿衞。乙巳，全忠辭赴鎮，庚戌，至大梁。

13 鎮國節度使朱友裕薨於梨園。死於梨園行營。

14 光州叛楊行密，降朱全忠，降，戶江翻。行密遣兵圍之，與鄂州皆告急於全忠。楊行密使其將劉存攻杜洪於鄂州。十一月，戊辰，全忠自將兵五萬自潁州濟淮，自潁州潁上縣取正陽濟淮。軍于霍丘，九域志，霍丘縣在壽州東一百二十七里。按元豐之壽州治下蔡。分兵救鄂州。淮南兵釋光州之圍還廣陵，按兵不出戰，全忠分命諸將大掠淮南以困之。

15 錢鏐潛遣衢州羅城使葉讓殺刺史陳璋，事泄；錢鏐恨陳璋見二百六十二卷天復二年。十二月，璋斬讓而叛，降于楊行密。降，戶江翻。

16 初，馬殷弟賨，性沈勇，賨，徂宗翻。沈，持林翻。事孫儒，爲百勝指揮使；以百戰百勝名軍。儒死，事楊行密，屢有功，遷黑雲指揮使。行密嘗從容問其兄弟，從，千容翻。乃知爲殷之弟，大驚曰：「吾常怪汝器度瓌偉，瓌，古回翻。果非常人。當遣汝歸。」賨泣辭曰：「賨淮西殘兵，馬賨從秦宗權、孫儒起於淮西，故云然。大王不殺而寵任之；湖南地近，嘗得兄聲問，賨事大王久，不願歸也。」行密固遣之。是歲，賨歸長沙，行密親餞之郊。

賨至長沙，殷表賨爲節度副使。他日，殷議入貢天子，賨曰：「楊王地廣兵強，楊行密封吳王，故稱之。與吾鄰接，不若與之結好，好，呼到翻。大可以爲緩急之援，小可通商旅之利。」殷作色曰：「楊王不事天子，一旦朝廷致討，罪將及吾。汝置此論，勿爲吾禍！」史言馬殷畏朱全忠。

17 初，清海節度使徐彥若遺表薦副使劉隱權留後，事見二百六十二卷天復元年。朝廷以兵部尚書崔遠爲清海節度使。遠至江陵，聞嶺南多盜，且畏隱不受代，不敢前，朝廷召遠還。隱遣使以重賂結朱全忠，乃奏以隱爲清海節度使。史言劉隱自託於朱全忠。

昭宣光烈孝皇帝

諱祚，卽位更名柷，昭宗第九子。後唐明宗天成三年立廟于曹州，四年乃追崇謚號。

天祐二年（乙丑、九〇五）

1 春，正月，朱全忠遣諸將進兵逼壽州。是時壽州治壽春，朱全忠自霍丘遣諸將進逼之。

2 潤州團練使安仁義勇決得士心，故淮南將王茂章攻之，踰年不克。王茂章攻潤州事，始上卷天復三年八月。楊行密使謂之曰：「汝之功吾不忘也，安仁義歸楊行密，破趙鍠、孫儒，平宣、潤，皆有功。能束身自歸，當以汝爲行軍副使，但不掌兵耳。」仁義不從。茂章爲地道入城，遂克之。仁義舉族登樓，衆不敢逼。安仁義在淮南軍中號最善射，衆憚之，故不敢逼。先是攻城諸將見仁義輒罵之，先，悉薦翻。惟李德誠不然，至是仁義召德誠登樓，謂曰：「汝有禮，吾今以爲汝功。」且以愛妾贈之。【章：十二行本「之」下有「乃擲弓於地」五字；乙十一行本同；孔本同；張校同；退齋校同。】德誠掖之而下，并其子斬於廣陵市。田頵、朱延壽、安仁義，淮南諸將中之鎗鎗者也。三叛連衡，不足以病楊行密。期年之餘，相次禽殄，行密未易才也。

3 兩浙兵圍陳詢于睦州，陳詢叛錢鏐事始上卷天復三年。楊行密遣西南招討使陶雅將兵救之；軍中夜驚，士卒多踰壘亡去，左右及裨將韓球奔告之，雅安臥不應，須臾自定，亡者皆還。史言御衆之術，惟靜足以制動。錢鏐遣其從弟鎰及指揮使顧全武、王球禦之，爲雅所敗，從，才用翻。鎰，夷質翻。敗，補邁翻。虜鎰及球以歸。

4 庚午，朱全忠命李振知青州事，代王師範。朱全忠寬西顧之虞，然後命李振代王師範。

5 全忠圍壽州，州人閉壁不出。全忠乃自霍丘引歸，朱全忠遣諸將逼壽州城下，而留屯霍丘爲後勢。二月辛卯，至大梁。霍丘至大梁九百餘里。

6 李振至青州，王師範舉族西遷，至濮陽，素服乘驢而進；至濮陽已入朱全忠巡屬，故囚服乘驢以請罪。濮，博木翻。至大梁，全忠客之。表李振爲青州留後。

7 戊戌，以安南節度使、同平章事朱全昱爲太師，致仕。全昱，全忠之兄也，戇樸無能，戇，竹巷翻。先領安南，全忠自請罷之。

8 是日社，自古以來，以戊日社。戊，土也。立春以後歷五戊則社日。全忠使蔣玄暉邀昭宗諸子德王裕、棣王祤、虔王禊、沂王禋、遂王禕、景王祕、祁王琪、【章：十二行本「琪」作「祺」；乙十一行本同；孔本同。】雅王禛、禛，之人翻。瓊王祥，置酒九曲池，九曲池在洛苑中。酒酣，悉縊殺之，投尸池中。

9 朱全忠遣其將曹延祚將兵與杜洪共守鄂州，庚子，淮南將劉存攻拔之，天復二年正月，淮南兵攻鄂州，踰兩期而後克。執洪、延祚及汴兵千餘人送廣陵，悉誅之。僖宗光啓二年，杜洪據鄂州，至是而亡。行密以存爲鄂岳觀察使。

10 己酉，葬聖穆景文孝皇帝於和陵，和陵在河南緱氏縣懊來山，是年更名太平山。廟號昭宗。

11 三月，庚午，以王師範爲河陽節度使。

12 戊寅，以門下侍郎、同平章事獨孤損同平章事，充靜海節度使；罷獨孤損政事耳。靜海軍治交州，在嶺海之外，損安得至邪！以禮部侍郎河間張文蔚同平章事。蔚，紆勿翻。甲申，以門下侍郎、同平章事裴樞爲左僕射，崔遠爲右僕射，並罷政事。

初，柳璨及第，不四年爲宰相，性傾巧輕佻。佻，他彫翻。時天子左右皆朱全忠腹心，璨曲意事之。同列裴樞、崔遠、獨孤損皆朝廷宿望，意輕之，璨以爲憾。和王傅張廷範，和王福，亦昭宗之子。本優人，有寵於全忠，奏以爲太常卿。樞曰：「廷範勳臣，幸有方鎮，言幸有方鎮可以處之。何藉樂卿！太常卿掌禮樂，故曰樂卿。言勳人處之之職當各當其分，不藉樂卿以榮。恐非元帥之旨。」朱全忠時爲諸道元帥，故稱之。持之不下。下，戶嫁翻。全忠聞之，謂賓佐曰：「吾常以裴十四器識眞純，不入浮薄之黨；裴樞，第十四。觀此議論，本態露矣。」言其猶持清議也。璨因此幷遠、損譖於全忠，故三人皆罷。

以吏部侍郎楊涉同平章事。涉，收之孫也。楊收見懿宗紀，爲相，以罪貶死。爲人和厚恭謹，聞當爲相，與家人相泣，謂其子凝式曰：「此吾家之不幸也，必爲汝累。」累，良瑞翻。

13 加清海節度使劉隱同平章事。

14 壬辰，河東都押牙蓋寓卒，遺書勸李克用省營繕，薄賦斂，求賢俊。史言蓋寓垂歿不忘效忠於李克用。蓋，古盍翻，姓也。省，所景翻。

15 夏，四月，庚子，有彗星出西北。彗，祥歲翻，又徐醉翻，又音歲。

16 淮南將陶雅會衢、睦兵攻婺州，光化三年，田頵取婺州。既而頵爲楊行密所攻，錢鏐取婺州，使沈夏守之。錢鏐使其弟鏢將兵救之。鏢，匹燒翻。

17 五月，禮院奏，皇帝登位應祀南郊；敕用十月甲午行之。爲朱全忠殺柳璨、蔣玄暉張本。

18 乙丑，彗星長竟天。彗所以除舊布新，易姓之徵也。薛居正五代史曰：是年正月甲辰，有彗出于北河，貫文昌，其長三丈餘。五月乙丑，復出軒轅、大角，及于天市垣，光耀嚴猛。

柳璨恃朱全忠之勢，恣爲威福。會有星變，占者曰：「君臣俱災，宜誅殺以應之。」璨因疏其素所不快者於全忠曰：「此曹皆聚徒橫議，怨望腹非，橫，戶孟翻。非，亦作誹。宜以之塞災異。」塞，悉則翻。李振亦言於朱全忠曰：「朝廷所以不理，良由衣冠浮薄之徒紊亂綱紀；紊，音問。且王欲圖大事，謂篡奪也。此曹皆朝廷之難制者也，不若盡去之。」去，羌呂翻。全忠以爲然。癸酉，貶獨孤損爲棣州刺史，裴樞爲登州刺史，崔遠爲萊州刺史。乙亥，貶吏部尚書陸扆爲濮州司戶，工部尚書王溥爲淄州司戶。庚辰，貶太子太保致仕趙崇爲曹州司戶，兵部侍郎王贊爲濰州司戶。濰，音維。唐武德二年分青州北海縣置濰州，八年州廢，以北海還屬青州。此時蓋復置濰州也。自餘或門胄高華，或科第自進，居三省臺閣，以名檢自處，處，昌呂翻。聲迹稍著者，皆指爲浮薄，貶逐無虛日，搢紳爲之一空。爲，于僞翻。辛巳，再貶裴樞爲瀧州司戶，劉昫曰：瀧州治瀧水縣，本漢端溪縣地。晉分端溪立龍鄉縣，隋改龍鄉爲平原縣，又改爲瀧水。唐平蕭銑，置瀧州。瀧，閭江翻。獨孤損爲瓊州司戶，崔遠爲白州司戶。

19 甲申，忠義節度使趙匡凝遣使脩好於王建。趙匡凝東結淮南，西通巴蜀，欲交鄰以抗朱全忠也，適以動朱全忠之兵。好，呼到翻。

20 六月，戊子朔，敕裴樞、獨孤損、崔遠、陸扆、王溥、趙崇、王贊等並所在賜自盡。

時全忠聚樞等及朝士貶官者三十餘人於白馬驛，白馬驛在滑州白馬縣。一夕盡殺之，投尸于河。初，李振屢舉進士，竟不中第，中，竹仲翻。故深疾搢紳之士，言於全忠曰：「此輩常自謂清流，宜投之黃河，使爲濁流！」全忠笑而從之。

振每自汴至洛，朝廷必有竄逐者，時人謂之鴟梟。朝，直遥翻；下同。梟，堅堯翻。見朝士皆頤指氣使，以頤指麾，以氣使令，言其怙朱全忠之勢而肆其驕豪也。旁若無人。

全忠嘗與僚佐及遊客坐於大柳之下，全忠獨言曰：「此柳宜爲車轂。」轂，古鹿翻。衆莫應。有遊客數人起應曰：「宜爲車轂。」全忠勃然厲聲曰：「書生輩好順口玩人，皆此類也！好，呼到翻。言順口附和以玩狎人。車轂須用夾榆，說文：榆，白枌。所謂夾榆，乃今之田榆也，生田塍間，其皮類槐，其肉理堅緻而赤，鋸以爲器，堅而耐久。車轂衆輻所湊，其木宜堅緻者。呂俛曰：櫅榆宜作車轂。爾雅云，白棗也。櫅，相稽翻。柳木豈可爲之！」顧左右曰：「尚何待！」左右數十人，捽言「宜爲車轂」者悉撲殺之。捽，昨沒翻。撲，弼角翻。

己丑，司空致仕裴贄貶青州司戶，尋賜死。
柳璨餘怒所注，猶不啻十數，張文蔚力解之，乃止。

時士大夫避亂，多不入朝，壬辰，敕所在州縣督遣，無得稽留。前司勳員外郎李延古，德裕之孫也，去官居平泉莊，李德裕有平泉莊，在河南府界。德裕平泉記曰：先公眺想，屬注伊川，吾於是有退居河洛之志。於龍門得喬處士故居，翦荊棘，驅狐狸而爲之。康駢曰：平泉莊去洛城三十里。詔下未至，章：十二行本「至」下有「戊申」二字；乙十一行本同；退齋校同。】責授衞尉寺主簿。

秋，七月，癸亥，太子賓客致仕柳遜貶曹州司馬。

21 庚午夜，天雄牙將李公佺與牙軍謀亂，羅紹威覺之；公佺焚府舍，剽掠，奔滄州。爲羅紹威誅牙將張本。佺，且緣翻。剽，匹妙翻。時劉守文據滄州。

22 八月，王建遣前山南西道節度使王宗賀等將兵擊昭信節度使馮行襲於金州。馮行襲附朱全忠。

23 朱全忠以趙匡凝東與楊行密交通，西與王建結婚，乙未，遣武寧節度使楊師厚將兵擊之；己亥，全忠以大軍繼之。考異曰：梁太祖實錄、薛居正五代史梁紀皆云：「七月庚午，遣楊師厚帥前軍討趙凝於襄州，辛未，帝南征。」唐實錄：「七月，全忠奏匡凝擅通好西川、淮南，又遣弟專領荆南，請削奪官爵，已遣都將楊師厚討之。翌日，全忠自帥軍以進。」編遺錄：「八月壬辰，先抽武寧楊師厚，是日到，乃議伐襄州帥趙匡凝。乙未，大發車徒，委楊師厚總其軍政。己亥，上領親從步騎繼大軍之後，是夜宿尉氏。」今從之。薛史：「太祖將圖禪代，以匡凝兄弟並據藩鎭，乃遣使先諭旨焉。凝對使者流涕，荅以『受國恩深，豈敢隨時妄有他志！』使者復命，太祖大怒。天祐二年秋七月，遣楊師厚帥師討之。辛未，全忠南征，表匡凝罪狀，請削官爵。」按全忠劫遷昭宗於洛陽，匡凝與行密等移檄諸道共討之，全忠安肯以禪代問之！今不取。

24 處州刺史盧約使其弟佶攻陷溫州，佶，巨乙翻。考異曰：新紀：「正月，約陷溫州。」十國紀年在此月戊戌，今從之。張惠奔福州。天復三年，張惠據溫州，至是而敗。王審知時據福州。自溫州南出平陽縣渡海浦卽福州界。九域志，溫州東南至福州界三百二十里，自界首至福州五百二十里。

25 錢鏐遣方永珍救婺州。淮南兵自正月攻婺州。

26 初，禮部員外郎知制誥司空圖棄官居虞鄉王官谷，王官谷在虞鄉縣中條山。昭宗屢徵之，不起。柳璨以詔書徵之，圖懼，詣洛陽入見，見，賢遍翻。陽爲衰野，墜笏失儀。璨乃復下詔，略曰：「既養高以傲代，類移山以釣名。」又曰：「匪夷匪惠，難居公正之朝。復，扶又翻。柳璨言司空圖既非伯夷之清，又非柳下惠之和。且朝政如彼，而自謂公正。通鑑直敍其辭而媸惡自見。可放還山。」圖，臨淮人也。

27 楊師厚攻下唐、鄧、復、郢、隨、均、房七州，七州皆忠義軍巡屬。朱全忠軍于漢北。九月，辛酉，命師厚作浮梁於陰谷口，襄州穀城縣有陰城鎭。按舊史，陰谷口在襄州西六十里。癸亥，引兵渡漢。浮梁成而渡。甲子，趙匡凝將兵二萬陳于漢濱，陳，讀曰陣。師厚與戰，大破之，遂傅其城下。傅，讀如附。是夕，匡凝焚府城，帥其族及麾下士沿漢奔廣陵。僖宗中和四年，趙德諲據襄州，傳子匡凝，至是而亡。楊行密時據廣陵，匡凝沿漢入江，順流東下而奔歸之。帥，讀曰率；下同。乙丑，師厚入襄陽；丙寅，全忠繼至。

匡凝至廣陵，楊行密戲之曰：「君在鎭，歲以金帛輸全忠，今敗，乃歸我乎？」匡凝曰：「諸侯事天子，歲輸貢賦乃其職也，豈輸賊乎！輸，舂遇翻。今日歸公，正以不從賊故耳。」行密厚遇之。

28丙寅，封皇弟禔爲潁王，禔，是支翻，又是兮翻。祐爲蔡王。

29丁卯，荆南節度使趙匡明帥衆二萬，棄城奔成都。天復三年，趙匡凝遣匡明據有荆南。匡凝既敗，匡明亦走。戊辰，朱全忠以楊師厚爲山南東道留後，引兵擊江陵；荆南軍府治江陵。至樂鄉，九域志，江陵府長林縣有樂鄉鎮。荆南牙將王建武遣使迎降。全忠以都將賀瓌爲荆南留後。降，戶江翻。瓌，古回翻。全忠尋表師厚爲山南東道節度使。

30王宗賀等攻馮行襲，所向皆捷。丙子，行襲棄金州，奔均州；其將全師朗以城降。禧宗大順二年，馮行襲取金州，至是而敗，行襲遂歸于朱全忠。九域志，金州東至均州七百里。考異曰：李昊蜀書高祖紀作「全行思」，後主紀作「全行宗」，林思諤、王宗播、王承規傳作「全行宗」，桑弘志傳作「全行朗」。新書馮行襲傳作「金行全」。蓋傳寫差誤，不可考正。按後蜀後主實錄云：金州招安指揮使全師郁，世居金州，疑是師朗昆弟族人也。今從十國紀年。王建更師朗姓名曰王宗朗，更，工衡翻；下詔更同。補金州觀察使，割渠、巴、開三州以隸之。宋白曰：渠州，春秋巴國。秦滅巴，置巴郡，漢爲宕渠縣地。蜀先主分巴郡置宕渠郡，梁大同三年於郡理置渠州。巴州亦漢宕渠地，後漢分宕渠北界置漢昌縣，今州理是也。後魏於漢昌縣理置大谷郡，又於郡北置巴州。開州，漢朐䏰縣地，後漢建安二年分朐䏰西北界置漢豐縣，後周置開江郡，隋改郡爲開州。

31乙酉，詔更用十一月癸酉親郊。

32 淮南將陶雅、陳璋拔婺州，執刺史沈夏以歸。楊行密以雅爲江南都招討使，歙、婺、衢、睦觀察使；楊行密本用陶雅爲歙州。以璋爲衢、婺副招討使。璋攻暨陽，此暨陽卽越州諸暨縣也，與婺州東陽縣接境。兩浙將方習敗之。敗，補邁翻。習進攻婺州。

33 濠州團練使劉金卒，楊行密以金子仁規知濠州。

34 楊行密長子宣州觀察使渥，長，知兩翻；下子長同。素無令譽，令，善也。令，力正翻。軍府輕之。行密寢疾，命節度判官周隱召渥。隱性憃直，憃，書容翻，愚也，又陟降翻。對曰：「宣州司徒輕易信讒，喜擊毬飲酒，楊渥時守宣州，蓋加官司徒。易，以豉翻。喜，許記翻。非保家之主；餘子皆幼，未能駕馭諸將。廬州刺史劉威，從王起細微，必不負王，不若使之權領軍府，考異曰：按徐溫謂隱爲奸人。隱若欲爲亂，當密召劉威，豈肯對其父斥渥短，請以軍府授威！隱乃戇直之人耳。俟諸子長以授之。」長，知兩翻。行密不應。左右牙指揮使徐溫、張顥言於行密曰：「王平生出萬死，冒矢石，爲子孫立基業，爲，于僞翻。安可使他人有之！」行密曰：「吾死瞑目矣。」瞑，莫定翻，閉目也。隱，舒州人也。

他日，將佐問疾，行密目留幕僚嚴可求；衆出，可求曰：「王若不諱，如軍府何？」行密曰：「吾命周隱召渥，今忍死待之。」可求與徐溫詣隱，隱未出見，牒猶在案上，可求卽與溫取牒，遣使者如宣州召之。爲楊渥不終張本。可求，同州人也。路振九國志曰：嚴可求本馮翊人，父實，仕唐爲江、淮陸運判官，由是家于江都。行密以潤州團練使王茂章爲宣州觀察使。楊行密以宣州地接杭州，使良將居之，豈知楊渥與王茂章構怨乎。爲茂章奔兩浙張本。

35 冬，十月，丙戌朔，以朱全忠爲諸道兵馬元帥，別開幕府。別開元帥府。是日，全忠部署將士，將歸大梁，將自襄陽歸大梁。忽變計，欲乘勝擊淮南。洛陽以丙戌除全忠諸道元帥，全忠猶在行營，以是日變計，欲攻淮南。敬翔諫曰：「今出師未踰月，平兩大鎮，謂荆、襄兩鎮。闢地數千里，遠近聞之，莫不震懾。懾，之涉翻。此威望可惜，不若且歸息兵，俟釁而動。」敬翔知淮南之不可攻。釁，許覲翻。不聽。

36 改昭信軍爲戎昭軍。【章：十二行本「軍」下有「仍割均州隸之」六字；乙十一行本同；孔本同；張校同；退齋校同。】昭信軍本置於金州，時已爲王建所取。

37 辛卯，朱全忠發襄州；壬辰，至棗陽，棗陽縣屬隨州。自襄陽至棗陽一百三十餘里。遇大雨。自申州抵光州，宋白曰：申州，春秋之申國。漢置平氏縣，魏文帝立義陽郡，宋立司州，入魏改爲郢州，周武帝改郢州爲申州。光州，春秋弦國。漢爲西陽縣，魏置弋陽郡，梁末於光城置光州，北齊置南郢州，後周爲淮南郡，隋復爲光州。九域志，自申州東南至光州三百五十五里。考異曰：梁太祖實錄：「十月壬申，上御大軍發自襄州，由安、黃，涉申、光，暨壽春之霍丘駐焉。」十國紀年：「十月，朱全忠自襄州帥衆二十萬趨光、壽。」按十月丙戌朔，無壬申，梁實錄誤。今從編遺錄。道險狹塗潦，人馬疲乏，士卒尚未冬服，多逃亡。全忠使人謂光州刺史柴再用曰：「下，我以汝爲蔡州刺史；柴再用汝陽人也，故以衣錦啗之。不下，且屠城！」再用嚴設守備，戎服登城，見全忠，拜伏甚恭，曰：「光州城小兵弱，不足以辱王之威怒。王苟先下壽州，敢不從命。」全忠留其城東旬日而去。

38 起居郎蘇楷，禮部尚書循之子也，裴樞等既死而蘇循等進矣，奉唐璽綬而輸之梁者此輩也。素無才行，行，下孟翻。乾寧中登進士第，昭宗覆試黜之，仍永不聽入科場。洪邁隨筆曰：昭宗乾寧三年，試進士，刑部尚書崔凝以下二十五人放榜。詔於武德殿前覆試，但放十五人，自狀頭張貽範以下重落，其六人許再入舉場；四人所試最下，不許再入，蘇楷其一也。唐人謂貢院爲科場，亦謂之場屋，言由此而決科進取，爭名之場也。甲午，楷帥同列上言：「謚號美惡，臣子不得而私。先帝謚號多溢美，乞更詳議。」按舊書帝紀，楷時帥起居郎羅袞、起居舍人盧鼎上駮議。楷目不知書，僅能執筆，其文羅袞作也。帥，讀曰率。上，時掌翻。事下太常，下，戶嫁翻。丁酉，張廷範奏改謚恭靈莊愍孝皇帝，廟號襄宗，詔從之。

39 楊渥至廣陵。渥自宣州至廣陵。辛丑，楊行密承制以渥爲淮南留後。

40 戊申，朱全忠發光州，迷失道百餘里，又遇雨，比及壽州，九域志，光州東至壽州三百五十里。比，必利翻。壽人堅壁清野以待之。全忠欲圍之，無林木可爲柵，乃退屯正陽。淮水流出潁、壽之間，夾淮有正陽鎮；東正陽屬壽州安豐縣界，西正陽屬潁州潁上縣界。

41 癸丑，更名成德軍曰武順。以朱全忠父名誠，故改成德爲武順。更，工衡翻。

42 十一月，丙辰，朱全忠渡淮而北，柴再用抄其後軍，抄，楚交翻。斬首三千級，獲輜重萬計。全忠悔之，悔不用敬翔之言也。躁忿尤甚。躁，則到翻。丁卯，至大梁。

先是，全忠急於傳禪，先，悉薦翻。密使蔣玄暉等謀之。玄暉與柳璨等議：以魏、晉以來皆先封大國，加九錫、殊禮，然後受禪，當次第行之。乃先除全忠諸道元帥，以示有漸，仍以刑部尚書裴迪爲送官告使，全忠大怒。宣徽副使王殷、趙殷衡疾玄暉權寵，欲得其處，蔣玄暉時爲樞密使，内專朝廷之權，外結朱全忠之寵。因譖之於全忠曰：「玄暉、璨等欲延唐祚，故逗遛其事以須變。」須，待也。玄暉聞之懼，自至壽春，具言其狀。時朱全忠在壽春行營，蔣玄暉懼罪，故自往言狀。全忠曰：「汝曹巧述閒事以沮我，沮，在呂翻，止也。借使我不受九錫，豈不能作天子邪！」禪代之事，先封大國，次加九錫、殊禮，此王莽創爲之也。魏、晉踵而行之，諱其名而受其實。魏文帝所謂「舜、禹之事吾知之矣」，其言雖不至如朱全忠之凶暴，其欲篡之心則一也。玄暉曰：「唐祚已盡，天命歸王，愚智皆知之。玄暉與柳璨等非敢有背德，背，蒲妹翻。但以今茲晉、燕、岐、蜀皆吾勍敵，晉，李克用。燕，劉仁恭。岐，李茂貞。蜀，王建。勍，渠京翻。王遽受禪，彼心未服，不可不曲盡義理，然後取之，欲爲王創萬代之業耳。」爲，于僞翻。全忠叱之曰：「奴果反矣！」玄暉惶遽辭歸，與璨議行九錫。時天子將郊祀，百官既習儀，唐制：大祀，百官皆先習儀，受誓戒，散齋，致齋，而後行事。裴迪自大梁還，裴迪先至壽春行營，從朱全忠還大梁，自大梁還洛陽。言全忠怒曰：「柳璨、蔣玄暉等欲延唐祚，乃郊天也。」璨等懼，庚午，敕改用來年正月上辛。殷衡本姓孔名循，爲全忠家乳母養子，故冒姓趙，後漸貴，復其姓名。

43 壬申，趙匡明至成都，正月丁卯，棄荆南，至是方至成都。王建以客禮遇之。昭宗之喪，朝廷遣告哀使司馬卿宣諭王建，至是始入蜀境。西川掌書記韋莊爲建謀，爲，于僞翻；下思爲同。使武定節度使王宗綰諭卿曰：武定節度使治洋州，蜀之東北鄙也，故使諭卿。「蜀之將士，世受唐恩，去歲聞乘輿東遷，凡上二十表，乘，繩證翻。上，時掌翻。皆不報。尋有亡卒自汴來，聞先帝已罹朱全忠弑逆。蜀之將士方日夕枕戈，枕，職任翻。思爲先帝報仇。不知今茲使來以何事宣諭？舍人宜自圖進退。」司馬卿抑時爲中書舍人歟？否則，唐制中書通事舍人掌受四方章奏及宣傳詔命，今以卿將命出使，故稱之歟？卿乃還。還，從宣翻。

44 庚辰，吳武忠王楊行密薨。年五十四。考異曰：十國紀年註、吳錄、唐烈祖實錄及吳史官王振撰楊本紀，皆云「天祐二年十一月庚辰，行密卒」。敬翔梁編遺錄云：「天祐三年三月，潁州獲河東諜者，言去年十一月持李克用絹書往淮南，十二月至揚州，方知楊行密已死。」與莊宗功臣列傳行密傳所載略同。沈顔行密神道碑、殷文圭行密墓誌、游恭渥墓誌皆云「天祐三年丙寅，二月十三日丙申卒」，薛居正五代史行密傳亦云「天祐三年卒」。行密之亡，嗣君幼弱，不由朝命承襲，或始死未敢發喪，赴以明年二月，疑沈顔等從而書之。墓誌云，十一月，吳王寢疾，付渥後事，授淮南使。或本紀等誤以此月爲行密卒。王振、沈顔、殷文圭、游恭皆仕吳，而記錄差異，固不可考。今從舊史而存碑誌年月，以廣傳聞。將佐共請宣諭使李儼承制授楊渥淮南節度使、東南諸道行營都統，兼侍中、弘農郡王。楊行密請李儼承制，見二百六十三卷天復二年。渥字承天，楊行密長子。

45 柳璨、蔣玄暉等議加朱全忠九錫，朝士多竊懷憤邑，朝，直遙翻。禮部尚書蘇循獨揚言曰：「梁王功業顯大，曆數有歸，朝廷速宜揖讓。」朝士無敢違者。辛巳，以全忠爲相國，總百揆。以宣武、宣義、天平、護國、天雄、武順、佑國、河陽、義武、昭義、保義、戎昭、武定、泰寧、平盧、忠武、匡國、鎮國、武寧、忠義、荆南等二十一道爲魏國，宣武領汴、宋、亳、單，宣義領汝、鄭、滑，天平領鄆、曹、濮、濟，護國領河中、晉、絳、慈、隰，天雄領魏、博、貝、衞、澶、相，武順領鎮、冀、深、趙，佑國領京兆、商、華，河陽領孟、懷，義武領定、祁、易，昭義軍領潞、澤，保義領邢、洺、磁，戎昭領金、均、房，武定領洋，泰寧領兗、沂、密，平盧領青、淄、齊、棣、登、萊，忠武領陳、許，匡國領同，鎮國領陝、虢，武寧領徐、宿，忠義領襄、鄧、隨、郢、唐、復、安，荆南領荆、歸、峽。進封魏王，仍加九錫。全忠怒其稽緩，讓不受。十二月，戊子，命樞密使蔣玄暉齎手詔詣全忠諭指。癸巳，玄暉自大梁還，言全忠怒不解。甲午，柳璨奏稱：「人望歸梁王，陛下釋重負，今其時也。」即日遣璨詣大梁達傳禪之意，全忠拒之。

初，璨陷害朝士過多，謂白馬之禍也。全忠亦惡之。惡，烏路翻。璨與蔣玄暉、張廷範朝夕宴聚，深相結，爲全忠謀禪代事。爲，于僞翻。何太后泣遣宮人阿虔、阿秋達意玄暉，語以他日傳禪之後，求子母生全。阿，烏葛翻。語，牛倨翻。帝及德王裕皆何太后子也。昭宗已弒，裕與諸弟稍長，相繼而死。事已至此，后之母子能獨全乎！后素號多智，臨難乃爾，蓋當時以能隨時上下以全生者爲智也。王殷、趙殷衡譖玄暉，云「與柳璨、張廷範於積善堂【章：十二行本「堂」作「宮」；乙十一行本同；孔本同；張校同。】夜宴，對太后焚香爲誓，期興復唐祚。」何太后時居積善宮。全忠信之，乙未，收玄暉及豐德庫使應頊、御厨使朱建武击河南獄；河南府獄。以王殷權知樞密，趙殷衡權判宣徽院事。全忠三表辭魏王、九錫之命；丁酉，詔許之，朱全忠憤怒，正欲殺蔣玄暉等乃復行魏、晉之事。表辭者，敬翔教之也；詔許之者，王殷等承朱全忠之風指也。更以爲天下兵馬元帥，然全忠已脩大梁府舍爲宮闕矣。史誅其心迹以示天下後世。是日，斬蔣玄暉，杖殺應頊、朱建武。庚子，省樞密使及宣徽南院使，獨置宣徽使一員，以王殷爲之，趙殷衡爲副使。辛丑，敕罷宮人宣傳詔命天復三年誅宦官，以內夫人宣傳詔命。考異見前。及參隨視朝。開元禮疏曰：晉康獻褚后臨朝不坐，則宮人傳命百僚。周、隋相因，國家承之不改。唐六典曰：宮嬪司贊掌朝會贊相之事，凡朝，引客立於殿庭。至天祐三年詔曰：「宮嬪女職，本備內任。今後遇延英坐日，只令小黄門祗候引從，宮人不得出內。」正是年詔敕也。追削蔣玄暉爲凶逆百姓，令河南揭尸於都門外，聚衆焚之。河南，河南府也。揭，其謁翻，舉也。

玄暉既死，王殷、趙殷衡又誣玄暉私侍何太后，令阿秋、阿虔通導往來。己酉，全忠密令殷、殷衡害太后于積善宮，敕追廢太后爲庶人，子而廢母，是復晉峻陽之事也。阿秋、阿虔皆於殿前撲殺。撲，弼角翻。庚戌，以皇太后喪，廢朝三日。既廢母爲庶人，又廢朝三日。廢爲庶人，天性滅矣，廢朝三日，既非喪母之禮，又不足以塞天性之傷，唐之臣子非唐之臣子也。朝，直遙翻。

辛亥，敕以宮禁內亂，罷來年正月上辛謁郊廟禮。唐不復郊矣。癸丑，守司空兼門下侍郎、同平章事柳璨貶登州刺史，太常卿張廷範貶萊州司戶。甲寅，斬璨於上東門外，車裂廷範於都市。自罷謁郊廟以下，皆朱全忠之夙心。璨臨刑呼曰：「負國賊柳璨，死其宜矣！」呼，火故翻。

46 西川將王宗朗不能守金州，焚其城邑，奔成都。王宗朗守金州纔三月耳。戎昭節度使馮行襲復取金州，奏請【章：十二行本「請」作「稱」；乙十一行本同；張校同。】「金州荒殘，乞徙理均州，」從之。更以行襲領武安軍。考異曰：實錄云改爲武寧軍，新表云改爲武定軍。按武寧乃徐州軍額，武定乃洋州軍額，不應同名。續寶運錄註云：「天復七年秋，汴軍都頭號馮靑面，改姓朱，授全忠印綬，爲洋州刺史（「授」當作「受」）。洋州自景福元年刺史楊守佐歸順鳳翔，後被朱全忠除。此年秋，蜀第二指揮使王宗綰收獲金州，都押衙全貴帥衆降，賜姓王，名宗朗，拜金州刺史。」又編遺錄，天佑三年二月云：「行襲已於均州建節，因署韓恭知金州事，請朝廷落下防禦使，幷不建戎昭軍。」以此諸書參驗，似是今者以行襲兼領洋州節制，非改戎昭爲武定軍，實錄、新表皆誤，續寶運錄天復七年亦誤也。按考異，則「武安軍」當作「武定軍」，參考新、舊書亦然。

47 陳詢不能守睦州，奔于廣陵，爲兩浙兵所逼也。僖宗中和四年，陳晟據睦州，至詢而敗。淮南招討使陶雅入據其城。

48 楊渥之去宣州也，欲取其幄幕及親兵以行，觀察使王茂章不與，渥怒。既襲位，遣馬步都指揮使李簡等將兵襲之。楊渥襲位曾幾何時，而脩怨於一州將，其褊量如此，固不足以君國子民。

49 湖南兵寇淮南，淮南牙內指揮使楊彪擊卻之。

三年（丙寅、九〇六）

1 春，正月，壬戌，靈武節度使韓遜奏吐蕃七千餘騎營於宗高谷，將擊嗢末及取涼州。趙珣聚米圖經曰：靈武自賀蘭山路過，西至涼州九百里。

2 李簡兵奄至宣州，王茂章度不能守，度，徒洛翻。帥眾奔兩浙。帥，讀曰率。親兵上蔡刁彥能辭以母老，不從行，登城諭眾曰：「王府命我招諭汝曹，楊渥父子皆以王爵鎮廣陵，故稱淮南軍府爲王府。大兵行至矣。」眾由是定。陶雅畏茂章斷其歸路，斷，音短。引兵還歙州，錢鏐復取睦州。睦州自此屬錢氏，楊氏不能爭。歙，書涉翻。鏐以茂章爲鎮東節度副使，更名景仁。更，工衡翻。

3 乙丑，加靜海節度使曲承裕同平章事。曲承裕乘亂據有安南。

4 初，田承嗣鎮魏博，選募六州驍勇之士五千人爲牙軍，事見二百二十二卷代宗廣德元年。厚其給賜以自衛，爲腹心；自是父子相繼，親黨膠固，歲久益驕橫；橫，戶孟翻。小不如意，輒族舊帥而易之，帥，所類翻。自史憲誠以來皆立於其手。穆宗長慶二年立史憲誠，文宗大和三年立何進滔，懿宗咸通十一年立韓允中，僖宗中和三年立樂彥禎，文德元年立趙文玠，尋立羅弘信。天雄節度使羅紹威心惡之，力不能制。惡，烏路翻。朱全忠之圍鳳翔也，圍鳳翔見昭宗天復元年、二年、三年。紹威遣軍將楊利言密以情告全忠，欲借其兵以誅之。全忠以事方急，未暇如其請，陰許之。及李公佺作亂，去年七月李公佺亂，見上。紹威益懼，復遣牙將臧延範趣全忠。趣，讀曰促。全忠乃發河南諸鎮兵十萬，遣其將李思安將之，會魏、鎮兵屯深州樂城；魏、鎮，魏博、鎮冀兩鎮。「樂城」恐當作「樂壽」。聲言擊滄州，討其納李公佺也。會全忠女適紹威子廷規者卒，卒，子恤翻。全忠遣客將馬嗣勳實甲兵於橐中，有底曰囊，無底曰橐。橐，撻各翻。選長直兵千人爲擔夫，長直兵，蓋選驍勇之士，長使之直衛，不以番代者也。擔，都濫翻。帥之入魏，帥，讀曰率；下同。詐云會葬；全忠自以大軍繼其後，云赴行營；牙軍皆不之疑。庚午，紹威潛遣人入庫斷弓弦、甲襻，斷，音短。襻，普患翻。是夕，紹威帥其奴客數百，與嗣勳合擊牙軍，牙軍欲戰而弓甲皆不可用，遂闔營殪之，殪，一計翻。凡八千家，嬰孺無遺。詰旦，全忠引兵入城。詰，去吉翻。

5 辛未，以權知寧遠留後龐巨昭、嶺南西道留後葉廣略並爲節度使。二人皆能保據本道，因而命之。

6 庚辰，錢鏐如睦州。九域志，杭州西南至睦州三百一十五里。

7 西川將王宗阮攻歸州，獲其將韓從實。歸州屬荆南。

8 陳璋聞陶雅歸歙，自婺州退保衢州。兩浙將方永珍等取婺州，進攻衢州。去年九月，淮南兵取婺州。陳璋本以衢州附淮南，今自婺州退保之。

9 楊渥遣先鋒指揮使陳知新攻湖南。三月，乙丑，知新拔岳州，逐刺史許德勳，昭宗天復三年，湖南將許德勳取岳州，今棄之。渥以知新爲岳州刺史。爲陳知新等覆軍張本。

10 戊寅，以朱全忠爲鹽鐵、度支、戶部三司都制置使。三司之名始于此。全忠辭不受。

11 夏，四月，癸未朔，日有食之。

12 羅紹威既誅牙軍，魏之諸軍皆懼，紹威雖數撫諭之，數，所角翻。而猜怨益甚。朱全忠營於魏州城東數旬，將北巡行營，會天雄牙將史仁遇作亂，聚衆數萬據高唐，高唐，漢古縣，唐屬博州。九域志，在州東北一百一十里。自稱留後，天雄巡內諸縣多應之。全忠移軍入城，遣使召行營兵還攻高唐，至歷亭，歷亭縣屬貝州。九域志，在州東九十里。宋白曰：歷亭縣之地，自後魏至高齊，其地屬鄃縣，隋開皇十六年於永濟渠南置歷亭縣，遥取漢歷城縣爲名。按漢地理志，歷城屬信都郡，在蓨縣界，王莽改曰歷亭。唐萬歲登封元年移就盤河置，在古歷城西七十里。魏兵在行營者作亂，與仁遇相應。元帥府左司馬李周彝、右司馬苻道昭擊之，所殺殆半，進攻高唐，克之，城中兵民無少長皆死。少，詩照翻。長，知兩翻。擒史仁遇，鋸殺之。

先是，仁遇求救於河東及滄州，先，悉薦翻。李克用遣其將李嗣昭將三千騎攻邢州以救之。時邢州兵纔二百，團練使牛存節守之，嗣昭攻七日不克。全忠遣右長直都將張筠將數千騎助存節守城，筠伏兵於馬嶺，擊嗣昭，敗之，敗，補邁翻。嗣昭遁去。

義昌節度使劉守文遣兵萬人攻貝州，又攻冀州，拔蓨縣，進攻阜城。蓨、阜城，並漢古縣，唐屬冀州。九域志，蓨縣在州東北一百五十里；阜城在州東一百六十里。蓨，音條。時鎭州大將王釗攻魏州叛將李重霸於宗城。宗城縣屬魏州。九域志，在州西北一百七十里。全忠遣歸救冀州，滄州兵去。滄州兵即劉守文所遣。丙午，重霸棄城走，汴將胡規追斬之。

13 鎭南節度使鍾傳以養子延規爲江州刺史。傳薨，軍中立其子匡時爲留後。延規恨不得立，遣使降淮南。考異曰：實錄：「初，鍾傳養上藍院僧爲子，曰延圭，補江州刺史。傳卒，遂召淮師陷其城。」今從十國紀年、吳史。

14 五月，丁巳，朱全忠如洺州，遂巡北邊，視戎備，還，入于魏。

15 丙子，廢戎昭軍，并均、房隸忠義軍；併屬山南東道。以武定節度使馮行襲爲匡國節度使。馮行襲自均州徙同州。

16 楊渥以昇州刺史秦裴爲西南行營都招討使，將兵擊鍾匡時於江西。鍾延規啓之也。

17 六月，甲申，復以忠義軍爲山南東道。僖宗文德元年以山南東道爲忠義軍。

18 朱全忠以長安鄰於邠、岐，數有戰爭，九域志，長安西北至邠州二百七十五里，西至鳳翔三百九里。數，所角翻。奏徙佑國節度使韓建於淄青，韓建本與李茂貞連結者也，朱全忠恐其復然，故徙之。以淄青節度使長社王重師爲佑國節度使。

19 秋，七月，朱全忠克相州。時魏之亂兵散據貝、博、澶、相、衛州，【章：十二行本「州」下有「及魏之諸縣」五字；乙十一行本同；孔本同；張校同。】澶，時連翻。相，息亮翻。全忠分命諸將攻討，至是悉平之，引兵南還。考異曰：實錄在六月。今從編遺錄、唐太祖紀年錄。編遺錄：「七月癸未，上起兵離魏都。」按長曆，是月壬子朔，無癸未，編遺錄誤也。

全忠留魏半歲，自正月入魏，至是半歲。羅紹威供億，所殺牛羊豕近七十萬，資糧稱是，所賂遺又近百萬；比去，蓄積爲之一空。近，其靳翻。稱，尺證翻。遺，唯季翻。比，必利翻。爲，于僞翻。紹威雖去其逼，去，羌呂翻。而魏兵自是衰弱。紹威悔之，謂人曰：「合六州四十三縣鐵，不能爲此錯也！」魏州領貴鄉、元城、魏、館陶、冠氏、莘、朝城、昌樂、臨河、洹水、成安、內黃、宗城、永濟十四縣。博州領聊城、博平、武水、清平、堂邑、高唐六縣。相州領安陽、鄴、湯陰、林慮、堯城、臨漳六縣。衛州領汲、衛、共城、新鄉、黎陽五縣。貝州領清河、清陽、武城、經城、臨清、漳南、歷亭、夏津八縣。澶州領頓丘、清豐、觀城、臨黃四縣。錯，鑢也，鑄爲之；又釋錯爲誤。羅以殺牙兵之誤，取鑄錯爲諭。

壬申，全忠至大梁。考異曰：編遺錄云壬辰，亦誤。

20 秦裴至洪州，軍于蓼洲。諸將請阻水立寨，裴不從；鍾匡時果遣其將劉楚據之。諸將以咎裴，裴曰：「匡時驍將獨楚一人耳，若帥衆守城，不可猝拔，帥，讀曰率；下同。吾故以要害誘致之耳。」誘，音酉。未幾，裴破寨，執楚，幾，居豈翻。遂圍洪州，饒州刺史唐寶請降。降，戶江翻。

21 八月，乙酉，李茂貞遣其子侃爲質於西川；質，音致。王建以侃知彭州。

22 朱全忠以幽、滄相首尾爲魏患，幽，劉仁恭；滄，劉守文；父子相爲首尾。欲先取滄州，甲辰，引兵發大梁。

23 兩浙兵圍衢州，此卽方永珍之兵也。衢州刺史陳璋告急於淮南，楊渥遣左廂馬步都虞候周本將兵迎璋。本至衢州，浙人解圍，陳於城下，璋帥衆歸于本，兩浙兵取衢州。淮南與浙人爭婺、睦、衢三州，至是復悉歸於錢氏。陳，讀曰陣。帥，讀曰率。呂師造曰：「浙人近我而不動，輕我也，請擊之！」呂師造狃於青山之捷，氣陵浙人。近，其靳翻。本曰：「吾受命迎陳使君，今至矣，何爲復戰！彼必有以待我也。」遂引兵還。本爲之殿，浙人躡之，復，扶又翻。殿，丁練翻。躡，尼輒翻。本中道設伏，大破之。

24 九月，辛亥朔，朱全忠自白馬渡河，丁卯，至滄州，軍於長蘆；杜佑曰：滄州長蘆縣，漢参蘆〔戶〕縣地，宋廢縣爲長蘆鎮，屬清池縣。滄人不出。羅紹威饋運，自魏至長蘆五百里，不絕於路；又建元帥府舍於魏，所過驛亭供酒饌、幄幕、什器，饌，雛皖翻，又，雛戀翻。上下數十萬人，無一不備。羅紹威厚奉朱全忠，不惟以報德，亦懼因伐虢之便而取虞也。

25 秦裴拔洪州，虜鍾匡時等五千人以歸。僖宗中和二年，鍾傳據洪州，至匡時而亡。楊渥自兼鎮南節度使，以裴爲洪州制置使。淮南楊氏遂兼有江西之地。

26 靜難節度使楊崇本以鳳翔、保塞、彰義、保義之兵攻夏州，「保義」當作「保大」，蓋保義軍領邢、洺、磁，在山東；而保大軍領鄜、坊，與邠、岐等鎮皆在關西也。難，乃旦翻。夏，戶雅翻。匡國節度使劉知俊邀擊坊州之兵，斬首三千餘級，擒坊州刺史劉彥暉。坊州，保大軍巡屬也。以此證上文「保義」，其誤明矣。

27 劉仁恭救滄州，戰屢敗。乃下令境內：「男子十五以上，七十以下，悉自備兵糧詣行營，軍發之後，有一人在閭里，刑無赦！」或諫曰：「今老弱悉行，婦人不能轉餉，此令必行，濫刑者衆矣。」乃命勝執兵者盡行，勝，音升。文其面曰「定霸都」，士人則文其腕或臂腕，烏貫翻。曰「一心事主」，於是境內士民，稚孺之外無不文者。稚，直利翻。得兵十萬，軍于瓦橋。

時汴軍築壘圍滄州，鳥鼠不能通。仁恭畏其強，不敢戰。城中食盡，丸土而食，或互相掠啖。啖，徒濫翻。朱全忠使人說劉守文曰：說，式芮翻。「援兵勢不相及，何不早降！」守文登城應之曰：「僕於幽州，父子也。梁王方以大義服天下，若子叛父而來，將安用之！」全忠愧其辭直，爲之緩攻。爲，于僞翻。

28 冬，十月，丙戌，王建始立行臺於蜀，考異曰：續寶運錄曰，天復六年十月六日行下此牓帖。則是此年十月也。建東向舞蹈，號慟，號，戶刀翻。稱：「自大駕東遷，謂昭宗遷洛也。制命不通，請權立行臺，用李晟、鄭畋故事，承制封拜。」按李晟討朱泚，屯東渭橋，但請假裨佐趙光銑、唐良臣、張彧爲洋、利、劍三州刺史，以通蜀、漢喉衿，上不暇從也。其後假張彧京兆少尹以調畿內芻米，表李懷光降將孟涉、段威勇以要官，未嘗承制封拜也。鄭畋便宜從事見二百五十四卷僖宗廣明元年。仍以牓帖告諭所部藩鎮州縣。

29 劉仁恭求救於河東，前後百餘輩；李克用恨仁恭返覆，劉仁恭以幽州叛李克用，又約朱全忠共攻之，此克用之所深恨也。竟未之許，其子存勗諫曰：「今天下之勢，歸朱溫者什七八，雖強大如魏博、鎮、定莫不附之。自河以北，能爲溫患者獨我與幽、滄耳，今幽、滄爲溫所困，我不與之併力拒之，非我之利也。夫爲天下者不顧小怨，且彼嘗困我而我救其急，以德懷之，乃一舉而名實附也。此乃吾復振之時，不可失也。」史言李存勗智識能輔其父所不逮。克用以爲然，與將佐謀召幽州兵與攻潞州，曰：「於彼可以解圍，於我可以拓境。」乃許仁恭和，召其兵。仁恭遣都【章：十二行本「都」下有「指」字；乙十一行本同；孔本同；熊校同。】揮使李溥將兵三萬詣晉陽，克用遣其將周德威、李嗣昭將兵與之共攻潞州。

30 夏州告急於朱全忠；戊戌，全忠遣劉知俊及其將康懷英救之。楊崇本將六鎮之兵五萬，軍于美原。據上文，則楊崇本所將者五鎮之兵耳，蓋併將秦、隴之兵爲六鎮。知俊等擊之，崇本大敗，歸于邠州。

31 武貞節度使雷彥威【章：十二行本「威」作「恭」；乙十一行本同；孔本同。】屢寇荆南，留後賀瓌閉城自守；去年九月，汴將賀瓌守荆南。朱全忠以爲怯，以潁州防禦使高季昌代之，高季昌自此遂據有荆南。又遣駕前指揮使倪可福將兵五千戍荆南以備吳、蜀。倪可福自此遂委質於高季昌。朗兵引去。朗兵，雷彥威之兵也。

32 十一月，劉知俊、康懷貞以此觀之，上文誤作「懷英」。乘勝攻鄜、延等五州，下之；加知俊同平章事，以懷貞爲保義節度使。恐卽命康懷貞以鄜時「保義」當作「保大」；以通鑑明年書保平節度使康懷貞證之，又恐自是保義。西軍自是不振。西軍，謂邠、岐軍也。

33 湖州刺史高彥卒，子澧代之。澧，音禮。

34 十二月，乙酉，錢鏐表薦行軍司馬王景仁；詔以景仁領寧國節度使。王景仁卽王茂章，是年正月棄宣州歸錢鏐。考異曰：薛居正五代史：「鏐辟爲兩府行軍司馬，具以狀聞。太祖復命遙領宣州節度使、同平章事。」歐陽脩五代史曰：「鏐表景仁領宣州節度使。」今從之。

35 朱全忠分步騎數萬，遣行軍司馬李周彝將之，自河陽救潞州。

36 閏月，乙丑，廢鎭國軍興德府復爲華州，隸匡國節度，割金、商州隸佑國軍。併同、華爲一鎭，割金、商以隸佑國，皆欲厚其資力以扞邠、岐。

37 初，昭宗凶訃至潞州，訃，音赴，告喪曰訃。昭義節度使丁會帥將士縞素流涕久之。帥，讀曰率。及李嗣昭攻潞州，會舉軍降於河東。考異曰：唐太祖紀年錄：「丁酉，丁會開門迎降，閏十二月，太祖以李嗣昭爲潞帥。」薛居正五代史梁紀在閏月，後唐紀在十二月。今從新、舊唐紀、薛史梁紀及編遺錄。李克用以嗣昭爲昭義留後。會見克用，泣曰：「會非力不能守也。梁王陵虐唐室，會雖受其舉拔之恩，誠不忍其所爲，故來歸命耳。」無是非之心非人也，丁會其有是非之心者乎！克用厚待之，位於諸將之上。己巳，朱全忠命諸軍治攻具，將攻滄州。治，直之翻。壬申，聞潞州不守；甲戌，引兵還。

先是，調河南北芻糧，水陸輸軍前，先，悉薦翻。調，徒吊翻。輸，舂遇翻。諸營山積，全忠將還，悉命焚之，煙炎數里，在舟中者鑿而沈之。炎，讀曰燄。沈，持林翻。朱全忠舉兩河之兵力以攻劉守文，滄州孤城，破在旦夕，遽以潞州內叛燒營而退者，豈不知功壞於垂成哉？蓋潞州天下之脊，而河東之兵，全忠之所素憚者也。自潞州而南下太行，直抵懷、孟之郊，可以進據洛都，一正唐室，全忠之篡事不成矣。此其所以狼狽而返。劉守文使遺全忠書曰：「王以百姓之故，赦僕之罪，解圍而去，王之惠也。城中數萬口，不食數月矣，與其焚之爲煙，沈之爲泥，願乞其餘以救之。」全忠爲之留數囷以遺之，劉守文之辭卑而情可矜，故全忠之凶暴亦爲之感動。遺，惟季翻。乞，音氣。爲，于僞翻。滄人賴以濟。

河東兵進攻澤州，不克而退。

38 吉州刺史彭玕遣使請降於湖南。鍾氏既亡，故彭玕請降於馬氏。玕，音干。路振九國志作「玗」。玕本赤石洞蠻酋，鍾傳用爲吉州刺史。酋，慈由翻。

鄧廣銘標點聶崇岐覆校

資治通鑑卷第二百六十六

端明殿學士兼翰林侍讀學士太中大夫提舉西京嵩山崇福宮上柱國河内郡開國公食邑二千六百户食實封一千户賜紫金魚袋臣　司馬光　奉敕編集
後學天台　胡三省　音註

後梁紀一

起强圉單閼（丁卯），盡著雍執徐（戊辰）七月，凡一年有奇。

朱氏本碭山人。碭山，戰國時屬梁地。太祖以宣武節度使創業，宣武軍治汴州，古大梁也；寖益强盛，進封梁王，國遂號曰梁。通鑑以前紀已有蕭梁，故此稱曰後梁。

太祖神武元聖孝皇帝上姓朱氏，名溫，宋州碭山午溝里人。背黄巢歸唐，賜名全忠。卽位，改名晃。

開平元年（丁卯、九〇七）是年四月卽位，始改元。

1 春，正月，辛巳，梁王休兵于貝州。自滄州還，休兵貝州，且因魏博糧餉也。

2 淮南節度使兼侍中、東面諸道行營都統弘農郡王楊渥既得江西，謂幷鍾匡時也。事見上卷天祐三年。驕侈益甚，謂節度判官周隱曰：「君賣人國家，何面復相見！」遂殺之。以隱言其不克負荷，欲屬國於劉威也。事見上卷天祐二年。復，扶又翻。由是將佐皆不自安。既逐王茂章，又殺周隱，宜餘人之不自安也。

黑雲都指揮使呂師周與副指揮使綦章將兵屯上高，上高在洪州高安縣界，宋置上高縣，屬筠州，在州西南九十五里。宋白曰：上高縣本高安縣之上鎮，以地形高上，故曰上高。南唐昇元中立上高場，保大十年升爲縣。師周與湖南戰，屢有功，渥忌之。師周懼，謀於綦章曰：「馬公寬厚，謂馬殷也。吾欲逃死焉，可乎？」章曰：「茲事君自圖之，吾舌可斷，不敢泄！」斷，都管翻。師周遂奔湖南，章縱其孥使逸去。路振九國志：呂師周父珂以勇敢事楊行密，累有功，拜黑雲都指揮使。珂卒，師周代之，自言「三代將家不可保富貴」，每恣爲盃酌，醉必起舞，或擊節狂歌，慷慨泣下。行密聞而疑之，密使人偵其動靜。師周不自安，乃謀於綦章而奔湖南。據此則爲渥所疑，非行密也。孥，音奴，子也。師周，揚州人也。

渥居喪，居其父行密之喪也。晝夜酣飲酣，戶甘翻，樂飲也，湛嗜也，應劭曰：洽也，張晏曰：中酒也。作樂，句斷。然十圍之燭以擊毬，一燭費錢數萬。或單騎出遊，從者奔走道路，不知所之。從，才用翻。之，往也。左、右牙指揮使張顥、徐溫泣諫，蜀註曰：牙者，旗名，執牙者因以名之。分左、右隊，故稱左、右牙。余謂牙兵以衛府牙。渥怒曰：「汝謂我不才，何不殺我自爲之！」二人懼。渥選壯士，號「東院馬軍」，廣署親信爲將吏；所署者恃勢驕橫，橫，戶孟翻。陵蔑勳舊。顥、溫潛謀作亂。渥父行密之世，有親軍數千營於牙城之内，蜀註曰：古者軍行有牙，尊者所在。後人因以所治爲衙，曰牙城，即衙城也。渥遷出於外，以其地爲射場，顥、溫由是無所憚。史言楊渥自去其爪牙。

渥之鎮宣州也，天祐元年，楊渥鎮宣州，二年召爲嗣。命指揮使朱思勍、范思從、陳璠將親兵三千；勍，渠京翻。璠，音番。及嗣位，召歸廣陵。顥、溫使三將從秦裴擊江西，因戍洪州，誣以謀叛，命別將陳祐往誅之。史言張顥、徐溫又翦去渥之爪牙。祐間道兼行，間，古莧翻。六日至洪州，微服懷短兵徑入秦裴帳中，裴大驚，祐告之故，告之以所以徑入之故。乃召思勍等飲酒，祐數思勍等罪，數，所具翻；下因數同；俗從所主翻。執而斬之。渥聞三將死，益忌顥、溫，欲誅之。丙戌，渥晨視事，顥、溫帥牙兵二百，露刃直入庭中，帥，讀曰率。渥曰：「爾果欲殺我邪？」對曰：「非敢然也，欲誅王左右亂政者耳！」因數渥親信十餘人之罪，曳下，以鐵檛擊殺之。檛，側瓜翻。考異曰：歐陽史：「四年正月，渥視事，陳璠等侍側。溫、顥擁牙兵入，拽璠等下，斬之。渥不能止，由是失政。」按璠等已死於宣州。今從十國紀年。按通鑑本文，「宣州」當作「洪州」。謂之「兵諫」。左傳：鬻拳強諫楚子，不從；臨之以兵，懼而從之，遂自刖也。張顥、徐溫以兵諫自文，鬻拳之罪人也。諸將不與之同者，顥、溫稍以法誅之，於是軍政悉歸二人，渥不能制。爲顥、溫弑渥張本。

3 初，梁王以河北諸鎮皆服，惟幽、滄未下，故大舉伐之，欲以堅諸鎮之心。既而潞州內叛，王燒營而還，事見上卷天祐三年。還，從宣翻，又如字。威望大沮。沮，在呂翻。恐中外因此離心，欲速受禪以鎮之。丁亥，王入館于魏，館，古玩翻。有疾，臥府中；【章：十二行本「中」下有「魏博節度使」五字；乙十一行本同；孔本同。】羅紹威恐王襲之，入見王曰：「今四方稱兵爲王患者，皆以翼戴唐室爲名，王不如早滅唐以絕人望。」王雖不許而心德之，乃亟歸。亟，紀力翻。壬寅，至大梁。

甲辰，唐昭宣帝遣御史大夫薛貽矩至大梁勞王，勞，力到翻。貽矩請以臣禮見，見，賢遍翻。王揖之升階，貽矩曰：「殿下功德在人，三靈改卜，三靈，天、地、人之靈也。言天、地、人之心皆已去唐室，改卜君而命之。皇帝方行舜、禹之事，臣安敢違！」乃北面拜舞於庭。王側身避之。貽矩還，言於帝曰：「元帥有受禪之意矣！」帝乃下詔，帝，皆謂唐昭宣帝。元帥，謂梁王。以二月禪位于梁。又遣宰相以書諭王；王辭。

4 河東兵猶屯長子，欲窺澤州。九域志：長子，西南至澤州一百四十里。王命保平節度使康懷貞悉發京兆、同華之兵屯晉州以備之。宋太宗皇帝太平興國元年始改保義軍爲保平軍，避藩邸舊名也。此因史臣避廟諱而書之。然觀令康懷貞發京兆、同華兵屯晉州，則恐自鄜州而東發兩鎮兵屯晉州。蓋懷貞若自邢州發京兆、同華兵，道里隔涉，邢州與潞州相近，亦當備河東兵之來，無緣使懷貞離邢州而屯晉州。竊謂「保平」亦當作「保大」。據歐史懷英傳亦書「保義」，蓋以美原之捷方除保義節。朱全忠急於篡唐，未暇舉兵攻潞州，自備而已，故潞州益得以嚴備。

5 二月，唐大臣共奏請昭宣帝遜位。壬子，詔宰相帥百官詣元帥府勸進；梁王建元帥府于大梁。相帥，讀曰率。王遣使卻之。於是朝臣、藩鎮乃至湖南、嶺南上牋勸進者相繼。朝，直遙翻。上，時掌翻。

6 三月，癸未，王以亳州刺史李思安爲北路行軍都統，將兵擊幽州。擊劉仁恭也。

7庚寅，唐昭宣帝詔薛貽矩再詣大梁諭禪位之意，又詔禮部尚書蘇循齎百官牋詣大梁。

8鎮海、鎮東節度使吳王錢鏐遣其子傳璙、傳瓘討盧佶於溫州。璙，力小翻，又力弔翻。佶，其吉翻。

9甲辰，唐昭宣帝降御札禪位于梁。考異曰：實錄、薛居正五代史、唐餘錄皆云四月，唐帝御札敕宰臣張文蔚等備法駕奉迎梁朝，而無日。五代通錄云四月丁未。丁未，四月一日也。舊唐書云三月甲辰。甲辰，三月二十七日也。唐年補錄：三月二十七日甲子降此御札，四月戊辰朱全忠卽位。尤爲差誤。按此年三月戊寅朔，四月丁未朔。今從舊唐書。以攝中書令張文蔚爲册禮使，禮部尚書蘇循副之；册禮使，奉傳禪册寶，押金吾仗衞、太常鹵簿等。攝侍中楊涉爲押傳國寶使，唐有傳國八寶。武后惡璽字，改爲寶，其受命傳國八寶並改雕寶字。翰林學士張策副之；御史大夫薛貽矩爲押金寶使，唐六典曰：天子八寶，其用以玉，其封以泥。皇后及太子之信曰寶，其用以金。尚書左丞趙光逢副之；帥百官備法駕詣大梁。唐六典：大駕備五輅，五輅皆有副車；又有指南車、記里鼓車、白鷺車、鸞旗車、辟惡車、皮軒車、耕根車、安車、四望車、羊車、黄鉞車、豹尾車，屬車一十有二。若法駕則減五副輅，白鷺、辟惡、安車、四望車，四分屬車之一。帥，讀曰率。楊涉子直史館凝式貞觀三年，置史館於門下省，以他官兼領，或卑位有才者亦以直館稱，以宰相涖脩撰。天寶後，他官兼史職者曰史館脩撰，初入爲直館。元和元年，宰臣裴垍建議，登朝領史職者爲脩撰，以官高人判館事，未登朝者爲直館。言於涉曰：「大人爲唐宰相，而國家至此，不可謂之無過。況手持天子璽綬與人，雖保富貴，柰千載何！盍辭之！」璽，斯氏翻。綬，音受。載，子亥翻。考異曰：陶岳五代史補曰：「凝式恐事泄，卽日佯狂，時謂之『風子』。」按周世宗實錄凝式本傳，仕梁未嘗有疾；唐同光初知制誥，始以心疾罷。明宗時及淸泰帝末，俱以心恙罷官。天福初致仕在洛，有「風子」之號。非梁初佯狂也。今不取。涉大駭曰：「汝滅吾族！」神色爲之不寧者數日。楊涉之相也，知必爲凝式之累；今乃駭凝式之言，何邪？爲，于僞翻。策，敦煌人。敦，徒門翻。光逢，隱之子也。趙隱見二百五十二卷懿宗咸通之十三年。

盧龍節度使劉仁恭，驕侈貪暴，常慮幽州城不固，築館於大安山，薛史：幽州西有名山曰大安山。曰：「此山四面懸絕，可以少制衆。」其棟宇壯麗，擬於帝者。選美女實其中。與方士鍊丹藥，求不死。悉斂境內錢，瘞於山顛；令民間用墐泥爲錢。瘞，於計翻。墐，几隱翻。墐泥，黏土也。又禁江南茶商無得入境，自采山中草木爲茶，鬻之。

仁恭有愛妾羅氏，其子守光通焉。仁恭杖守光而斥之，不以爲子數。不齒之於諸子之列。李思安引兵入其境，所過焚蕩無餘。夏，四月，己酉，直抵幽州城下。仁恭猶在大安山，城中無備，幾至不守。幾，居依翻。守光自外引兵入，登城拒守；又出兵與思安戰，思安敗退。守光遂自稱節度使，令部將李小喜、元行欽將兵攻大安山。仁恭遣兵拒戰，爲小喜所敗。敗，補邁翻。虜仁恭以歸，囚於別室。仁恭將佐及左右，凡守光素所惡者皆殺之。惡，烏路翻。銀胡簶都指揮使王思同帥部兵三千，簶，盧谷翻。胡簶，箭室也。帥，讀曰率。山後八軍巡檢使李承約帥部兵二千盧龍以嬀、檀、新、武四州爲山後。奔河東；奔李克用。守光弟守奇奔契丹，未幾，亦奔河東。幾，居豈翻。爲劉守奇引河東兵伐燕張本。河東節度使晉王克用以承約爲匡霸指揮使，思同爲飛騰指揮使。思同母，仁恭之女也。匡霸、飛騰，皆晉王所置軍都之號。

11 梁【章：十二行本「梁」上有「庚戌」二字；乙十一行本同；退齋校同。】王始御金祥殿，王溥五代會要：梁受禪都大梁，改正衙殿爲崇元殿，東殿爲玄德殿，內殿爲金祥殿，萬歲堂爲萬歲殿，門如殿名。薛史曰：梁自謂以金德王，又以福建上獻鸚鵡，諸州相繼上白烏、白兔洎白蓮之合蒂者，以爲金行應運之兆，故名殿曰金祥。受百官稱臣，此梁所自置百官也。下書稱教令，自稱曰寡人。辛亥，令諸牋、表、簿、籍皆去唐年號，但稱月、日。去，羌呂翻。丙辰，張文蔚等至大梁。

12 盧佶聞錢傳璙等將至，將水軍拒之於青澳。青澳在溫州東北海中，俗謂之青澳門。由青澳門而進舟則入溫州，其外則大洋也。澳，烏到翻。海之隈厓曰澳。錢傳瓘曰：「佶之精兵盡在於此，不可與戰。」乃自安固捨舟，間道襲溫州。安固，後漢之章安也。間，古莧翻。戊午，溫州潰，擒佶斬之。天祐二年，盧佶陷溫州，至是敗亡。吳王鏐以都監使吳璋爲溫州制置使，監，古銜翻。命傳璙等移兵討盧約於處州。

13 壬戌，梁王更名晃。更，工衡翻。薛史曰：時將受禪，下教以本名二字異帝王之稱，故改名。王兄全昱聞王將卽帝位，謂王曰：「朱三，爾可作天子乎！」

甲子，張文蔚、楊涉乘輅自上源驛從册寶，諸司各備儀衛鹵簿前導，百官從其後，此唐之百官。從，才用翻。至金祥殿前陳之。王被袞冕，被，皮義翻。即皇帝位。張文蔚、蘇循奉册升殿進讀，楊涉、張策、薛貽矩、趙光逢以次奉寶升殿，讀已，已者，畢也。降，帥百官舞蹈稱賀。帥，讀曰率。帝遂與文蔚等宴於玄德殿。帝舉酒曰：「朕輔政未久，此皆諸公推戴之力。」文蔚等慚懼，俯伏不能對，獨蘇循、薛貽矩及刑部尚書張禕禕，許韋翻。盛稱帝功德宜應天順人。

帝復與宗戚飲博於宮中，宗，同姓也；戚，異姓之親也。復，扶又翻。酒酣，朱全昱忽以投瓊擊盆中迸散，鮑宏博經曰：楚辭琨蔽象碁有六博。琨蔽，玉箸也，各投六箸，行六碁，故云六博。用十二碁，六碁白，六碁黑，所擲頭謂之瓊。瓊有五采，刻爲一畫者謂之塞，刻爲兩畫者謂之白，刻爲三畫者謂之黑。不刻者，五塞之間，謂之五塞。據歐史，此所謂投瓊，即骰子也。迸，北孟翻。考異曰：王仁裕玉堂閒話曰：「骰子數匝，廣王全昱忽駐不擲，顧而白梁祖，再呼『朱三』，梁祖動容。廣王曰：『你愛他爾許大官職，久遠家族得安否？』於是大怒，擲戲具於階下，抵其盆而碎之，喑嗚眦睚，數日不止。」今從王禹偁五代史闕文。睨帝曰：「朱三，汝本碭山一民也，從黃巢爲盜，天子用汝爲四鎮節度使，梁王始兼四鎮，見二百六十二卷唐昭宗天復元年。富貴極矣，柰何一旦滅唐家三百年社稷，唐武德元年受禪，歲在著雍攝提格，禪位于梁，歲在強圉單閼，享國二百九十年。自稱帝王！行當族滅，奚以博爲！」帝不懌而罷。

乙丑，命有司告天地、宗廟、社稷。丁卯，遣使宣諭州、鎮。皆言受禪於唐也。戊辰，大赦，考異曰：梁實錄、編遺錄、薛史、唐餘錄皆不云大赦；今從歐陽史。改元，改元開平。國號大梁。奉唐昭宣帝爲濟陰王，曹州濟陰郡。濟，子禮翻。皆如前代故事；唐中外舊臣官爵並如故。以汴州爲開封府，命曰東都；以故東都爲西都；廢故西京，以京兆府爲大安府，置佑國軍於大安府。唐以長安爲西京，洛陽爲東京。今梁都大梁，在洛陽之東，故以洛陽爲西都，大梁爲東都，而以長安爲大安府。更名魏博曰天雄軍。通鑑二百六十四卷昭宗天祐元年四月，已書「更命魏博曰天雄軍」，蓋亦出朱全忠之意，此複出也，但未知更軍額的在何年。更，工衡翻。遷濟陰王于曹州，栫之以棘，用左傳語。栫，在甸翻，圍也。使甲士守之。

14 辛未，以武安節度使馬殷爲楚王。馬殷不由郡王，徑封國王，卽位之初特恩也。

15 以宣武掌書記、太府卿敬翔知崇政院事，梁崇政院卽唐樞密院之職，後遂廢樞密院入崇政院。以備顧問，參謀議，於禁中承上旨，宣於宰相而行之。宰相非進對時有所奏請及已受旨應復請者，皆具記事因崇政院以聞，得旨則復宣於宰相。翔爲人沈深，沈，持林翻。有智略，在幕府三十餘年，僖宗光啓間，敬翔入汴幕，至此時二十年，史誤以「二十」爲「三十」耳。軍謀、民政，帝一以委之。翔盡心勤勞，晝夜不寐，自言惟馬上乃得休息。帝性暴戾難近，近，其靳翻。人莫能測，惟翔能識其意趣。或有所不可，翔未嘗顯言，但微示持疑；帝意已悟，多爲之改易。爲，于僞翻。禪代之際，翔謀居多。

16 追尊皇高祖考、妣以來皆爲帝、后；五代會要：梁以舜臣朱虎爲始祖，四十二代至黯，追尊肅祖宣元皇帝，妃范氏謚宣僖皇后；黯子茂琳謚敬祖光獻皇帝，妃楊氏謚孝皇后；茂琳子信謚憲祖昭武皇帝，妃劉氏謚昭懿皇后。信子誠。皇考誠爲烈祖文穆皇帝，妣王氏爲文惠皇后。

17 初，帝爲四鎮節度使，凡倉庫之籍，置建昌院以領之；至是，以養子宣武節度副使友文爲開封尹、判院事，掌凡國之金穀。友文本康氏子也。

18 乙亥，下制削奪李克用官爵。李克用稱唐官，用唐年號，豈梁得而削奪之哉！史姑書梁之初政耳。是時惟河東、鳳翔、淮南稱「天祐」，西川稱「天復」年號；天復四年，梁王劫唐昭宗遷洛，改元曰天祐。河東、西川謂劫天子遷都者梁也，天祐非唐號，不可稱，乃稱天復五年。是歲梁滅唐，河東稱天祐四年，西川仍稱天復。餘皆稟梁正朔，稱臣奉貢。

蜀王與弘農王移檄諸道，淮南楊渥爵弘農王。云欲與岐王、晉王會兵興復唐室，卒無應者。卒，子恤翻。蜀王乃謀稱帝，下教諭統內吏民；又遺晉王書云：遺，唯季翻。「請各帝一方，俟朱溫既平，乃訪唐宗室立之，退歸藩服。」晉王復書不許，曰：「誓於此生靡敢失節。」史言李克用雖出於夷狄而終身爲唐臣，亦天性之忠純也。

唐末之誅宦官也，詔書至河東，晉王匿監軍張承業於斛律寺，斬罪人以應詔。見二百六十四卷唐昭宗天復三年。斛律寺，蓋高齊建霸府於晉陽，斛律氏貴盛時所立。至是，復以爲監軍，待之加厚，承業亦爲之竭力。爲，于僞翻。

岐王治軍甚寬，待士卒簡易。治，直之翻。易，以豉翻。有告部將符昭反者，岐王直詣其家，悉去左右，熟寢經宿而還；還，從宣翻。由是衆心悅服；然御軍無紀律。及聞唐亡，以兵羸地蹙，羸，倫爲翻。不敢稱帝，但開岐王府，置百官，名其所居爲宮殿，妻稱皇后，李茂貞自爲岐王，而妻稱皇后，妻之貴踰於其夫矣。卒伍之雄，乘時竊號，私立名字以相署置，豈可與之言禮乎哉！將吏上書稱牋表，鞭、扇、號令多擬帝者。鞭，鳴鞭；扇，雉尾扇也。唐制：天子視朝，從禁中出則鳴鞭傳警；既出西序門索扇，扇合，天子升御座；扇開，百官畢朝。

鎮海節度判官羅隱說吳王鏐舉兵討梁，說，式芮翻。曰：「縱無成功，猶可退保杭、越，自爲東帝；柰何交臂事賊，爲終古之羞乎！」鏐始以隱爲不遇於唐，必有怨心，及聞其言，雖不能用，心甚義之。

19 五月，丁丑朔，以御史大夫薛貽矩爲中書侍郎、同平章事。

20 加武順節度使趙王王鎔守太師，天雄節度使鄴王羅紹威守太傅，義武節度使王處直兼侍中。

21 契丹遣其臣袍笏梅老來通好，好，呼到翻。帝遣太府少卿高頎報之。頎，渠希翻。

初，契丹有八部，歐陽修曰：契丹君長曰大賀氏，後分爲八部：一曰但利皆部，二曰乙室活部，三曰實活部，四曰納尾部，五曰頻沒部，六曰內會雞部，七曰集解部，八曰奚嗢部。部之長號大人。路振九國志：契丹，古匈奴之種也。代居遼澤之中，潢水南岸，南距榆關一千一百里，榆關南距幽州七百里。考異曰：蘇逢吉漢高祖實錄曰：「契丹本姓大賀氏，後分八族：一曰利皆邸，二曰乙失活邸，三曰實活邸，四曰納尾邸，五曰頻沒邸，六曰內會雞邸，七曰集解邸，八曰奚嗢邸。管縣四十一，縣有令。八族之長，皆號大人，稱刺史，常推一人爲王，建旗鼓以尊之。每三年，第其名以相代。」莊宗列傳曰：「咸通末，其王曰習爾，疆土稍大，累來朝貢。光啓中，其王曰欽德，乘中原多故，北邊無備，遂蠶食諸部，達靼、奚、室韋之屬，咸被驅役。」漢高祖實錄、唐餘錄皆曰：「僖、昭之際，其王邪律阿保機怙強恃勇，距諸族不受代，自號天皇王。後諸族邀之，請用舊制。保機不得已，傳旗鼓，且曰：『我爲長九年，所得漢人頗衆，欲以古漢城領本族，率漢人守之，自爲一部。』諸族諾之。俄設策復併諸族，僭稱皇帝，土地日廣。大順中，後唐武皇遣使與之連和，大會於雲州東城，延之帳中，約爲昆弟。」莊宗列傳又曰：「及欽德政衰，阿保機族盛，自稱國王。天祐二年，大寇我雲中。太祖遣使連和，因與之面會於雲州東城，延入帳中，約爲兄弟，謂曰：『唐室爲賊臣所篡，吾以今冬大舉，弟助我精騎二萬，同收汴、洛。』保機許諾。保機既還，欽德以國事傳之。」賈緯備史云：「武皇會保機故雲州城，結以兄弟之好。時列兵相去五里，使人馬上持盃往來，以展酬酢之禮。保機喜，謂武皇曰：『我蕃中酋長，舊法三年則罷，若他日見公，復相禮否？』武皇曰：『我受朝命鎮太原，亦有遷移之制，但不受代則可，何憂罷乎！』保機由此用其教，不受諸族之代。」趙志忠虜庭雜紀云：「太祖諱億，番名阿保謹，又諱斡里。太祖生而智，八部落主愛其雄勇，遂退其舊主阿輦氏歸本部，立太祖爲王。」又云：「凡立王，則衆部酋長皆集會議，其有德行功業者立之。或災害不生，羣牧孳盛，人民安堵，則王更不替代；苟不然，其諸酋長會衆部別選一名爲王；故王以番法，亦甘心退焉，不爲衆所害。」又曰：「有韓知古、韓潁、康枚、王奏事、王郁，皆中國人，共勸太祖不受代。」新唐書載契丹八部名與漢高祖實錄所載八部名多不同，蓋年祀相遠，虜語不常耳，其實一也。阿保機云「我爲長九年」，則其在國不受代久矣，非因武皇之敎也。今從漢高祖實錄。又唐餘錄前云「乾寧中，劉仁恭鎭幽州，保機入寇，仁恭擒其妻兄述律阿鉢，由此十餘年不能犯塞」，下乃云「大順中與武皇會於雲中」，按大順在乾寧前，乾寧二年仁恭方爲幽州節度，大順中未也。又武皇謂曰：「唐室爲賊臣所篡，吾以今冬大舉。」此非大順中事，唐餘錄誤也。又編遺錄：「開平二年五月，契丹王阿保機及前國王欽德貢方物。」然則於時七部猶在也。部各有大人，相與約，推一人爲王，建旗鼓以號令諸部，每三年則以次相代。咸通末，有習爾者爲王，土宇始大。其後欽德爲王，乘中原多故，時入盜邊。及阿保機爲王，尤雄勇，五姓奚五姓奚：一阿會部，二處和部，三奥失部，四度稽部，五元俟折部，各有辱紇主爲之酋領。歐陽修曰：奚當唐末居陰涼川，在營府之西，幽州之西北，皆數百里，分爲五部：一曰阿薈部，二曰啜米部，三曰粤質部，四曰怒皆部，五曰黑訖支部。後徙居幽州之東北數百里。宋白曰：奚居陰涼川，東去營府五百里，西南去幽州九百里，東南接海，山川三千里。後徙居琵琶川。及七姓室韋，室韋本有二十餘部，其近契丹者七姓。達靼咸役屬之。阿保機姓邪律氏，歐史四夷附錄曰：阿保機以其所居横帳地名爲姓，曰世里。世里，譯者謂之邪律。恃其強，不肯受代。久之，阿保機擊黃頭室韋還，七部劫之於境上，求如約。如三年一代之約。阿保機不得已，傳旗鼓，且曰：「我爲王九年，得漢人多，請帥種落帥，讀曰率。種，章勇翻。居古漢城，與漢人守之，別自爲一部。」七部許之。漢城，故後魏滑鹽縣也。漢志，滑鹽縣屬漁陽郡。後漢明帝改曰鹽田。水經註：大榆河自密雲城南東南流，逕後魏安州舊漁陽郡之滑鹽縣南。滑鹽，世謂之斛鹽城，西北去禦夷鎭二百里。歐陽修曰：漢城在炭山東南欒河上。宋白曰：契丹居遼澤之中，潢水南岸。遼澤去渝關一千一百三十里，渝關去幽州一百七十四里。其地東南接海，東際遼河，西包冷陘，北界松陘山。東西三千里，地多松柳，澤多蒲葦。阿保機居漢城，在檀州西北五百五十里。城北有龍門山，山北有炭山，炭山西是契丹、室韋二界相連之地。其地灤河上源，西有鹽泊之利，則後魏滑鹽縣也。地宜五穀，有鹽池之利。其後阿保機稍以兵擊滅七部，復併爲一國。又北侵室韋、女眞，女眞，肅愼氏之遺種，黑水靺鞨即其地也。入遼東著籍者號熟女眞，界外野處者號生女眞，極邊遠者號黃頭女眞。西取突厥故地，擊奚，滅之，復立奚王而使契丹監其兵。監，古銜翻。東北諸夷皆畏服之。

是歲，阿保機帥衆三十萬寇雲州，晉王與之連和，面會東城，約爲兄弟，延之帳中，縱酒，握手盡歡，約以今冬共擊梁。考異曰：唐太祖紀年錄：「太祖以阿保機族黨稍盛，召之。天祐二年五月，阿保機領其部族三十萬至雲州東城，帳中言事，握手甚歡，約爲兄弟，旬日而去。留男骨都舍利、首領沮稟梅爲質，約冬初大舉渡河反正，會昭宗遇盜而止。」歐陽史曰：「梁將篡唐，晉王李克用使人聘于契丹，阿保機以兵三十萬會克用於雲州東城，握手約爲兄弟，期共舉兵擊梁。」按雲州之會，莊宗列傳、薛史皆在天祐四年，而紀年錄獨在天祐二年；又云「約今年冬同收汴、洛，會昭宗遇盜而止」。如此則應在天祐元年昭宗崩已前，不應在二年也。且昭宗遇盜則尤宜興兵討之，何故止也！按武皇云「唐室爲賊臣所篡」，此乃四年語也；其冬武皇寢疾，蓋以此不果出兵耳。今從之。或勸晉王：「因其來，可擒也。」王曰：「讎敵未滅而失信夷狄，自亡之道也。」阿保機留旬日乃去，晉王贈以金繒數萬。阿保機留馬三千匹，雜畜萬計以酬之。阿保機歸而背盟，更附于梁，繒，慈陵翻。畜，許救翻。背，蒲妹翻。更，工衡翻。遣使通好，是附梁也。晉王由是恨之。

通鑑於唐紀書「李克用」，君臣之分也；於梁紀書「晉王」，敵國之體也。吳、蜀義例同。

22 己卯，以河南尹兼河陽節度使張全義爲魏王；鎭海、鎭東節度使吳王錢鏐爲吳越王；加清海節度使劉隱、威武節度王審知兼侍中，「威武節度」之下當有「使」字。仍以隱爲大彭王。自宋武帝以彭城之裔興於江南，後多以彭城之劉爲名族。劉隱封大彭王，意蓋取此。

癸未，以權知荆南留後高季昌爲節度使。荆南舊統八州，荆、歸、硤、夔、忠、萬、澧、朗，共八州。乾符以來，寇亂相繼，諸州皆爲鄰道所據，獨餘江陵。季昌到官，城邑殘毁，戶口彫耗。季昌安集流散，民皆復業。

23 乙酉，立兄全昱爲廣王，子友文爲博王，友珪爲郢王，友璋爲福王，友貞爲均王，友雍爲賀王，友徽爲建王。友文以養子居諸子之上，友珪弑逆，禍胎於此。

24 辛卯，以東都舊第爲建昌宮，改判建昌院事爲建昌宮使。薛史曰：初，帝創業之時，以四鎭兵馬倉庫籍繁總，因置建昌院以領之，至是改爲宮，蓋重其事也。宋白曰：是年中書門下奏改判建昌院事爲建昌宮使，仍請在京上舊邸爲建昌宮。

25 壬辰，命保平節度使康懷貞將兵八萬會魏博兵攻潞州。攻晉將李嗣昭也。

26 甲午，詔廢樞密院，其職事皆入於崇政院，以知院事敬翔爲院使。考異曰：實錄：「四月辛未，以翔知崇政院事，五月甲午，詔樞密院宜改爲崇政院，始命翔爲院使。」蓋崇政院之名先已有之，至是始併樞密院職事悉歸崇政院耳。

27 禮部尚書蘇循及其子起居郎楷自謂有功於梁，唐昭宣帝天祐二年蘇循鼓成禪代之事，故自以爲有功。當不次擢用；循朝夕望爲相。帝薄其爲人，舊唐書帝紀：昭宣帝天祐二年，蘇楷上議駁昭宗謚。全忠雄猜鑒物，自楷駁謚後深鄙之，既傳代之後，父子皆斥逐，不令在朝。敬翔及殿中監李振亦鄙之。翔言於帝曰：「蘇循，唐之鴟梟，賣國求利，不可以立於惟新之朝。」朝，直遙翻。戊戌，詔循及刑部尚書張禕等十五人並勒致仕，楷斥歸田里。循父子乃之河中依朱友謙。爲同光之初蘇循諂唐莊宗張本。

28 盧約以處州降吳越。僖宗中和元年，盧約據處州，至是而亡。降，戶江翻。

29 弘農王以鄂岳觀察使劉存爲西南面都招討使，岳州刺史陳知新爲岳州團練使，廬州觀察使劉威爲應援使，別將許玄應爲監軍，將水軍三萬以擊楚。楚王馬殷甚懼，靜江軍使楊定眞賀曰：「我軍勝矣！」殷問其故，定眞曰：「夫戰懼則勝，驕則敗。今淮南兵直趨吾城，趨，七喻翻。是驕而輕敵也；而王有懼色，吾是以知其必勝也。」

殷命在城都指揮使秦彥暉在城都指揮使，盡統潭州在城之兵。將水軍三萬浮江而下，水軍副指揮使黃璠帥戰艦三百屯瀏陽口。吳分長沙置瀏陽縣，隋廢；景龍二年於故城復置，屬潭州。九域志：縣在州東北一百六十里。水經註：湘水北過漢臨湘縣西，瀏水從縣西北流注之，有瀏口戍。璠，孚袁翻。瀏，力周翻。六月，存等遇大雨，引兵還至越堤北，彥暉追之。存數戰不利，乃遺殷書詐降。數，所角翻。遺，唯季翻。彥暉使謂殷曰：「此必詐也，勿受！」存與彥暉夾水而陳，陳，讀曰陣。存遙呼曰：呼，火故翻。「殺降不祥，公獨不爲子孫計耶！」彥暉曰：「賊入吾境而不擊，奚顧子孫！」鼓譟而進。存等走，黃璠自瀏陽【章：十二行本「陽」下有「引兵」二字；乙十一行本同。】絕江，與彥暉合擊，大破之，執存及知新，考異曰：編遺錄：「天祐四年四月，湖南軍陳劭告捷。淮南、朗州水陸合勢奔衝其境，馬殷出舟師於瀏陽江口大破賊黨，生擒僞鄂州節度使劉存。」按薛史梁紀，馬殷奏破淮寇在六月；十國紀年吳史，劉存攻楚在五月，敗在六月，楚史亦然；編遺錄誤也。裨將死者百餘人，士卒死者以萬數，獲戰艦八百艘。威以餘衆遁歸，彥暉遂拔岳州。陳知新取岳州見上卷上年。艦，戶黯翻。艘，蘇遭翻。殷釋存、知新之縛，慰諭之。二人皆罵曰：「丈夫以死報主，肯事賊乎！」遂斬之。史言劉存、陳知新忠壯。許玄應，弘農王之腹心也，常預政事，張顥、徐溫因其敗，收斬之。

30楚王殷遣兵會吉州刺史彭玕攻洪州，不克。彭玕附楚見上卷唐昭宣帝天祐三年。

31康懷貞至潞州，晉昭義節度使李嗣昭、副使李嗣弼閉城拒守。懷貞晝夜攻之，半月不克，乃築壘穿蚰蜒塹而守之，塹，七豔翻。內外斷絕。晉王以蕃、漢都指揮使周德威爲行營都指揮使，周德威盡統蕃、漢之兵，河東大將也。帥馬軍都指揮使李嗣本、馬步都虞候李存璋、先鋒指揮使史建瑭、鐵林都指揮使安元信、五季之世，諸鎮各有都指揮使，而命官之職分有不同者，如周德威蕃、漢都指揮使，則蕃、漢之兵皆受指揮也；行營都指揮使，則行營兵皆受指揮也；鐵林都指揮使安元信，則鐵林軍一都之指揮使耳。讀史者宜各以義類求之。橫衝指揮使李嗣源、騎將安金全救潞州。史言晉傾國救潞州。帥，讀曰率。嗣弼，克脩之子；克脩，晉王之弟，見唐僖、昭紀。嗣本，本姓張；建瑭，敬思之子；史敬思見二百五十五卷唐僖宗中和四年。金全，代北人也。

32 晉兵攻澤州，攻澤州以擬康懷貞之後。帝遣左神勇軍使范居實將兵救之。

33 甲寅，以平盧節度使韓建守司徒、同平章事。

34 武貞節度使雷彥恭會楚兵攻江陵，荊南節度使高季昌引兵屯公安，公安，漢孱陵縣。漢末，劉備屯於此，改名公安。唐屬江陵府。九域志：在府南九十里。絕其糧道；彥恭敗，楚兵亦走。

35 劉守光既囚其父，事見上四月。自稱盧龍留後，遣使請命。秋，七月，甲午，以守光爲盧龍節度使、同平章事。

36 靜海節度使曲裕卒，曲裕卽曲承裕。丙申，以其子權知留後顥爲節度使。考異曰：諸書不見顥於裕何親。按薛史：「六月，丙辰，裕卒，七月，丙申，以靜海行營司馬權知留後曲顥起復爲安南都護，充節度使。」既云「起復」，知其子也。「行營」當作「行軍」。

37 雷彥恭攻岳州，不克。雷彥恭既與楚攻荊南，尋又攻楚岳州，可以見其反覆矣。

38 丙【章：十二行本「丙」上有「八月」二字；乙十一行本同；孔本同；張校同。】午，賜河南尹張全義名宗奭。帝舊名全忠，故更全義名宗奭。

39 辛亥，以吳越王鏐兼淮南節度使，楚王殷兼武昌節度使，各充本道招討制置使。欲使兩浙、湖南攻弘農王楊渥，先分授以楊氏所統二鎮。

40 晉周德威壁于高河，高河在潞州屯留縣東南。康懷貞遣親騎都頭秦武將兵擊之，武敗。親騎，梁之親兵，馬軍也。

丁巳，帝以亳州刺史李思安代懷貞爲潞州行營都統，黜懷貞爲行營都虞候。思安將河北兵西上，上黨地高，在河北諸鎮之西，故曰西上。上，時掌翻。至潞州城下，更築重城，重，直龍翻。內以防奔突，外以拒援兵，謂之夾寨。調山東民饋軍糧，德威日以輕騎抄之，調，徒弔翻。抄，楚交翻。思安乃自東南山口築甬道，屬於夾寨。屬，之欲翻。德威與諸將互往攻之，排牆塡塹，一晝夜間數十發，梁兵疲於奔命。夾寨中出芻牧者，德威輒抄之，於是梁兵閉壁不出。

41 九月，雷彥恭攻涔陽、公安，九域志：江陵府公安縣有涔陽鎮。涔，鋤針翻。高季昌擊敗之。敗，補邁翻。彥恭貪殘類其父，雷彥恭，滿之子也。專以焚掠爲事，荊、湖間常被其患；被，皮義翻。又附於淮南。丙申，詔削彥恭官爵，命季昌與楚王殷討之。

42 蜀王會將佐議稱帝，皆曰：「大王雖忠於唐，唐已亡矣，此所謂『天與不取』者也！」馮涓獨獻議請以蜀王稱制，曰：「朝興則未爽稱臣，朝，直遙翻。爽，乖也。言若唐朝復興，則爲臣之節未乖也。賊在則不同爲惡。」王不從，涓杜門不出。馮涓，馮宿之孫，於唐室既亡之後，義存故主，視韋莊、張格輩有間矣。王用安撫副使、掌書記韋莊之謀，帥吏民哭三日；帥，讀曰率。己亥，卽皇帝位，王建字光圖，許州舞陽人。考異曰：莊宗列傳：「太祖厭代，建自帝於成都，年號武成。」薛史、唐餘錄：「天祐五年九月，建自帝於成都，年號武成。」九國志：「此年七月卽皇帝位，明年改元。」宋庠紀年通譜：「天祐四年秋稱帝，次年改元。」歐陽史、十國紀年：「天復七年九月卽位，明年改元。」今從之。國號大蜀。辛丑，以前東川節度使兼侍中王宗佶爲中書令，韋莊爲左散騎常侍、判中書門下事，閬州防禦使唐道襲爲內樞密使。莊，見素之孫也。韋見素，天寶之末爲相。

蜀主雖目不知書，好與書生談論，好，呼到翻。粗曉其理。粗，坐五翻。是時唐衣冠之族多避亂在蜀，蜀主禮而用之，使脩舉故事，故其典章文物有唐之遺風。史言蜀主起於卒伍而能親用儒生。

蜀主長子校書郎宗仁幼以疾廢，立其次子祕書少監宗懿爲遂王。

43 冬，十月，高季昌遣其將倪可福會楚將秦彥暉攻朗州，雷彥恭遣使乞降於淮南，且告急。弘農王遣將泠業將水軍屯平江，泠，盧經翻，姓也。平江縣本漢羅縣地，後漢分立漢昌縣，孫吳立漢昌郡，後又爲吳昌縣，隋省。唐神龍元年分湘陰置昌江縣，屬岳州，五代改曰平江。蓋後唐既滅梁，楚人爲之避廟諱昌字也。九域志：平江縣在岳州東南二百五十七里。李饒將步騎屯瀏陽以救之，楚王殷遣岳州刺史許德勳將兵拒之。泠業進屯朗口，朗水西南自辰、錦州入朗州界，經州城入大江，謂之朗口。德勳使善游者五十人，以木枝葉覆其首，覆，扶又翻。持長刀浮江而下，夜犯其營，且舉火，業軍中驚擾。德勳以大軍進擊，大破之，追至鹿角鎮，擒業；又破瀏陽寨，擒李饒；掠上高、唐年而歸。唐天寶二年開山洞，置唐年縣，屬鄂州。斬業、饒於長沙市。

44 十一月，甲申，夾馬指揮使尹皓攻晉江猪嶺寨，拔之。梁西都有夾馬營。江猪嶺在潞州長子縣西，由北路達鵰窠嶺。

45 義昌節度使劉守文聞其弟守光幽其父，集將吏大哭曰：「不意吾家生此梟獍！梟，堅堯翻，不孝鳥也，食母；獍，讀如鏡。破獍，惡獸也，食父。吾生不如死，誓與諸君討之！」乃發兵擊守光，互有勝負。

天雄節度使鄴王紹威謂其下曰：「守光以窘急歸國，窘，巨隕翻。謂上七月劉守光遣使請命也。守文孤立無援，滄州可不戰服也。」乃遺守文書，遺，唯季翻。諭以禍福。守文亦恐梁乘虛襲其後，戊子，遣使請降，以子延祐爲質。帝拊手曰：「紹威折簡，勝十萬兵！」質，音致。折，之舌翻。加守文中書令，撫納之。

46 初，帝在藩鎮，用法嚴，將校有戰沒者，所部兵悉斬之，謂之跋隊斬，將，即亮翻。校，戶教翻。跋，卜末翻，又蒲末翻。士卒失主將者，多亡逸不敢歸。帝乃命凡軍士皆文其面以記軍號。

軍士或思鄉里逃去，關津輒執之關，往來必由之要處；津，濟度必由之要處。送所屬，無不死者，其鄉里亦不敢容。由是亡者皆聚山澤爲盜，大爲州縣之患。壬寅，詔赦其罪，自今雖文面亦聽還鄉里。盜減什七八。

47 淮南右都押牙米志誠等將兵渡淮襲潁州，克其外郭。刺史張實據子城拒守。

48 晉王命李存璋攻晉州，以分上黨兵勢。十二月，壬戌，詔河中、陝州發兵救之。陝，失冉翻。

49 甲子，詔發步騎五千救潁州，米志誠等引去。

50 丁卯，晉兵寇洺州。此救潞州之遊兵也。

51 淮南兵攻信州，刺史危仔倡求救於吳越。危全諷以仔倡守信州之地。仔，子之翻。倡，音昌，又尺亮翻。

二年（戊辰、九〇八）

1 春，正月，癸酉朔，蜀主登興義樓。有僧抉一目以獻，蜀主命飯僧萬人以報之。抉，於決翻。飯，扶晚翻。翰林學士張格曰：「小人無故自殘，赦其罪已幸矣，不宜復崇獎以敗風俗。」復，扶又翻。敗，補邁翻。蜀主乃止。

2 丁丑，蜀以韋莊爲門下侍郎、同平章事。

3 辛巳，蜀主祀南郊；壬午，大赦，改元武成。

4 晉王疽發於首，病篤。周德威等退屯亂柳。亂柳在潞州屯留縣界。晉王命其弟內外蕃漢都知兵馬使・振武節度使克寧、監軍張承業、大將李存璋、吳珙、珙，居勇翻。掌書記盧質立其子晉州刺史存勗爲嗣，考異曰：五代史闕文：「世傳武皇臨薨，以三矢付莊宗曰：『一矢討劉仁恭，汝不先下幽州，河南未可圖也。一矢擊契丹，且曰阿保機與吾把臂而盟，結爲兄弟，誓復唐家社稷，今背約附梁，汝必伐之。一矢滅朱溫。汝能成善志，死無恨矣！』莊宗藏三矢于武皇廟庭。及討劉仁恭，命幕吏以少牢告廟，請一矢，盛以錦囊，使親將負之以爲前驅。凱旋之日，隨俘馘納矢于太廟。伐契丹，滅朱氏，亦如之。」按薛史契丹傳：「莊宗初嗣位，亦遣使告哀，賂以金繒，求騎軍以救潞州。契丹答其使曰：『我與先王爲兄弟，兒卽吾兒也，寧有父不助子邪！』許出師，會潞平而止。」廣本：「劉守光爲守文所攻，屢求救於晉，晉王遣將部兵五千救之。」然則於時莊宗未與契丹及守光爲仇也。此蓋後人因莊宗成功，撰此事以誇其英武耳。余按晉王實怨燕與契丹，垂沒以屬莊宗，容有此理。莊宗之告哀於阿保機與遣兵救劉守光，此兵法所謂「將欲取之，必固與之」也，其心豈忘父之治命哉！觀後來之事可見已。曰：「此子志氣遠大，必能成吾事，爾曹善教導之！」辛卯，晉王謂存勗曰：「嗣昭厄於重圍，謂李嗣昭爲梁兵圍於潞州也。重，直龍翻。吾不及見矣。俟葬畢，汝與德威輩速竭力救之！」又謂克寧等曰：「以亞子累汝！」累，良瑞翻。亞子，存勗小名也。言終而卒。年五十三。

克寧綱紀軍府，中外無敢諠譁。

克寧久總兵柄，有次立之勢，兄死弟及，以長幼之次，有自立之勢。時上黨圍未解，軍中以存勗年少，多竊議者，人情恟恟。少，詩照翻。恟，許勇翻。存勗懼，以位讓克寧。克寧曰：「汝家嗣也，且有先王之命，誰敢違之！」將吏欲謁見存勗，見，賢遍翻。存勗方哀哭未出。張承業入謂存勗曰：「大孝在不墜基業，多哭何爲！」因扶存勗出，襲位爲河東節度使、晉王。張承業之扶李存勗出嗣位，猶張昭之於孫權也。李克寧首帥諸將拜賀，帥，讀曰率。王悉以軍府事委之。以李存璋爲河東軍城使、馬步都虞候。先王之時，多寵借胡人及軍士，侵擾市肆，先王，謂李克用。存璋既領職，執其尤暴橫者戮之，橫，戶孟翻。旬月間城中肅然。

5 吳越王鏐遣兵攻淮南甘露鎮，以救信州。牽制淮南之兵，使之不得急攻危仔倡。

6 蜀中書令王宗佶，於諸假子爲最長，王宗佶本姓甘，王建爲忠武軍卒，掠得之，養以爲子；及長爲將，數有功。長，知兩翻。且恃其功，專權驕恣。唐道襲已爲樞密使，宗佶猶以名呼之；道襲心銜之而事之逾謹。宗佶多樹黨友，蜀主亦惡之。惡，烏路翻。二月，甲辰，以宗佶爲太師，罷政事。爲王宗佶見殺張本。

7 蜀以戶部侍郎張格爲中書侍郎、同平章事。格爲相，多迎合主意；有勝己者，必以計排去之。去，羌呂翻。爲張格亂蜀張本。

8 初，晉王克用多養軍中壯士爲子，寵遇如眞子。及晉王存勗立，諸假子皆年長握兵，心怏怏不伏，長，知兩翻。怏，於兩翻。或託疾不出，或見新王不拜。李克寧權位既重，人情多向之。假子李存顥陰說克寧曰：說，式芮翻；下同。「兄終弟及，自古有之。殷人之制，兄終弟及。自周以來，父子相繼，未有能易之者也。李存顥以殷制動克寧耳。以叔拜姪，於理安乎！天與不取，後悔無及！」克寧曰：「吾家世以慈孝聞天下，聞，音問。先王之業苟有所歸，吾復何求！復，扶又翻。汝勿妄言，我且斬汝！」克寧妻孟氏，素剛悍，悍，下罕翻，又侯旰翻。諸假子各遣其妻入說孟氏，李克用義兒百餘人必不盡然，獨存顥等爲此耳。史概言之曰諸假子。孟氏以爲然，且慮語泄及禍，數以迫克寧。克寧性怯，朝夕惑於衆言，心不能無動；又與張承業、李存璋相失，數誚讓之；數，所角翻。誚，才笑翻。又因事擅殺都虞候李存質；又求領大同節度使，以蔚、朔、應州爲巡屬。唐末置應州，領金城、混〔渾〕源二縣。蔚，紆勿翻。晉王皆聽之。

李存顥等爲克寧謀，因晉王過其第，爲，于僞翻。過，音戈。殺承業、存璋，奉克寧爲節度使，舉河東九州附于梁，河東領幷、遼、沁、汾、石、忻、代、嵐、憲九州。執晉王及太夫人曹氏送大梁。太原人史敬鎔，少事晉王克用，居帳下，見親信，少，詩照翻。克寧欲知府中陰事，召敬鎔，密以謀告之。敬鎔陽許之，入告太夫人，太夫人大駭，召張承業，指晉王謂之曰：「先王把此兒臂授公等，如聞外間謀欲負之，但置吾母子有地，勿送大梁，自他不以累公。」累，力瑞翻。承業惶恐曰：「老奴以死奉先王之命，此何言也！」晉王以克寧之謀告，且曰：「至親不可自相魚肉，吾苟避位，則亂不作矣。」承業曰：「克寧欲投大王母子於虎口，不除之豈有全理！」乃召李存璋、吳珙及假子李存敬、長直軍使朱守殷，使陰爲之備。壬戌，置酒會諸將於府舍，伏甲執克寧、存顥於座。晉王流涕數之曰：數，所具翻。「兒曏以軍府讓叔父，叔父不取。今事已定，柰何復爲此謀，復，扶又翻；下同。忍以吾母子遺仇讎乎！」遺，唯季翻。仇讎，謂梁也。克寧曰：「此皆讒人交構，夫復何言！」是日，殺克寧及存顥。李克寧之奉存勖，初焉非不忠順，其後外搖於讒口，內溺於悍妻，以至變節而殺其身。地親而屬尊者，居主少國疑之時，可不戒哉！

9 癸亥，酖殺濟陰王於曹州，追謚曰唐哀皇帝。年十七，葬于濟陰縣之定陶鄉。濟，子禮翻。

10 甲子，蜀兵入歸州，歸州，荊南巡屬。不地曰入，言入之而不能有其地。執刺史張瑭。

11 辛未，以韓建爲侍中，兼建昌宮使。

12 李思安等攻潞州，久不下，士卒疲弊，多逃亡。晉兵猶屯余吾寨，前漢書地理志，上黨郡有余吾縣。章懷太子賢曰：余吾故城在潞州屯留縣西北。帝疑晉王克用詐死，欲召兵還，恐晉人躡之，乃議自至澤州應接歸師，且召匡國節度使劉知俊將兵趣澤州。趣，七喻翻。三月，壬申朔，帝發大梁；丁丑，次澤州。辛巳，劉知俊至。壬午，以知俊爲潞州行營招討使。

13 癸巳，門下侍郎、同平章事張文蔚卒。蔚，紆勿翻。

14 帝以李思安久無功，亡將校四十餘人，士卒以萬計，更閉壁自守，遣使召詣行在。甲午，削思安官爵，勒歸本貫充役；充役，使充齊民之役。斬監押楊敏貞。

晉李嗣昭固守踰年，前年十二月，李嗣昭入潞州，去年五月康懷貞始攻之；至夾寨破則是年五月也。城中資用將竭，嗣昭登城宴諸將作樂。流矢中嗣昭足，矢中，竹仲翻。嗣昭密拔之，座中皆不覺。李嗣昭登城宴樂，示敵以餘暇也；中矢而密拔之，所以安衆也。帝數遣使賜嗣昭詔，諭降之；數，所角翻。嗣昭焚詔書，斬使者。

帝留澤州旬餘，欲召上黨兵還，遣使就與諸將議之。諸將以爲李克用死，余吾兵且退，上黨孤城無援，請更留旬月以俟之。夾寨之敗，正坐此也。帝從之，命增運芻糧以饋其軍。劉知俊將精兵萬餘人擊晉軍，斬獲甚衆，劉知俊之小捷，所以驕梁兵而殲之也。天之厭梁，於此可見。表請自留攻上黨，車駕宜還京師。帝以關中空虛，慮岐人侵同華，岐人，謂李茂貞之兵。命知俊休兵長子旬日，退屯晉州，俟五月歸鎭。

15 蜀太師王宗佶既罷相，怨望，陰畜養死士，謀作亂。畜，吁玉翻。上表以爲：「臣官預大臣，親則長子，長，知兩翻。國家之事，休戚是同。今儲貳未定，必生厲階。陛下若以宗懿才堪繼承，宜早行册禮，以臣爲元帥，兼總六軍；儻以時方艱難，宗懿沖幼，臣安敢持謙不當重事！陛下既正位南面，軍旅之事宜委之臣下。臣請開元帥府，鑄六軍印，征戍徵發，臣悉專行。太子視膳於晨昏，微臣握兵於環衛，萬世基業，惟陛下裁之。」蜀主怒，隱忍未發，以問唐道襲，對曰：「宗佶威望，內外懾服，足以統御諸將。」蜀主益疑之。己亥，宗佶入見，見，賢遍翻。辭色悖慢；悖，蒲内翻，又蒲沒翻。蜀主諭之，宗佶不退，蜀主不堪其忿，命衞士撲殺之。撲，弼角翻。以華洪之得衆心，猶不免於禍，況甘佶之驕恃輕脫哉，其死宜矣。貶其黨御史中丞鄭騫爲維州司戶，衞尉少卿李鋼爲汶川尉，鋼，古郎翻。汶川，漢綿虒地，晉置汶川縣，唐屬茂州。九域志，在州南一百里，玉壘山、石紐山皆在縣界。汶，讀曰岷。皆賜死於路。

16 初，晉王克用卒，周德威握重兵在外，國人皆疑之。晉王存勗召德威使引兵還。還，從宣翻，又如字。夏，四月，辛丑朔，德威至晉陽，留兵城外，獨徒步而入，伏先王柩，哭極哀；退，謁嗣王，禮甚恭。衆心由是釋然。史言周德威臨敵勇而事上敬。

17 癸卯，門下侍郎、同平章事楊涉罷爲右僕射；以吏部侍郎于兢爲中書侍郎，翰林學士承旨張策爲刑部侍郎，並同平章事。兢，琮之兄子也。于琮，見唐宣紀、僖紀。

18 夾寨奏余吾晉兵已引去，帝以援兵不能復來，復，扶又翻；下同。潞州必可取，丙午，自澤州南還；壬子，至大梁。梁兵在夾寨者亦不復設備。兵不可以無備也，有備無患。今梁之爲兵也，主驕於上，將惰於下，其敗宜矣。晉王與諸將謀曰：「上黨，河東之藩蔽，無上黨，是無河東也。潞州，上黨郡。且朱溫所憚者獨先王耳，聞吾新立，以爲童子未閑軍旅，閑，習也。必有驕怠之心。若簡精兵倍道趣之，趣，七喻翻；下同。出其不意，破之必矣。取威定霸，左傳晉先軫之言。在此一舉，不可失也！」張承業亦勸之行。乃遣承業及判官王緘乞師於鳳翔，岐王李茂貞據鳳翔。

又遣使賂契丹王阿保機求騎兵。岐王衰老，兵弱財竭，竟不能應。晉王大閱士卒，以前昭義節度使丁會爲都招討使。丁會以潞州降晉，見二百六十四卷唐昭宣帝天祐三年。甲子，帥周德威等發晉陽。帥，讀曰率。

19 淮南遣兵寇石首，唐武德四年分華容縣置石首縣，取縣北石首山而名，屬江陵府。九域志在府東南二百里。孫鑑曰：自安陸至竟陵，兩驛皆平地，南至大江，並無丘陵之阻；渡江至石首，始有淺山。謂之竟陵，陵至此而竟；謂之石首，石至此而首也。襄州兵敗之於㶏港。㶏，士咸翻。敗，補邁翻；下同。又遣其將李厚將水軍萬五千趣荆南，高季昌逆戰，敗之於馬頭。荆南治江陵，在江北；南岸曰馬頭岸，正對沙市。

20 己巳，晉王軍于黃碾，距上黨四十五里。黃碾村在潞州潞城縣。碾，紐善翻。五月，辛未朔，晉王伏兵三垂岡下，三垂岡在屯留縣東南。詰旦大霧，詰，去吉翻。進兵直抵夾寨。梁軍無斥候，不意晉兵之至，將士尚未起，軍中驚擾。晉王命周德威、李嗣源分兵爲二道，德威攻西北隅，嗣源攻東北隅，塡塹燒寨，鼓譟而入。梁兵大潰，南走，招討使符道昭馬倒，爲晉人所殺；失亡將校士卒以萬計，校，戶教翻。委棄資糧、器械山積。

周德威等至城下，呼李嗣昭曰：「先王已薨，今王自來，破賊夾寨。賊已去矣，可開門！」嗣昭不信，曰：「此必爲賊所得，使來誑我耳。」欲射之。誑，居況翻。射，而亦翻。左右止之，嗣昭曰：「王果來，可見乎？」王自往呼之。嗣昭見王白服，大慟幾絕，氣幾絕也。幾，居依翻。城中皆哭，遂開門。初，德威與嗣昭有隙，晉王克用臨終謂晉王存勗曰：「進通忠孝，吾愛之深。今不出重圍，重，直龍翻。豈德威不忘舊怨邪！汝爲吾以此意諭之。若潞圍不解，吾死不瞑目。」爲，于僞翻。瞑，莫定翻，閉目也。進通，嗣昭小名也。晉王存勗以告德威，德威感泣，由是戰夾寨甚力；既與嗣昭相見，遂歡好如初。好，呼到翻。

康懷貞以百餘騎自天井關遁歸。帝聞夾寨不守，大驚，既而歎曰：「生子當如李亞子，克用爲不亡矣！至如吾兒，豚犬耳！」詔所在安集散兵。

周德威、李存璋乘勝進趣澤州，趣，七喻翻。刺史王班素失人心，衆不爲用。龍虎統軍牛存節自西都將兵應接夾寨潰兵，龍虎軍即唐龍武軍號。梁受唐禪，改「武」爲「虎」。王溥五代會要曰：開平元年，四月，改左、右長直爲左、右龍虎軍。又梁以洛陽爲西都。至天井關，謂其衆曰：「澤州要害地，不可失也；雖無詔旨，當救之。」衆皆不欲，曰：「晉人勝氣方銳，且衆寡不敵。」存節曰：「見危不救，非義也；畏敵強而避之，非勇也。」遂舉策引衆而前。策，馬策也。至澤州，城中人已縱火諠譟，欲應晉王，班閉牙城自守，存節至，乃定。考異曰：歐陽史云：「存節從康懷英攻潞州，爲行營排陳使。晉兵已破夾城，存節以餘兵歸，行至天井關，聞晉兵攻澤州而救之。」梁列傳：「澤州將陷，河南尹張宗奭召龍虎統軍牛存節謀之，存節帥本軍及右神武、羽林等軍往應接上黨回師，至天井關，即引衆前救澤州。」薛史亦同。按存節若自夾城遁歸，則先過澤州，後至天井關，豈得已過而返救之也！今從梁列傳及薛史。晉兵尋至，緣城穿地道攻之，存節晝夜拒戰，凡旬有三日；劉知俊自晉州引兵救之，先是命劉知俊休兵晉州。九域志：晉州東南至澤州三百一十里。德威焚攻具，退保高平。高平，漢泫氏縣地，後魏置高平縣，唐屬澤州。九域志：在州東北八十三里。考異曰：莊宗列傳朱溫傳云：「李存璋進攻澤州，刺史王班棄城而去，澤、潞皆平。」今不取。

晉王歸晉陽，休兵行賞，以周德威爲振武節度使、同平章事。命州縣舉賢才，黜貪殘，寬租賦，撫孤窮，伸冤濫，禁姦盜，境內大治。治，直吏翻。以河東地狹兵少，乃訓練士卒，令騎兵不見敵無得乘馬；部分已定，無得相踰越，及留絕以避險；分，扶問翻。踰越，謂左軍不得越右軍，後部不得踰前部之類。留絕，謂軍行須聯屬，不得或留止而中絕，或避險而不整。分道並進，期會無得差晷刻。後期必斬，軍法也。晷，居洧翻，日景也。期以日中，日晷過中而不至則爲差；餘以類推。晝、夜分百刻。犯者必斬。故能兼山東，取河南，由士卒精整故也。

初，晉王克用平王行瑜，見二百六十卷唐昭宗乾寧二年。唐昭宗許其承制封拜。時方鎮多行墨制，王恥與之同，每除吏必表聞。至是，晉王存勗始承制除吏。

晉王德張承業，德其除李克寧之難。以兄事之，每至其第，升堂拜母，賜遺甚厚。遺，唯季翻。

潞州圍守歷年，士民凍餒死者太半，市里蕭條。李嗣昭勸課農桑，寬租緩刑，數年之間，軍城完復。史究言李嗣昭鎮潞之績效。

21 靜江節度使、同平章事李瓊卒，李瓊取靜江，見二百六十二卷唐昭宗光化三年。楚王殷以其弟永州刺史存知桂州事。

22 壬申，更以許州忠武軍爲匡國軍，同州匡國軍爲忠武軍，陝州保義軍爲鎮國軍。更，工衡翻。陝，失冉翻。

23 乙亥，楚兵寇鄂州，淮南所署知州秦裴擊破之。

24 淮南左牙指揮使張顥、右牙指揮使徐溫專制軍政，弘農威王心不能平，楊渥謚威王。欲去之而未能。去，羌呂翻。二人不自安，共謀弒王，分其地以臣於梁。戊寅，顥遣其黨紀祥等弒王於寢室，考異曰：吳錄：「顥使紀祥、陳暉、黎璠、孫殷等執渥于寢室，弒之。」不言徐溫，蓋徐鉉爲溫諱耳。薛史因之。而江南別錄有獨用左衙兵事。歐陽史云：「溫、顥共遣盜殺渥，約分其地以臣於梁。」按溫與顥分掌牙兵，溫若不同謀，顥必不敢獨弒渥。今從江南別錄。十國紀年：「張顥欲稱淮南留後，送款於梁，以淮南易蔡州節制。徐溫曰：『揚州距汴州往返僅三千里，軍府踰月無主必亂，不若有所立，然後圖之。』」按顥稱留後，則有主矣。今不取。詐云暴薨。年二十三。

己卯，顥集將吏於府庭，夾道及庭中堂上各列白刃，令諸將悉去衞從然後入。去，羌呂翻。從，才用翻。顥厲聲問曰：「嗣王已薨，軍府誰當主之？」三問，莫應，顥氣色益怒。幕僚嚴可求前密啓曰：「軍府至大，四境多虞，非公主之不可；然今日則恐太速。」顥曰：「何謂速也？」可求曰：「劉威、陶雅、李遇、李簡劉威在廬州，陶雅在歙州，李遇在宣州，李簡在常州。皆先王之等夷，公今自立，此曹肯爲公下乎？不若立幼主輔之，諸將孰敢不從！」顥默然久之。可求因屏左右，屏，必郢翻，又卑正翻。急書一紙置袖中，麾同列詣使宅賀，節度使所居爲使宅。賀者欲賀新君。使，疏吏翻。衆莫測其所爲；既至，可求跪讀之，乃太夫人史氏教也。按路振九國志，渥母史氏封武昌郡君，蓋渥嗣位後尊爲太夫人。大要言：「先王創業艱難，此一段，凡言先王皆指楊行密。嗣王不幸早世，隆演次當立，諸將宜無負楊氏，善開導之。」辭旨明切。顥氣色皆沮，以其義正，不敢奪，遂奉威王弟隆演稱淮南留後、東面諸道行營都統。楊隆演字鴻源，行密第二子。薛史及路振九國志皆以「隆演」爲「渭」。既罷，副都統朱瑾詣可求所居，曰：「瑾年十六七卽橫戈躍馬，衝犯大敵，未嘗畏懾，懾，之涉翻。今日對顥，不覺流汗，公面折之如無人；折，之舌翻。乃知瑾匹夫之勇，不及公遠矣。」因以兄事之。

顥以徐溫爲浙西觀察使，鎭潤州。嚴可求說溫曰：說，式芮翻；下同。「公捨牙兵而出外藩，顥必以弒君之罪歸公。」溫驚曰：「然則柰何？」可求曰：「顥剛愎而暗於事，公能見聽，請爲公圖之。」愎，蒲逼翻。爲，于僞翻。時副使李承嗣李承嗣時爲淮南行軍副使。參預軍府之政，可求又說承嗣曰：「顥凶威如此，今出徐於外，意不徒然，恐亦非公之利。」承嗣深然之。可求往見顥曰：「公出徐公於外，人皆言公欲奪其兵權而殺之，多言亦可畏也。」顥曰：「右牙欲之，右牙者，以官稱徐溫。非吾意也。業已行矣，事已成爲業。柰何？」可求曰：「止之易耳。」易，以豉翻。明日，可求邀顥及承嗣俱詣溫，可求瞋目責溫曰：瞋，昌眞翻。「古人不忘一飯之恩，況公楊氏宿將！今幼嗣初立，多事之時，乃求自安於外，可乎？」溫謝曰：「苟諸公見容，溫何敢自專！」由是不行。顥知可求陰附溫，夜，遣盜刺之；刺，七亦翻。可求知不免，請爲書辭府主。府主，謂隆演也。盜執刀臨之，可求操筆無懼色；操，七刀翻。盜能辨字，見其辭旨忠壯，曰：「公長者，長，知兩翻。吾不忍殺。」掠其財以復命，曰：「捕之不獲。」顥怒曰：「吾欲得可求首，何用財爲！」

溫與可求謀誅顥，可求曰：「非鍾泰章不可。」泰章者，合肥人，時爲左監門衛將軍。考異曰：吳録作「鍾章」。十國紀年作「鍾泰章」，今從之。溫使親將【章：十二行本「將」下有「彭城」二字；乙十一行本同；孔本同；張校同。】翟虔告之。翟，直格翻，姓也。泰章聞之喜，密結壯士三十人，夜，刺血相飲爲誓；刺，七亦翻。飲，於禁翻。丁亥旦，直入斬顥於牙堂，牙堂，左右牙指揮使治事之所。幷其親近。溫始暴顥弒君之罪，暴者，發露其罪，音如字。轘紀祥等於市。轘，音患，車裂也。詣西宮白太夫人。廣陵西宮，楊行密妃史夫人居之。太夫人恐懼，大泣曰：「吾兒沖幼，禍難如此，難，乃旦翻。願保百口歸廬州，公之惠也！」溫曰：「張顥弒逆，不可不誅，夫人宜自安！」初，溫與顥謀弒威王，溫曰：「參用左、右牙兵，心必不一；不若獨用吾兵。」顥不可，溫曰：「然則獨用公兵。」顥從之。至是，窮治逆黨，皆左牙兵也，由是人以溫爲實不知謀也。原情定罪，徐溫宜與張顥同科；而徐溫得免弒君之名，遂專吳國之政，殆天啓之也。治，直之翻。隆演以溫爲左、右牙都指揮使，軍府事咸取決焉。以嚴可求爲揚州司馬。

溫性沈毅，沈，持林翻。自奉簡儉，雖不知書，使人讀獄訟之辭而決之，皆中情理。中，竹仲翻。先是，張顥用事，先，悉薦翻。刑罰酷濫，縱親兵剽奪市里。剽，匹妙翻。溫謂嚴可求曰：「大事已定，吾與公輩當力行善政，使人解衣而寢耳。」乃立法度，禁強暴，舉大綱，軍民安之。古人有言：「盜亦有道。」然盜貨者小盜也，盜國者大盜也。觀徐溫之盜國，斯言豈欺我哉！溫以軍旅委嚴可求，以財賦委支計官駱知祥，支計官，猶天臺度支郎之任也。皆稱其職，稱，尺證翻。淮南謂之「嚴、駱」。

25 己丑，契丹王阿保機遣使隨高頎入貢，高頎報使契丹見上年五月。且求册命。夷狄覘國勢而爲去來，彼以梁爲強，則其背晉宜矣。帝復遣司農卿渾特復，扶又翻。渾特，人姓名。渾，戶昆翻，又戶本翻。賜以手詔，約共滅沙陀，乃行封册。

26 壬辰，夾寨諸將詣闕待罪，皆赦之。夾寨以辛未敗，壬辰諸將方詣闕待罪，經二十二日。帝賞牛存節全澤州之功，以爲六軍馬步都指揮使。

27 雷彥恭引沅江環朗州以自守，沅水逕朗州城南，去城二十步。環，音宦。秦彥暉頓兵月餘不戰，彥恭守備稍懈；懈，古隘翻。彥暉使裨將曹德昌帥壯士夜入自水竇，帥，讀曰率。內外舉火相應，城中驚亂，彥暉鼓譟壞門而入，壞，音怪。彥恭輕舟奔廣陵。雷滿，唐僖宗中和元年據朗州，傳至彥恭而亡。考異曰：梁太祖實錄云：「丁酉，朗州軍前奏捷，彥恭沒溺于江。」今從紀年。彥暉虜其弟彥雄，送于大梁。淮南以彥恭爲節度副使。先是，澧州刺史向瓌與彥恭相表裏，至是亦降於楚，向瓌亦以中和元年據澧州。楚始得澧、朗二州。其後破楚者亦澧、朗之兵也。

28 蜀主遣將將兵會岐兵五萬攻雍州，梁受禪，改京兆府爲雍州大安府。雍，於用翻。晉張承業亦將兵應之。六月，壬寅，以劉知俊爲西路行營都招討使以拒之。

29 金吾上將軍王師範家於洛陽，朱友寧之妻泣訴於帝曰：「陛下化家爲國，宗族皆蒙榮寵。妾夫獨不幸，因王師範叛逆，死於戰場；朱友寧死見二百六十四卷唐昭宗天復三年。今仇讎猶在，妾誠痛之！」帝曰：「朕幾忘此賊！」幾，居依翻。己酉，遣使就洛陽族之。使者先鑿阬於第側，乃宣敕告之；師範盛陳宴具，與宗族列坐，謂使者曰：「死者人所不免，況有罪乎！予不欲使積尸長幼無序。」酒既行，命自幼及長，引於阬中戮之，死者凡二百人。

30 丙辰，劉知俊及佑國節度使王重師大破岐兵于幕谷，幕谷，卽漠谷。晉、蜀兵皆引歸。

31 蜀立遂王宗懿爲太子。爲宗懿不終張本。

32 帝欲自將擊潞州，丁卯，詔會諸道兵。

33 湖南判官高郁請聽民自采茶賣於北客，收其征以贍軍，楚王殷從之。秋，七月，殷奏於汴、荆、襄、唐、郢、復州置回圖務，回圖務，猶今之回易場也。運茶於河南、北，賣之以易繒纊、戰馬而歸，繒，慈陵翻。纊，苦謗翻。仍歲貢茶二十五萬斤，詔許之。湖南由是富贍。

34 壬申，淮南將吏請於李儼，承制授楊隆演淮南節度使、東面諸道行營都統、同平章事、弘農王。李儼承制事始二百六十三卷唐昭宗天復二年。

鍾泰章賞薄，殺張顥之賞也。泰章未嘗自言；後踰年，因醉與諸將爭言而及之。或告徐溫，以泰章怨望，請誅之，溫曰：「是吾過也。」擢爲滁州刺史。

鄧廣銘標點　顧頡剛　聶崇岐覆校

資治通鑑卷第二百六十七

端明殿學士兼翰林侍讀學士太中大夫提舉西京嵩山崇福宮上柱國河內郡開國公食邑二千六百戶食實封一千戶賜紫金魚袋臣司馬光 奉敕編集

後學天台胡三省 音註

後梁紀二

起著雍執徐（戊辰）八月，盡重光協洽（辛未）二月，凡二年有奇。

太祖神武元聖孝皇帝中

開平二年（戊辰、九〇八）

1 八月，吳越王鏐遣寧國節度使王景仁奉表詣大梁，王茂章奔兩浙，見二百六十五卷唐昭宣帝天祐三年。陳取淮南之策。景仁卽茂章也，避梁諱改焉。帝曾祖諱茂琳。按薛史梁紀，元年六月，司天監上言，請改月辰內「戊」字爲「武」，避諱也。

淮南遣步軍都指揮使周本、南面統軍使呂師造擊吳越，九月，圍蘇州。吳越將張仁保攻常州之東洲，拔之。宋白曰：通州海門縣東南，隔水二百餘里，本東洲鎮。淮南兵死者萬餘人。淮南以池州團練使陳璋爲水陸行營都招討使，帥柴再用等諸將救東洲，帥，讀曰率。大破仁保於魚蕩，復取東洲。復，扶又翻。柴再用方戰舟壞，長稍浮之，僅而得濟。稍，所角翻。家人爲之飯僧千人，再用悉取其食以犒部兵，爲，于僞翻。飯，扶晚翻。犒，苦到翻。曰：「士卒濟我，僧何力焉！」史言柴再用善養士卒而不惑於異端。

2 丙子，蜀立皇后周氏。后，許州人也。周氏蓋蜀主建糟糠之妻也。

3 晉周德威、李嗣昭將兵三萬出陰地關，攻晉州，刺史徐懷玉拒守；帝自將救之，丁丑，發大梁，乙酉，至陝州。將，卽亮翻。陝，式冉翻。戊子，岐王所署延州節度使胡敬璋寇上平關，金人疆域圖：隰州石樓縣有上平關。按延州東至隰州百三十里耳，胡敬璋蓋渡河來寇也。劉知俊擊破之。周德威等聞帝將至，乙未，退保隰州。九域志，晉州西北至隰州二百五十五里。

4 荆南節度使高季昌遣兵屯漢口，漢口，漢水入江之口，其地在鄂州漢陽縣東大別山下。絕楚朝貢之路；楚王殷遣其將許德勳將水軍擊之，至沙頭，沙頭卽今江陵城南沙頭市。季昌懼而請和。殷又遣步軍都指揮使呂師周將兵擊嶺南，呂師周降馬殷，見上卷元年。與清海節度使劉隱十餘戰，取昭、賀、梧、蒙、龔、富六州。蒙州，隋始安郡之隋化縣，唐武德四年置南恭州，貞觀二年更名蒙州。龔州，本漢猛陵縣地，隋爲永平郡武林縣，唐貞觀三年置鷰州，七年移鷰州於今州東，仍於鷰州舊所置龔州。又武德四年以始安郡之龍平、豪靜及蒼梧郡之蒼梧置富州。九域志，昭州東至賀州三百二十五里，南至梧州四百九十里，南稍斜至龔州五百五十里。宋開寶廢富州，以龍平縣隸昭州，在州東南百六十二里。熙寧五年廢蒙州，以立山縣隸昭州，在州南二百十二里。殷士宇既廣，乃養士息民，湖南遂安。

5冬，十月，蜀主立後宮張氏爲貴妃，徐氏爲賢妃，其妹爲德妃。張氏，郪人，宗懿之母也。郪，漢縣，唐帶梓州。二徐，耕之女也。徐耕見二百五十八卷唐昭宗大順二年。爲徐妃亡蜀張本。

6華原賊帥溫韜聚衆嵯峨山，帥，所類翻。嵯，才何翻。峨，音俄。暴掠雍州諸縣，唐帝諸陵發之殆徧。溫韜傳：韜在華原七年，唐諸陵在其境內者悉發掘之，取其所藏金寶。而昭陵最固，韜從埏道下，見宮室制度閎麗，不異人間。中爲正寢，東西廂列石牀，牀上石函中爲鐵匣，悉藏前代圖書，鍾、王筆迹，紙墨如新，韜悉取之，遂傳人間。惟乾陵，風雨不可發。雍，於用翻。

7庚戌，蜀主講武於星宿山，步騎三十萬。宿，音秀。

8丁巳，帝還大梁。考異曰：編遺錄在乙卯。今從實錄、薛史。

9辛酉，以劉隱爲清海、靜海節度使，兼交、廣二鎮也。然劉氏終不能有安南。以膳部郎中趙光裔、右補闕李殷衡充官告使，隱皆留之。史言羣雄割據，各收拾衣冠之胄以爲用。光裔，光逢之弟；殷衡，德裕之孫也。

10依政進士梁震，依政，秦蒲陽縣，漢臨邛縣，後魏置蒲陽郡及依政縣，唐屬邛州。九域志，在州東南五十里。唐末登第，至是歸蜀；過江陵，高季昌愛其才識，留之，欲奏爲判官。震恥之，高季昌出於奴僕，故梁震恥爲之僚屬。欲去，恐及禍，乃曰：「震素不慕榮宦，明公不以震爲愚，必欲使之參謀議，但以白衣侍樽俎可也，何必在幕府！」季昌許之。震終身止稱前進士，不受高氏辟署。季昌甚重之，以爲謀主，呼曰先輩。唐人呼進士爲先輩，至今猶然。

11 帝從吳越王鏐之請，以亳州團練使寇彥卿爲東南面行營都指揮使，擊淮南。十一月，彥卿帥衆二千襲霍丘，帥，讀曰率。爲土豪朱景所敗；敗，補邁翻；下同。又攻廬、壽二州，皆不勝。淮南遣滁州刺史史儼拒之，彥卿引歸。寇彥卿兵勢已挫，而史儼河東健將，汴兵所畏也，故聞其至而退。

12 定難節度使李思諫卒；難，乃旦翻。甲戌，其子彝昌自爲留後。

13 劉守文舉滄德兵攻幽州，劉守光求救於晉，晉王遣兵五千助之。丁亥，守文兵至盧【蘆】臺軍，盧〔蘆〕臺軍，宋爲乾寧軍地。九域志：乾寧軍在滄州西北九十里。爲守光所敗；又戰玉田，亦敗。玉田，漢無終縣，唐萬歲通天元年更名玉田，屬薊州，在薊州東南八十里，又東北至平州二百里，西至幽州三百里。亦敗，讀如字。守文乃還。還，從宣翻，又如字。

14 癸巳，中書侍郎、同平章事張策以刑部尚書致仕；以左僕射楊涉同平章事。

15 保塞節度使胡敬璋卒，靜難節度使李繼徽以其將劉萬子代鎮延州。保塞、靜難二鎮時皆屬岐。

16 是歲，弘農王遣軍將萬全感齎書間道詣晉及岐，告以嗣位。間，古莧翻。岐、晉，淮南之與國。

17 帝將遷都洛陽。

三年（己巳、九〇九）

1春，正月，己巳，遷太廟神主於洛陽。甲戌，帝發大梁。壬申，以博王友文爲東都留守。梁以大梁爲東都。己卯，帝至洛陽；庚寅，饗太廟；辛巳，祀圜丘，大赦。

2丙申，以用度稍充，初給百官全俸。唐自廣明喪亂以來，百官俸料額存而已，至是復全給。

3二月，丁酉朔，日有食之。

4保塞節度使劉萬子暴虐，失衆心，且謀貳於梁，李繼徽使延州牙將李延實圖之。延實因萬子葬胡敬璋，攻而殺之，遂據延州。馬軍都指揮使河西高萬興與其弟萬金聞變，以其衆數千人詣劉知俊降。爲高萬興兄弟取鄜、延張本。岐王置翟州於鄜城，後魏置敷城郡及敷城縣，隋改曰鄜城，唐屬坊州。九域志，縣在鄜州東一百二十里。翟，徒歷翻。其守將亦降。

5三月，甲戌，帝發洛陽。以山南東道節度使楊師厚兼潞州四面行營招討使。

6庚辰，帝至河中，發步騎會高萬興兵取丹、延。宋白曰：丹州，秦上郡地，苻、姚時爲三堡鎮，後魏大統三年割鄜、延二州地置汾州，理三堡鎮；廢帝以河東汾州同名，改爲丹州，因丹楊川以爲名。延州，項羽以董翳爲翟王，都高奴，即其地。魏滅赫連，以爲統萬鎮，後爲東夏州，後改延州。

7丙戌，以朔方節度使兼中書令韓遜爲潁川王。遜本靈州牙校，校，戶教翻。唐末據本鎮，朝廷因而授以節鉞。

8 辛卯，丹州刺史崔公實請降。丹州，保塞軍巡屬。

9 徐溫以金陵形勝，戰艦所聚，艦，戶黯翻。乃自以淮南行軍副使領昇州刺史，留廣陵，以其假子元從指揮使知誥爲昇州防遏兼樓船副使，往治之。從，才用翻。治，直之翻。爲徐知誥完理昇州、徐溫遂居之張本。

10 夏，四月，丙申朔，劉知俊移軍攻延州，李延實嬰城自守；知俊遣白水鎭使劉儒分兵圍坊州。後魏太和二年，分澄城置白水郡及縣，隋廢郡，以縣屬馮翊，唐屬同州。九域志：在州西北一百二十里。

11 庚子，以王審知爲閩王，劉隱爲南平王。

12 劉知俊克延州，李延實降。降，戶江翻。

13 淮南兵圍蘇州，推洞屋攻城，推，吐雷翻。洞屋，以木撑拄爲之，冒以牛皮，其狀如洞。吳越將臨海孫琰置輪於竿首，垂絙投錐以揭之，攻者盡露，礮至則張網以拒之，絙，居登翻。揭，丘傑翻。礮，與砲同；匹貌翻。淮南人不能克。吳越王鏐遣牙內指揮使錢鏢、鏢，甫招翻。行軍副使杜建徽等將兵救之。蘇州有水通城中，淮南張網綴鈴懸水中，魚鼈過皆知之。吳越遊弈都虞候司馬福欲潛行入城，故以竿觸網；敵聞鈴聲舉網，福因得過，凡居水中三日，乃得入城。由是城中號令與援兵相應，敵以爲神。

吳越王鏐嘗遊府園，見園卒陸仁章樹藝有智而志之；志者，記之於心。及蘇州被圍，被，皮義翻。使仁章通信入城，果得報而返。鏐以諸孫畜之，畜，吁玉翻，養也。累遷兩府軍糧都監使，兩府，鎮海、鎮東兩節度府。卒獲其用。卒，子恤翻。仁章，睦州人也。

辛亥，吳越兵內外合擊淮南兵，大破之，擒其將何朗等三十餘人，奪戰艦二百艘。艘，蘇遭翻。周本夜遁，又追敗之於皇天蕩。此皇天蕩非真州大江中之皇天蕩。按宋熙寧三年平江府崑山縣人郟亶上奏言水利，長洲縣界有長蕩、皇天蕩，此則是也。敗，補邁翻。鍾泰章將精兵二百爲殿，殿，丁練翻。多樹旗幟於菰蔣中，菰，即蔣也。幟，昌志翻。追兵不敢進而還。還，從宣翻，又如字。

14 岐王所署保大節度使李彥博、考異曰：編遺錄、五代史作「彥容」。今從劉恕廣本。坊州刺史李彥昱皆棄城奔鳳翔，鄜州都將嚴弘倚舉城降。鄜，音夫。己未，以高萬興爲保塞節度使，以絳州刺史牛存節爲保大節度使。梁遂取鄜坊、丹延兩鎮。

15 淮南初置選舉，以駱知祥掌之。喪亂以來，選舉之法廢，楊氏能復置之，故書。

16 五月，丁卯，帝命劉知俊乘勝取邠州；知俊難之，李繼徽據邠州，有鳳翔之援，故劉知俊以取之爲難。辭以闕食，乃召還。

17 佑國節度使王重師鎮長安數年，帝在河中，怒其貢奉不時；己巳，召重師入朝，以左龍虎統軍劉捍爲佑國留後。

18 癸酉，帝發河中；己卯，至洛陽。劉捍至長安，王重師不爲禮，捍譖之於帝，云重師潛與邠、岐通。甲申，貶重師溪州刺史，尋賜自盡，夷其族。爲劉知俊殺劉捍以叛張本。

19 劉守文頻年攻劉守光不克，劉守文自元年攻守光，事始見上卷。乃大發兵，以重賂招契丹、吐谷渾之衆，合四萬屯薊州。守光逆戰於雞蘇，按薛史梁紀，是年劉守光上言，於薊州西與兄守文戰，生禽守文。蓋即雞蘇也。爲守文所敗。敗，補邁翻。守文單馬立於陳前，陳，讀曰陣。泣謂其衆曰：「勿殺吾弟。」守光將元行欽識之，直前擒之，劉守光以子囚父，天下之賊也。劉守文既聲其罪而討之，有誅無赦。小不忍以敗大事，身爲俘囚，自取之也。滄德兵皆潰。守光囚之別室，栫以藂棘，栫，才甸翻。藂，與叢同。乘勝進攻滄州。滄州節度判官呂兗、孫鶴推守文子延祚爲帥，乘城拒守。兗，安次人也。安次，漢縣，唐屬幽州，在州東南一百三十里。帥，所類翻。

20 忠武節度使兼侍中劉知俊，去年更同州匡國軍爲忠武軍，事見上卷。功名浸盛，以帝猜忍日甚，內不自安；及王重師誅，知俊益懼。帝將伐河東，河東，謂晉。急徵知俊入朝，欲以爲河東西面行營都統；且以知俊有丹、延之功，厚賜之。知俊弟右保勝指揮使知浣從帝在洛陽，密使人語知俊云：語，牛倨翻。「入必死。」又白帝，請帥弟姪往迎知俊，帥，讀曰率。帝許之。六月，乙未朔，知俊奏「爲軍民所留」，遂以同州附於岐。考異曰：實錄：「六月庚戌，知俊據本郡反，削奪官爵，興師討伐。」編遺錄：「六月，乙未，初奏本道軍民遮留，尋聞擒使臣及將送鳳翔。」蓋編遺據奏到之日，實錄據削奪之日也。執監軍及將佐之不從者，皆械送於岐。遣兵襲華州，逐刺史蔡敬思，九域志：同州南至華州七十里。華，戶化翻。以兵守潼關。潛遣人以重利啗長安諸將，啗，徒濫翻。執劉捍，送於岐，殺之。知俊遣使請兵於岐，亦遣使請晉人出兵攻晉、絳，遺晉王書曰：「不過旬日，可取兩京，復唐社稷。」遺，唯季翻。長安可以言取；梁都洛陽未易取也。

21 丁未，朔方節度使韓遜奏克鹽州，斬岐所署刺史李繼直。唐末，鹽州奏事專達朝廷，不隸靈夏。至是靈、鹽遂復合爲一鎮。

22 帝遣近臣諭劉知俊曰：「朕待卿甚厚，何忽相負？」對曰：「臣不背德，背，蒲妹翻。但畏族滅如王重師耳。」帝復使謂之曰：復，扶又翻。「劉捍言重師陰結邠、岐，朕今悔之無及，捍死不足塞責。」塞，悉則翻。知俊不報。庚戌，詔削知俊官爵，以山南東道節度使楊師厚爲西路行營招討使，帥侍衞馬步軍都指揮使劉鄩等討之。帥，讀曰率。

辛亥，帝發洛陽。

劉鄩至潼關東，獲劉知俊伏路兵蘭如海等三十人，釋之使爲前導。劉知俊既得潼關，於關外沿路伏兵以候望，劉鄩反得而用之以爲鄉導。史炤曰：蘭，姓也，其先韓獻子玄孫曰康，食采於蘭，因氏焉。劉知浣迷失道，盤桓數日，乃至關下，關吏納之。如海等繼至，關吏不知其已被擒，亦納之。

被，皮義翻。鄩兵乘門開直進，遂克潼關，追及知浣，擒之。癸丑，帝至陝。陝，式冉翻。

23 丹州馬軍都頭王行思等作亂，刺史宋知誨逃歸。

24 帝遣劉知俊姪嗣業持詔詣同州招諭知俊；知俊欲輕騎詣行在謝罪，弟知偃止之。楊師厚等至華州，知俊將聶賞開門降。聶，尼輒翻，姓也。史炤曰：楚大夫食采於聶，因以爲氏。知俊聞潼關不守，官軍繼至，蒼黃失圖，乙卯，【章：十二行本「卯」下有「夜」字；乙十一行本同；孔本同；張校同。】舉族奔岐。楊師厚至長安，岐兵已據城，師厚以奇兵並南山急趨，自西門入，遂克之。並，步浪翻。按唐長安城十門，西南三門惟延平門近南山耳。長安既丘墟之餘，且城大難守，使楊師厚不以奇兵入西門，岐兵亦不能久也。庚申，以劉鄩權佑國留後。岐王厚禮劉知俊，以爲中書令。地狹，無藩鎮處之，處，昌呂翻。但厚給俸祿而已。蹄涔不容尺鯉。爲劉知俊奔蜀張本。

25 劉守光遣使上表告捷，且言「俟滄德事畢，爲陛下掃平幷寇。」爲，于僞翻。河東，幷州之地，時與梁爲敵，故言幷寇。亦致書晉王，云欲與之同破僞梁。劉守光反覆梁、晉之間，自以爲得計，不知乃所以速亡也。

26 撫州刺史危全諷自稱鎮南節度使，帥撫、信、袁、吉之兵號十萬攻洪州。唐置鎮南軍於洪州，撫、信、袁、吉皆巡屬也。危全諷自稱節度，舉兵以攻洪州，欲兼而有之。九域志：撫州西北至洪州二百九里。帥，讀曰率。淮南守兵纔千人，將吏皆懼，節度使劉威密遣使告急於廣陵，日召僚佐宴飲。全諷聞之，屯象牙潭，不敢進，象牙潭在撫州金溪縣東北。請兵於楚；楚王殷遣指揮使苑玫苑，姓也。左傳，齊有大夫苑何忌。玫，莫杯翻。會袁州刺史彭彥章圍高安以助全諷。玫，蔡州人；玫，莫杯翻。彥章，玕之兄【章：十二行本「兄」下有「子」字；孔本同。】也。彭玕見二百六十有五卷唐昭宣帝天祐三年。

徐溫問將於嚴可求，可求薦周本。乃以本爲西南面行營招討應援使，將兵七千救高安。本以前攻蘇州無功，事見上四月。稱疾不出，可求即其臥內強起之。強，其兩翻。本曰：「蘇州之役，敵不能勝我，但主將權輕耳。今必見用，願毋置副貳乃可。」可求許之。本曰：「楚人爲全諷聲援耳，非欲取高安也。吾敗全諷，敗，補邁翻。援兵必還。」援兵，謂圍高安之兵。還，從宣翻。乃疾趣象牙潭。趣，七喻翻。過洪州。劉威欲犒軍，犒，苦到翻。本不肯留，或曰：「全諷兵強，君宜觀形勢然後進。」本曰：「賊衆十倍於我，我軍聞之必懼，不若乘其銳而用之。」

27 秋，七月，甲子，以劉守光爲燕王。

28 梁兵克丹州，擒王行思。

29 商州刺史李稠驅士民西走，將奔蜀也。將吏追斬之，考異曰：薛史：「稠棄郡西奔，本州將吏以都牙校李玫權知州事。」歐陽史：「商州軍亂，逐其刺史李稠，稠奔于岐。」實錄：「丙寅，陝州奏商州刺史李稠棄郡逃山谷。」又曰：「商州將吏以稠驅虜士庶西遁，追斬無遺，暫令都押牙李玫主州事。」今從之。推都押牙李玫主州事。

30 庚午，改佑國軍曰永平。開平元年徙佑國軍於長安，今改曰永平。

31 河東兵寇晉州，抄掠至堯祠而去。堯都平陽，有祠在汾城東十里東原上。平陽，唐爲臨汾縣，晉州所治也。

32 癸酉，帝發陝州；乙亥，至洛陽，寢疾。

33 初，帝召山南東道節度使楊師厚，欲使督諸將攻潞州，以前兗海留後王班爲留後，鎭襄州。考異曰：薛史作「王珏」，今從實錄。師厚屢爲班言牙兵王求等凶悍，宜備之，爲，于僞翻。班自恃左右有壯士，不以爲意，每衆辱之。戊寅，讁求戍西境，是夕，作亂，殺班，推都指揮使雍丘劉玘爲留後；雍，於用翻。玘，墟里翻。玘僞從之，明日，與指揮使王延順逃詣帝所。考異曰：姚顗明宗實錄、薛史玘傳皆云：「翌日受賀，衙庭享士，伏甲幕下，中筵盡斬其亂將以聞，以功爲復州刺史。」按梁祖實錄：「八月丁酉賜玘、王延順物，以其違逆將之難來歸。」編遺錄斬李洪等敕云：「始扶劉玘，旣奔竄以歸明。」若使玘翌日便斬亂將，襄州何由至九月始收復！蓋玘脫身歸朝，及梁亡入唐，妄云斬亂將自誇大，史官不能考察，從而書之耳。

亂兵奉平淮指揮使李洪爲留後，附於蜀。未幾，房州刺史楊虔亦叛附于蜀。幾，居豈翻。

34 危全諷在象牙潭，營柵臨溪，亙數十里。亙，居鄧翻。庚辰，周本隔溪布陳，陳，讀曰陣。先使羸兵嘗敵；羸，倫爲翻。嘗，試也。全諷兵涉溪追之，本乘其半濟，縱兵擊之；全諷兵大潰，自相蹂藉，蹂，忍久翻，又如又翻。藉，慈夜翻。溺水死者甚衆，本分兵斷其歸路，斷，音短。擒全諷及將士五千人。乘勝克袁州，執刺史彭彥章，進攻吉州。九域志：袁州南至吉州三百一十五里。

歙州刺史陶雅使其子敬昭及都指揮使徐章將兵襲饒、信，信州刺史危仔倡請降，唐僖宗中和二年，危全諷據撫州，仔倡據信州，至是皆亡。饒州刺史唐寶棄城走。行營都指揮使米志誠、都尉呂師造等敗苑玫於上高。敗，補邁翻。吉州刺史彭玕帥衆數千人奔楚，唐昭宗天祐三年彭玕附楚。楚王殷表玕爲郴州刺史，郴，丑林翻。爲子希範娶其女。爲，于僞翻。淮南以左先鋒指揮使張景思知信州，遣行營都虞候骨言將兵五千送之。骨，姓也。唐初有骨儀。危仔倡聞兵至，奔吳越，吳越王鏐以仔倡爲淮南節度副使，更其姓曰元氏。歐史十國世家曰：錢鏐惡危姓，更之曰元。更，工衡翻。危全諷至廣陵，弘農王以其嘗有德於武忠王，釋之，資給甚厚。楊行密謚武忠。時淮南諸將議曰：「昔先王攻趙鍠，全諷屢饟給吾軍。」乃釋之。八月，虔州刺史盧光稠以州附于淮南。於是江西之地盡入於楊氏。光稠亦遣使附於梁。

35 甲寅，上疾小瘳，始復視朝。自七月乙亥寢疾，至是凡四十日。朝，直遥翻；下同。

36 以鎮國節度使康懷貞爲西路行營副招討使。

37 蜀主命太子宗懿判六軍，開永和府，妙選朝士爲僚屬。

38 辛酉，均州刺史張敬方奏克房州。楊虔以房州附蜀見上。九域志：均州南至房州二百一十五里。

39 岐王欲遣劉知俊將兵攻靈、夏，夏，戶雅翻。且約晉王使攻晉、絳。晉王引兵南下，先遣周德威等將兵出陰地關攻晉州，刺史邊繼威悉力固守。晉兵穿地道，陷城二十餘步，城中血戰拒之，一夕城復成。詔楊師厚將兵救晉州，周德威以騎扼蒙阬之險，蒙阬在汾水東，東西三百餘里，蹊徑不通。師厚擊破之，進抵晉州，晉兵解圍遁去。考異曰：實錄云：「殺戮生禽賊將蕭萬通等，賊由是棄寨而遁。」莊宗實錄云：「汴軍至蒙阬，周德威逆戰，敗之，斬首二百級，師厚退絳州。是役也，小將蕭萬通戰沒，師厚進營平陽，德威收軍而退。」二軍各言勝捷，然既殺蕭萬通，師厚何肯退保絳州！既敗而退，豈得復進營平陽！德威既戰勝，安肯便收軍！蓋晉軍實敗走，莊宗實錄妄言耳。

40 李洪寇荆南，高季昌遣其將倪可福擊敗之。敗，補邁翻。詔馬步都指揮使陳暉將兵會荆南兵討洪。

41 蜀主以御史中丞王鍇爲中書侍郎、同平章事。鍇，苦駭翻。

42 陳暉軍至襄州，李洪逆戰，大敗，王求死。九月，丁酉，拔其城，斬叛兵千人，執李洪、楊虔等送洛陽，斬之。

43 丁未，以保義節度使王檀爲潞州東面行營招討使。

44 劉守光奏遣其子中軍兵馬使繼威安撫滄州吏民；戊申，以繼威爲義昌留後。

45 辛亥，侍中韓建罷守太保，左僕射、同平章事楊涉罷守本官。以太常卿趙光逢爲中書侍郎，翰林奉旨工部侍郎杜曉爲戶部侍郎，並同平章事。梁改翰林承旨爲翰林奉旨，以廟諱誠，避嫌諱也。然「誠」字與「承」字各自翻切不同。曉，讓能之子也。杜讓能死國難見二百五十九卷唐昭宗景福二年。

46淮南遣使者張知遠脩好於福建；好，呼到翻。知遠倨慢，閩王審知斬之，表上其書，上，時掌翻。始與淮南絕。審知性儉約，常躡麻屨，躡，尼輒翻。府舍卑陋，未嘗營葺。寬刑薄賦，公私富實，境內以安。歲自海道登、萊入貢，沒溺者什四五。自福建入貢大梁，陸行當由衢、信取饒、池界渡江，取舒、廬、壽渡淮，而後入梁境。然自信、饒至廬、壽皆屬楊氏，而朱、楊爲世仇，不可得而假道，故航海入貢。今自福州洋過溫州洋，取台州洋過天門山入明州象山洋，過涔江，掠洌港，直東北渡大洋抵登、萊岸，風濤至險，故沒溺者衆。

47冬，十月，甲子，蜀司天監胡秀林獻永昌曆，行之。歐陽修曰：永昌曆止行於其國，今亡，不復見。

48湖州刺史高澧性凶忍，嘗召州吏議曰：「吾欲盡殺百姓，可乎？」吏曰：「如此，租賦何從出？當擇可殺者殺之耳。」時澧糾民爲兵，有言其咨怨者，澧悉集民兵于開元寺，開元寺今諸州閒亦有之，蓋唐開元中所置也。紿云犒享，入則殺之；死者踰半，在外者覺之，縱火作亂。澧閉城大索，索，山客翻。凡殺三千人。吳越王鏐欲誅之，戊辰，澧以州叛附于淮南，高澧父子以一州之地，介居錢、楊之間，率兩附以自存，爲日久矣，今專附淮南，錢氏之兵至矣。舉兵焚義和臨平鎮，九域志：杭州仁和縣有臨平鎮。按仁和縣本錢塘縣，宋朝太平興國初改錢塘縣曰仁和。蓋亦先有義和地名，又避太宗藩邸舊名，遂改曰仁和也。鏐命指揮使錢鏢討之。

49十一月，甲午，帝告謝於圜丘；告謝者，告天而謝得天下也。按歐史，是日，日南至。徐無黨註曰：不曰有事于南郊，蓋比南郊禮差簡。戊戌，大赦。

50鄴王羅紹威得風痹病，痹，必至翻。上表稱：「魏故大鎮，多外兵，願得有功重臣鎮之，臣乞骸骨歸第。」帝聞之，撫案動容。撫案動容，非矜羅紹威之病也。魏博大鎮，世襲者百五十年，一旦委鎮請代，出於意料之表，喜溢于中，不知手之撫、容之動也。己亥，以其子周翰爲天雄節度副使，知府事。謂使者曰：「亟歸語而主：亟，紀力翻，急也。語，牛倨翻。而，汝也。爲我強飯！爲，于僞翻。強，其兩翻。飯，扶晚翻。如有不可諱，謂死也。當世世貴爾子孫以相報也。今使周翰領軍府，尚冀爾復愈耳。」考異曰：梁功臣列傳：「朝廷自開創，有大事皆降使咨訪。紹威有謀慮，亦馳簡獻替。或中途相遇，意互合者十得五六。太祖嘆曰：『竭忠力一人而已。』」又曰：「子三人：長廷規，司農卿，尚安陽公主，又尚金華公主，早卒；次周翰，起復雲麾將軍，充天雄節度留後，尋檢校司徒，正授魏博節度使，亦早卒；次曰周敬。」薛史亦同。實錄：「己亥，以司門郎中羅廷規充魏博節度副使，知府事，仍改名周翰。時鄴王紹威病日甚，慮以後事，故奏請焉。」莊宗列傳：「紹威卒，溫以其子周翰嗣政。」莊宗實錄：「紹威厚率重斂，傾府藏以奉溫，小有違忤，溫卽遣人詬辱。紹威方懷愧恥，悔自弱之謀，乃潛收兵市馬，陰有覆溫之志，而賂溫益厚。溫怪其曲事，慮蓄奸謀而莫之察，乃賜紹威妓妾數人，皆承嬖愛，未半歲，溫卻召還，以此得其陰事。」內相矛楯。薛史又云：「開平四年夏，詔金華公主出家爲尼，居於宋州玄靜寺。蓋太祖推恩於羅氏，令終其婦節也。」唐餘錄、歐陽史皆同，惟唐莊宗實錄獨異。按均帝時趙巖等言「羅紹威前恭後倨，太祖每深含怒」，似與此言合。然梁祖若聞紹威有陰謀，必不使周翰更居魏。疑後唐史以紹威與梁最親，疾之，而載此傳聞之語。今從衆書。廷規更名周翰，亦恐實錄之誤。

51 岐王欲取靈州以處劉知俊，處，昌呂翻。且以爲牧馬之地，使知俊自將兵攻之。朔方節度使韓遜告急；【章：十二行本「告」上有「遣使」二字；乙十一行本同；孔本同；張校同；退齋校同。】詔鎮國節度使康懷貞、感化節度使寇彥卿將兵攻邠寧以救之。懷貞等所向皆捷，克寧、衍二州，拔慶州南城，刺史李彥廣出降。寧、慶、衍三州皆靜難軍巡屬，岐地也。周顯德五年廢衍州爲定平鎮，隸汾州。九域志：熙寧五年以汾州定平縣隸涇州，在州南六十里。遊兵侵掠至涇州之境，劉知俊聞之，十二月，己丑，解靈州圍，引兵還。帝急召懷貞等還，遣兵迎援於三原青谷；懷貞等還，至三水，三水，漢古縣，唐屬邠州。九域志：在州東北六十里。知俊遣兵據險邀之，薛史曰：知俊邀擊懷貞等於邠州長城嶺。左龍驤軍使壽張王彥章力戰，五代會要曰：開平元年改左、右親隨軍將馬軍爲左、右龍驤軍。懷貞等乃得過。懷貞與裨將李德遇、許從實、王審權分道而行，皆與援兵不相值，至昇平，唐天寶十二載分宜君置昇平縣，屬坊州。劉知俊伏兵山口，懷貞大敗，僅以身免，德遇等軍皆沒。岐王以知俊爲彰義節度使，鎮涇州。

王彥章驍勇絕倫，驍，堅堯翻。每戰用二鐵槍，皆重百斤，一置鞍中，一在手，所向無前，時人謂之王鐵槍。

52 蜀蜀州刺史王宗弁稱疾，罷歸成都，杜門不出。王宗弁，鹿弁也，蜀主養以爲子，賜姓名。蜀主疑其矜功怨望，加檢校太保，固辭不受，謂人曰：「廉者足而不憂，貪者憂而不足。吾小人，致位至此足矣，豈可求進不已乎！」蜀主嘉其志而許之，賜與有加。宗弁之祈閒，以蜀主之雄猜也。

53 劉守光圍滄州久不下，劉守光自五月攻滄州。執劉守文至城下示之，猶固守。城中食盡，民食堇泥，軍士食人，驢馬相噉騣尾。噉，徒濫翻。騣，子紅翻。呂兗選男女羸弱者，飼以麴麪而烹之，羸，倫爲翻。飼，祥吏翻。麴，丘六翻，酒母。麪，眠見翻，麥粉。以給軍食，謂之宰殺務。

四年（庚午、九一〇）

1 春，正月，乙未，劉延祚力盡出降。時劉繼威尚幼，劉繼威，守光之子也。守光使大將張萬進、周知裕輔之鎮滄州，爲張萬進殺劉繼威張本。以延祚及其將佐歸幽州，族呂兗而釋孫鶴。兗子琦，年十五，門下客趙玉紿監刑者曰：「此吾弟也，勿妄殺。」監刑者信之，遂挈以逃。琦足痛不能行，玉負之，變姓名，乞食於路，僅而得免。琦感家門殄滅，力學自立，晉王聞其名，授代州判官。孫鶴終不免於誅，呂琦能自樹立，天乎？人也！

2 辛丑，以盧光稠爲鎮南留後。盧光稠以虔州附梁。鎮南軍置於洪州，時已爲淮南所有。

3 劉守光爲其父仁恭請致仕，爲，于僞翻。丙午，以仁恭爲太師，致仕。守光尋使人潛殺其兄守文，歸罪於殺者而誅之。

4 二月，萬全感自岐歸廣陵，前年淮南使萬全感使晉及岐。岐王承制加弘農王兼中書令，嗣吳王，唐昭宗天復二年封楊行密吳王，今岐王承制加隆演嗣王。於是吳王赦其境內。

5高澧求救於吳，吳常州刺史李簡等將兵應之，湖州將盛師友、沈行思閉城不內；澧帥麾下五千人奔吳。按唐昭宗乾寧四年李彥徽奔淮南，錢鏐取湖州。天復二年徐許亂杭州，湖州刺史高彥遣子渭入援，唐昭宣帝天祐三年彥卒，子澧代立，至是而敗。帥，讀曰率。三月癸巳，吳越王鏐巡湖州，以錢鏢爲刺史。

6蜀太子宗懿驕暴，好陵暴【章：十二行本「暴」作「傲」；乙十一行本同；孔本同；張校同。】舊臣。好，呼到翻。內樞密使唐道襲，蜀主之嬖臣也，太子屢謔之於朝，嬖，匹計翻，又卑義翻。謔，迄卻翻；戲也。由是有隙，互相訴於蜀主；蜀主恐其交惡，以道襲爲山南西道節度使、同平章事。道襲薦宣徽北院使鄭頊爲內樞密使，頊受命之日，即欲按道襲昆弟盜用內庫金帛。道襲懼，奏頊褊急，不可大任，褊，補辨翻。丙午，出頊爲果州刺史，以宣徽南院使潘炕爲內樞密使。爲宗懿殺道襲張本。炕，口盎翻。

7夏州都指揮使高宗益作亂，殺節度使李彝昌。將吏共誅宗益，推彝昌族父蕃漢都指揮使李仁福爲帥，考異曰：薛史，仁福本党項拓跋氏。唐末，拓跋思恭以破黃巢功賜姓，故仁福之族亦姓李。歐陽史云：「不知其於思諫爲親疏也。」按仁福諸子皆連「彝」字，則於彝昌必父行也。按李仁福子孫強盛，遂爲宋朝西邊之禍，所謂西夏也。癸丑，仁福以聞。夏，四月，甲子，以仁福爲定難節度使。難，乃旦翻。

8丁卯，宋州節度使衡王友諒獻瑞麥，一莖三穗，帝曰：「豐年爲上瑞。今宋州大水，安用此爲！」詔除本縣令名，本縣指產瑞麥之縣。令，力正翻。遣使詰責友諒，詰，去吉翻。以兗海留後惠王友能代爲宋州留後。歐陽史職方考：梁都大梁，徙宣武節度使於宋州。薛史：開平三年五月，升宋州爲宣武軍節鎮，仍以亳、輝、潁爲屬郡。友諒、友能，皆全昱子也。廣王全昱，帝兄也。

9 帝以晉州刺史下邑華溫琪拒晉兵有功，欲賞之，華，戶化翻，姓也。會護國節度使冀王友謙上言晉、絳邊河東，乞別建節鎮，壬申，以晉、絳、沁三州爲定昌軍，以溫琪爲節度使。沁，七鴆翻。

10 左金吾大將軍寇彥卿入朝，至天津橋，有民不避道，投諸欄外而死。據歐史寇彥卿傳，民姓梁名現。彥卿自首於帝。首，式又翻。帝以彥卿才幹有功，久在左右，命以私財遺死者家以贖罪。遺，唯季翻。御史司憲崔沂唐高宗以御史大夫爲大司憲，蓋以御史執法之官，故名之。梁置御史司憲。既曰御史，復曰司憲，蓋不考名官之義也。劾奏「彥卿殺人闕下，請論如法。」帝命彥卿分析。崔沂請依法論彥卿之罪，帝欲寬之，故使分析。分析者，使彥卿置對，分疏辯析梁現致死之由。劾，戶概翻，又戶得翻。彥卿對：「令從者舉置欄外，從，才用翻。不意誤死。」帝欲以過失論，沂奏：「在法，以勢力使令爲首，下手爲從，不得歸罪從者；不鬭而故毆傷人，毆，烏口翻。加傷罪一等，不得爲過失。」辛巳，責授彥卿遊擊將軍、左衛中郎將。彥卿揚言：「有得崔沂首者，賞錢萬緡。」沂以白帝，帝使人謂彥卿：謂者，告語之也。「崔沂有毫髮傷，我當族汝！」時功臣驕橫，橫，戶孟翻。由是稍肅。沂，沆之弟也。崔沆見二百五十四卷唐僖宗廣明元年。

11 五月，吳徐溫母周氏卒，將吏致祭，爲偶人，高數尺，衣以羅錦，溫曰：「此皆出民力，柰何施於此而焚之，宜解以衣貧者。」偶人起於古之芻靈，中世謂之俑，則機械發動其手足耳目，眞有類於生人。孔子曰：「始作俑者，其無後乎！」正謂此也。高，居號翻。衣，於旣翻。未幾，起復爲內外馬步軍都軍使，領潤州觀察使。幾，居豈翻。起復之制，通古今疑之。禮記：子夏問曰：「三年之喪卒哭，金革之事無避也者，禮與，其非禮與？」孔子曰：「吾聞諸老聃：昔者魯公伯禽有爲爲之也。今以三年之喪從其利者，吾弗知也。」註云：伯禽封於魯，有徐戎作難，卒哭而征之，急王事也。自漢以後，不許二千石以上行三年喪，魏、晉聽行三年喪，而大臣率有以奪情起復者，習俗聞見以爲當然，莫之非也。嗚呼！此豈非孔子所謂「以三年之喪從其利者」乎！若王莽之志不在喪，徐溫之起復，所謂「從其利者」又難言也。

12 岐王屢求貨於蜀，蜀主皆與之。又求巴、劍二州，蜀主曰：「吾奉茂貞，勤亦至矣；若與之地，是棄民也，寧多與之貨。」乃復以絲、茶、布、帛七萬遺之。復，扶又翻。遺，唯季翻。

13 己亥，以劉繼威爲義昌節度使。劉守光之請也。

14 癸丑，天雄節度使兼中書令鄴貞莊王羅紹威卒。自開平以後國主皆書殂，其後書卒。詔以其子周翰爲天雄留後。

15 匡國節度使長樂忠敬王馮行襲疾篤，二年，改許州忠武軍爲匡國軍見上卷。樂，音洛。表請代者。許州牙兵二千，皆秦宗權餘黨，帝深以爲憂。六月，庚戌，命崇政院直學士李珽馳往視行襲病，崇政院直學士，即宋朝樞密直學士之職。五代會要：開平二年十一月置崇政院直學士二員，選有政術文學者爲之；後又改爲直崇政院。李珽即諫成汭造大船者，汭敗，歸趙匡凝；匡凝敗，歸梁。珽，徒鼎翻。曰：「善諭朕意，勿使亂我近鎭。」珽至許州，謂將吏曰：「天子握百萬兵，去此數舍；三十里爲一舍。九域志：許州至洛陽三百一十五里。馮公忠純，勿使上有所疑。汝曹赤心奉國，何憂不富貴！」由是衆莫敢異議。行襲欲使人代受詔，珽曰：「東首加朝服，禮也。」論語曰：疾，君視之，東首，加朝服拖紳。受詔如見君，天威不違顏咫尺之意。守，式又翻。朝，直遙翻。乃即臥內宣詔，謂行襲曰：「公善自輔養，勿視事，此子孫之福也。」行襲泣謝，遂解兩使印授珽，兩使印，節度使、觀察使印。使，疏吏翻。使代掌軍府。帝聞之曰：「予固知珽能辦事，馮族亦不亡矣。」庚辰，行襲卒。甲申，以李珽權知匡國留後，悉以行襲兵分隸諸校，冒馮姓者皆還宗。冒馮姓者，皆行襲之養子也，使之歸宗，所以消散其黨。校，戶教翻。

16楚王殷求爲天策上將，詔加天策上將軍。殷始開天策府，以弟賨爲左相，存爲右相。賨，藏宗翻。殷遣將侵荆南，軍于油口；油口在江陵府公安縣。高季昌擊破之，斬首五千級，逐北至白田而還。還，從宣翻，又如字。

17吳水軍指揮使敖駢圍吉州刺史彭玕弟瑊於赤石，瑊，古咸翻。即吉州之赤石洞，彭氏巢穴也。

楚兵救瑊，虜駢以歸。

18 秋，七月，【章：十二行本「月」下有「戊子朔」三字；乙十一行本同；孔本同。】蜀門下侍郎兼吏部尚書、同平章事韋莊卒。

19 吳越王鏐表「宦者周延誥等二十五人，唐末避禍至此，非劉、韓之黨，乞原之。」劉、韓，謂劉季述、韓全誨也。上曰：「此屬吾知其無罪，但今革弊之初，不欲置之禁掖，可且留於彼，諭以此意。」

20 岐王與邠、涇二帥邠帥，李繼徽；涇帥，劉知俊。帥，所類翻。各遣使告晉，請合兵攻定難節度使李仁福；難，乃旦翻。晉王遣振武節度使周德威將兵會之，合五萬衆圍夏州，仁福嬰城拒守。夏，戶雅翻。

21 八月，以劉守光兼義昌節度使。考異曰：實錄，是歲五月以義昌留後劉繼威爲義昌節度使，八月又云以守光兼義昌節度使，不言置繼威於何處，或者復爲留後。不然，守光兼幽、滄節度使，繼威但爲滄州節度使，皆不可知。今兩存之。余謂先是以劉守光子繼威爲義昌節度使，繼威童騃，故復命守光兼領之，蓋亦守光之志也。

22 鎭、定自帝踐祚以來「祚」，當作「阼」。【章：十二行本正作「阼」；孔本同。】雖不輸常賦，而貢獻甚勤。會趙王鎔母何氏卒，庚申，遣使弔之，且授起復官。時鄰道弔客皆在館，使者見晉使，歸，言於帝曰：「鎔潛與晉通，鎭、定勢強，恐終難制。」帝深然之。爲遣兵圖鎭、定，二鎭附晉張本。

23 壬戌，李仁福來告急。甲子，以河南尹兼中書令張全義【章：十二行本作「宗奭」；乙十一行本同；孔本同；張校同；退齋校同。】爲西京留守。帝恐晉兵襲西京，晉兵自潞州下懷、孟，則西京震動矣。以宣化留後李思安爲東北面行營都指揮使，據歐史職方考，梁以鄧州爲宣化軍。將兵萬人屯河陽。所以衞洛陽也。丙寅，帝發洛陽；己巳，至陝。陝，式冉翻。辛未，以鎮國節度使楊師厚爲西路行營招討使，會感化節度使康懷貞將兵三萬屯三原。唐末以徐州數經叛亂，廢武寧軍，尋復以爲感化軍。歐史職方考，徐州直註武寧軍，華州註感化軍，蓋梁改華州鎮國軍爲感化軍也。一曰，感化軍，陝州。梁初改同州爲忠武軍，蓋劉知俊之叛，又改同州爲鎮國軍。帝憂晉兵出澤州逼懷州，既而聞其在綏、銀磧中，晉兵趨夏州，率自麟、府濟河，西至夏州。按九域志，麟州西至夏州三百五十里，西南至銀州一百八十里。綏州西至夏州四百里。所謂磧中，皆旱海及無定河川之地。磧，七迹翻。曰：「無足慮也。」甲申，遣夾馬指揮使李遇、劉綰自鄜、延趨銀、夏，邀其歸路。梁置左、右堅鋭夾馬突將。趨，七喻翻。

24 吳越王鏐築捍海石塘，今杭州城外瀕浙江皆有石塘，上起六和塔，下抵艮山門外，皆錢氏所築。廣杭州城，大脩臺館。由是錢唐富庶盛於東南。

25 九月，己丑，上發陝；甲午，至洛陽，疾復作。復，扶又翻。

26 李遇等至夏州，岐、晉兵皆解去。

27 冬，十月，遣鎮國節度使楊師厚、相州刺史李思安將兵屯澤州以圖上黨。

28吳越王鏐之巡湖州也，留沈行思爲巡檢使，與盛師友俱歸。行思謂同列陳環曰：「王若以師友爲刺史，何以處我？」是年三月鏐巡湖州。處，昌呂翻。時環已得鏐密旨遣行思詣府，詣鎮海軍府。乃紿之曰：「何不自詣王所論之！」行思從之。既至數日，環送其家亦至，行思恨環賣己。鏐自衣錦軍歸，錢鏐生於臨安石鏡鎮，里中有大木，鏐幼與羣兒戲木下，鏐坐大石指揮羣兒爲隊伍，號令有法，羣兒憚之。及貴，唐昭宗改鏐所居鄉爲廣義鄉，里爲勳貴里，所居營曰衣錦營，石鏡山爲衣錦山。鏐每遊衣錦軍宴故老，山林皆覆以錦，號其幼所常戲大木曰「衣錦將軍」，作歌曰：「三郎還鄉兮衣錦衣，父老遠來相追隨，斗牛無孛人無欺，吳越一王駟馬歸。」紿，徒亥翻。衣，於既翻。將吏迎謁，行思取鍛椎擊環，殺之，鍛，都玩翻，小冶也。椎，傳追翻。因詣鏐，與師友論功，論逐高澧之功。奪左右槊，欲刺師友，槊，色角翻。刺，七亦翻。衆執之。鏐斬行思，以師友爲婺州刺史。

29十一月，己丑，以寧國節度使、同平章事王景仁充北面行營都指揮招討使，潞州副招討使韓勍副之，勍，渠京翻。以李思安爲先鋒將，趣上黨。趣，七喩翻。尋遣景仁等屯魏州，意在圖鎮、定，不在上黨也。楊師厚還陝。

30蜀主更太子宗懿名曰元坦。更，工衡翻。庚戌，立假子宗裕爲通王，宗範爲夔王，宗鐬爲昌王，鐬，火外翻。宗壽爲嘉王，宗翰爲集王；立其子宗仁爲普王，宗輅爲雅王，宗紀爲褒王，宗智爲榮王，宗澤爲興王，宗鼎爲彭王，宗傑爲信王，宗衍爲鄭王。

初，唐末宦官典兵者多養軍中壯士爲子以自強，如田令孜、楊復恭之類。由是諸將亦傚之。而蜀主尤多，惟宗懿等九人及宗特、宗平眞其子；宗裕、宗鐬、宗壽皆其族人；宗翰姓孟，蜀主之姊子；宗範姓張，其母周氏爲蜀主妾；自餘假子百二十人皆功臣，雖冒姓連名而不禁婚姻。史言假父假子皆以利合，非人倫之正。

31 上疾小愈，辛亥，校獵於伊、洛之間。伊、洛二水之間也。

32 上疑趙王鎔貳於晉，先有疑心，因晉使在館，愈疑之。且欲因鄴王紹威卒除移鎭、定。會燕王守光發兵屯淶水，欲侵定州，上遣供奉官杜廷隱、丁延徽監魏博兵三千分屯深、冀，唐末置東頭供奉官、西頭供奉官，後皆爲西班寄祿。聲言恐燕兵南寇，助趙守禦；又云分兵就食。趙將石公立戍深州，白趙王鎔，請拒之。鎔遽命開門，移公立於外以避之。公立出門，出深州城門。指城而泣曰：「朱氏滅唐社稷，三尺童子知其爲人。而我王猶恃姻好，以長者期之，鎔子昭祚娶梁女，見二百六十二卷唐昭宗光化三年。好，呼到翻。長，知兩翻。此所謂開門揖盜者也。惜乎，此城之人今爲虜矣！」

梁人有亡奔眞定，以其謀告鎔者，鎔大懼，又不敢先自絕；但遣使詣洛陽，訴稱「燕兵已還，與定州講和如故，定州，謂義武節度使王處直也。深、冀民見魏博兵入，奔走驚駭，乞召兵還。」上遣使詣眞定慰諭之。未幾，廷隱等閉門盡殺趙戍兵，乘城拒守。幾，居豈翻。鎔始命石公立攻之，不克，乃遣使求援於燕、晉。

鎔使者至晉陽，義武節度使王處直使者亦至，欲共推晉王爲盟主，合兵攻梁。晉王會將佐謀之，皆曰：「鎔久臣朱溫，唐昭宗光化三年，王鎔服於朱全忠，及其受禪，遂臣事之。歲輸重賂，輸，春遇翻。結以婚姻，其交深矣；此必詐也，宜徐觀之。」王曰：「彼亦擇利害而爲之耳。王氏在唐世猶或臣或叛，謂王武俊、承宗及王庭湊也。況肯終爲朱氏之臣乎？彼朱溫之女何如壽安公主！王鎔曾祖元逵尚唐絳王悟女壽安公主。今救死不贍，何顧婚姻！我若疑而不救，正墮朱氏計中。宜趣發兵赴之，趣，讀曰促。晉、趙叶力，破梁必矣。」乃發兵，遣周德威將之，出井陘，屯趙州。史言晉王識虛實，見兵勢。陘，音刑。

鎔使者至幽州，燕王守光方獵，幕僚孫鶴馳詣野謂守光曰：「趙人來乞師，此天欲成王之功業也。」守光曰：「何故？」對曰：「比常患其與朱溫膠固。比，毗至翻，近也。溫之志非盡吞河朔不已，今彼自爲讎敵，王若與之并力破梁，則鎮、定皆斂袵而朝燕矣。鎮，王鎔；定，王處直。朝，直遙翻。王不出師，但恐晉人先我矣。」守光曰：「王鎔數負約，先，悉薦翻。數，所角翻。今使之與梁自相弊，吾可以坐承其利，自戰國以來，卞莊刺虎，鷸蚌相持，犬兔俱斃，皆此說也。苟不能審勢見機，則此說誤人多矣。又何救焉！」【章：十二行本「焉」下有「趙使者交錯於路，守光竟不爲出兵」十四字；乙十一行本同；孔本同；張校同；退齋校同。】自是鎮、定復稱唐天祐年號，復以武順爲成德軍。鎮、定臣梁，稱開平年號，避梁廟諱改成德軍爲武順軍；今既與梁猜阻，故年號、軍號皆復唐之舊。司天言：「來月太陰虧，不利宿兵於外。」上召王景仁等還洛陽。十二月，己未，上聞趙與晉合，晉兵已屯趙州，乃命王景仁等將兵擊之。庚申，景仁等自河陽渡河，會羅周翰兵，合四萬，軍于邢、洺。

33 虔州刺史盧光稠疾病，欲以位授譚全播，疾革曰病。譚全播與盧光稠同起兵者也。全播不受。光稠卒，其子韶州刺史延昌來奔喪，全播立而事之。吳遣使拜延昌虔州刺史，延昌受之，亦因楚王殷密通表於梁，曰：「我受淮南官，以緩其謀耳，必爲朝廷經略江西。」爲，于僞翻。盧延昌此言，欲得鎮南旌節耳。丙寅，以延昌爲鎮南留後。延昌表其將廖爽爲韶州刺史，廖，力救翻，今讀如料。姓苑云：周王子伯廖之後。後漢有廖湛。爽，贛人也。贛，音紺。吳淮南節度判官嚴可求請置制置使於新淦縣，新淦，漢古縣，唐屬吉州。九域志：在虔州北六百里。宋白曰：縣南有子淦山，因名。淦，音紺，又音甘。遣兵戍之，以圖虔州。每更代，輒潛益其兵，虔人不之覺也。更，工衡翻。爲淮南併虔州張本。

34 庚午，蜀主以御史中丞周庠、戶部侍郎判度支庾傳素並爲中書侍郎、同平章事。

35 太常卿李燕等刊定梁律令格式，癸酉，行之。按五代會要，新刪定令三十卷，式二十卷，格一十卷，律并目錄一十三卷，律疏三十卷，共一百三卷，目爲大梁新定格式律令，頒下施行。

36 丁丑，王景仁等進軍柏鄉。

37 辛巳，蜀大赦，改明年元曰永平。

38 趙王鎔復告急於晉，復，扶又翻。王景仁等之軍侵逼，故復告急。晉王以蕃漢副總管李存審守晉陽，自將兵自贊皇東下，贊皇縣以山得名。宋白曰：贊皇本漢鄗縣地，隋開皇六年置贊皇縣，縣南有贊皇山，因名。按九域志，宋廢贊皇縣爲鎮，屬高邑縣。高邑縣在趙州西南四十二里。王處直遣將將兵以【章：十二行本「以」上有「五千」二字；乙十一行本同；孔本同；張校同。】從。從，才用翻。辛巳，晉王至趙州，與周德威合，獲梁芻蕘者二百人，刈草曰芻，采薪曰蕘。蕘，如招翻。問之曰：「初發洛陽，梁主有何號令？」對曰：「梁主戒上將云：『鎮州反覆，終爲子孫之患。今悉以精兵付汝，鎮州雖以鐵爲城，必爲我取之。』」必爲，于僞翻。晉王命送於趙。使趙人聞此言，以堅其附晉之心。

壬午，晉王進軍，距柏鄉三十里，遣周德威等以胡騎迫梁營挑戰，挑，徒了翻。梁兵不出。癸未，復進，距柏鄉五里，營於野河之北，又遣胡騎迫梁營馳射，且詬之。復，扶又翻。詬，古候翻，又許候翻。梁將韓勍等將步騎三萬，分三道追之，鎧冑皆被繒綺，鏤金銀，光彩炫耀，被，皮義翻。繒，慈陵翻。鏤，郎豆翻。炫，熒絹翻。晉人望之奪氣。周德威謂李存璋曰：「梁人志不在戰，徒欲曜兵耳。不挫其銳，則吾軍不振。」乃徇于軍曰：「彼皆汴州天武軍，五代會要曰：開平元年四月，改左、右長直爲左、右龍虎軍，左、右內衙爲左、右羽林軍，左、右堅銳夾馬突將爲左、右神武軍，左、右親隨軍將馬軍爲左、右龍驤軍。其年九月，置左、右天興，左、右廣勝軍，仍以親王爲軍使。二年十月，置左、右神捷軍。十二月，改左、右天武爲左、右龍虎軍，左、右龍虎爲左、右天武軍，左、右天威爲左、右羽林軍，左、右羽林爲左、右天威軍，左、右英武爲左、右神武軍，左、右神武爲左、右英武軍。前朝置神虎等六軍，謂之衞士，至是以天武、天威、英武等六軍易其軍號，而任勳舊焉。屠酤傭販之徒耳，衣鎧雖鮮，十不能當汝一。擒獲一夫，足以自富，此乃奇貨，不可失也。」德威自引千餘精騎擊其兩端，陳有厚薄，中軍堅厚，不可衝擊；擊其兩端，以其薄也。左右馳突，出入數四，俘獲百餘人，且戰且卻，距野河而止；梁兵亦退。

德威言於晉王曰：「賊勢甚盛，宜按兵以待其衰。」王曰：「吾孤軍遠來，救人之急，三鎮烏合，利於速戰，鎮、定、河東，是爲三鎮。言三鎮之兵合而爲一，當乘初至之銳以破敵；曠日持久，情見勢屈，敵人聞之，其心必離。公乃欲按兵持重，何也？」德威曰：「鎮、定之兵，長於守城，短於野戰。且吾所恃者騎兵，利於平原廣野，可以馳突。今壓賊壘門，騎無所展其足；且衆寡不敵，使彼知吾虛實，則事危矣。」王不悅，退臥帳中，諸將莫敢言。德威往見張承業曰：「大王驟勝而輕敵，謂夾寨之勝也。不量力而務速戰。量，音良。今去賊咫尺，所限者一水耳，謂野河之水也。彼若造橋以薄我，我衆立盡矣。不若退軍高邑，高邑，漢鄗縣，光武更名高邑，唐屬趙州。九域志：在州西南四十二里，在柏鄉北三十餘里。誘賊離營，誘，音酉。離，力智翻。彼出則歸，彼歸則出，別以輕騎掠其饋餉，不過踰月，破之必矣。」承業入，褰帳撫王曰：褰，起虔翻。「此豈王安寢時耶！周德威老將知兵，其言不可忽也。」王蹶然興曰：「予方思之。」時梁兵閉壘不出，有降者，詰之，降，戶江翻。詰，去吉翻。曰：「景仁方多造浮橋。」王謂德威曰：「果如公言。」是日，拔營，退保高邑。

39 辰州蠻酋宋鄴，溆州蠻酋潘金盛，恃其所居深險，數擾楚邊。至是，鄴寇湘鄉，酋，慈由翻。溆，音敘。數，所角翻。宋白曰：秦置黔中郡於今沅陵縣西二十里，漢改黔中郡爲武陵郡。建武二十五年，宗均受羣蠻降，置辰陽縣；隋爲辰州，因辰溪爲名。唐貞觀八年，分辰州龍標縣置巫州，天授三年改沅州，大曆五年改溆州。唐武德四年分衡山置湘鄉縣，屬潭州。九域志，在州西南一百五十五里。楚書作「潘全盛」。金盛寇武岡。宋白曰：晉武帝分都梁立武岡縣，今岡東五十里有漢都梁故城是也。後漢武陵蠻爲漢所伐，來保此岡，故謂之武岡。郡國志云：武岡接武陵，因以得名。楚王殷遣昭州刺史呂師周將衡山兵五千討之。考異曰：湖湘故事：「呂師周斬潘金晟於武岡，其年十月十一日，辰州宋鄴、敍州昌師益一時歸投馬氏。」今從十國紀年。

40 寧遠節度使龐巨昭、高州防禦使劉昌魯，皆唐官也。黃巢之寇嶺南也，巨昭爲容管觀察使，昌魯爲高州刺史，帥羣蠻據險以拒之，帥，讀曰率。巢衆不敢入境。唐嘉其功，置寧遠軍於容州，以巨昭爲節度使，按通鑑，唐昭宗乾寧四年置寧遠軍於容州，以李克用大將蓋寓領節度使。考之新書方鎮表，容州置節鎮亦在是年。龐巨昭建節當在是年之後。以昌魯爲高州防禦使。及劉隱據嶺南，二州不從；隱遣弟巖攻高州，昌魯大破之，又攻容州，亦不克。昌魯自度終非隱敵，度，徒洛翻。是歲，致書請自歸於楚，楚王殷大喜，遣橫州刺史姚彥章將兵迎之。彥章至容州，裨將莫彥昭說巨昭曰：「湖南兵遠來疲乏，宜撤儲偫，說，式芮翻。撤，直列翻。偫，直里翻。棄城，潛於山谷以待之。彼必入城，我以全軍掩之，彼外無繼援，可擒也。」巨昭曰：「馬氏方興，今雖勝之，後將何如！不若具牛酒迎之。」彥昭不從，巨昭殺之，舉州迎降。考異曰：湖湘故事：「龐巨曦本唐末邕、容等州防禦使，聞馬氏令公以征南步軍指揮使李瓊知桂州軍事，領兵士收服嶺外昭、梧、象、柳、宜、蒙、賀、桂等州，巨曦聞此雄勢，謂諸首領曰：『李瓊有破竹之勢，若長驅兵馬，此來侵吞吾境，其將柰何？』時容南指揮使莫彥昭對曰：『李瓊兵馬，其勢已雄，必然輕敵。今欲燒毀城內軍儲，且各入山峒，拋州城與李瓊。候纔入州，卻依前出諸山峒兵士復攻之，堅守旬月之間，城內必無軍糧，外無救應，方可制造攻具再攻擊之，必取勝也。』龐巨曦曰：『吾每至中宵，獨占氣象，馬氏合當五十餘年興霸湖外。苟五十餘年對壘，安知孰非，是以憂疑不暇。』遂至深夜斬莫彥昭於其私第，明日以其故密走事宜於湖南。」又曰：「天復末，甲子十有二月，容南龐巨曦深慮廣南劉巖不道，加害於己，遂差小吏間路密馳書款歸於馬氏。是時湖南遣澧州刺史姚彥章領馬步軍八千徑往容南，巨曦遂帥萬餘衆歸于馬氏。」又曰：「高州防禦使劉昌魯以廣南先主劉巖欲并吞嶺外，數召昌魯，欲籍沒其家族。昌魯知之，乃刺血寫書投馬氏，具述懸急。湖南遂遣捉生指揮使張可球部轄兵馬於界首應接，一行三千餘口歸于馬氏。」今從十國紀年。彥章進至高州，九域志：容州東南至高州二百八十二里。以兵援送巨昭、昌魯之族及士卒千餘人歸長沙。楚王殷以彥章知容州事，爲姚彥章不能守容州張本。以昌魯爲永順節度副使。馬殷并朗州，奏改武貞軍爲永順軍。昌魯，鄴人也。

乾化元年（辛未、九一一）按歐史，是年五月甲申朔，大赦，改元。

1 春，正月，丙戌朔，日有食之。考異曰：李昊蜀書：「丁亥朔日食。」今從實錄等諸書。

2 柏鄉比不儲芻，比，毗至翻，近也。言近時趙人不儲芻於柏鄉，蓋亦虞梁兵之至以資敵也。梁兵刈芻自給，晉人日以遊軍抄之，抄，楚交翻。梁兵不出。周德威使胡騎環營馳射而詬之，環，音宦。詬，古候翻。梁兵疑有伏，愈不敢出，剉屋茅坐席以飼馬，剉，寸臥翻。飼，祥吏翻。馬多死。丁亥，周德威與別將史建瑭、李嗣源將精騎三千壓梁壘門而詬之，王景仁、韓勍怒，悉衆而出。德威等轉戰【章：十二行本「戰」下有「而北」二字；乙十一行本同；孔本同；張校同。】至高邑南，李存璋以步兵陳於野河之上，陳，讀曰陣；下同。梁軍横亘數里，競前奪橋，鎮、定步兵禦之，勢不能支。晉王謂匡衞都指揮使李建及曰：「賊過橋則不可復制矣。」建及選卒二百，援鎗大譟，復，扶又翻。援，于元翻。力戰卻之。建及，許州人，姓王，李罕之之假子也。薛史：李建及本姓王，少事李罕之。光啓中，罕之選部下驍勇百人以獻李克用，建及在籍中，後以功賜姓名。晉王登高丘以望曰：「梁兵爭進而囂，囂，虚驕翻，又牛刀翻。我兵整而靜，我必勝。」戰自巳至午，勝負未決。晉王謂周德威曰：「兩軍已合，勢不可離，我之興亡，在此一舉。我爲公先登，公可繼之。」德威叩馬而諫曰：「觀梁兵之勢，可以勞逸制之，未易以力勝也。爲，于僞翻。易，以豉翻。彼去營三十餘里，雖挾糗糧，亦不暇食，日昳之後，飢渴内迫，矢刃外交，糗，去久翻。昳，徒結翻，日昃也。士卒勞倦，必有退志。當是時，我以精騎乘之，必大捷。於今未可也。」王乃止。梁、晉爭天下，周德威以勇聞，是難能也；然觀其制勝，以計不以勇，是又難能矣。

時魏、滑之兵陳於東，宋、汴之兵陳於西。至晡，梁軍未食，士無鬭志，景仁等引兵稍卻，周德威疾呼曰：呼，火故翻。「梁兵走矣！」晉兵大譟爭進，魏、滑兵先退，李嗣源帥衆譟於西陳之前曰：「東陳已走，爾何久留！」梁兵互相驚怖，遂大潰。置陣延亙，東西不相知，爲敵所譟，故驚怖而潰。帥，讀曰率。怖，普布翻。李存璋引步兵乘之，呼曰：「梁人亦吾人也，父兄子弟餉軍者勿殺。」於是戰士悉解甲投兵而棄之，囂聲動天地。趙人以深、冀之憾，不顧剽掠，憾梁遣杜廷隱等殺深、冀戍兵也。剽，匹妙翻。但奮白刃追之，梁之龍驤、神捷精兵殆盡，薛史本紀：開成二年，以尹皓部下五百人爲神捷軍。自野河至柏鄉，僵尸蔽地。僵，居良翻。王景仁、韓勍、李思安以數十騎走。王景仁嘗以勞逸制梁兵，而不知又爲周德威以勞逸制之也。晉兵夜至柏鄉，梁兵已去，棄糧食、資財、器械不可勝計。勝，音升。凡斬首二萬級。李嗣源等追奔至邢州，九域志：自柏鄉西南至邢州一百五十餘里。河朔大震。保義節度使王檀嚴備，然後開城納敗卒，給以資糧，散遣歸本道。晉王收兵屯趙州。

杜廷隱等聞梁兵敗，棄深、冀而去，悉驅二州丁壯爲奴婢，老弱者阬之，城中存者壞垣而已。

癸巳，復以楊師厚爲北面都招討使，將兵屯河陽，收集散兵，旬餘，得萬人。己亥，晉王遣周德威、史建瑭將三千騎趣澶、魏，趣，七喻翻。澶、魏，二州名。澶，市連翻。張承業、李存璋以步兵攻邢州，自以大軍繼之，移檄河北州縣，諭以利害。帝遣別將徐仁溥將兵千人，自西山夜入邢州，西山卽太行連延至上黨諸山。助王檀城守。己酉，罷王景仁招討使，落平章事。以其敗也。

3 蜀主之女普慈公主嫁岐王從子秦州節度使繼崇，蜀主以蕭梁郡名封其女。宋白曰：梁武帝置普慈郡於普州安岳縣。從，才用翻。公主遣宦者宋光嗣以絹書遺蜀主，遺，唯季翻。言繼崇驕矜嗜酒，求歸成都，蜀主召公主歸寧。已嫁之女，父母在則有時而歸寧。寧，安也。辛亥，公主至成都，蜀主留之，以宋光嗣爲閤門南院使。岐王怒，始與蜀絕。爲蜀伐岐張本。光嗣，福州人也。

4 呂師周【章：十二行本「周」下有「引兵」二字；乙十一行本同；孔本同；張校同。】攀藤緣崖入飛山洞襲潘金盛，擒送武岡，斬之。【章：十二行本「之」下有「移兵擊宋鄴」五字；乙十一行本同；孔本同；張校同；退齋校同。】飛山在今靖州北十五里，比諸山爲最高峻，四面絕壁千仞，環山有壕塹。其遺趾尚存。

5 二月，己未，晉王至魏州，攻之，不克。上以羅周翰年少，且忌其舊將佐，謂羅紹威之元從將佐也。少，詩照翻。庚申，以戶部尚書李振爲天雄節度副使，命杜廷隱將兵千人衛之，先是，帝以羅紹威之請，撫案動容，至此心術露矣。自楊劉濟河，間道夜入魏州，助周翰城守。間，古莧翻。守，手又翻。癸亥，晉王觀河於黎陽，梁兵萬餘將渡河，聞晉王至，皆棄舟而去。史言梁兵懼晉王之甚。

6帝召蔡州刺史張慎思至洛陽，久未除代。蔡州右廂指揮使劉行琮作亂，縱兵焚掠，將奔淮南；順化指揮使王存儼誅行琮，撫遏其衆，自領州事，以衆情馳奏。時東京留守博王友文不先請，遽發兵討之，兵至鄢陵，九域志：鄢陵縣在大梁東南一百六十里。帝曰：「存儼方懼，若臨之以兵，則飛去矣。」馳使召還。甲子，授存儼權知蔡州事。

7乙丑，周德威自臨清攻貝州，拔夏津、高唐；夏津本古鄃縣，唐天寶元年更名夏津，屬貝州。九域志：在魏州東北二百五十里。攻博州，拔東武、朝城。漢東郡東武陽縣，後魏曰武陽，唐開元七年更名朝城，屬魏州。故朝城縣管內猶有地名東武。九域志：朝城在魏州東南八十里。攻澶州，刺史張可臻棄城走，帝斬之。德威進攻黎陽，拔臨河、淇門；逼衞州，掠新鄉、共城。隋分汲、獲嘉二縣地，於古新樂城置新鄉縣。共城，漢共縣地，唐志屬衞州。九域志：共城在州西北五十五里。共，音恭。庚午，帝親帥軍屯白司馬阪以備之。史言晉兵乘勝聲勢之盛。梁祖選富家子有材力者置帳下，號廳子都。薛居正曰：太祖置廳子都，最爲親軍。白司馬阪在洛陽城北。帥，讀曰率。

8盧龍、義昌節度使兼中書令燕王守光既克滄州，去年正月克滄州。自謂得天助，淫虐滋甚。每刑人，必置諸鐵籠，以火逼之；又爲鐵刷刷人面。聞梁兵敗於柏鄉，使人謂趙王鎔及王處直曰：「聞二鎮與晉王破梁兵，舉軍南下，僕亦有精騎三萬，欲自將之爲諸公啓行。詩：元戎十乘，以先啓行。註云：啓突敵陣之前行。行，戶剛翻。然四鎮連兵，必有盟主，僕若至彼，何以處之？」四鎮謂幷、幽、鎮、定。處，昌呂翻。鎔患之，遣使告于晉王，晉王笑曰：「趙人告急，守光不能出一卒以救之；及吾成功，乃復欲以兵威離間二鎮，復，扶又翻。間，古莧翻。愚莫甚焉！」諸將曰：「雲、代與燕接境，彼若擾我城戍，動搖人情，吾千里出征，緩急難應，此亦腹心之患也。不若先取守光，然後可以專意南討。」王曰：「善！」爲晉攻燕滅之張本。會楊師厚自磁、相引兵救邢、魏，壬申，晉解圍去；師厚追之，逾漳水而還，邢州圍亦解。先解魏州圍，又解邢州圍。磁，祥之翻。相，息亮翻。還，音旋，又如字。師厚留屯魏州。

趙王鎔自來謁晉王於趙州，九域志：鎮州南至趙州九十五里。大犒將士，犒，苦到翻。自是遣其養子德明將三十七都常從晉王征討。德明本姓張，名文禮，燕人也。張文禮後遂殺王鎔而亂鎮州。

壬午，晉王發趙州，歸晉陽，留周德威等將三千人戍趙州。

鄧廣銘標點聶崇岐覆校

資治通鑑卷第二百六十八

端明殿學士兼翰林侍讀學士太中大夫提舉西京嵩山崇福宮上柱國河内郡開國公食邑二千六百戶食實封一千戶賜紫金魚袋臣司馬光奉敕編集

後學天台胡三省音註

後梁紀三

起重光協洽（辛未）三月，盡昭陽作噩（癸酉）十一月，凡二年有奇。

太祖神武元聖孝皇帝下

乾化元年（辛未、九一一）

1 三月，乙酉朔，以天雄留後羅周翰爲節度使。

2 清海、靜海節度使兼中書令南平襄王劉隱病亟，亟，紀力翻。表其弟節度副使巖權知留後；丁亥卒。隱年三十八。巖襲位。

3 岐王聚兵臨蜀東鄙，蜀主謂羣臣曰：「自茂貞爲朱溫所困，吾常振其乏絕，事並見前紀。今乃負恩爲寇，誰爲吾擊之？」誰爲，于僞翻。兼中書令王宗侃請行。蜀主以宗侃爲北路行營都統。司天少監趙溫珪諫曰：「茂貞未犯邊，諸將貪功深入，糧道阻遠，恐非國家之利。」

蜀主不聽，少，詩照翻。將，卽亮翻。以兼侍中王宗祐、太子少師王宗賀、山南節度使唐道襲爲三招討使，三路進兵以伐岐，各路置一招討使，王宗侃都統三招討之兵。左金吾大將軍王宗紹爲宗祐之副，帥步騎十二萬伐岐。帥，讀曰率；下同。壬辰，宗侃等發成都，旌旗數百里。

4 岐王募華原賊帥溫韜以爲假子，以華原爲耀州，美原爲鼎州。宋廢鼎州，復爲美原縣，屬耀州。宋白曰：華原縣本漢祋祤縣地，曹魏以來置北地郡，元魏廢帝三年置通川郡泥陽縣，隋開皇六年改泥陽爲華原。美原縣本秦、漢頻陽縣，苻秦置土門護軍，後周置土門縣，唐咸亨二年改爲美原。九域志：耀州在長安北一百六十里。置義勝軍，以韜爲節度使，使帥邠、岐兵寇長安。詔感化節度使康懷貞、忠武節度使牛存節以同華、河中兵討之。己酉，懷貞等奏擊韜於車度，走之。車度，地名，在長安北同州界。

5 夏，四月，乙卯朔，岐兵寇蜀興元，唐道襲擊卻之。

6 上以久疾，五月，甲申朔，大赦。按歐史，此下當有「改元」二字。

7 甲辰，以清海留後劉巖爲節度使。考異曰：十國紀年：「甲辰，太祖授陟清海節度使；陟復名巖。」按薛史僭僞傳云「前僞漢劉陟。」胡賓王劉氏興亡錄：「高祖巖皇考葬段氏，得石版，有篆文曰『隱台巖』，因名其三子。」是先名巖後名陟也。吳越備史：「乾化四年，廣帥彭城巖遣陳用拙來使。」吳錄：「天祐十四年，南海王劉巖自立爲漢。」唐烈祖實錄：「天祐十四年，劉陟僭位，改名巖。」梁太祖實錄：「乾化元年五月，以清海節度副使劉陟爲節度使。二年四月，以韋戩爲潭、廣和叶使，云廣守淪謝，其母弟巖爲軍情所戴。七月，友珪加劉巖檢校太傅。」薛史梁末帝紀：「貞明五年九月，削奪廣州節度使劉巖官爵。」吳越備史載制詞亦云「彭城巖」。蓋嗣節度使後復名巖也。

惟莊宗實錄：「同光三年二月，廣南劉陟遣何詞來使。」莊宗列傳自嗣立至建號皆云劉陟。衆說不同，未知孰是。今以其首尾名巖，故但稱劉巖云。巖多延中國士人置於幕府，出爲刺史，刺史無武人。

8 蜀主如利州，命太子監國；監，古銜翻。六月，癸丑朔，至利州。欲親總兵以繼伐岐之師。

9 燕王守光嘗衣赭袍，衣，於既翻。赭，音者。赭袍，唐世天子之服。顧謂將吏曰：「今天下大亂，英雄角逐，吾兵強地險，亦欲自帝，何如？」孫鶴曰：「今內難新平，謂新平滄、德。斯言不當發於孫鶴。難，乃旦翻。公私困竭，太原窺吾西，契丹伺吾北，伺，相利翻。遽謀自帝，未見其可。大王但養士愛民，訓兵積穀，德政既脩，四方自服矣。」守光不悅。

又使人諷鎮、定，求尊己爲尚父，趙王鎔以告晉王。晉王怒，欲伐之，諸將皆曰：「是爲惡極矣，行當族滅，不若陽爲推尊以稔之。」稔其惡也。乃與鎔及義武王處直、昭義李嗣昭、振武周德威、天德宋瑤六節度使五鎮并河東爲六；然自昭義以下皆屬河東。共奉册推守光爲尚書令、尚父。守光不寤，以爲六鎮實畏己，益驕，乃具表其狀曰：「晉王等推臣，臣荷陛下厚恩，荷，下可翻。未之敢受。竊思其宜，不若陛下授臣河北都統，則并、鎮不足平矣。」并，謂晉王；鎮，謂趙王鎔。上亦知其狂愚，乃以守光爲河北道采訪使，唐之盛時，置十道采訪使，河北其一也；自安、史亂後不復除授。遣閤門使王瞳、受旨史彥羣册命之。受旨，蓋崇政院官屬，猶樞密院承旨也。梁避廟諱，改「承」爲「受」。

守光命僚屬草尚父、采訪使受册儀。乙卯，僚屬取唐册太尉儀獻之，守光視之，問何得無郊天、改元之事，對曰：「尚父雖貴，人臣也，安有郊天、改元者乎？」守光怒，投之於地，曰：「我地方二千里，帶甲三十萬，直作河北天子，誰能禁我！尚父何足爲哉！」命趣具即帝位之儀，趣，讀曰促。械繫瞳、彥羣及諸道使者於獄，既而皆釋之。考異曰：莊宗列傳劉守光傳云：「朱溫命僞閤門使王瞳、供奉官史彥章等使燕，册守光爲河北道采訪使。六月，汴使至，守光令所司定尚父、採訪使儀注，取二十四日受册。」朱溫傳亦云「史彥章」，莊宗實錄作「史彥璋」。編遺錄、薛史皆作「史彥羣」，今從之。又莊宗實錄：「三月己丑，鎮州遣押牙劉光業至，言劉守光凶淫縱毒，欲自尊大，請稔其惡以咎之，推爲尚父。乙未，上至晉陽宮，召張承業諸將等議討燕之謀，諸將亦云宜稔其禍。上令押衙戴漢超持墨制及六鎮書如幽州，其辭曰：『天祐八年三月二十七日，天德軍節度使宋瑤、振武節度使周德威、昭義節度使李嗣昭、易定節度使王處直、鎮州節度使王鎔、河東節度使·尚書令晉王謹奉册進盧龍、橫海等軍節度、檢校太師兼中書令燕王爲尚書令、尚父。』五月，六鎮使至，汴使亦集。六月，守光令有司定尚父、採訪使儀則。」梁太祖實錄都不言守光事，惟編遺錄云：「三月壬辰，差閤門使王瞳、受旨史彥羣齎國禮賜幽州劉守光。甲午，守光連上表章，率以鎮、定既與河東結懽，兼同差使請當道卻行天祐年號事。守光尋捉王瞳、史彥羣上下一行並囚禁，數日後放出。」按莊宗實錄及南唐烈祖實錄皆云「三月辛亥晉王遣戴漢超推守光爲尚父。」辛亥，三月二十七日也。壬辰乃三月初八日，王瞳等安得已在幽州！甲午乃三月十日，守光安得上表云「六鎮推臣爲尚父」！編遺錄月日多差錯，今不取。

10 帝命楊師厚將兵三萬屯邢州。欲攻趙也。

11 蜀諸將擊岐兵，屢破之。秋，七月，蜀主西還，留御營使昌王宗鐬屯利州。鐬，火外翻。

12 辛丑，帝避暑於張宗奭第，開平元年張全義賜名宗奭見上卷。按薛史，張宗奭私第在洛陽會節坊。亂其婦女殆徧。宗奭子繼祚不勝憤恥，勝，音升。欲弑之。宗奭止之曰：「吾家頃在河陽，爲李罕之所圍，見二百五十七卷唐僖宗文德元年。啗木屑以度朝夕，啗，徒濫翻。賴其救我，得有今日，此恩不可忘也。」乃止。甲辰，還宮。

13 趙王鎔以楊師厚在邢州，甚懼，九域志：邢州北至趙州一百四十四里耳。兵臨其境，故甚懼。會晉王于承天軍。晉王謂鎔父友也，事之甚恭。鎔先與晉王克用比肩事唐，且通好。鎔以梁寇爲憂，晉王曰：「朱溫之惡極矣，天將誅之，雖有師厚輩不能救也。脫有侵軼，軼，徒結翻。僕自帥衆當之，帥，讀曰率。叔父勿以爲憂。」鎔捧卮爲壽，謂晉王爲四十六舅。晉王第四十六。鎔幼子昭誨從行，晉王斷衿爲盟，許妻以女。斷，都管翻。衿，音今。妻，七細翻。由是晉、趙之交遂固。

14 八月，庚申，蜀主至成都。自利州還。

15 燕王守光將稱帝，將佐多竊議以爲不可，守光乃置斧質於庭質，椹也。曰：「敢諫者斬！」孫鶴曰：「滄州之破，鶴分當死，蒙王生全，事見上卷開平四年。分，扶問翻。劉守光囚父殺兄，幽、滄之人義不與共戴天可也。孫鶴受劉守文委任，不能以死殉之，乃銜守光生全之恩，忠諫而死，是可以死而不能死，可以無死而死也。以至今日，今日【章：十二行本不重「今日」二字；乙十一行本同；孔本同；張校同。】敢愛死而忘恩乎！竊以爲今日之帝未可也。」守光怒，伏諸質上，令軍士冎而噉之。冎，古瓦翻。噉，徒濫翻。鶴呼曰：「不出百日，大兵當至！」【章：十二行本作「百日之外必有急兵」八字；乙十一行本同；張校同，云無註本與吳本同。】守光命以土窒其口，寸斬之。呼，火故翻。

甲子，守光卽皇帝位，國號大燕，改元應天。以梁使王瞳爲左相，盧龍判官齊涉爲右相，史彥羣爲御史大夫。考異曰：編遺錄云御史臺副使。今從莊宗實錄。受册之日，契丹陷平州，燕人驚擾。宋白曰：平州，舜十二州爲營州之境。周官職方在幽州之地，春秋爲山戎孤竹、白狄肥子二國地，漢爲肥如、石城之地。唐武德初置平州於盧龍。

16 岐王使劉知俊、李繼崇將兵擊蜀，乙亥，王宗侃、王宗賀、唐道襲、王宗紹與之戰於青泥嶺，青泥嶺在興州長舉縣西北五十里，懸崖萬仞，上多雲雨，行者多逢泥淖。蜀兵大敗，馬步使王宗浩奔興州，溺死於江，此江，嘉陵江也。道襲奔興元。先是，步軍都指揮使王宗綰城西縣，號安遠軍，九域志：西縣在興元府西一百里。宗侃、宗賀等收散兵走保之，知俊、繼崇追圍之。衆議欲棄興元，道襲曰：「無興元則無安遠，利州遂爲敵境矣。九域志：興元西至西縣百里，西縣抵利州界四十五里，自界首至利州二百六十四里。吾必以死守之。」蜀主以昌王宗鐬爲應援招討使，定戎團練使王宗播爲四招討馬步都指揮使，蜀主先已遣三招討使伐岐，今又以王宗鐬爲應援招討使，是爲四招討。將兵救安遠軍，壁於廉、讓之間，廉水出大巴山北谷中。讓水，其源起於廉水，溉田之餘，東南流至古廉水城之側。二水在南鄭縣東南。杜佑曰：綿州昌明縣有廉水、讓水。宋白續通典：縣有清廉鄉、讓水鄉。與唐道襲合擊岐兵，大破之於明珠曲。明日又戰於凫口，斬其成州刺史李彥琛。

17 九月，帝疾稍愈，聞晉、趙謀入寇，自將拒之。戊戌，以張宗奭爲西都留守。庚子，帝發洛陽。甲辰，至衞州，方食，軍前奏晉軍已出井陘。陘，音刑。帝遽命輦北趣邢洺，晝夜倍道兼行。丙午，至相州，九域志：衞州北至相州一百二十五里，自相州又北則趣邢洺。趣，七喻翻。聞晉兵不出，乃止。相州刺史李思安不意帝猝至，落然無具，坐削官爵。

18 湖州刺史錢鏢酗酒殺人，鏢，甫招翻。酗，吁句翻。恐吳越王鏐罪之，冬，十月，辛亥朔，殺都監潘長、推官鍾安德，奔于吳。

19 晉王聞燕主守光稱帝，大笑曰：「俟彼卜年，吾當問其鼎矣。」以周成王卜年、楚子問鼎之事戲笑守光。張承業請遣使致賀以驕之，使，疏吏翻；下通使之使同。晉王遣太原少尹李承勳往。承勳至幽州，用鄰藩通使之禮。燕之典客者曰：「吾王帝矣，公當稱臣庭見。」見，賢遍翻。承勳曰：「吾受命於唐朝爲太原少尹，朝，直遥翻。燕王自可臣其境內，豈可臣他國之使乎！」守光怒，囚之數日，出而問之曰：「臣我乎？」承勳曰：「燕王能臣我王，則我請爲臣；不然，有死而已！」守光竟不能屈。

20 蜀主如利州，聞王宗侃爲岐所敗，故復如利州，以爲繼援。命太子監國。決雲軍虞候王琮敗岐兵，敗，補邁翻。執其將李彥太，俘斬三千五百級。乙卯，捉生將彭君集破岐二寨，俘斬三千級。王宗侃遣裨將林思諤自中巴間行至泥溪，巴州在三巴之中，謂之中巴。興元之南有大行路，逕孤雲兩角，過米倉山則至巴州。按後唐伐蜀還，魏王繼岌與李紹琛軍行次舍泥溪，當在劍州北利州界。見蜀主告急，蜀主命開道都指揮使王宗弼將兵救安遠，及劉知俊戰于斜谷，破之。斜，余遮翻。谷，余玉翻。

21 甲寅夜，帝發相州，乙卯，至洹水。是夜，邊吏言晉、趙兵南下，帝卽時進軍，丙辰，至魏縣。洹水在魏州之西成安縣界。九域志：魏州成安縣有洹水鎮。成安縣在州西三十五里。魏縣在魏州西三十五里。或告云：「沙陀至矣！」士卒恟懼，多逃亡，嚴刑不能禁。既而復告云無寇，上下始定。敗兵之氣，沒世不復，此之謂也。而復，扶又翻。戊午，貝州奏晉兵寇東武，尋引去。帝以夾寨、柏鄉屢失利，夾寨之敗見二百六十六卷開平二年，柏鄉之敗見上卷本年。故力疾北巡，思一雪其恥，意鬱鬱，多躁忿，功臣宿將往往以小過被誅，衆心益懼。薛史本紀：帝至相州，左龍驤都教練使鄧季筠、魏博馬軍都指揮使何令稠、右廂馬軍都指揮使陳令勳，以部下馬瘦，並腰斬于軍門；次魏縣，先鋒指揮使黃文靖伏誅。既而晉、趙兵竟不出。帝以忿兵輕行，求雪再敗之恥，使其果與晉、趙遇，亦必敗矣。十一月，壬午，帝南還。

22 燕主守光集將吏謀攻易定，幽州參軍景城馮道以爲未可；景城縣屬瀛州，漢舊縣名。守光怒，繫獄，或救之，得免。道亡奔晉，張承業薦於晉王，以爲掌書記。馮道自此歷事唐、晉、漢、周，位極人臣，不聞諫爭，豈懲諫守光之禍邪。丁亥，王處直告難于晉。難，乃旦翻。

23 懷州刺史開封段明遠妹爲美人。戊子，帝至獲嘉，九域志：獲嘉縣在懷州東北一百五十里。明遠饋獻豐備，帝悅。段明遠後改名凝，階此寵任，位爲上將，梁遂以亡。

24 庚寅，保塞節度使高萬興奏遣都指揮使高萬金將兵攻鹽州，刺史高行存降。考異曰：實錄：「開平三年六月丁未，靈武韓遜奏收復鹽州，擒僞刺史李繼直已下六十二人。」至此年降高行存下云：「鹽州與吐蕃、党項犬牙相接，爲二境咽喉之地；又烏池鹽醝之利，戎、羌意未嘗息。唐建中初爲吐蕃所陷，砥其墉而去，由是銀、夏、寧、延洎于靈武，歲以河南、山東、淮南、青、徐、江、浙等道兵士不啻四萬分護其地，謂之防秋。貞元九年，朝政稍暇，乃命副元帥渾瑊總兵三萬復取其地，建百雉焉，自是虜塵乃息，邊患遂止。唐代革命，又復失之。今纔動偏師，遽收襟要，國之右臂，瘡疣其息哉！」李茂貞養子多連「繼」字。開平三年所收，似屬鳳翔。今又收復，云「唐革命失之」，前後必一誤，或者開平既得又失之也。

25 壬辰，帝至洛陽，疾復作。復，扶又翻。

26 蜀王宗弼敗岐兵於金牛，敗，補邁翻；下同。拔十六寨，俘斬六千餘級，擒其將郭存等。丙申，王宗鐬、王宗播敗岐兵於黃牛川，擒其將蘇厚等。丁酉，蜀主自利州如興元。援軍既集，安遠軍望其旗，旗，謂蜀主之旗也。王宗侃等鼓譟而出，與援軍夾攻岐兵，大破之，拔二十一寨，斬其將李廷志等。己亥，岐兵解圍遁去。解安遠之圍而遁。唐道襲先伏兵於斜谷邀擊，又破之。庚子，蜀主西還。岐兵既敗走，遂還。

岐王左右石簡顒讒劉知俊於岐王，顒，魚容翻。王奪其兵。李繼崇言於王曰：「知俊壯士，窮來歸我，不宜以讒廢之。」王爲之誅簡顒以安之。爲，于僞翻。繼崇召知俊舉族居于秦州。李繼崇時鎮秦州。繼崇尋不能守秦州，劉知俊由此亦降于蜀。

27 戊申，燕主守光將兵二萬寇易定，攻容城。容城，漢縣名，唐屬易州，宋屬雄州。王處直告急于晉。

28 十二月，乙卯，以朗州留後馬賓爲永順節度使、同平章事。賓，徂宗翻。馬殷之弟也。

29 鎮南留後盧延昌遊獵無度，百勝軍指揮使黎球殺之，自立；將殺譚全播，全播稱疾請老，乃免。丙辰，以球爲虔州防禦使。未幾，球卒，幾，居豈翻。牙將李彥圖代知州事，全播愈稱疾篤。劉巖聞全播病，發兵攻韶州，破之，刺史廖爽奔楚，唐天復二年，虔人取韶州，至是復爲劉氏。廖，力救翻。楚王殷表爲永州刺史。

30 丁巳，蜀主至成都。自興元還至成都。

31 戊午，以靜海留後曲美爲節度使。

32 癸亥，以靜江行軍司馬姚彥章爲寧遠節度副使，權知容州，從楚王殷之請也。劉巖遣兵攻容州，殷遣都指揮使許德勳以桂州兵救之；彥章不能守，乃遷容州士民及其府藏奔長沙，巖遂取容管及高州。藏，徂浪翻。開平四年，楚取容管及高州，至是棄之。

33 甲子，晉王遣蕃漢馬步總管周德威將兵三萬攻燕，以救易定。

34是歲，蜀主以内樞密使潘炕爲武泰節度使，唐置武泰軍於黔州。炕從弟宣徽南院使峭爲内樞密使。從，才用翻。峭，七肖翻。

二年（壬申、九一二）

1春，正月，德威東出飛狐，自代州出飛狐。宋白曰：飛狐縣，漢代郡地。曹魏封樂進於廣昌侯國，後周於五龍城置廣昌縣；隋改飛狐縣，因縣北飛狐口爲名。與趙王將王德明、義武將程巖會于易水。趙王，王鎔。義武，王處直。丙戌，三鎭兵進攻燕祁溝關，下之；三鎭，幷、鎭、定。祁溝關在涿州南，易州拒馬河之北。自關而西至易州六十里。拒馬河東至新城縣四十里。戊子，圍涿州。宋白曰：涿州，古涿鹿地。漢高帝置涿郡，魏改范陽郡，取漢涿縣在范水之陽爲名。唐大曆四年立涿州。南至莫州一百六十里，東北至幽州一百二十里。刺史劉知溫城守，守，手又翻。劉守奇之客劉去非大呼於城下，呼，火故翻。謂知溫曰：「河東小劉郎來爲父討賊，爲，于僞翻。何豫汝事而堅守邪？」守奇免冑勞之，劉守奇奔晉，見二百六十六卷開平元年。勞，力到翻。知溫拜於城上，遂降。周德威疾守奇之功，譖諸晉王，此周德威之褊也。降，戶江翻。王召之；守奇恐獲罪，與去非及進士趙鳳來奔，上以守奇爲博州刺史。去非、鳳，皆幽州人也。先是，燕主守光籍境內丁壯，悉文面爲兵，雖士人不免，鳳詐爲僧奔晉，守奇客之。先，悉薦翻。

丁酉，德威至幽州城下，守光來求救。二月，帝疾小愈，議自將擊鎭、定以救之。

2 帝聞岐、蜀相攻，辛酉，遣光祿卿盧玭等使于蜀，遺蜀主書，玭，蒲眠翻。遺，唯季翻。呼之爲兄。帝與蜀主偕起於細微者也。蜀兵強地險，帝自度力不能制，故用敵國禮，呼之爲兄。

3 甲子，帝發洛陽。從官以帝誅戮無常，多憚行，帝聞之，益怒。是日，至白馬頓，賜從官食，多未至，遣騎趣之於路。從，才用翻。趣，讀曰促。左散騎常侍孫騭、右諫議大夫張衍、兵部郎中張儁最後至，帝命撲殺之。騭，職日翻。撲，弼角翻。考異曰：梁祖實錄云賜自盡，今從莊宗實錄。衍，宗奭之姪也。

丙寅，帝至武陟。九域志：武陟縣在懷州東八十里。段明遠供饋有加於前。丁卯，至獲嘉，帝追思李思安去歲供饋有闕，貶柳州司戶，告辭稱明遠之能曰：「觀明遠之忠勤如此，見思安之悖慢何如！」尋長流思安於崖州，賜死。時遠貶者悉賜死。柳州遠踰嶺嶠，崖州再涉鯨波，思安寧得至邪！明遠後更名凝。更，工衡翻。

乙亥，帝至魏州，命都招討使宣義節度使楊師厚、副使·前河陽節度使李周彝圍棗強，招討應接使·平盧節度使賀德倫、副使·天平留後袁象先圍蓨縣。九域志：棗強縣在鎮州東南五十五里。蓨縣在冀州東北一百五十里。宋白曰：蓨縣即漢條侯國，隋開皇五年改條縣爲蓨縣。蓨，音條。德倫，河西胡人；象先，下邑人也。

戊寅，帝至貝州。

4 辰州蠻酋宋鄴、昌師益皆帥衆降於楚，酋，慈由翻。帥，讀曰率。楚王殷以鄴爲辰州刺史，師益爲溆州刺史。溆，音敍。

5 帝晝夜兼行，三月，辛巳，至下博南，登觀津冢。漢觀津縣古城東南有青山，卽漢文帝竇后父少消冢也。消是縣人，遭秦之亂，漁釣隱身，墜淵而死。景帝立，后遣使者塡以葬父，起大墳於觀津城東南，縣民謂之竇氏青山。趙將符習引數百騎巡邏，不知是帝，遽前逼之。或告曰：「晉兵大至矣！」帝棄行幄，亟引兵趣棗強，與楊師厚軍合。邏，郎佐翻。自下博至棗強六十餘里。趣，七喻翻。習，趙州人也。棗強城小而堅，趙人聚精兵數千人守之，師厚急攻之，數日不下，城壞復脩，死傷者以萬數。此言攻城之卒死傷者也。城中矢石將竭，謀出降，有一卒奮曰：「賊自柏鄉喪敗已來，視我鎭人裂眥，喪，息浪翻。眥，疾智翻。今往歸之，如自投虎狼之口耳。困窮如此，何用身爲！我請獨往試之。」夜，縋城出，詣梁軍詐降，縋，馳僞翻。李周彝召問城中之備，對曰：「非半月未易下也。」易，以豉翻。因謀曰：「謀」，當作「請」。「某旣歸命，願得一劍，效死先登，取守城將首。」將，卽亮翻。周彝不許，使荷擔從軍。卒得間舉擔擊周彝首，踣地，左右救至，得免。荷，下可翻，又如字。擔，都濫翻。間，古莧翻。踣，蒲北翻。考異曰：莊宗實錄：「頃之，周彝晝寢，左右未至，其人抽擔擊周彝首，踣於地，求兵仗不獲。周彝大呼，左右救至，獲免。卒睨周彝曰：『吾比欲剸刃於朱溫之腹，非圖爾也，誤矣。』」編遺錄云：「時有一百姓來投軍中，李周彝收於部伍間，謂周彝曰：『請賜一劍，願先登以收其牆。』未許間，忽然抽茶擔子揮擊周彝，頭上中擔，幾仆于地。左右擒之，元是棗強邑中遣來詐降，本意欲窺算招討使楊師厚，斯人不能辨，乃誤中周彝。」按此卒從周彝請劍，周彝不許而令負擔，豈不知周彝非溫也。又帝王與將帥居處侍衛不同，豈容不識而誤中之！若本欲殺楊師厚，則似近之。今既可疑，皆不取。帝聞之，愈怒，命師厚晝夜急攻，丙戌，拔之，無問老幼皆殺之，流血盈城。

初，帝引兵渡河，聲言五十萬。晉忻州刺史李存審屯趙州，患兵少，裨將趙行實請入土門避之，存審不可。入土門則退歸晉陽矣。及賀德倫攻蓨縣，存審謂史建瑭、李嗣肱曰：「吾王方有事幽薊，無兵此來，南方之事委吾輩數人。今蓨縣方急，吾輩安得坐而視之！使賊得蓨縣，必西侵深、冀，患益深矣。當與公等以奇計破之。」存審乃引兵扼下博橋，漳水逕下博縣，蓋跨漳水爲橋也。使建瑭、嗣肱分道擒生。建瑭分其麾下爲五隊，隊各百人，一之衡水，一之南宮，一之信都，信都，漢古縣，唐帶冀州。蓋其治所雖在郭下，而所管地界則環冀州近郊皆是也。一之阜城，自將一隊深入，與嗣肱遇梁軍之樵芻者皆執之，獲數百人。明日會於下博橋，皆殺之，留數人斷臂縱去，曰：「爲我語朱公：晉王大軍至矣！」斷，音短。爲，于僞翻。語，牛倨翻。時蓨縣未下，帝引楊師厚兵五萬，就賀德倫共攻之。丁亥，始至縣西，未及置營，建瑭、嗣肱各將三百騎，效梁軍旗幟服色，與樵芻者雜行，幟，昌志翻。日且暮，至德倫營門，殺門者，縱火大譟，弓矢亂發，左右馳突，既暝，各斬馘執俘而去。營中大擾，不知所爲。斷臂者復來曰：「晉軍大至矣！」復，扶又翻。帝大駭，燒營夜遁，以朱溫之狡，濟之以楊師厚，使遇他敵，猶在亂而能整。

今史建瑭等以奇兵撓之，遂相與狼狽，至於散遁不能復振者，主將上下先有畏晉之心故也。迷失道，委曲行百五十里，戊子旦乃至冀州；蓨之耕者皆荷鉏奮梃逐之，委棄軍資器械不可勝計。梃，徒鼎翻。勝，音升。既而復遣騎覘之，覘，丑廉翻，又丑豔翻。曰：「晉軍實未來，此乃史先鋒遊騎耳。」晉王以史建瑭爲先鋒指揮使，故稱之。帝不勝慙憤，親御六軍，見敵之遊兵而遁，故慙；師屢出而屢敗，故憤。不能自勝，言其甚也。由是病增劇，不能乘肩輿。留貝州旬餘，諸軍始集。潰散之甚，久而後集。

6 義昌節度使劉繼威年少，淫虐類其父，劉繼威父守光。淫於都指揮使張萬進家，萬進怒，殺之。詰旦，召大將周知裕，告其故。萬進自稱留後，以知裕爲左都押牙。庚子，遣使奉表請降，亦遣使降于晉；晉王命周德威安撫之。知裕心不自安，【章：十二行本「安」下有「求爲景州刺史」六字；乙十一行本同；孔本同；退齋校同。】遂來奔，帝爲之置歸化軍，爲，于僞翻。以知裕爲指揮使，凡軍士自河朔來者皆隸之。辛丑，以萬進爲義昌留後。甲辰，改義昌爲順化軍，以萬進爲節度使。爲楊師厚劫徙張萬進張本。

7 乙巳，帝發貝州；丁未，至魏州。貝州南至魏州二百一十里。

8 戊申，周德威遣裨將李存暉等攻瓦橋關，九域志：瓦橋關在涿州南一百二十里。其將吏及莫州刺史李嚴皆降。嚴，幽州人也，涉獵書傳，傳，直戀翻。晉王使傅其子繼岌，嚴固辭。晉王怒，將斬之，教練使孟知祥徒跣入諫曰：「強敵未滅，大王豈宜以一怒戮嚮義之士乎！」言非所以招懷燕人。乃免之。知祥，遷之弟子，孟遷以邢州降晉，又背晉以邢州降梁者也。孟知祥始此。李克讓之壻也。李克讓，晉王克用之弟。

9 吳鎭南節度使劉威，歙州觀察使陶雅，宣州觀察使李遇，常州刺史李簡，皆武忠王舊將，有大功，楊行密謚武忠王。以徐溫自牙將秉政，徐溫自右牙指揮使秉政，見二百六十六卷開平元年。內不能平；李遇尤甚，常言：「徐溫何人，吾未嘗識面，一旦乃當國邪！」館驛使徐玠使於吳越，道過宣州，溫使玠說遇入見新王，說，式芮翻。見，賢遍翻。遇初許之；玠曰：「公不爾，不爾，猶言不如此也。人謂公反。」遇怒曰：「君言遇反，殺侍中者非反邪！」侍中，謂威王也。楊渥謚威王。李遇斥言徐溫殺之。溫怒，以淮南節度副使王檀爲宣州制置使，「王檀」恐當作「王壇」。數遇不入朝之罪，數，所具翻。朝，直遙翻；下同。遣都指揮使柴再用帥昇、潤、池、歙兵納檀于宣州，帥，讀曰率。昇州副使徐知誥爲之副。遇不受代，再用攻宣州，踰月不克。

10 夏，四月，癸丑，以楚王殷爲武安、武昌、靜江、寧遠節度使，洪、鄂四面行營都統。欲使攻楊氏之洪、鄂也。

11 乙卯，博王友文來朝，來朝於魏州行宮。請帝還東都。丁巳，發魏州；己未，至黎陽，以疾淹留；乙丑，至滑州。黎陽至滑州，隔大河耳。今滑州古城已淪於河。

12 維州羌胡董琢反，蜀主遣保鑾軍使趙綽討平之。

13 己巳，帝至大梁。

14 帝聞嶺南與楚相攻，甲戌，以右散騎常侍韋戩等爲潭、廣和叶使，戩，子踐翻。往解之。

15 戊寅，帝發大梁。

16 周德威白晉王，以兵少不足攻城，言幽州城大而固，非兵少所能攻。晉王遣李存審將吐谷渾、契苾騎兵會之。契，欺訖翻。李嗣源攻瀛州，刺史趙敬降。

17 五月，甲申，帝至洛陽，疾甚。

18 司空、門下侍郎、同平章事薛貽矩卒。

19 燕主守光遣其將單廷珪將精兵萬人出戰，與周德威遇於龍頭岡。龍頭岡在幽州城東南。考異曰：莊宗實錄作「羊頭岡」，今從莊宗列傳。莊宗實錄：「四月己卯朔，周德威擒單廷珪，進軍大城莊。」薛史及莊宗列傳周德威傳云，「五月七日擒廷珪，十二日次大城莊。」今從之。廷珪曰：「今日必擒周楊五以獻。」楊五者，德威小名也。既戰，見德威於陳，陳，讀曰陣。援槍單騎逐之，援，于元翻。槍及德威背，德威側身避之，奮檛反擊廷珪墜馬，單廷珪之馬方疾馳，勢不得止。周德威側身避其鋒，馬差過前，則德威已在槍裹，奮檛擊廷珪，廷珪安所避之，此其所以墜馬也。格鬬之勢，刀不如棒，謂此也。生擒，置於軍門。燕兵退走，德威引騎乘之，燕兵大敗，斬首三千級。廷珪，燕驍將也，燕人失之，奪氣。

20 己丑，蜀大赦。

21 李遇少子爲淮南牙將，遇最愛之，徐溫執之，至宣州城下示之，其子啼號求生，少，詩照翻。號，戶高翻。遇由是不忍戰。舉大事者不顧家。李遇既與徐溫爲敵，乃顧一子邪！溫使典客何蕘入城，以吳王命說之蕘，如招翻。說，式芮翻。曰：「公本志果反，請斬蕘以徇；不然，隨蕘納款。」遇乃開門請降，溫使柴再用斬之，夷其族。於是諸將始畏溫，莫敢違其命。諸將，謂劉威、陶雅輩。

徐知誥以功遷昇州刺史。知誥事溫甚謹，安於勞辱，或通夕不解帶，溫以是特愛之，每謂諸子曰：「汝輩事我能如知誥乎？」徐溫以善事楊行密而竊吳國之權，徐知誥以善事徐溫而竊徐氏之權，天邪，人邪！時諸州長吏多武夫，專以軍旅爲務，不恤民事；知誥在昇州，獨選用廉吏，脩明政教，招延四方士大夫，傾家貲無所愛。洪州進士宋齊丘，好縱橫之術，好，呼到翻。縱，子容翻。謁知誥，知誥奇之，辟爲推官，與判官王令謀、參軍王翃專主謀議，翃，乎萌翻。以牙吏馬仁裕、周宗、曹悰爲腹心。悰，徂宗翻。仁裕，彭城人；宗，漣水人也。爲知誥篡楊氏張本。

22 閏月，壬戌，帝疾增甚，謂近臣曰：「我經營天下三十年，帝以唐僖宗中和三年鎭宣武，創業之始也，至是年三十一年。不意太原餘孽更昌熾如此！謂晉也。孽，魚列翻。吾觀其志不小，天復奪我年，復，扶又翻；下同。我死，諸兒非彼敵也，吾無葬地矣！」因哽咽，哽，古杏翻。絕而復蘇。氣絕而復息爲蘇。

23高季昌潛有據荆南之志，乃奏築江陵外郭，增廣之。

24丙寅，蜀門下侍郎、同平章事王鍇罷爲兵部尚書。鍇，口駭翻。

25帝長子郴王友裕早卒。郴，丑林翻。次假子博王友文，友文本姓康，名勤。帝特愛之，常留守東都，兼建昌宮使。帝以大梁舊第爲建昌宮。次郢王友珪，其母亳州營倡也，倡，音昌。薛史：友珪小字遥喜，母失其姓，本亳州營妓也。唐光啓中，帝徇地亳州，召而侍寢。月餘，將捨之而去，以娠告。是時元貞張后賢而有寵，帝素憚之，由是不果攜歸大梁，因留亳州，以別宅貯之。及期，妓以生男來告，帝喜，故字之曰「遥喜」。後迎歸汴。爲左右控鶴都指揮使。【章：十二行本「使」下有「無寵」二字；乙十一行本同；孔本同；張校同。】次均王友貞，爲東都馬步都指揮使。

初，元貞張皇后嚴整多智，帝敬憚之。后殂，張后殂於唐昭宗天祐元年。帝縱意聲色，諸子雖在外，常徵其婦入侍，帝往往亂之。友文婦王氏色美，帝尤寵之，雖未以友文爲太子，帝意常屬之。屬，之欲翻。友珪心不平。友珪嘗有過，帝撻之，友珪益不自安。帝疾甚，命王氏召友文於東都，欲與之訣，且付以後事。友珪婦張氏亦朝夕侍帝側，知之，密告友珪曰：「大家以傳國寶付王氏懷往東都，吾屬死無日矣。」夫婦相泣。左右或說之曰：「事急計生，何不改圖，時不可失！」古人有言曰：「淫而不父，必有子禍。」豈不信哉！說，式芮翻。

六月，丁丑朔，帝命敬翔出友珪爲萊州刺史，即令之官。已宣旨，未行敕。敬翔時爲宣政使，故使之行敕。翔佐帝有年矣，軍國大謀無不預，隨事彌縫，轉帝兇暴之氣以成，功亦不爲小。寢疾彌留而出友珪於外，使翔能爲之謀，則必有以處友珪，而帝免剸刃之禍。顛而不扶，焉用彼相哉！時左遷者多追賜死，友珪益恐。

戊寅，友珪易服微行入左龍虎軍，見統軍韓勍，以情告之。勍亦見功臣宿將多以小過被誅，懼不自保，遂相與合謀。臣子俱逆，亦上之人有以致之也。被，皮義翻。勍以牙兵五百人從友珪雜控鶴士入，伏於禁中，梁以侍衞親軍爲控鶴軍。中夜斬關入，至寢殿，侍疾者皆散走。帝驚起，問：「反者爲誰？」友珪曰：「非他人也。」帝曰：「我固疑此賊，恨不早殺之。汝悖逆如此，天地豈容汝乎！」悖，蒲內翻，又蒲沒翻。友珪曰：「老賊萬段！」友珪僕夫馮廷諤刺帝腹，刃出於背。刺，七亦翻。友珪自以敗氈裹之，瘞於寢殿，年六十一。瘞，於計翻。祕不發喪。遣供奉官丁昭溥馳詣東都，命均王友貞殺友文。

己卯，矯詔稱：「博王友文謀逆，遣兵突入殿中，賴郢王友珪忠孝，將兵誅之，保全朕躬。然疾因震驚，彌致危殆，宜令友珪權主軍國之務。」韓勍爲友珪謀，爲，于僞翻。多出府庫金帛賜諸軍及百官以取悅。

辛巳，丁昭溥還，還，從宣翻。聞友文已死，乃發喪，宣遺制，友珪卽皇帝位。

時朝廷新有內難，中外人情恟恟。難，乃旦翻。恟，許勇翻。許州軍士更相告變，匡國節度使韓建皆不之省，亦不爲備；更，工衡翻。省，悉景翻。史言韓建死期將至。丙申，馬步都指揮使張厚作亂，殺建，考異曰：莊宗實錄，九月建遇害。今從薛史。友珪不敢詰，詰，去吉翻。甲辰，以厚爲陳州刺史。

26 秋，七月，丁未，大赦。

27 天雄節度使羅周翰幼弱，軍府事皆決於牙內都指揮使潘晏；北面都招討使、宣義節度使楊師厚軍於魏州，久欲圖之，憚太祖威嚴，不敢發。至是，師厚館於銅臺驛，因銅雀臺以名驛。然銅雀臺在鄴，不在魏州。潘晏入謁，執而殺之，引兵入牙城，據位視事。壬子，制以師厚爲天雄節度使，考異曰：梁功臣列傳楊師厚傳云：「太祖初棄天下，郡府乘間爲亂甚衆。魏之衙內都指揮使潘晏與大將臧延範、趙訓將謀反變；有密告者，師厚布兵擒捕，斬之。七月除魏博節度使。」薛史師厚傳略同。今從莊宗列傳朱友珪傳及莊宗實錄。徙周翰爲宣義節度使。唐僖宗文德元年，羅弘信得魏博，傳子至孫而亡。

28 以侍衞諸軍使韓勍領匡國節度使。韓勍以同逆領節。

29 甲寅，加吳越王鏐尙父。

30 甲子，以均王友貞爲開封尹、東都留守。

31 蜀太子元坦更名元膺。宗懿更名元坦，見上卷開平四年。按歐史，蜀主建時得銅牌子于什仿縣，有文二十餘字，建以爲符讖，因取之以名諸子，故又更名元膺。更，工衡翻。

32丙寅，廢建昌宮使，以河南尹張宗奭爲國計使，凡天下金穀舊隸建昌宮者悉主之。梁祖受禪，以博王友文領建昌宮使，專領金穀。友珪既殺友文，故廢之而置國計使。

33八月，龍驤軍三千人戍懷州者，戍懷州所以備晉人自上黨下太行以窺洛陽。潰亂東走，所過剽掠；剽，匹妙翻。考異曰：莊宗列傳友珪傳云：「重霸據懷州爲亂，壯健者團結於鞏村，將爲朱溫雪恥。」明宗實錄杜晏球傳云：「龍驤軍作亂，欲入京城，已至河陽。」今按梁祖實錄，戊子鄭州奏稱懷州屯駐龍驤騎軍潰散，十一日夜至州南十五里鞏村安下，及五鼓分隊逃逸，安得據懷州及至河陽事也！戊子，遣東京馬步軍都指揮使霍彥威、左耀武指揮使杜晏球討之，庚寅，擊破亂軍，執其都將劉重遇於鄢陵，甲午，斬之。爲友貞以龍驤軍起義誅友珪張本。

34郢王友珪既篡立，諸宿將多憤怒，雖曲加恩禮，終不悅。告哀使至河中，護國節度使冀王朱友謙泣曰：「先帝數十年開創基業，前日變起宮掖，聲聞甚惡，聞，音問。吾備位藩鎮，心竊恥之。」朱友謙本陝州牙將朱簡也，唐末附朱溫，賜名友謙，列於諸子，故因此聲友珪弒逆之罪。律以古法，臣弒君，子弒父，凡在官者殺無赦，則友珪之罪，凡爲梁之臣子者皆得而誅之也。友珪加友謙侍中、中書令，以詔書自辨，且徵之。友謙謂使者曰：「所立者爲誰？先帝晏駕不以理，吾且至洛陽問罪，何以徵爲！」戊戌，以侍衛諸軍使韓勍爲西面行營招討使，督諸軍討之。友謙以河中附於晉以求救，九月，丁未，以感化節度使康懷貞爲河中都招討使，更以韓勍副之。

35友珪以兵部尚書知崇政院事敬翔，太祖腹心，恐其不利於己，欲解其內職，內職，謂知崇政院事。恐失人望，庚午，以翔爲中書侍郎、同平章事；壬申，以戶部尚書李振充崇政院使。翔多稱疾不預事。敬翔、李振於此時皆先朝佐命功臣也。李振代敬翔領崇政院使，則振與友珪同惡。敬翔雖稱疾不預事，若律之以古人主在與在主亡與亡之法，亦不免於死。

36康懷貞等與忠武節度使牛存節合兵五萬屯河中城西，攻之甚急。晉王遣其將李存審、李嗣肱、李嗣恩將兵救之，敗梁兵于胡壁。敗，補邁翻。嗣恩，本駱氏子也。歐史義兒傳，嗣恩本姓駱，吐谷渾部人。

37吳武忠王之疾病也，周隱請召劉威，事見二百六十五卷唐天祐二年。威曰【章：十二行本「曰」作「由」；乙十一行本同；孔本同；熊校同。】是爲帥府所忌。帥府，謂廣陵帥府。帥，所類翻。或譖之於徐溫，溫將討之。威幕客黃訥說威曰：說，式芮翻。「公受謗雖深，反本無狀，若輕舟入覲，則嫌疑皆亡矣。」威從之。陶雅聞李遇敗，亦懼，與威偕詣廣陵，溫待之甚恭，如事武忠王之禮，優加官爵，雅等悅服，由是人皆重溫。訥，蘇州人也。溫與威、雅帥將吏請於李儼，承制加嗣吳王隆演太師、吳王，隆演之嗣吳王，李茂貞承制所加也。楊行密因李儼來使尊之承制，徐溫等因其舊而請於儼。帥，讀曰率。以溫領鎮海節度使、同平章事，淮南行軍司馬如故。溫遣威、雅還鎮。劉威鎮洪州，陶雅鎮歙州。徐溫事威、雅如事楊行密，貴而不敢忘舊者，能矯情爲之；至於遣威、雅歸鎮，不特時人服之，威、雅亦心服矣。自古以來，英雄分量固自不同，至於隨其分量以制一時之事則一也。善觀史者毋忽諸！

38 辛巳，蜀改劍南東川曰武德軍。

39 朱友謙復告急于晉，復，扶又翻。冬，十月，晉王自將自澤潞而西，不自太原南出汾、晉。將，即亮翻。遇康懷貞於解縣，宋白曰：解縣，漢舊縣，後魏改爲北解縣。按此前解縣在臨晉縣界，隋開皇十六年於此置解縣，大業二年省，九年自綏化故城移虞鄉縣於廢縣理。唐武德元年改虞鄉縣爲解縣，仍於蒲州界別置虞鄉縣。九域志：解在蒲州東九十五里，虞鄉在蒲州東六十里。解，戶買翻。考異曰：莊宗同光四年實錄、莊宗列傳、薛史、唐餘錄朱友謙傳皆云「與汴軍遇於平陽，大破之。」今從莊宗天祐九年實錄。大破之，斬首千級，追至白徑嶺而還。白徑嶺在河中安邑縣東。梁兵解圍，退保陝州。九域志：河中南至陝州二百三十八里。陝，失冉翻。友謙身自至猗氏謝晉王，九域志：猗氏縣在河中府東北九十五里。從者數十人，撤武備，詣晉王帳，拜之爲舅。晉王夜置酒張樂，友謙大醉。晉王留宿帳中，友謙安寢，鼾息自如。朱友謙以此示委心晉王，無所猜間也。鼾，下旦翻。明旦復置酒而罷。

40 楊師厚既得魏博之衆，又兼都招討使，宿衞勁兵多在麾下，諸鎮兵皆得調發，調，徒釣翻。威勢甚重，心輕郢王友珪，遇事往往專行不顧。友珪患之，發詔召之，云「有北邊軍機，欲與卿面議。」師厚將行，其腹心皆諫曰：「往必不測。」師厚曰：「吾知其爲人，雖往，如我何！」乃帥精兵萬餘人，渡河趣洛陽，帥，讀曰率。趣，七喻翻。友珪大懼。丁亥，至都門，城外郭門曰都門。留兵於外，與十餘人入見，見，賢遍翻。友珪喜，甘言遜詞以悅之，賜與巨萬。癸巳，遣還。

41 十一月，趙將王德明將兵三萬掠武城，武城，漢之東武城縣，唐屬貝州。九域志：在州東五十里。至于臨清，攻宗城，下之。癸丑，楊師厚伏兵唐店，邀擊，大破之，斬首五千餘級。

42 甲寅，葬神武元聖孝皇帝于宣陵，宣陵在河南伊闕縣。廟號太祖。

43 吳淮南節度副使陳璋等將水軍襲楚岳州，執刺史苑玫；開平元年，楚取岳州；三年，苑玫降楚，至此爲淮南所執。玫自江西降楚，楚使之守岳州也。楚王殷遣水軍都指揮使楊定眞救岳州。璋等進攻荊南，高季昌遣其將倪可福拒之。吳恐楚人救荊南，遣撫州刺史劉信帥江、撫、袁、吉、信五州兵屯吉州，爲璋聲援。屯吉州以張聲勢，若將進兵攻潭、衡者，以牽制楚兵。

44 十二月，戊寅，蜀行營都指揮使王宗汾攻岐文州，拔之，守將李繼夔走。文州，古陰平之地。將，卽亮翻；下同。

45 是歲，隰州都將劉訓殺刺史，以州降晉，晉王以爲瀛州刺史。訓，永和人也。永和縣屬隰州，漢狐讘縣地，隋爲永和縣。九域志：在州西一百里。

46 虔州防禦使李彥圖卒，州人奉譚全播知州事，遣使內附，詔以全播爲百勝防禦使、虔·韶二州節度開通使。虔州先有百勝指揮，今因以爲軍州之號。開通使者，言使之開通道路，南達交、廣也。

47 高季昌出兵，聲言助梁伐晉，進攻襄州，山南東道節度使孔勍擊敗之。自是朝貢路絕。

高季昌既與孔勍交惡，入梁之路遂絕，不復朝貢。敗，補邁翻。勍，兗州人也。

均王上上

諱友貞，太祖第三子。王溥會要曰：太祖第四子，母曰元貞皇后張氏。即位，改名瑱，其後又改名鍠。余按王溥云第四子者，併假子博王友文數之也。

乾化三年（癸酉、九一三）

1 春，正月，丁巳，晉周德威拔燕順州。唐貞觀四年平突厥，以其部落置順、祐、化、長四州，六年，以順州僑治營州南之五柳戍。沈括曰：幽州東北三十里有望京館，東行少北十里餘出古長城，又二十里至中頓，又踰孫侯河行二十里至順州，其北平斥，土厚宜稼。又東北行七十里至檀州。金人疆域圖：順州至燕京一百十五里。匈奴須知：順州南至燕京九十里。其載道里遠近不同，今並存之。宋白曰：幽州東北至順州八十里。大元順州領懷柔、密雲二縣，屬大同〔都〕府路。

2 癸亥，郢王友珪朝享太廟；朝，直遙翻。甲子，祀圜丘，大赦，改元鳳曆。考異曰：莊宗列傳云「七日」，實錄云「庚戌，友珪祀圜丘，改元。」今從薛史。

3 吳陳璋攻荊南，不克而還，荊南兵與楚兵會於江口以邀之；江口，荊江口也。還，音旋，又如字。璋知之，舟二百艘駢爲一列，夜過，二鎮兵遽出追之，不能及。艘，蘇遭翻。

4 晉周德威拔燕安遠軍，薊州將成行言等降于晉。將，卽亮翻。宋白曰：薊州治漁陽，本春秋無終子之國，隋開皇初徙玄州於此，煬帝廢州，立漁陽郡。唐初廢郡，其地屬幽州；開元十八年置薊州，取古薊門關以名。州西至幽州二百一十里。

5 二月，壬午，蜀大赦。

6 郢王友珪既得志，遽爲荒淫，內外憤怒，友珪雖啗以金繒，終莫之附。啗，徒濫翻。繒，慈陵翻。駙馬都尉趙巖，犨之子，趙犨守陳州，拒黃巢有功，見唐僖宗紀。太祖之壻也；巖尚太祖女長樂公主。左龍虎統軍、侍衞親軍都指揮使袁象先，太祖之甥也。袁象先父敬初，尚太祖妹萬安大長公主。巖奉使至大梁，使，疏吏翻。均王友貞密與之謀誅友珪，巖曰：「此事成敗，在招討楊令公耳。楊師厚官中書令，爲北面都招討使，故稱之。得其一言諭禁軍，吾事立辦。」時梁重兵皆在楊師厚之手，又勳名爲衆所服，故欲得其言諭禁軍。均王乃遣腹心馬慎交之魏州說楊師厚曰：「郢王篡弒，人望屬在大梁，說，式芮翻。屬，之欲翻。公若因而成之，此不世之功也。」且許事成之日賜犒軍錢五十萬緡。犒，苦到翻。師厚與將佐謀之，曰：「方郢王弒逆，吾不能卽討；今君臣之分已定，分，扶問翻。無故改圖，可乎？」或曰：「郢王親弒君父，賊也；均王舉兵復讎，義也。奉義討賊，何君臣之有！彼若一朝破賊，公將何以自處乎？」處，昌呂翻。師厚曰：「吾幾誤計。」幾，居依翻。乃遣其將王舜賢至洛陽，陰與袁象先謀，遣招討馬步都虞候譙人朱漢賓將兵屯滑州爲外應。譙，漢縣，唐帶亳州。趙巖歸洛陽，亦與象先密定計。

友珪治龍驤軍潰亂者，去年懷州龍驤軍亂。治，直之翻。搜捕其黨，獲者族之，經年不已。時龍驤軍有戍大梁者，友珪徵之，均王因使人激怒其衆曰：「天子以懷州屯兵叛，追汝輩欲盡阬之。」考異曰：莊宗列傳朱友貞傳及薛史、歐陽史末帝紀云：「左、右龍驤都戍汴，友貞僞作友珪詔，追還洛下。」莊宗實錄云：「友珪疑而召之。」按梁太祖實錄云：「丙戌，東京言龍驤軍准詔追赴西京，軍情不肯進發。」實友珪徵之，非友貞僞作詔，但激怒言阬之耳。其衆皆懼，莫知所爲。丙戌，均王奏龍驤軍疑懼，未肯前發。戊子，龍驤將校見均王，泣請可生之路，將，即亮翻。校，戶教翻。王曰：「先帝與汝輩三十餘年征戰，經營王業。今先帝尚爲人所弒，汝輩安所逃死乎！」因出太祖畫像示之而泣曰：「汝能自趣洛陽雪讎恥，趣，七喻翻。則轉禍爲福矣。」衆皆踊躍呼萬歲，請兵仗，王給之。

庚寅旦，袁象先等帥禁兵數千人突入宮中。帥，讀曰率。友珪聞變，與妻張氏及馮廷諤趨北垣樓下，將踰城，自度不免，趨，七喻翻。度，徒洛翻。令廷諤先殺妻，後殺己，廷諤亦自剄。剄，古頂翻，斷首也。諸軍十餘萬大掠都市，汴兵未至洛陽，禁衛諸軍已殺友珪矣。百司逃散，中書侍郎、同平章事杜曉、侍講學士李珽皆爲亂兵所殺，珽，他鼎翻。門下侍郎、同平章事于兢、宣政使李振被傷。至晡乃定。

象先、巖齎傳國寶詣大梁迎均王，王曰：「大梁國家創業之地，梁祖自宣武節度使幷諸鎮。何必洛陽！」乃即帝位於大梁，復稱乾化三年，追廢友珪爲庶人，復博王友文官爵。

7 丙申，晉李存暉攻燕檀州，刺史陳確以城降。匈奴須知：檀州南至燕京一百六十里，東南至薊州一百九十里。宋白曰：檀州，古白檀之地。

8 蜀唐道襲自興元罷歸，復爲樞密使。太子元膺廷疏道襲過惡，疏，分列也。於朝會廷中條分列言其過惡，故曰廷疏。以爲不應復典機要，復，扶又翻。蜀主不悅。庚子，以道襲爲太子太保。

9 三月，甲辰朔，晉周德威拔燕盧〔蘆〕臺軍。

10 丁未，帝更名鍠；久之，又名瑱。更，工衡翻。鍠，戶盲翻。瑱，他甸翻。考異曰：薛史云，貞明中更名瑱。諸書皆無年月，今因名鍠終言之。

11 庚戌，加楊師厚兼中書令，賜爵鄴王，賜詔不名，事無巨細必咨而後行。

12 帝遣使招撫朱友謙；友謙復稱藩，奉梁年號。去年朱友謙附晉，今雖復稱藩，實陰附于晉。

13 丙辰，立皇弟友敬爲康王。

14 乙丑，晉將劉光濬克古北口，檀州燕樂縣東有東軍、北口二守捉。北口，長城口也。沈括曰：檀州東北五十里有金溝館。自館少東北行，乍原乍隰，三十餘里至中頓。過頓，屈折北行峽中，濟灤水，通三十餘里，鉤折投山隙以度，所謂古北口也。匈奴須知：虎北口南至燕京三百里。燕居庸關使胡令圭等奔晉。幽州昌平縣北十五里有軍都陘，西北三十五里有納款關，即居庸故關。

15 戊辰，以保義留後戴思遠爲節度使，鎮邢州。唐昭義軍統潞、澤、邢、洺、磁五州。唐末兵爭，晉得潞州，仍以爲昭義軍。自孟方立以至於梁，以邢、洺、磁三州爲昭義軍，遂有兩昭義軍。今梁改邢、洺、磁爲保義軍，而以陜州之保義軍爲鎮國軍。考異曰：薛史思遠傳云：「貞明中，爲邢州留後。屬張萬進殺劉繼威，命思遠鎮之。」按萬進殺繼威在前。今從本紀。

16 燕主守光命大將元行欽將騎七千，牧馬於山北，募山北兵以應契丹；劉守光求救於契丹，故使元行欽募兵於山北以應之。又以騎將高行珪爲武州刺史，以爲外援。晉李嗣源分兵徇山後八軍，皆下之；晉王以其弟存矩爲新州刺史總之。爲存矩以驕惰致亂張本。以燕納降軍使盧文進爲裨將。李嗣源進攻武州，高行珪以城降。元行欽聞之，引兵攻行珪；行珪使其弟行周質於晉軍以求救，質，音致。李嗣源引兵救之，行欽解圍去。嗣源與行周追至廣邊軍，嬀州懷戎縣北有廣邊軍，故白雲城也。宋白曰：廣邊軍在嬀州北一百三十里。高行周兄弟本貫廣邊軍鵰窠村。凡八戰，行欽力屈而降；嗣源愛其驍勇，養以爲子。考異曰：莊宗實錄「行周」作「行溫」。張昭周太祖實錄云：「燕城危蹙，甲士亡散，劉守光召元行欽。行欽部下諸將以守光必敗，赴召無益，乃請行欽爲燕帥，稱留後。行欽無如之何，乃謂諸將曰：『我爲帥，亦須歸幽州。』衆然之。行欽以行珪在武州，慮爲後患，乃令人於懷戎掠得其子，縶之自隨。至武州，行欽謂行珪曰：『將士立我爲留後，共汝父子同行，先定軍府，然後降太原；若不從，必殺汝子。』行珪曰：『大王委爾親兵，遂圖叛逆，吾死不能從也。』其子泣告行珪。行珪謂曰：『元公謀逆，何以順從！與爾訣矣。』行珪城守月餘，城中食盡，士有飢色。行珪乃召集居人謂之曰：『非不爲父老惜家屬，不幸軍士乏食，可斬予首出降，即坐見寧帖。』行珪爲治有恩，衆泣曰：『願出私糧濟軍，以死共守。』乃夜縋其弟行周爲質於晉軍，乞兵救援。周德威命李嗣本、李嗣源、安金全救武州，比至，行欽解圍矣。嗣源與行珪追躡至廣邊軍，行欽帥騎拒戰。行珪呼謂行欽曰：『與公俱事劉家，我爲劉家守城，爾則僭稱留後，誰之過也？今日之事，何勞士衆，與君抗衡以決勝負。』行欽驍猛，騎射絕衆，報曰『可！』行周馬足微蹶，將踣，嗣源躍馬救之，檛擊行欽幾墜。行欽正身引弓射嗣源，中髀貫鞍。嗣源拔矢，凡八戰，控弦七發，矢中行欽，猶沫血酣戰不解。是夜，行欽窮蹙，固守廣邊軍，晉兵圍之。嗣源遣人告之曰：『彼此戰將，不假言諭。事勢可量，亟來相見，必保功名。』翌日，行欽面縛出降。嗣源酌酒飲之，撫其背曰：『吾子壯士也。』養爲假子。臨敵擒生，必有所獲，名聞軍中。」莊宗實錄、薛史紀及元行欽傳、明宗實錄皆云，「行欽聞行珪降晉，帥兵攻之。」惟周太祖實錄高行周傳云，「行欽稱留後，行珪城守，不從。」然恐行周卒時，去燕亡已久，行周名位尊顯，門生故吏虛美其兄弟，故與諸說特異。今從衆書。嗣源進攻儒州，拔之，唐末於嬀州東置儒州，領晉山一縣。以行珪爲代州刺史。行周留事嗣源，常與嗣源假子從珂分將牙兵以從。將，卽亮翻。從，才用翻。從珂母魏氏，鎭州人，先適王氏，生從珂，嗣源從晉王克用戰河北，得魏氏，以爲妾，故從珂爲嗣源子，及長，以勇健【章：十二行本「健」下有「善戰」二字；乙十一行本同；孔本同。】知名，嗣源愛之。李從珂始此。考異曰：張昭於國初脩唐廢帝實錄云：「廢帝諱從珂，明宗皇帝之元子也。母曰宣憲皇后魏氏，鎭州平山人。中和末，明宗徇地山東，留戍平山，得魏后。帝以光啓元年正月二十三日生於外舍。屬趙人負盟，用兵不息，音問阻絕，帝甫十歲，方得歸宗。時明宗爲裨將，性闊達不能治生，曹后亦疏於畫略，生計所資，惟宣憲而已。曹后未有胎胤，幹家宜室。帝與部曲王建立、皇甫立，代北往來供饋，曹后憐之，不異所生。」薛史：「末帝諱從珂，本姓王氏，鎭州人也。母宣憲皇后魏氏，以光啓元年生帝於平山。景福中，明宗爲武皇騎將，略地至平山，遇魏氏，虜之，帝時年十餘歲，明宗養爲己子。」劉恕取廢帝錄，以爲明宗卽位後不立從珂而欲立從榮，從榮死，傳位於從厚，故人皆謂從珂爲養子。按張昭仕明宗爲史官，異代脩廢帝錄，無所諱避，而不言養子，事似可信。然李克用光啓元年以前未嘗徇地山東，又從珂若果是明宗子，明宗必不捨之而立從榮；從珂亦當不服。今從薛史。

17 吳行營招討使李濤帥衆二萬出千秋嶺，攻吳越衣錦軍。自杭州東南度千秋嶺則至杭州臨安縣。薛史，梁開平二年改臨安縣廣義鄉爲衣錦鄉。帥，讀曰率。衣，於既翻。吳越王鏐以其子湖州刺史傳瓘爲北面應援都指揮使以救之，睦州刺史傳璙爲招討收復都指揮使，將水軍攻吳東洲以分其兵勢。東洲，卽常州東洲也。璙，力弔翻，又力小翻。

18 夏，四月，癸未，以袁象先領鎭南節度使、鎭南軍，洪州，時屬吳。此所謂名號節度使也，五代及十國皆有之。同平章事。

19 晉周德威進軍逼幽州南門，壬辰，燕主守光遣使致書於德威以請和，語甚卑而哀。德威曰：「大燕皇帝尚未郊天，何雌伏如是邪！漢趙溫曰：大丈夫當雄飛，安能雌伏。予受命討有罪者，結盟繼好，好，呼到翻。非所聞也。」不答書。守光懼，復遣人祈哀，復，扶又翻。德威乃以聞於晉王。

20 千秋嶺道險狹，錢傳瓘使人伐木以斷吳軍之後而擊之，斷，音短。吳軍大敗，虜李濤及士卒三千餘人以歸。

21 己亥，晉劉光濬拔燕平州，執刺史張在吉。五月，光濬攻營州，刺史楊靖降。宋白曰：平州東北至營州六百九十里。

22 乙巳,蜀主以兵部尚書王鍇爲中書侍郎、同平章事。鍇,口駭翻。

23 楊師厚與劉守奇將汴、滑、徐、兗、魏、博、邢、洺之兵十萬大掠趙境,楊師厚以燕、晉交兵,乘虛掠趙。師厚自柏鄉入攻土門,趣趙州,守奇自貝州入趣冀州,九域志:柏鄉北至趙州七十餘里;貝州北至冀州一百二十餘里。趣,七喻翻。所過焚掠。庚戌,師厚至鎭州,九域志:趙州北至鎭州九十五里。營於南門外,燔其關城。壬子,師厚自九門退軍下博,守奇引兵與師厚會攻下博,拔之。晉將李存審、史建瑭戍趙州,兵少,趙王告急於周德威。德威遣騎將李紹衡會趙將王德明同拒梁軍。師厚、守奇自弓高渡御河而東,隋煬帝大業四年穿永濟渠,引沁水南達于河,北通涿郡,後人因謂之御河。逼滄州,張萬進懼,請遷于河南;師厚表徙萬進鎭青州,以守奇爲順化節度使。去年改滄州義昌軍爲順化軍。

24 吳遣宣州副指揮使花虔將兵會廣德鎭遏使渦信屯廣德,渦,古禾翻,姓也。將復寇衣錦軍。復,扶又翻。吳越錢傳瓘就攻之。

25 六月,壬申朔,晉王遣張承業詣幽州,與周德威議軍事。

26 丙子,蜀主以道士杜光庭爲金紫光祿大夫、左諫議大夫,封蔡國公,進號廣成先生。光庭博學善屬文,屬,之欲翻。蜀主重之,頗與議政事。

27 吳越錢傳瓘拔廣德，虜花虔、渦信以歸。

28 戊子，以張萬進爲平盧節度使。

29 辛卯，燕主守光遣使詣張承業，請以城降；承業以其無信，不許。

30 蜀太子元膺，豭喙齙齒，豭，古牙翻，牡豕也。喙，許穢翻。齙，步交翻，露齒也。目視不正，而警敏知書，善騎射，性狷急猜忍。狷，吉掾翻。蜀主命杜光庭選純靜有德者使侍東宮，光庭薦儒者許寂、徐簡夫，太子未嘗與之交言，日與樂工羣小嬉戲無度，僚屬莫敢諫。

秋，七月，蜀主將以七夕出遊。丙午，太子召諸王大臣宴飲，集王宗翰、內樞密使潘峭、翰林學士承旨高陽毛文錫不至，太子怒曰：「集王不來，必峭與文錫離間也。」峭，七肖翻。間，古莧翻。大昌軍使徐瑤、常謙，素爲太子所親信，酒行，屢目少保唐道襲，道襲懼而起。丁未旦，太子入白蜀主曰：「潘峭、毛文錫離間兄弟。」蜀主怒，命貶逐峭、文錫，以前武泰節度使兼侍中潘炕爲內樞密使。炕，苦浪翻。

太子出，道襲入，蜀主以其事告之，道襲曰：「太子謀作亂，欲召諸將、諸王，以兵錮之，曰錮者，以禁錮爲義。然後舉事耳。」蜀主疑焉，遂不出；遂不以七夕出遊。道襲請召屯營兵入宿衞，許之。內外戒嚴。

太子初不爲備，聞道襲召兵，乃以天武甲士自衞，捕潘峭、毛文錫至，檛之幾死，檛，則瓜翻。囚諸東宮；又捕成都尹潘嶠，囚諸得賢門。戊申，徐瑤、常謙與懷勝軍使嚴璘等各帥所部兵奉太子攻道襲。帥，讀曰率。至清風樓，道襲引屯營兵出拒戰；道襲中流矢，中，竹仲翻。逐至城西，斬之。考異曰：九國志：「建將七夕出遊，先一日，元膺召諸軍使及諸王宴飲邸第中，且議七夕從行之禮，而集王宗翰等不至。」又曰：「詰朝，元膺入白建曰：『潘峭、毛文錫離間兄弟，將圖不軌。』」又曰：「及聞唐襲徵兵，乃遣伶官安悉香諭軍使全殊率天武甲士以自衞。」又曰：「明日，徐瑤、常謙與懷勝軍使嚴璘等協謀，以所部兵挾元膺以逐唐襲。元膺介馬率卒過其兄宗賀之門，召與同進。宗賀曰：『兵起無名，不敢聞命。』」又曰：「建急召宗侃、宗賀及諸軍使，令以兵討寇。乃逐唐襲至城西斬之，盡殺屯營兵；又自大安門登陴以入，攻瑤、謙等。」歐陽史曰：「元膺與伶人安悉香、軍將喻全殊率天武兵自衞，召大將徐瑤、常謙率兵出拒襲，與襲戰神武門，襲中流矢墜馬死。」十國紀年：「丁未，元膺令軍使喻全殊帥天武兵自衞。戊申，徐瑤、常謙及左大昌軍使王承燧等各帥所部兵奉元膺攻唐道襲。道襲自私第被甲乘馬，過王宗賀門邀之，宗賀曰：『兵起無名，且不奉詔，公宜緩行。』元膺遣天武將唐據帥親兵逐道襲至城西斬之。」據九國志，云「徐瑤等挾元膺以逐唐襲」，似襲在宮中，欲逐出之也。歐陽史云「元膺召瑤等帥兵出拒襲，攻東宮而元膺拒之」，紀年云「瑤等奉元膺攻唐道襲，道襲自私第被甲乘馬」，似道襲出在外第，元膺就攻之也。按道襲止以挾君自重，既勸蜀主發兵自衞，豈肯更出在外第，必止於禁中也。蓋瑤等引兵攻宮禁以求道襲，道襲以屯營兵出拒戰，兵敗走至城西，爲唐據所殺耳。九國志又云「元膺介馬帥卒過其兄宗賀之門，召與同進」，是元膺邀宗賀也。紀年云「道襲自私第被甲乘馬過宗賀門要之」，是道襲邀宗賀也。按道襲私第安得有兵！觀宗賀所答之辭，似語太子，非語道襲也。若語道襲，宜勸之速入宿衞，豈得云「公宜緩行」也！潘炕言「太子非有他志，陛下宜面諭大臣以安社稷」，蓋當時蜀主聞亂，既信道襲之言，又不忍討太子，無決然號令，故炕言太子無他志，當召大臣討徐瑤等爲亂者耳。九國志云「令宗侃等出兵討寇，乃逐唐襲至城西斬之」，是官軍斬襲也，若然，何故明日亟加襲贈謚乎！此必誤也。殺屯營兵甚衆，中外驚擾。

潘炕言於蜀主曰：「太子與唐道襲爭權耳，無他志也。陛下宜面諭大臣以安社稷。」蜀主乃召兼中書令王宗侃、王宗賀、前利州團練使王宗魯，使發兵討爲亂者徐瑤、常謙等。宗侃等陳於西毬場門，陳，讀曰陣。兼侍中王宗黯自大安門梯城而入，與瑤、謙戰於會同殿前，殺數十人。【章：十二行本「人」下有「餘衆皆潰」四字；乙十一行本同；孔本同；張校同。】瑤死，謙與太子奔龍躍池，龍躍池卽摩訶池。匿於艦中。【章：十二行本「中」下有「及暮稍定」四字；乙十一行本同；孔本同；退齋校同。】艦，戶黯翻。己酉，【章：十二行本「酉」下有「旦」字；乙十一行本同；孔本同；張校同。】太子出就舟人匄食，匄，古太翻，乞也。舟人以告蜀主，亟遣集王宗翰往慰撫之；比至，比，必利翻。太子已爲衞士所殺。蜀主疑宗翰殺之，大慟不已。左右恐事變，會張格呈慰諭軍民牓，讀至「不行斧鉞之誅，將誤社稷之計」，蜀主收涕曰：「朕何敢以私害公！」於是下詔廢太子元膺爲庶人。宗翰奏誅手刃太子者，元膺左右坐誅死者數十人，貶竄者甚衆。

庚戌，贈唐道襲太師，謚忠壯；復以潘峭爲樞密使。

31 甲子，晉五院軍使拔【章：十二行本「拔」上有「李信」二字；乙十一行本同；孔本同；張校同。】莫州，擒燕將畢元福。八月，乙亥，李信拔瀛州。

32 賜高季昌爵勃海王。

33 晉王與趙王鎔會于天長。即鎮州之天長鎮也。

34 楚寧遠節度使姚彥章將水軍侵吳鄂州，吳以池州團練使呂師造爲水陸行營應援使，未至，楚兵引去。

35 九月，甲辰，以御史大夫姚洎爲中書侍郎、同平章事。

36 燕主守光引兵夜出，復取順州。是年春正月，晉周德威拔燕順州。

37 吳越王鏐遣其子傳瓘、傳璙璙，力彫翻，又力弔、力小二翻。及大同節度使傳瑛攻吳常州，營於潘葑。今常州無錫縣有潘葑酒庫。葑，音封。徐溫曰：「浙人輕而怯，」輕，墟正翻。帥諸將倍道赴之。帥，讀曰率；下同。至無錫，黑雲都將陳祐言於溫曰：「彼謂吾遠來罷倦，未能決戰，罷，讀曰疲。請以所部乘其無備擊之。」乃自他道出敵後，溫以大軍當其前，夾攻之，吳越大敗，斬獲甚衆。

38 高季昌造戰艦五百艘，治城塹，繕器械，爲攻守之具，治，直之翻。塹，七艷翻。招聚亡命，交通吳、蜀，東通吳，西通蜀。朝廷浸不能制。

39 冬，十月，己巳朔，燕主守光帥衆五千夜出，將入檀州；庚午，周德威自涿州引兵邀擊，大破之。守光以百餘騎逃歸幽州，其將卒降者相繼。

40 蜀潘炕屢請立太子，蜀主以雅王宗輅類己，信王宗傑才敏，欲擇一人立之。鄭王宗衍最幼，其母徐賢妃有寵，欲立其子，使飛龍使唐文扆諷張格上表請立宗衍。扆，隱豈翻。上，時掌翻。格夜以表示功臣王宗侃等，詐云受密旨，衆皆署名。蜀主令相者視諸子，亦希旨言鄭王相最貴。相，息亮翻。蜀主以爲衆人實欲立宗衍，不得已許之，曰：「宗衍幼懦，能堪其任乎？」甲午，立宗衍爲太子。爲宗衍亡蜀張本。受册畢，潘炕以朝廷無事，稱疾請老，蜀主不許；涕泣固請，乃許之。國有大疑，常遣使就第問之。

41 嶺南節度使劉巖求婚於楚，楚王許以女妻之。妻，七細翻。

42 盧龍巡屬皆入于晉，燕主守光獨守幽州城，求援於契丹；契丹以其無信，竟不救。守光屢請降於晉，晉人疑其詐，終不許。至是，守光登城謂周德威曰：「俟晉王至，吾則開門泥首聽命。」德威使白晉王。十一月，甲辰，晉王以監軍張承業權知軍府事，自詣幽州，辛酉，單騎抵城下，謂守光曰：「朱溫篡逆，余本與公合河朔五鎮之兵興復唐祚。五鎮，潞、鎮、定、幽、滄。「本」字下當有「欲」字。【章：十二行本正有「欲」字；孔本同。】公謀之不臧，乃效彼狂僭。鎮、定二帥皆俛首事公，鎮帥，王鎔；定帥，王處直。俛，音免。而公曾不之恤，是以有今日之役。守光攻易定，晉王救之，遂伐守光，事見上年。丈夫成敗須決所向，公將何如？」守光曰：「今日俎上肉耳，惟王所裁。」王憫之，與折弓矢爲誓，折，而設翻。曰：「但出相見，保無他也。」言不殺之。守光辭以他日。

先是，守光愛將李小喜多贊成守光之惡，言聽計從，權傾境内。先，悉薦翻。至是，守光將出降，小喜止之。是夕，小喜踰城詣晉軍，【章：十二行本「軍」下有「降」字；孔本同；張校同。】且言城中力竭。壬戌，晉王督諸軍四面攻城，克之，擒劉仁恭及其妻妾，守光帥妻子亡去。癸亥，晉王入幽州。唐昭宗乾寧二年劉仁恭據幽州，至是父子俱敗亡。帥，讀曰率。

43 以寧國節度使王景仁爲淮南西北行營招討應接使，梁攻淮南，攻其西北。將兵萬餘侵廬、壽。廬、壽，二州名。爲王景仁爲吳所敗張本。